KB029362

콘텐츠와 문화철학

문화의 발전단계와 콘텐츠

이기상(李基相)

가톨릭대학 신학부를 졸업하고 벨기에 루뱅대학교 신학대학원에서 석사과정을 수료했다. 그 뒤 독일 뮌헨 예수회 철학대학에서 철학 석사 학위와 박사 학위를 취득했다. 1984년부터 한국외국어대학교 철학과 교수로 재직중이다. 〈우리말로 학문하기 모임〉의 초대회장이었으며 우리사상연구소 소장이다. 1992년 열암학술상을 수상하였으며 1994년 한국출판문화상 번역상을 수상하였다. 지은 책으로는 『존재의 바람, 사람의 길』, 『철학노트』, 『서양철학의 수용과 한국철학의 모색』, 『하이데거의 존재사건학』, 『이 땅에서 우리말로 철학하기』, 『다석과 함께 여는 우리말 철학』 외 다수가 있고, 옮긴 책으로는 『존재와 시간』(M. Heidegger) 외 여러 권이 있다. 문화콘텐츠 관련 논문으로는 〈한국문화 정체성의 바탕〉, 〈지구지역화와 문화콘텐츠〉가 있다. 홈페이지로는 www.saemom.com 이 열려 있다. 전자우편 주소는 saemom@chol.com이다.

콘텐츠와 문화철학
—문화의 발전단계와 콘텐츠

2009년 2월 1일 초판 인쇄
2009년 2월 4일 초판 발행

지은이 | 이기상
펴낸이 | 이찬규
펴낸곳 | 북코리아

주소 | 121-801 서울시 마포구 공덕동 115-13 2층
전화 | 02-704-7840
팩스 | 02-704-7848
e-mail | sunhaksa@korea.com
홈페이지 | www.sunhaksa.com

© 이기상 2009

ISBN 978-89-6324-009-1 93100
값 | 20,000원

* 본서의 무단복제를 금하며, 잘못된 책은 바꾸어 드립니다.
* 저자와의 협의하에 인지첩부를 생략합니다.

먼저 간 아내

홍종현(소피아)의 얼 앞에

콘텐츠와 문화철학

문화의 발전단계와 콘텐츠

•

이 기 상 지음

북코리아

◈ 차 례

제 9 장 20세기 초 서양문명의 충격과 한국사회의 혼란

제10장 한국의 근대화과정과 한글의 중요성

제11장 21세기 한국문화의 르네상스, 그 가능성 읽기

제12장 세계 속 한국인의 지혜, 살림살이의 문법

■ 들머리에

1. 문화콘텐츠와 헤르메스 신

서양의 학자들은 새로운 세상이 되어서 기존의 인식의 틀[패러다임]이 맞지 않아 새로운 해석이 필요할 때 그 독특함과 비전을 표현하기 위해 적절한 신화적 이미지를 찾는다. 20세기 말부터 드러나고 있는 지구촌의 새로운 징조들을 설명하기 위해 현대의 서양 학자들은 헤르메스 신을 끌어들인다. 왕권에 의해 모든 것이 잘 통제되던 시절 서양인들이 좋아한 신은 제우스였다. 이성 또는 로고스에 의해, 질서와 원칙에 의해 우주의 삼라만상이 잘 설명되던 시절 그들이 선호한 신은 아폴론과 프로메테우스였다. 이성에 반기를 들고 질서보다는 혼돈을 강조하며 혁명을 주장하는 아나키스트와 비합리주의자들이 즐겨 내세우는 신은 디오니소스이다. 그런데 21세기 지식정보화의 시대, 문화의 세기를 대변하는 신화적 상징은 헤르메스이다. 왜 그런지 잠깐 살펴보도록 하자.

헤르메스는 올림포스의 12신 가운데 9번째 신에 해당한다.[1] 그는 제우스의 아들이며 아폴론의 이복형제이다. 헤르메스가 태어나자마자 제일 먼저 한 일은 형인 아폴론의 소떼를 훔쳐 아무도 찾지 못할 곳으로 감쪽같이 숨겨놓은 일이다. 제우스의 첫아들인 아폴론은 신들 중에서도 최고의 권력자이다. 그는 태양의 신, 빛의 신이며, 질서와 이성의 신으로서 그야말

1) 출처 Hugh Honour/Jhon Fleming, *Weltgeschichte der Kunst*, Darmstadt, 2000.

그림 1 헤르메스 상

그림 2 아폴론 상

로 서양적인 것 자체를 대변하는 신이다. 그런데 갓 태어난 헤르메스가 겁도 없이 아폴론의 소를 훔치며 최고의 권위에 도전한 것이다. 이것은 잘 짜여진 질서, 잘 정립된 기존의 전통에 대한 도전이다. 이 사건을 통해 아무것도 가진 것이 없던 헤르메스가 중요한 협상카드를 갖고 아폴론과 흥정을 벌인다. 결론부터 이야기하자면 이 일을 통해 헤르메스는 신의 전령이라는 새로운 자리를 꿰차게 된다. 헤르메스가 태어날 당시 모든 것은 다 잘 짜여져 있고 모든 것이 다 제자리에 있었기 때문에 헤르메스에게 돌아갈 직책이나 역할이 없었다. 이런 상황을 헤르메스는 아무도 상상하지 못한 기지로 뚫고 나간다. 최고의 권력자인 아폴론을 활용하여 자신의 입지를 세워나간다. 그리하여 지금까지는 없었던 직책인 전령이라는 자리를 만들어서 그것을 차지한다. 이것은 보기에 따라서 가장 중요한 자리일 수가 있다.

이러한 탄생의 이력을 갖고 있기 때문에 헤르메스에게는 여러 많은 이름들이 따라다니는데 그 중에도 부정적인 이름들이 많다. 도둑질, 사기, 강도의 신, 소떼, 문지방, 위증의 신 등이 그것이다. 그런가 하면 그가 받은 직분으로 인해 전령, 외교의 신, 번역, 대화의 신, 길의 신, 비상의 신으로 흠숭을 받기도 한다. 헤르메스는 또한 — 소떼를 기막히게 감추어놓았기에 — 은닉의 신, 감추어진 것의 신으로 통하기도 한다. 아폴론과 대조적인 셈이다. 아폴론은 빛, 이성, 광명, 볼 수 있는 것의 신이 아닌가. 그런데 헤르메스는 볼 수 있는 것이 전부가 아님을 시사한다. 세상에는 볼 수 있는 것보다 오히려 감춰져 있어 볼 수 없는 것이 더 많다는 것을 웅변적으로 대변한다. 그래서 이제 볼 수 없는 것을 강조하던 문화권이 주목을 받는다. 아프리카 문화권이 그렇고 무엇보다도 동아시아 문화권, 그 중에서도 인도와 일본의 문화권이 관심의 대상으로 떠오른다.

헤르메스는 21세기 정보화의 상징이며 기존의 하드웨어적 재벌들에 정보와 지식을 가지고 도전장을 내며 자신의 입지를 전세계에 알리고 있는 빌 게이츠와 같은 벤처귀족들의 상징이기도 하다. 왜 그런지 유재원 교수의 설명을 들어보자.

정보시대의 특성에 맞는 신화의 인물은 헤르메스이다. 헤르메스는 올림포스의 체제가 자리잡은 뒤 태어난다. 그래서 그는 프로메테우스처럼 모든 것을 처음부터 시작하지 않아도 되었다. 올림포스 신화의 제1세대인 프로메테우스는 모든 것을 새로 만들어야 했다. 헤르메스는 올림포스 신들 가운데 맨 나중에 태어난 신이다. 그가 태어났을 때 올림포스의 체제는 이미 잘 정돈된 상태여서 여간한 수단을 부리기 전에는 그 체제에서 제 몫을 얻어 낼 가망이 없었다. 그래서 헤르메스는 올림포스 체제의 실질적 경영자인 아폴론의 황소를 훔친다. 그리고 이 훔친 소를 협상카드로 이용해 제우스와 아폴론에게서 많은 권한을 얻어낸다. 더 이상 나누어 줄 직분이 남아 있지 않던 제우스는 헤르메스에게 전령의 직분을 맡긴다. 자신의 고유한 직분으로 할 수 있는 일은 없었지만 최고 권력자와 항상 자리를 같이 한다는 점에서 권위를 얻을 수 있는 자리이다. 정보시대의 사회에 정식 데뷔를 하거나 사업수련을 받은 일도 없이 거액의 재산을 거머쥔 벤처귀족들은 여러 가지 면에서 헤르메스적이다. 이들은 할아버지나 아버지 세대가 피와 땀으로 일구어 놓은 세상에서 별다른 어려움 없이 자랐다. 또 창업 제2세대들이 갖는 체제의 부조리에 대한 반항이나 투쟁을 할 필요도 없었다. 그런 일은 이미 앞선 세대가 다 이루어 놓았기 때문이다.

그러나 그들은 그들 나름대로의 고민이 있었다. 이미 모든 것이 다 자리가 잡힌 사회는 그들에게 새로운 기회를 주지 않을 것이기 때문이다. 꽉 짜여져 뚫고 들어갈 틈이 없는 상황에서 이들은 헤르메스가 아폴론의 황소를 훔친 것처럼 기성 세대가 미처 보지 못해 내버려 둔 틈새를 파고들었다. 인터넷으로 대표되는 정보사업에서 헤르메스들은 기상천외한 사업 아이디어로 미래를 준비해 갔다. 권위적이지도 투쟁적이지도 않은 헤르메스 세대는 체제적이지도 반체제적이지도 않다. 그렇다고 체제순응적인 것도 아니다. 솔직히 이들은 체제에 대해 관심조차 없다. 이들에게 중요한 것은 기존 체제 안에서 어떻게 역할을 새로 조종하여 자신들이 설 입지를 만드느냐 하는 문제이다. 그러기에 정보사회의 문제는 외부에 대한 도전이나 투쟁이 아니라 내부역할의 조정이 되는 것이다. 구조조정이 문제의 핵심인 것이다.

헤르메스는 바람의 신이다. 바람은 보이지도 않고 형체도 없지만 분명

존재한다. 바람은 약하기도 하고 태풍이나 토네이도처럼 한없이 강하기도 하다. 바람은 걷잡을 수 없는 존재이다. 기대하지 않은 행운을 가져다주기도 하지만 한 순간에 모든 것을 앗아가기도 한다. 바람은 기압의 차이가 나는 골을 따라 움직인다. 만약 사회가 완전히 안정되면 바람은 일어날 수 없다. 정보시대에 일부 헤르메스가 큰 돈을 버는 것은 아직 사회가 정보화에서 큰 편차를 보이기 때문이다. 언젠가 사회 구석구석까지 정보화의 혜택이 돌아가면 정보화가 가져온 바람은 저절로 잦아들 것이다. 그러나 그런 일은 가까운 미래에 일어나지 않을 것이다. 당분간은 바람처럼 빠르고 걷잡을 수 없는 약삭빠른 헤르메스들의 시대가 계속될 것이다.[2)]

하드웨어의 시대에서 소프트웨어 시대를 거쳐 우리는 지금 소위 콘텐츠웨어 시대에 들어서고 있다. 빌 게이츠를 비롯해서 야후나 구글로 성공한 벤처귀족들, 그리고 해리포터 이야기로 최고의 부자가 된 J.K. 롤링은 콘텐츠로 틈새를 공략해 입지적인 존재들이 된 우리 시대의 헤르메스들이 아닌가.

정치와 경제에 밀려 항상 끝자리를 차지하던 문화가 이제 가장 대접받는 시대가 되었다. 인간에 대한 정의도 이성적 동물에서 '문화적 동물' 로 바뀔 정도가 되었다. 아폴론의 권위에 도전했던 헤르메스처럼 문화는 이제 기존의 정치, 경제, 기술, 군사에 도전한다. 문화 또는 문화콘텐츠가 곧 헤르메스인 그런 시대에 우리는 살고 있다. 더 나아가 서양의 문화만이 문화로 통하던 시대도 지났다. 이제는 전세계의 다양한 문화권들이 각기 저마다의 역사와 전통에 각인된 문화를 앞세워 자신들의 독특함을 세계의 문화인을 향해 표출하고 있다.

2) 참조 유재원, "신화로 풀어 본 정보 시대의 영웅", 『인터넷과 우리 사회』, 한국사회이론학회 편, 2000, 24 이하.

문화콘텐츠는 헤르메스처럼 문화의 사절로서 인종과 국가의 벽을 넘어 모든 지구촌 문화시민에게 외교의 길을 놓아 대화의 장을 열어주고 있다. 헤르메스 신은 비상의 신이다. 그의 겨드랑이와 신발에는 작은 날개가 돋아 있다. 그는 이 날개로 시간과 공간의 벽을 넘어 어디든 날아간다. 헤르메스는 또한 은닉의 신이다. 사물들 속에, 형체들 속에 감추어져 있어서 보통은 보이지 않는다. 은닉의 신은 이렇게 감추어져 있는 것을 끄집어내올 수 있는 자에게만 속하는 것이다. 이 은닉된 신이 그 은닉에서 깨워지기만 하면, 예기치 못한 힘으로 커져 단 한 번의 그치지 않는 폭풍으로 세상을 바꾸어 놓고, 움직일 수 없는 것으로 여겨졌던 사물들을 움직일 수 있게 한다. 이 신은 또한 〈도래의 신〉으로서 〈도래하는 신〉이기도 하다. 이 모든 상징들이 문화 또는 문화콘텐츠와 아주 정확하게 맞아떨어진다. 문화도 감추어져 있어 보이지 않는다. 그것을 볼 줄 아는 시야를 가진 사람에게만 자신의 모습과 가치를 드러낸다. 그러기에 우리는 무엇보다도 먼저 문화를 알아보는 시야를 훈련해서 가져야 한다. 이 책에서 시도하려는 것이 바로 그것이다.

지은이는 이런 문제의식 속에서 〈콘텐츠와 문화철학〉이라는 강의를 개설하면서 강의개요와 목표를 아래와 같이 잡았다.

"지금 우리는 '문화'가 화두가 되어 전 세계인을 하나로 묶고 있는 〈문화의 세기〉에 살고 있다. 다문화시대의 문화다양성이라는 시대의 추세에 맞추어 〈문화콘텐츠학〉은 새로운 인문학으로 급부상하고 있다. 어떤 세계사적 배경과 흐름이 현대를 문화의 세기로 규정하게 만들고 있는가? 거기에는 정치와 경제, 과학과 기술, 지식과 윤리, 믿음과 가치 등이 총체적으로 서로 얽혀 영향을 미치고 있다. 문화콘텐츠는 지구촌 시대이며 정보화[인터넷, 멀티미디어]의 시대인 현대가 만들어낸 새로운 개념이다. 우리는 자연과 문화, 문화와 문명[기술], 문화와 지식, 문화와 정신, 문화형성, 문화산업, 문화교류 또는 문화전쟁, 문화전략, 문화콘텍스트, 문화텍스트, 문화콘텐츠 등으로 이어지는 '문화존재'로서의 인간의 궤적을 밟아볼 필요가 있다. 더 나아가 한국인의 역사와 문화, 생활세계와 삶의 방식 속에 녹아 있는 한국문화의 독특함을 찾아내어 문화콘텐츠로 담아서 전 세계인이 공유하고 공감할 수 있는 세계문화재로 만들어야 한다."

본론에 들어가기에 앞서 문화의 세기에 떠맡아야 할 철학의 역할은 무엇인지 간략하게 살펴보고, 지구화 또는 세계화 속에서 제3세계에 사는 변방인으로서 어떻게 주체적으로 문화적으로 중심을 잡아 세계 속의 한국인으로 우뚝 설 수 있는지 그 기본방향을 가늠해본다.

2. 문화의 세기 철학의 역할

철학을 시대의 자식이라고 한다. 철학이 제일 철학[학문]으로서 만학의 왕으로 추앙받던 시대가 있었는가 하면 신학의 시녀로서 교리의 변론자 역할을 하던 시대도 있었다. 자연과학 또는 실증과학의 위세에 눌려 과학의 머슴으로 내몰렸던 시대도 있었다. 그럼에도 불구하고 철학은 시대의 변화에 능동적으로 대처하며 세계해석에, 실존적 삶의 방향정립에, 가치관 확립에, 학문의 토대연구에, 초월과의 관계맺음에 나름대로의 구실을 다해 왔다. 이제 세계가 하나로 된 지구촌 시대인 현대에 철학은 무엇인지, 철학은 어떤 역할을 떠맡아야 하는지 철학인들은 자문해보아야 한다.

우리가 사는 현대가 얼마나 다양한 얼굴을 하고 있는지는 그에게 붙은 수많은 명칭들에서 확인할 수 있다. 탈근대, 후기산업화 시대, 후기자본주의 시대, 정보화 시대, 디지털 시대, 사이버 시대, 지구화 시대 등등. 이런 수많은 이름 가운데 우리의 관심을 끄는 명칭들은 문화의 세기, 문화다양성의 시대, 상호문화의 시대, 문화다원주의 시대 등 문화와 연관된 지칭이다. 어쨌거나 이러한 명칭들에서 우리는 우리 시대가 무언가 문화와 밀접한 관련을 맺고 있음을 감지할 수 있다.

아주 오래 전에 나폴레옹은 "정치는 우리의 운명이다."라고 말하면서 정치의 형태에 따라 인간의 삶이 운명적으로 결정된다는 사실을 강조했다. 그로부터 얼마 후 마르크스는 "경제는 우리의 운명이다."라고 말하면서 경제관계와 생산방식이 인간의 생활형태를 운명적으로 결정지음을 꿰뚫어보았다. 20세기 들어서서 하이데거는 "기술은 우리의 운명이다."라고 말하면서 현대의 우리를 규정하는 것은 이제 정치도, 경제도 아닌 기술임을 천명했다. 이렇게 정치와 경제와 기술이라는 운명의 굴레에 들씌워진 현대인들에게 희망의 오아시스는 없는 것인가?

여기에 나는 "문화는 우리의 희망이다." "문화는 우리의 여유이다."라고 말하고 싶다. 인간은 희망과 여유가 없이는 잠시도 살아갈 수 없다. 그러기에 사방팔방 이리저리 운명의 굴레에 얽히고설키어 고달픈 하루하루를 살아가야 하는 현대인에게도 돌파구와 해방구는 있어야 한다. 그것이 바로 문화이고 현대인은 이 문화에서 아주 귀중한 희망의 불씨를 지피고 있다. 그리고 그 절박한 마음이 현대를 문화의 세기라고 부르게 한 것이다.

역사를 되돌아보아도 문화는 언제나 고달픈 일상의 수레바퀴를 부드럽게 굴러가도록 만든 삶의 윤활유였다. 축제와 놀이, 행사와 의례 속에서 보통사람들은 잠시나마 힘든 노동의 고통을 잊고 여유와 평온을 누릴 수 있었다. 그러나 먹고 살기 위해 매일매일 척박한 땅을 파헤치며 피땀을 흘려야 했던 대다수의 보통사람들에게 문화는 사치였다. 그들이 더 이상 노동의 고달픔과 아픔을 참지 못하고 절망과 좌절 속에 폭동과 반란을 일으키기 직전까지 몰린 기미를 감지하고서 지배자들은 문화라는 당근을 허락했다. 문화는 전적으로 왕족들, 귀족들, 양반들만의 독점물이었다. 보통사람들은 이들의 문화적 향유를 위한 도구와 노리개일 뿐이었다.

시대가 바뀌어 근대시민사회가 도래하면서 특정계급 또는 계층의 문화 독과점 시대는 끝이 난다. 법적으로, 논리적으로 문화는 모든 시민들에게 열린다. 능력이 있는 사람은 누구나 문화를 누릴 수 있다. 그러나 입에 풀칠이라도 하고 몸에 옷이라도 걸치고 비를 피할 수 있는 집이라도 있어야 문화타령을 할 수 있지 않겠는가. 기본적인 의식주 문제가 해결되지 않은 서민들에게 문화는 여전히 그림의 떡일 뿐이다. 그래서 근대도 문화의 세기는 될 수가 없었다.

현대를 규정하는 지칭 중에 문화가 들어 있다는 것은 현대가 문화와 관련하여 그 위상이 달라졌음을 반영하는 것이다. 거기에는 현대인의 삶의 기본조건에 의식주 문제만이 아니라 이제는 문화도 기본적으로 포함되어야 한다는 시대적인 분위기가 표현되고 있는 셈이다. 따라서 인간에 대한 규정도 달라져야 한다. 이성만을 인간의 본질적 차원으로 보던 예전의 규정은 바뀌어야 한다. 이제 감성과 영성 차원의 능력이 인간의 문화적 역량으로서 인간의 인간다움을 규정하는 것으로 고려되어야 한다.

이성을 앞세우고 논리를 들먹이며 합리성과 보편성을 잣대로 내세우면서 제일학문, 보편학문, 기초학문이라고 목소리를 높여왔던 철학도 이제 우리 시대의 분위기를 파악해서 자신의 역할이 무엇인지를 깨달아야 한다. 철학이 이성적이라고 자부하는 몇몇 학자 집단을 위한 고차원의 개념놀이라면 그것은 아무도 관심을 두지 않는 그들만의 현학적인 말장난에 그칠 것이다. 그것은 그들만의 '갈래문화' 이고 그들 자신만을 위한 자위 행위일 것이다.

오직 개념으로만 시대의 정신, 분위기, 아픔, 형상을 잡던 시대는 갔다. 그래서 현대를 정보화 시대, 디지털 시대, 사이버 시대, 영상 시대, 문화 시대라고 부르지 않는가. 이제 우리는 현대를 살아가는 보통사람들이 다양한 방식과 형태로 우리 시대의 다양한 모습들을 붙잡아 표현하고 있는 다양한 상징과 기호, 그리고 매체에 관심을 두어야 한다. 철학은 보통사람들의 삶의 방식에 눈을 맞추어야 한다. 개념과 논리, 명제만을 고집해서도 안 될 것이다. 개념으로 잡을 수 없어 없는 것으로 간주되었던 감성과 영성의 차원에 문을 활짝 열어야 한다.

철학이 세계에, 인간 모두에, 그리고 성스러운 신적 존재에 관심을 쏟아야 한다면 우리 시대에 철학은 다른 것이 아닌 '문화'로 거듭나야 한다. 현대의 교양인은 근대의 자유과목에 훈련된 인문학도가 아니라, 우리 시대의 감성과 영성능력을 갖추고 세계 인류문화 유산에 관심을 갖고 새로운 문화창조에 적극적으로 동참하는 '문화인'일 것이다. 정치, 경제, 기술의 굴레 아래 자기에게 맡겨진 운명의 쳇바퀴만을 돌리고 있는 현대의 보통사람들에게 희망과 여유의 숨통을 터줄 문화의 가능성과 방향제시가 필요한 시점이다.

그러면 문화의 세기라는 21세기가 처한 시대사적 상황을 잠깐 점검하며 변방에 사는 제3세계의 시민으로서 우리 한국인이 문화의 지구[세계]화에 어떻게 기여할 수 있는지 살펴보자.

3. 문화의 지구[세계]화 속 주체적인 중심잡기

21세기가 시작되었다. 새로운 천년의 시작을 지구촌의 사람들은 흥분과 기대 속에 전 지구를 첨단매체로 연결한 요란한 축제와 함께 시끌벅적하게 맞이하였다. 한 단계 성숙한 세계시민으로서 인종과 신념 그리고 문화의 차이를 넘어서 모두가 함께 더불어 평화롭게 사는 지구촌 건설을 다짐하는 숙연한 계기도 되었다. 그런데 그런 평화의 분위기는 채 1년도 넘기지 못하고 여지없이 깨지고 말았다. 세계기술문명과 자본주의시장의 상징이며 심장인 뉴욕의 세계무역센터 쌍둥이 건물이 테러를 당해 낡은 조립식 건물처럼 힘없이 와르르 무너져 내리는 사건이 일어났다. 지구촌의 엘리트임을 자랑하는, 수십 개국에서 선발된 수천 명이 넘는 자본주의의 첨병들이 목숨을 잃었다. 평화를 다짐하던 21세기 초의 분위기는 온데 간데없고 전쟁의 기운과 테러의 공포가 전 세계를 휩싸고 있다. 최첨단 무기들이 효율적으로 인간들의 목숨을 빼앗기 위해 집결되고 있다. 최첨단 과학기술이 몽땅 동원되어도 전 세계에서 기아로, 병으로 죽어가고 있는 인간생명을 살리기에 역부족인데 오히려 그 반대로 사람목숨을 빼앗는 데 총동원되고 있는 것이다.

새뮤얼 헌팅턴이 예측한 대로 인류는 피할 수 없는 〈문명의 충돌〉을 향해 치닫고 있는 듯하다. 아랍문명권과 서양문명권이 충돌하며 여기저기에서 게릴라전과 국지전을 일으키더니 이제는 중국문명권과 서양 내지는 미국문명권이 서로간의 갈등과 충돌을 표면화시키고 있다. 기술과 과학을 도구로 삼고 국경 없는 시장경제논리를 이념으로 삼아서 공동화된 중심을 독차지해 〈팍스 아메리카나〉를 공고히하려는 미국측의 전략과 그냥 그대로 물러설 수 없다며 예전 영화의 일면이라도 건지려고 바둥대는 유럽문명권의 집단화된 대응전략이 최첨단 무기를 동원한 싸움보다도 더 치열하게 보이지 않는 물밑에서 전개되고 있다. 여기에 지금까지 세계무대에서 힘없고 돈 없다는 이유만으로 배제되어 왔던 제3세계의 국가들이 생존전략의 차원에서 자구책을 강구하여 이판사판 목숨을 건 한판 승부를 각오하며 칼을 갈고 있다.

지금 우리는 삶의 공간과 시간이 하루 생활권으로 축소된 그야말로 지구촌 시대를 맞고 있다. 소위 IMF 체제를 겪으면서 우리는 이미 〈세계는 하나〉라는 사실을 피부로 체감하였다. 지구상의 모든 사람이 똑같은 복장을 하고 똑같은 음식을 먹고 똑같은 아파트 안에 살면서 똑같은 자동차를 타고 다니며 똑같은 음악을 듣고 똑같은 영화를 보며 똑같은 소설을 읽고 똑같은 텔레비전을 보며 똑같은 인터넷 게임을 즐기는 〈지구[세계]화의 시대〉에 우리는 살고 있다. 그런데 이것이 결코 인류에게 축복일 수는 없다. 다름과 차이가 제거된 똑같음의 지배와 확산은 창조주가 원하는 것도 아니며 인간다움에도 정면으로 위배되는 것이다. 세계화의 시대에 인류가 직면하고 있는 최대의 적은 〈획일화〉이다.

인간이 가지고 있는 차이를 최대한으로 살려 천차만별의 꽃들이 만발하게 하는 다양성의 길을 터 줄 수 있는 것은 무엇인가? 그것은 기술문명의 발전도 아니고 정치적 이데올로기도 아니며 경제적 시장원리도 아니고 과학적 추상화도 이성의 보편화도 아니고, 인간 개개인의 독특함과 다름을 있는 그대로 인정해주는 감성에 바탕한 문화적 창의성과 포용력이다. 21세기가 〈문화의 세기〉가 되기를 기대하는 인류의 염원은 바로 여기에 터하고 있는 것이다. 이제 서양중심의 합리성일변도의, 존재일변도의, 기술과학일변도의 생활태도와 사유방식이 강요되는 획일성의 시대는 종말을 고해야 한다. 이제는 모든 민족, 모든 나라의 문화가 저마다의 독특한 향기와 빛깔의 꽃들을 활짝 피워 하나뿐인 지구를 아름답게 수놓는 문화다양성의 시대가 열려야 한다. 서양은 더 이상 이 세계의 절대중심이 될 수도 없고 되어서도 안 된다. 서양의 기술문명 및 경제중심의 세계관이 퍼뜨리고 있는 지구상의 재앙을 직시해야 한다. 서양은 이제라도 앞장서서 자신이 지금껏 보려고 하지 않아 볼 수 없었던 사유방식과 생활태도를 다른 문화권의 차이에서 보고 배우려는 겸손한 자세를 가지고 〈하나뿐인 지구〉가 파멸의 나락으로 떨어지는 것을 막아야 한다. 이것이 세계화 시대를 맞이하여 세계화의 추세에 갈피를 못 잡고 있는 이 땅의 한국인이 가져야 할 문제의식이다.

우리는 더 이상 현대화라는, 세계화라는 미명 아래 서양을 흉내내는 식민지 근성을 벗어 던져야 한다. 탈서양을 외치고 있는 시대사적인 분위기를 제대로 읽어 다중심의 다극화 시대에 흔들리지 말고 이 땅, 우리의 역사와 문화에 뿌리를 내려 중심을 굳건하게 잡고 우리 스스로 주체적으로 우리의 문제, 세계의 문제를 풀어나가는 〈세계 속의 한국인〉이 되려고 노력해야 한다.

그렇다면 이러한 〈주체적인 중심잡기〉를 위해 필요한 것은 무엇인가?

중심을 잡기 위해서는 무엇보다도 우선 굳건히 서 있을 수 있는 〈지반〉이 있어야 한다. 즉, 우리는 우리가 살고 있는 이 땅에 뿌리를 내리고 있어야 한다. 우리의 삶의 현장인 여기 이곳의 생활세계를 망각하고 선진국만을 바라보고 있는 한, 우리는 중심을 잡을 수 없다. 그런데 인간은 땅만을 갖고 중심을 잡아 독자적인 세계를 만들어 나갈 수 없다. 중심을 잡기 위해서는 그 땅에서 사는 사람들 사이에 공동체적인 〈일체감〉이 형성되어 있어야 한다. 이 일체감은 역사와 문화에 의한 삶의 양식과 사유태도의 동질성이 확보해 줄 것이다. 그것을 우리는 민족적 정체성, 역사적 정체성 또는 민족적 자아, 문화적 주체 등으로 부르기도 한다. 주체적인 중심잡기를 위해 필요한 세 번째 요소는 〈주체성〉이다. 우리 스스로가 우리의 생활세계와 우리의 문화, 역사에 대해 주인이 되어야 한다. 그러기 위해서는 우리 자신의 눈으로 세상을 보고 스스로 사유하여 우리의 문제를 우리 스스로 해결해 나가려는 결연한 주체의식이 있어야 한다. 여기에서 중요한 것은 우리의 세상을 보는 눈인 우리말이다. 우리의 세계, 문화, 역사, 삶의 중심핵은 언어다. 마지막으로 이러한 중심잡기에서 우리가 잊지 말아야 할 것은 우리가 놓여 있는 〈세계적인 상황〉이다. 지금 우리는 다양한 중심들이 존재하는 다중심의 시대를 살고 있다. 문화다양성의 시대를 살면서 우리의 중심만을 유일한 중심으로 고집해서는 안 된다. 우리는 하나의 지구 위에서 서로 다른 민족들과 더불어 서로 다른 문화적 역사적 배경을 갖고 서로 다른 시각으로 세상을 보면서 서로의 다름을 인정하고 존중하면서 살아나가야 한다. 그렇기 때문에 과거 어느 때보다도 더불어 삶의 지혜와 공존의 논리가 필요한 시대이다. 우리는 머리를 맞대고 하나뿐인 세계가 평화롭게 유지되도록 지혜를 모아 인류가 처한 문제를 공동으로 대처해 나가야 할 세계시민으로서의 사명을 띠고 있는 것이다. 따라서 주체적인 중심잡기가 하나뿐인 세계 속에서 실행되고 있음을 망각해서는 안 된다. 〈세계 속의 한국인〉으로서 세계와 더불어 세계의 문제를 해결하는 데 일익을 담당해야 한다.

4. 문화의 발전단계와 콘텐츠

문화산업이 21세기 고부가가치산업으로 주목되면서 문화콘텐츠에 대한 관심이 고조되고 있다. 문화콘텐츠란 무엇을 말하는가? 유네스코는 〈문화적 표현의 다양성 보호와 증진 협약〉(2005년)에서 '문화콘텐츠(Cultural Content)'를 "문화적 정체성에서 비롯되거나 이를 표현하는 상징적 의미, 예술적 영역, 그리고 문화적 가치"를 의미한다고 설명하고 있다.[3] 이 정의에서 '문화적 정체성'과 '문화적 가치'라는 낱말이 우리의 눈길을 끈다. 문화적 내용에 문화적 옷을 입혀서 만드는 문화콘텐츠에서 핵심이 되는 것은 바로 '문화적 정체성'이라고 이야기하고 있는 것이다. 그렇다면 우리가 만들어내려고 하는 문화콘텐츠에 바탕이나 배경, 결이나 무늬로 전제되거나 깔릴 '한국 문화의 정체성'은 무엇인가? 아니, 도대체 문화에서 정체성을 말할 수 있는가?[4] 문화적 정체성을 말하게 된 시대적 배경은 무엇인가?

지은이는 우선 '문화콘텐츠'라는 개념을 '문화 + 콘텐츠'의 합성어라는 일반적인 생각에서 출발하려고 한다. 그리고 문화콘텐츠에 대한 유네스코의 제안적 규정을 염두에 두고 이야기를 풀어나가려고 한다. 또한 한국에서 문화콘텐츠학을 공부하는 사람은 궁극적으로 문화민족임을 자부하는 한민족의 문화자산을 지구화의 시대인 오늘날 어떻게 지구인의 문화입맛에 맞게 새롭게 다시 창의적으로 재해석해서 콘텐츠로 만들어내느냐

---

3) 참조 www.unesco.or.kr/news/20051018_culdiv_k.

4) 대만학자 천광싱[陳光興]은 이렇게 말한다. "정체성은 끊임없이 변동하는 것입니다. 먼저 인정해야 하는 것은 동아시아에 아직 어떤 정체성도 없다는 것입니다. 우선은 '상상'에서부터 시작해야 합니다. 동아시아는 경계도 없습니다. …… 공동의 무엇인가가 있어야만 한다는 우리의 희망이 있을 뿐인 거죠. 사실상 동북아에는 총체성이 아닌 단편성이 더 강하다고 봅니다." 천광싱/백원담 대담, "한류의 출발점, 서로를 들여다보기, 역사 함께 되돌아보기", 백원담, 『한류. 동아시아의 문화선택』, 펜타그램, 2005, 352.

에 관심을 두고 있을 것이라는 확신에서 출발한다.

그러기 위해서는 인류의 역사가 어떻게 흘러 문화의 세기라는 현대에까지 왔는지를 알아야 한다. 왜 오늘날 콘텐츠가, 문화콘텐츠가 문제가 되고 있는지 현대가 처한 시대사적, 문명사적 상황을 파악해야 한다. 지구촌 시대 이제 인류는 공동의 운명체가 되었다. 각기 다른 문화권의 문화자산은 이제 인류의 문화자산으로 지구인이 평화롭게 한데 어울려 함께 살아가는 데 삶의 방향과 지표로 활용되어야 한다. 인류의 역사를 되돌아보면 몇 단계의 발전단계가 있었음을 확인할 수 있다. 그것을 지은이는 신화적 단계의 그림문화, 존재론적 단계의 말의 문화, 인식론적 단계의 글의 문화, 관계론적 단계의 정보문화라고 분류해본다.

이런 문화사적 배경에서 현대 우리가 놓여 있는, '문화' 가 핵심 키워드로 등장하고 있는 독특한, 새로운 시대사적 분위기를 점검해본다. 무엇보다도 '문화' 라는 개념이 근본적으로 달라졌음을 분명하게 알 수 있다. '문화는 전략이다' 라는 말을 염두에 두고 우리도 새 시대에 맞는 문화적 전략을 세워 미래의 '문화전쟁' 의 시대를 대비해야 한다. 그러기 위해서는 우리 자신을 문화적으로 제대로 알아야 한다.

서양문명의 충격으로 모든 것 — 세계관, 인생관, 가치관 — 이 뿌리채 뽑혀버린 지난 150년의 역사를 되짚어본다. 근대화의 밝음과 어둠을 되새기면서 정보화 시대에 우리가 할 수 있는 일을 가늠해본다. 21세기 한국문화가 세계 속에 자리매김할 수 있는 가능성을 여러 방면에서 검토해본다. 세계 속에 우뚝 선 세계적 한국 문화인들을 사례로 해서 그들의 성공요인들을 분석해본다. 이들의 '문화콘텐츠' 에서 21세기 지구인들에게 통용될 수 있는 한국문화의 가치로는 어떤 것이 있는지 정리해본다.

1

왜 문화콘텐츠인가, 문화다원주의 시대 인간의 삶

1. 이미지로 보는 문화의 시대 문화콘텐츠의 위력
2. 현대는 문화의 세기
3. 문화콘텐츠란 '문화 + 콘텐츠'
4. 문화콘텐츠 출현 배경

1 | 이미지로 보는 문화의 시대 문화콘텐츠의 위력

이번 장에서 다루어야 할 내용은 〈사진 1〉과 〈사진 2〉에 잘 나타나 있다. 〈사진 1〉은 숭산 스님과 그의 제자들의 모습이다. 숭산 스님과 함께 있는 그의 제자들은 모두 외국인 제자들이다. 외국인으로서 머리를 삭발하고 스님복장을 한 채 사진에 등장하고 있다. 〈사진 2〉는 황병기 선생의 사진이다. 황병기 선생의 대표적인 작품인 〈비단길〉이라는 음악은 매우 상징적인 의미를 담고 있다. 동양과 서양의 문화교류를 음악으로써 잘 표현하고 있기 때문이다.

숭산 스님을 우선 내세우는 데는 나름대로 이유가 있다. 그 이유는 바

사진 1 숭산 스님과 그의 제자들

사진 2 황병기 선생

로 문화가 삶 자체를 바꾸는 힘을 갖고 있기 때문이다. 문화 중에서도 가장 상위의 문화가 존재한다면 그것은 분명 종교문화일 것이다. 요즘 우리는 문화라는 용어가 범람하는 시대에 살고 있다. 자동차문화, 음식문화, 주거문화, 화장실문화, 성문화 등이 그것이다. 우리의 생활주변에 온통 온갖 종류의 문화가 범람하고 있지만, 그 문화가 나의 삶의 어떤 부분에 해당되느냐에 따라서 문화는 다르게 나타난다. 교통문화라면 교통에 관계되고, 음식문화라면 음식에 관계될 것이다. 그런데 어떤 문화는 삶 그 자체를 바꿀 수도 있다. 한 예로 숭산 스님이 가르친 제자들 가운데 일반인들에게도 널리 알려진 현각 스님이라는 사람이 있다. 그는 하버드대 출신이다. 본래 이름은 폴 문젠(Paul Munsen)이다. '폴 문젠' 이라고 하는 하버드생이 자기 머리를 깎고 중이 되려는 각오를 했을 때, 그로써 그 사람의 인생은 완전히 바뀌게 된다. 유행하는 화장실문화에 맞추어 화장실의 변기를 요즘 유행하는 '룰루 프로젝트' 로 바꾸는 것과는 비교될 수 없는 차원의 변화이다. 스님이 된다는 것은 자기 삶 전체를 바꾸는 것이기 때문이다. 세상에는 다양한 양태의 문화가 있지만 그 중에서 가장 크고 중요한

사진 3 신부, 수녀, 목사의 복장. 이 땅에 뿌리내린 서양 종교 기독교

문화적 양태는 바로 자기 자신의 삶을 바꾸는 종교적인 삶일 것이다.

〈사진 3〉의 사진들은 글쓴이와 관련된 사진들이다. 가운데 사진 속에 지은이도 있다. 지은이는 가톨릭대학교 출신이다. 그 말은 지은이가 과거에는 신부가 되기 위해 가톨릭대에 입학했었다는 이야기이다. 가톨릭교 또는 기독교는 한국에 들어온 지 100~200년이 넘었다. 200년 전 가톨릭교가 처음 이 땅에 들어왔을 때 그 교에 입문한 사람들은 목숨을 걸고 신앙을 고백해야 했다. 그 당시 서양종교인 가톨릭교를 받아들인다는 것은 목숨을 건 결단이었다. 이제 세월이 지나 서양종교인 가톨릭교와 기독교가 사회 곳곳에 자리를 잡아 일상적인 풍경을 이루고 있지만, 그 당시에는 받아들여서는 안 되는 — 받아들이려면 목숨을 걸고 자신의 삶을 통째로 바꿔야 하는 — 그런 종교문화였다.

〈사진 3〉은 약 35년 전의 사진이다. 그 때 지은이는 사진에서 보이는 복장, 소위 '수단'이라는 서양종교의 예복을 입고 있었다. 이 수단이라는 예복은 일종의 동정을 상징한다. 그것은 일생동안 결혼을 하지 않고 동정을 지키면서 독신으로 산다는 그런 상징을 품고 있다. 아시아인, 한국 사람인 내가 기존의 전통적인 삶의 방식을 버리고 서양종교인 가톨릭교에 맞춰서 나의 삶을 바꾸겠다는 결심을 하고 가톨릭에 귀의해 거기의 종교문화를 받아들이겠다고 결단을 내린 것이다.

보통 사람들은 근대화라고 하면 흔히 서양화를 떠올린다. 이런 근대화, 서양화로 인해 1900년대 이후 한국은 엄청나게 빠른 속도로 큰 변모를 성취했다. 그것은 모든 사람들이 합심해서 생활의 구석구석에 이르기까지 근대화, 서양화를 지향하며 변화에 동참했기 때문에 가능했다. 이런 환경 속에 서양의 종교인 기독교가 이 땅에 급속히 퍼져갔고, 그결과 지금은 약 1300만 명이 넘는다고 한다(2005년 통계청 조사에 따르면 남한 인구 4813

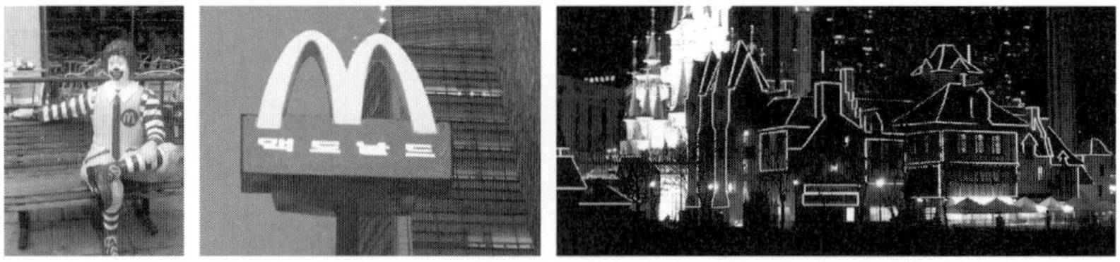

사진 4 한국의 새 풍속도 : 맥도날드와 매직 아일랜드. 달라진 음식문화와 놀이문화

만 8000명 중 약 1/4정도가 — 기독교 861만 6438명, 천주교 514만 6147명 — 기독교를 신봉하는 것으로 집계되었다).

그런데 이제 주목해야 할 것은 지구의 반대편에서는 한국과는 다른 현상이 일어나고 있다는 것이다. 그것은 바로 앞에서 우리가 본 이미지와 관련되어 있다. 바로 숭산 스님과 그의 제자들이다. 지은이가 가톨릭교의 성직자의 복장인 수단과 로만칼라를 했던 것과는 반대로 현각 스님과 그의 제자들은 서양 옷을 벗어던지고 한국 스님들의 옷으로 갈아입은 것이다. 우리는 여기서 한 번 이러한 문화적인 형태, 문화적인 삶의 결단에 주목해보아야 한다. 이 사람들이 무슨 이유로 자기네들의 정신문화라고 하는 기독교문화를 버리고 한국의 불교문화를 택했는가를 곰곰이 생각해 보아야 한다.

사진 5 동아시아와 중동에 부는 한류 열풍

〈사진 4〉의 사진은 이미 우리에게 매우 친숙한 맥도날드와 롯데월드 매직 아일랜드의 이미지이다. 이들은 서양식의 먹거리문화와 놀이문화를 대표하고 있다. 이 서양의 문화가 이미 한국인의 삶 구석구석에 침투해서 우리들의 삶의 방식을 보이게 또는 보이지 않게 바꾸고 있다.

지은이는 한복 입기를 즐겨한다. 그러나 여러분들의 옷차림은 이제 완전히 서양화되어 있다. 그런데 또 다른 한편 동아시아에는 '한류' 라는 열풍이 불고 있다. 〈사진 5〉는 한류의 영향을 잘 보여주는 이미지이다. 일본 사람들이 한국문화를 알기 위해서 한국을 방문했을 때의 모습을 보여주는 이미지이다. 우리는 한류가 일본, 중국 등지에만 영향을 미친다고 생각하고 있지만 사실은 그 이상이다. 이미 저 멀리 중동, 이집트에서도 한류 열풍이 불고 있다고 한다. 그것은 여러분들이 자료를 통해서 확인할 수 있을 것이다.

문화콘텐츠의 위력은 매우 크다. 〈사진 6〉은 해리포터 시리즈의 저자인 롤링 씨의 이미지이다. 롤링 씨는 지금 영국에서 엘리자베스 여왕보다도 부자라고 한다. 세계에서 가장 돈이 많은 여성으로 1, 2위를 다툴 정도로 부자가 됐는데, 그 사람이 그렇게 될 수 있었던 것은 뛰어난 상상력 덕분이었다. 상상력을 바탕으로 스토리텔링을 해나가 해리 포터라는 문화콘텐츠를 만들어 부자가 된 것이다. 또 다른 문화콘텐츠의 위력은 오프라인 대학을 대신해 많은 사람들이 참여하고 있는 온라인 사이버대학이 잘 보여주고 있다. 그야말로 현재의 기술은 집안에 앉아서 파리에 있

사진 6 J.K 롤링

는 루브르 박물관, 런던의 대영박물관 등 전 세계의 유명박물관을 방문할 수 있는 가능성을 제공하고 있다.

위의 자료는 문화다원주의 시대 인간의 삶, 문화의 세기라고 하는 현대에 문화가 얼마만큼 우리의 삶을 바꿔버리고 있는가를 단적으로 보여주기 위해 준비한 이미지들이다. 이제 글자/인쇄/텍스트의 시대는 지났다고 한다. 글자의 시대는 지나고 영상/전자의 시대에 우리는 살고 있다. 달라진 시대에 우리의 공부방식도 달라져야 한다. 그래서 우리는 우리가 관심을 가지고 있는 것을 이미지로 표현한다면 어떤 이미지를 택할 것인가 또는 어떤 이미지로 만들 것인가를 고심해볼 만하다. 아마도 그것은 끊임없이 영상적으로, 장면상으로 생각하는 것이 될 것이다. 앞으로 우리는 그런 능력을 키워나가야 한다. 이런 능력 위에서만 문화의 세기에 문화콘텐츠와 더불어 문화콘텐츠를 만들면서 문화콘텐츠를 향유하면서 사는 문화의 주체가 될 수 있을 것이다.

2 | 현대는 문화의 세기

앞에서도 잠깐 언급했지만 현대는 문화의 세기이다. 나폴레옹(Napoleon Bonaparte)은 1815년경 이렇게 말했다. "정치는 우리의 운명이다." 그 전에도 정치가 중요하기는 했지만 그 전의 정치라고 하는 것은 왕권정치였다. 절대 왕권정치였기 때문에 지금 우리가 생각하는 그런 정치는 아니었다.

그런데 나폴레옹의 시대에 들어서면서 정치는 사회를 변혁시키는 가장 중요한 요인으로 등장하게 된다.

그리고 약 30년 뒤 1845년경 카를 마르크스(Karl Heinrich Marx)는 "경제는 우리의 운명이다"라고 이야기했다. 정치보다 더 중요한 것이 빵의 문제를 해결해야 하는 경제라고 생각한 것이다. 경제가 탄탄하지 않으면 정치는 모래 위에 지은 카드집하고 별반 다를 바가 없다고 생각한 것이다. 그래서 경제를 독점하려고 하는 계층들에 대항해서 민중들이 일어났고 지금도 이 말은 유효하다. 현재도 정치는 우리의 운명이고, 또한 경제도 우리의 운명이다. 그런데 정치와 경제에는 굉장히 부정적인 의미들이 강하게 내포되어 있는 것이 문제다. 민중들로서 어쩔 수 없이, 항거할 수 없이 그냥 그 굴레에 끼어들어서 하나의 쳇바퀴를 돌리듯 살 수밖에 없다는 사실이 그 안에 강하게 내포되어 있기 때문이다.

그렇다면 현대는 어떤 문화의 틀이 우리의 운명을 좌우하고 있을까? 마르틴 하이데거(Martin Heidegger)는 1945년경 이렇게 말했다. "기술은 우리의 운명이다." 이 말처럼 우리는 지금 기술이 우리의 운명인 시대에 살고 있다. 지금 우리는 한 발자국만 움직여도 사방팔방 온통 기술로 돌아가는 세계 속에 살고 있다. 그 어디에서도 기술 없이는 한 발자국도 벗어 나갈 틈이 없다. 우리가 가장 많이 생활하는 곳인 집 안에서도 우리는 온통 기술로 둘러싸여 있다. 그런데 사람들은 흔히 쉽게 "기술은 우리 인간이 편리하게 사용하는 도구이다"라고 생각한다. 그렇지만 그것은 착각이다. 과연 기술이 도구인가? 요즘 잘나가는 최신기계를 구입해 사용한다고 생각해보자. 그 안에는 두꺼운 사용설명서가 들어 있다. 어떤 기계들은 그 사용설명서를 다 알고 난 후에야 조작할 수 있을 정도이다. 그래서 기계를 잘못 조작하면 경고음과 함께 다시 조작하라는 메시지가 뜬다. 과연 누가 주인인가. 어떻게 보면 우리는 더 이상 기계의 주인이 아니다. 바로 기계가 주인이다. 기계가 원하는 대로, 명령하는 방법대로 조작하지 않으면 기계는 작동하지 않는다. 요지부동이다. 기계뿐만이 아니다. 이제 거의 모든 부분에서 사람은 기계에 종속되어 있다.

"기술은 우리의 운명이다." 전기가 한 번 단전이라도 되면 많은 사람들이 추운겨울에 벌벌 떨어야 한다. 버튼 한 번 잘못 누르면 전쟁이 일어날 수도 있다. 그야말로 우리는 기술에 둘러싸여서 기술에 종속되어 살고 있는 것이다. 그래서 이런 기술의 시대를 비판하는 많은 작품들이 있다. 그 예로 영화에서는 〈메트릭스〉와 〈AI〉, 〈아일랜드〉 같은 작품들이 기술의 시대 인간이 처한 위기상황을 고발하고 있다. 그래서 결론으로 정치, 경제의 경우처럼, "기술 — 이것은 우리의 운명이다"라고 말할 수밖에 없는 처지이다. 이제 우리는 어쩔 수 없이 현대를 살아나가기 위해서 기계에 순응하고 기계가 원하는 대로 따를 수밖에 없다. 기술문명이 우리의 사방을 조여 오고 있다. 기계가 우리의 목을 조이고 있는 것이다. 우리는 기술이 편리하다고 생각하지만 사실은 그 편리가 무언가를 담보로 하는 편리일 뿐이다.

그런데 이제 '문화'를 생각해 보면 문화에는 정치, 경제, 기술과는 다른 면이 있다. 그 다른 면을 우리는 다음과 같이 표현해 볼 수 있다. "문화는 우리의 여유이다." "문화는 우리의 희망이다." 그래서 우리는 지금 우리가 사는 시대를 〈문화의 세기〉라고 이름하고 있는 것이다. 정치, 경제, 기술의 굴레 아래에서도 우리가 숨통을 틔며 살 수 있는 이유는 문화를 통해서 우리 자신을 표현하며 좀더 여유롭게 인간다운 세상을 구현할 수 있기 때문이다. 우리는 문화를 통해서 다양한 세계들을 알 수 있다. 그런 세계들은 우리가 우리 멋대로 다스리고 있는 것이 아니다. 우리는 세계와 더불어 소통할 수 있다. 남과 더불어 소통하고, 다른 많은 문화를 알고 그 주체들과 소통할 수 있다. 이럴 때 우리는 우리의 삶을 문화의 삶으로 바꿀 수 있다. 그래서 문화의 세기라는 21세기에 '문화'가 핵심 키워드로 부상하고 있다. 문화산업과 문화자본 등 문화와 관련된 모든 것들이 이제는 그야말로 경제를 주도할 정도로 문화가 전면에 부각되고 있다. 그러나 이것은 바로 또 문화가 가지고 있는 어두운 그늘이기도 하다. 미국은 거대한 자본을 이용해 대중들이 쉽게 빠져들어 거기에 호응할 수밖에 없는 그런 다양한 '문화' 상품들을 만들어서 전 세계에 팔아넘기고 있다. 영화부터 시작해 다양한 캐릭터 등이 바로 이런 것들이다. 현대인들은 선택의 여지 없이 획일화된 문화상품을 소모하는 소비자로 전락한 듯 보인다.

그러나 이런 문화의 어두운 측면의 시대도 꽤 많이 흘러갔다. 이제 지구촌의 문화인들은 미국문화가 일방적으로 전 세계 지구인들에게 강매하고 있는 그러한 편협한 대중문화에 식상해하고 있다. 미국 영화의 특징은 무엇인가? 섹스, 폭력, 액션 등이 대부분이다. 이제 이런 미국영화의 범람에 사람들은 고개를 돌리고 있다. 그렇기 때문에 한류가 그런 틈새를 비집고 들어가고 있는 것이다. 동아시아인들도 미국문화의 섹스, 폭력, 액션 등에 이제는 식상해하고 있다. 사람들은 뭔가 고향과 같은 포근함을 느꼈던 그런 전통과 연결되는 어떤 것을 찾고 싶어 한다. 한국인들은 어떻게 보면 나름대로 그런 식으로 잘 대처해 오고 있다. 전통적인 것과 현대적인 것을 잘 조화시켜서 현대인들의 감각에 맞게 재창조해내고 있다. 중동에서도 비슷한 바람이 불고 있다. 중동은 그야말로 서양문화, 특히 미국의 헐리우드 문화가 판을 치고 있었지만 다른 대안이 전혀 없었다. 그런데 이제 한국에서 온 조그만 대안을 보고 거기에 열광하고 있다. 지은이는 2005년 김지하 시인을 도와 〈세계생명문화포럼〉의 운영에 참가했다. 그 때 그

곳의 주제마당 하나가 '한류' 였다. 〈세계생명문화포럼〉에서는 이집트 알렉산더대학에 있는 교수 한 분을 모셔왔다. 그런데 그 교수의 전공이 바로 한류였다. 그래서 그 교수는 한류에 대한 것을 이집트어로 낸 책도 한 권 가지고 왔다. 몇 년 전까지만 해도 이것은 상상하기조차 힘든 사건이다. 이집트에서도 얼마 전에 〈겨울연가〉 신드롬이 전국을 강타했다고 한다. 그 당시 〈겨울연가〉가 종영이 되고 나자 금단현상을 일으키는 사람들이 많았다고 한다. 그래서 결국 〈겨울연가〉를 다시 한 번 재방영했다고 한다. 이게 바로 문화의 세기에 문화가 가지고 있는 힘이다. 문화가 가지고 있는 가능성과 그 틈새를 잘 연구한다면 우리의 문화가 세계[지구]화될 수 있는 길이 열릴 것이다.

20세기 말부터 미국화되어가는 현대를 걱정하는 사람들이 많이 있다. 그 중에 한 사람이 바로 엘리아데(Mircea Eliade)이다. 엘리아데가 한 말 중에 유명한 말이 있다. "만일 유럽의 민족들이 더 이상 역사를 〈만드는〉 유일한 민족들이 아니라면, 그들의 정신적 · 문화적 가치들도 더 이상 특권을 부여받은 것으로 남아 있지 못한다. 하물며 의심의 여지가 없는 권위는 말할 것도 없다."[5] 즉, 유럽인들이 가지고 있는 문화적인 전통, 문화적인 가치가 이제 더 이상 의심의 여지없이 보편적인 것으로 통용될 수는 없다는 이야기이다. 지은이는 철학을 전공으로 하고 있다. 지은이가 어떤 문제에 대해 토론을 하며 한국적인 것을 내세우면 어떤 사람은 그것이 한국적인 특수성이라고 평가절하해 버린다. 그리고 이렇게 이야기한다. "특수적인 것을 고집하면 그것은 학문의 보편성추구에 어긋난다." 그들의 논리는 다음과 같다. "보편성은 다수에게 두루 통용되는 것이다." 그런데 만일 다수

5) M. Eliade, *Die Sehnsucht nach dem Ursprung*『근원에 대한 갈구』, Wien 1973, 16.

에게 두루 통용되는 것이 보편성이라면 지금 현재로서는 그것은 당연히 서양적인 것을 이야기하는 것이 된다. 그래서 서양적인 것이 당연히 보편적인 것이 되는 셈이다. 그리고 그런 기준 아래 한국의 것에 대해서는 "한국적인 것이니까 그것은 특수적인 것이다"라고 판단해 버린다. 그렇다면 과연 유럽의 문화는 보편적인 것인가? 과연 서양인들이 거대자본과 기술과 정치를 이용해 전 세계에 코카콜라와 맥도날드를 유통시켰고 그래서 그것들이 지금 가장 많이 유통되니까 보편적인 것이고 '진리'인가? 아니다. 진리가 다수결로 결정될 수 있는 사안인가? 지금 서양인들은 다수결로 해결되는 것이 진리라며 이런 식으로 논리를 펴고 있다. "코카콜라가 얼마나 많이 애용되고 있는가를 보아라! 이처럼 전 세계에 두루 퍼져 절대적인 영향력을 펼치고 있는 유럽문화가 진리이다." 그러나 분명 이것은 아니다. 그렇기 때문에 엘리아데가 외치고 있는 경고를 잘 새겨 들어야 한다.

또 타고르는 유럽문화, 유럽사상, 유럽종교의 획일화를 걱정하면서 이런 말을 했다. "만일 도대체 그러한 파국이 인류에게 덮쳐, 오직 하나의 종교만이 [또는 오직 하나의 문화나 철학만이] 모든 곳에 차고 넘친다면, 신은 그의 피조물들을 그러한 정신적 파멸에서 구하기 위해 두 번째의 노아의 방주를 마련해야 할 것이다."[6] 즉 문화의 획일화, 사상의 획일화, 종교의 획일화가 온다면 하느님께서는 그 획일화를 막기 위해서 또 한 번 방주를 마련할 것이라고 말하고 있다. 그런 획일화야말로 인류에게 가장 무서운 파국이기 때문에 그 파국을 막기 위해서 두 번째 노아의 방주를 예비시킨다는 말이다. 따라서 그런 사태를 막기 위해 지금 우리가 가장 염려해야

6) R. Tagore, *Vom Flüstern der Seele*『영혼의 속삭임에 대하여』, Ram Adhar Mall, *Philosophie in Vergleics der Uulturen*『문화비교의 철학』 Darmstadt, 1995, 32/33 에서 다시 따옴.

하는 것은 바로 문화의 획일화이다. 서양인들이, 미국인들이 제시하고 있는 대중문화에 현혹되어 '전 세계 지구인들이 다 좋아하는 것이다' 라며 생각 없이 뒤좇다보면 언젠가 우리 것은 다 사라지고 말 것이다 .

사례 하나를 더 들어보자. 제이콥 니들먼(Jacob Needleman)이라는 서양의 지성인은 생물학적 종이 하나둘 파괴되는 것보다 우리가 더욱 걱정해야 할 것은 인류가 전수받은 다양한 가치체계, 사상들이 사라져버리는 것이라고 토로한다.

"범죄의 증가, 마약, 빈익빈 부익부, 성병의 확산, 환경파괴, 인구폭발, 정부의 무능 등 현대 세계의 위기는 삶의 해석과 행위에 있어서 철학적 · 도덕적 지침의 전세계적인 파탄의 결과이다. 인구증가, 기술의 발전, 시장경제의 강화와 확산 등으로 생물학적 종이 파괴되고 있는 것처럼 셀 수 없이 많은 고유한 가치체계, 종교적 가르침, 도덕체계, 의료지식체계, 갈수록 본래의 맥락에서 멀어지고 오해되는 관습, 의식, 상징 그리고 거기에 남겨진 사회적 지혜 등도 파괴되고 있다. 새로운 기술은 철학과 정신적 사상이 가져다 준 전통적 역할의 자리를 대신하고 있다. 과학자들은 인간의 뇌를 조작하여 행복과 우월의 감정을 만들어낼 수 있으며 유전자 기호를 재배열할 수도 있다. 생물학적 · 경제적 기술은 인간 정체의 의미나 삶과 죽음, 일, 가족단위를 바꾸는 데에도 사용될 수 있다. …… 우리는 완전하게 관리되고 설명되는 세상, 슬픔도 고통도 없는 세상이 존재할 것이라는 환상을 떨쳐 버려야만 한다. 현대 사회위기의 중요한 면들은 잘못된 인식과 가정들 때문에 만들어진 것이다."[7] 그는 이렇게 기술이 모든 것을 대신하고 있는 현대사회를 걱정하고 있다. 그런데 가만히 생각해 보자. 지금

7) 제이콥 니들먼(Jacob Needleman), "순수한 물적 위기는 존재하지 않는다", 『21세기 예측』, 클라우스 슈밥 엮음, 장대환 감역, 매일경제신문사, 1996, 31 이하.

우리의 경우가 그렇지 않은가. 우리는 우리의 문화적인 자산이 거의 전부 사라져 버리고 우리의 세계가 서양화, 미국화된 그런 세상을 살고 있지 않는가. 이제라도 우리는 우리의 문화적인 자산을 지켜서 문화다원주의 시대에 한국적인 문화를 세계적인 문화로 키워내어 전 세계인들을 교양인들로 만들어야 할 사명을 짊어지고 있는 것이다.

현대사회에서 어떤 사람이 교양인인가? 현대의 교양인은 바로 문화인이다. 문화적인 소양을 갖춘 사람이 교양인이다. 이러한 시대적인 사명을 띠고 있는 문화인들에게 이 현대는 열린 대화를 요구하고 있다. 그 열린 대화는 — 특히 우리 입장에서 본다면 — 동양과 서양의 상호 문화적인 교류를 뜻하고 있는 것이다.

3 | 문화콘텐츠란 '문화 + 콘텐츠'

이제 '문화콘텐츠' 란 무엇인지, 문화콘텐츠에 대해 대략적으로 알아보자. 그러기 위해서 먼저 왜 오늘날이 문화콘텐츠 시대인지에 대해 알아보고, 우리가 어떤 문제의식을 가지고 문화콘텐츠를 공부하며 다뤄야 할지 살펴보도록 하자. 여기서 '문화' 는 우리말이고 '콘텐츠' 는 영어에서 차용한 들온말이다. 콘텐츠를 우리말로 옮겨 표현한다면 '알갱이' , '알짬' 이라는 번역이 가능할 것이다. 그러나 벌써 콘텐츠라는 용어가 일상용어로 굳어져 버려 이제 와서 '알갱이' 라고 쓰면 조금 유치하다고 생각할 수 있다. 그러므로 우선은 일상용어의 의미에 학술적인 의미를 붙여서 개념을 좀더 분명히 하는 방식으로 전개해 나가도록 하자. 어쨌든 〈콘텐츠〉는 알다시피 'Content' 라는 낱말의 복수형이다. 콘텐츠가 뜻하고 있는 것은 '내용' 이다. 그렇게 볼 때 문화콘텐츠는 '문화의 내용' 이라는 뜻이다. 그렇다면 만약 서양어로 문화콘텐츠라는 말을 역으로 옮겨 표현한다면 'Cultural Contens' , 또는 'Culturte Contents' 라고 해야 하는가. 아직은 이러한 표현은 잘 사용되지 않고 있다. 보통은 그냥 콘텐트(Content)라고만 쓴다. 그러나 우리는 '콘텐츠' 라고만 하면 차별화가 안 되기에 거기에 '문화' 를 덧붙여서 '문화콘텐츠' 라는 말을 새로 만들었다. 그렇다면 왜 '문화' 에 '콘텐츠' 라는 용어가 붙어 있는지, 이 점을 한 번 생각해 봐야 한다.

우리는 '문화' 하면 무엇을 생각하는가. '문화' 하면 우리는 정신문화, 즉 어떤 정신적인 것을 떠올린다. 예전에 〈정신문화연구원〉이라고 불리던 곳이 지금은 〈한국학중앙연구원〉으로 개명되었다. 처음에 '정신문화연구원' 이라는 기관이 출범할 적에 많은 사람들이 '문화하면 정신적인 것인데 왜 거기에 또 정신을 붙이느냐. 그것은 동어반복이다' 라고 주장했었다. 그리고 '정신문화연구원이 있으면 물질문화연구원이라는 것도 있어야 되지 않느냐' 라고 비아냥거린 사람들도 있었다. 이렇듯 '문화' 하면 정신적인 것이라는 생각이 포함되어 있다. 그래서 우선 '문화' 라고 하면 항상 정신과 함께 가는 것으로 생각되었다. 정신과 대립되는 것은 물질이다. 정신이라는 것과 물질이라는 것이 서로 만나서 이룬 것을 우리는 '문명' 이라고 한다. 그것을 우리는 흔히 물질문명, 기술문명이라고 명명한다. '문명' 은 'Civilization' 이라고 하는 말의 번역이다. 문화라는 말도 '컬쳐(Culture)' , 라틴어로 '쿨투라(Cultura)' 라고 하는 말에 대한 번역이다. 그렇다면 그 전에 우리에게 문화가 없었는가? 문화가 없었던 것은 아니다. '문화' 라고 하는 사태는 있었지만 그 사태를 지칭하는 우리 식의 표현이 문화는 아니었다. 이제 '문화' 는 아주 외연이 넓은 포괄적인 개념이 되었다. 이 '문화' 가 정신과 밀접하게 연관되어 있다.

그렇다면 과연 정신은 무엇인가? 본래 정신 자체는 눈에 보이는 것이 아니다. 정신은 형태가 없다. 그렇기 때문에 사실 '문화' 와 '콘텐츠' 가 마주치는 것에는 우리가 전통적으로 생각하고 있는 정신문화와는 조금 어긋나는 점이 있다. 정신은 일단 형태가 없는 그런 차원이며, 형태가 없다는 것은 꼴이 없다는 이야기이다. 그것은 뭔가 관념적인 것이다. 이런 형태 없는 관념적인 것에 무엇이 붙으면 형태가 되는가. 바로 관념과 물질이 합쳐져야 한다. 그래야만이 문화형성물이 되는 것이다. 그러면 이런 문화형성물로 어떤 것이 있는가. 그런 문화형성물은 그야말로 구석기 시대의 돌도끼부터 시작해서 현대인이 첨단기술을 동원해서 만들어낸 모든 것들이 다 거기에 속한다. 그런 것들은 정신적인 어떤 관념을 물질에다 표현해서 만들어 낸 것이다. 그래서 일반인들은 흔히 '문화' 하면 박물관을 생각한다. 정신적인 요소가 가미되어 형성된 그 모든 형성물들의 총체를 우리는 문화라고 생각한다.

그런데 20세기 들어서서 이런 문화에 대한 생각이 변하게 된다. 반 퍼슨(C.A. van Peursen)의 말을 빌리면, 사람들은 문화를 고정된 어떤 것 ― 그것을 그는 명사라고 특징짓는다 ― 이라 생각해 왔다. 그런데 이러한 생각이 바뀌어서 이제 문화는 명사가 아니라 동사라고 이야기해야 할 시점이 되었다. '문화' 는 '만들어진 형성물' 이라는 점에 강조점을 두어서는 안 되고, 바로 인간이 끊임없이 무엇인가를 만들며 그러기 위해 배우며 학습해 가고 있는 그 활동에 초점을 맞추어야 한다는 주장이다. 보다 나은 삶을 살기 위해서 뭔가 만들어 가고 있는 지금 이 순간에도 우리는 바로 문화를 만들어나가고 있다는 것이다. 예전에 만들었던 문화를 그냥 쓰기만 하는 것이 아니라 그 문화를 끊임없이 새롭게 변화시켜 나가고 있다는 점, 거기에 명사가 아닌 동사로서의 문화의 특징이 담겨져 있다.

우리는 문화하면 흔히 전통문화를 생각하곤 한다. 즉, 예전 것을 어떤 형태로건 간에 오늘날 재현시켜야 그것이 문화라고 생각한다. 그러나 그것이 아니다. 오늘날 나름대로 문제의식을 가지고 보다 나은 삶을 위해서 변형시켜 나가고 있는 모든 것들이 바로 문화의 요소에 들어가기 때문이다. 그래서 전통적으로 문화를 이야기하면 으레 고급문화를 가리키는 것으로 이해한다. 그래서 문화인이니 야만인이니 하는 표현을 입에 올렸다. 그것은 정신적으로 아주 고차원의 무엇을 가지고 있는 사람만이 문화인이고 그렇지 않으며 야만인이라는 생각이 밑바탕에 깔린 것이다. 그러나 인간이 살아나가면서 나름대로 좋은 삶을 위해서 행하는 모든 행위가 다 문화적인 행위라고 한다면, 여기에는 더 이상 문화인과 비문화인, 미개인의 구별은 사라지게 된다. 돌도끼를 만든 것도 하나의 문화이고 우주선을 쏘아 올린 것도 문화이다.

흔히 이야기되는 '고급문화' 에는 일종의 신분질서라는 것이 전제되고 있다. 이것은 유럽에서도 마찬가지이다. 예전에 고급 도자기를 가질 수 있는 사람은 왕족, 귀족들뿐이었다. 이런 특권층의 사람들은 문화적인 특권의식 속에서 자신들만의 문화적 향유를 누렸다. 그리고 그런 것들을 누리지 못하는 사람들과 자신들을 차별화하기 위해서 고급문화 · 저급문화 · 민중문화 · 대중문화 식으로 분류한 것이다. 거기에서 특히 정신문화라고 하는 것을 강조하게 되었다. 문화에는 뭔가 나름대로 독특한 원리가 존재하고 있다. 문화의 '논리' 가 있고 문화의 고유한 '범주' 가 있고 문화의 독특한 '형식' 이 있고 '유형' 이 있다. 이런 식으로 문화에 대해서 다양하게 연구된 주된 개념들이 등장하게 된다. 문화논리, 문화범주, 문화형식, 문화유형 등등. 그런데 이런 개념들과 대치되는 것은 무엇인가. 그 대치되는 것이 바로 지금 여기서 논의하고 있는 '내용'이다. 그리고 문화와 가장 많이 대치시키는 것은 무엇보다도 '자연'이다. 문화는 뭔가 다양한, 있는 그대로의 자연을 인간이 자기의 것으로 바꿔나가는 어떤 것이라고 생각했다.

그런데 이 모든 것들이 현대에 들어서서 이제 달라지기 시작했다. '문화는 정신이고 환경이고 상징이고 윤리 · 도덕이고 종교이고 사상이고 세계관이고 인간관이고 신관이고 가치관이고 문자이고 텍스트 등등'이라고 규정했던 고정된 문화에 대한 생각에서 이제 우리는 문화를 동사로 생각하고 인간이 살아가면서 보여주는 모든 삶의 방식, 삶의 양식을 다 문화라고 보게 된 것이다. 문화의 개념이 굉장히 넓어진 것이다. 이제 문화는 인간의 생활 방식이고 사고방식이고 관계맺음의 방식이고 행위의 방식이고 노동 또는 제작의 방식이고 기도하는 방식이다. 그 결과물이 "우리가 보는 삶의 표현 자체가 문화다"라고 하는 폭넓은 문화에 대한 개념이다. 여기서 강조되는 것은, 문화를 '동사'라고 하는 데서 강조했듯이, 문화의 역동성이다.

이제 문화에 대해서 역동적으로 대처하지 않으면 그 문화는 생명을 다하고 만다. 그래서 그런 점을 강조해서 우리는 〈문화전쟁〉이란 표현까지도 사용하고 있다. 우수한 문화는 열등한 문화를 제압한다. 열등한 문화는 우수한 문화에 흡수 통합되어 사라져 버린다. 그래서 문화는 도구와 무기 제작, 춤과 의식, 육아법과 정신질환 치료법, 성애와 사냥, 의회소집과 칵테일파티 등에서 보여주고 있는 다양한 행동양식과 관계되어 있는 것으로 이해해야 한다. 여기서 우리가 생각해야 될 것은 문화가 가지고 있는 역동성, 즉 무언가 변화시킬 수 있는 변화가능성이다. 변화시킬 수 있는 변화가능성은 무엇인가. 그것은 기존의 것에 대한 판단이 있어야 가능하다. 기존 문화에 대해서 또는 그 사실에 대해서 판단을 할 수 있을 때 우리는 변화시킬 수 있다. 지금 우리에게도 가장 중요한 것은 이 판단력이다. 우리가 살고 있는 현실을 비판적으로 살펴보고 그것을 좀더 나은 상태로 바꾸려는 그런 노력이 문화가 가지고 있는 문화의 위력이라고 볼 수 있다.

전통적인 문화와 관련된 이러한 다양한 면들이 이제 '콘텐츠' 라고 하는 개념이 등장하면서, '문화' 와 '콘텐츠' 를 같이 사용하면서 새롭게 전개되는 문화에서의 새로운 전망을 잠깐 살펴보도록 하자. '콘텐츠' 라는 용어는 새롭게 등장한 것이다. 그것은 사실 정보라는 개념과 밀접하게 연관되어있다. 그 전에는 '텍스트' 라는 말이 아주 중요한 개념으로 부각이 되었다. 데리다(J. Derrida)라는 현대 프랑스 철학자는 이렇게 주장했다. "텍스트 외에는 없다." 모든 것이 다 텍스트라는 이야기이다. 어떤 사물을 보든 그 사물들에는 나름대로 그 사물이 가지고 있는 이야기가 있다. 지금 여기에 칠판이 하나 서 있는데, 이 칠판은 그 나름대로의 이야기를 간직하고 있다. 그것이 제작된 시기라든지, 제작된 자료라든지, 지금 이런 형태로 이런 얼룩이 있는 것, 이 모든 것들이 다 칠판의 이야기인 것이다. 이것을 다 글로 쓰면 텍스트가 된다. 따라서 존재하는 모든 것들은 다 가능한 텍스트라고 볼 수 있다. 그래서 "텍스트 외에는 없다" 라는 유명한 말이 나오는 것이다. 요즘은 "정보 외에는 없다" 라는 말을 할 정도로 정보가 텍스트를 대치하는 시대이다. 모든 것을 정보로 설명하면 쉽게 설명이 될 정도이다. 진화도 이제 정보라는 차원에서 설명이 가능하다. 맨 밑에 우리의 원자정보와 유전자 정보, 그 위에 마음이 가지고 있는 그런 기억정보, 정신정보 등등. 이런 식으로 정보를 통해서 진화 자체를 설명할 수 있을 정도로 정보가 핵심개념으로 등장하고 있다. 그래서 '콘텐츠' 하면 바로 정보가 가지고 있는 '내용' 을 이야기한다는 식으로 아주 폭넓게 설명되기도 한다.

어쨌든 콘텐츠와 내용은 밀접한 관계에 있다. 그런데 내용이 가리키는 것은 바로 '자료' 이다. 그래서 내용을 담은 형태가 결국은 문화콘텐츠인 셈이다. 즉, 문화적인 내용을 가진 형태 또는 꼴이 곧 문화콘텐츠가 의미하는 것이다. 그런데 여기서는 무엇이 대칭이 되고 있는가. 내용하고 형식이 대칭이 되고, 자료하고 형상이 대칭이 되고 있다. 그 전에는 '문화' 하면 으레 이 형상적인 차원을 머리에 떠올렸다. 형상이라고 하는 것은 — 그리스 식으로 사유하면 — 이데아의 차원이다. 문화는 이데아의 차원이라고 생각했고, 그 다음에 형식적인 차원이라고 개념적인 차원만을 생각했는데 그것이 달라지게 된 것이다. 이제는 그 둘이 같이 만나고 있다는 데에 그 핵심 의미가 담겨 있다.

일반적인 정의에 따르면 콘텐츠는 미디어에 담긴 내용 또는 미디어에 담긴 내용물이다. 이것은 아주 가장 넓은 의미를 가지고 있다. 맥루한(Herbert Marshall Mcluhan)이라고 하는 학자는 콘텐츠를 다음과 같은 식으로 풀어서 설명한다. 어느 유학생이 전보를 하나 받았다 하자. "아버지 위독. 급히 귀국 바람." 이 때 정보의 콘텐츠는 인쇄물이고, 인쇄물의 콘텐츠는 글말이며, 또 문자의 콘텐츠는 말이고, 말의 콘텐츠는 사유과정이다. 즉, 전보를 받았는데 그 전보는 인쇄되어 있다. 그런데 인쇄된 그것으로 끝나는 것이 아니라 인쇄는 뭔가 어떠한 글말, 즉 인쇄물의 내용을 담고 있다. 콘텐츠는 이 글말을 지시하고 있고, 이 글말은 문자를 지시하고 있다. 그래서 문자의 콘텐츠는 말이고, 말의 콘텐츠는 누군가 생각한 것을 표현한 것이라는 것이다. 이렇게 미디어에 담긴 내용물이면 그것이 다 콘텐츠인 셈이다.

지금 우리는 정보의 시대에 산다고 한다. 그렇다면 정보의 시대에 내용은 과연 무엇인가. 인터넷을 통해서 많은 정보를 얻는다고 하지만 막상 인터넷에 들어가 보면 온통 쓰레기이다. 그 곳에는 의미 있는 내용이 별로 없다. 하나의 콘텐츠에 사유과정을 담고 있는 메시지가 없다면 그런 콘텐츠는 사실 의미가 없는 것이다. 여기서도 이제 그런 것을 따지는 것이다. 미디어와 콘텐츠의 상관관계에서 중요한 것은 미디어에 걸맞는 내용을 담고 있느냐는 점이다. 그래서 여러분들이 찾아내는 영상자료에서도 그것이 함축하고 있는 내용이 무엇인가? 그 내용이 유의미한가? 바로 이 점이 중요한 것이다. 이런 식으로 이제 미디어와 콘텐츠가 상호 의존적이라는 사실을 우리는 알아야 한다. 여러분들도 이제 무언가를 만들고 작성할 때 이러한 정의를 염두에 두어야 할 것이다. 그리고 이제 문화의 문화콘텐츠라고 하는 것은 결국은 문화의 형태를 지시하는 모든 것, 인간의 뇌에 의해 의미부여된 모든 것, 인간의 손길이 닿은 모든 것, 인간이 관계 맺은 모든 것을 다 포함한다고 말할 수 있다.

문화콘텐츠는 굉장히 많은 해석을 허용한다. 그렇기 때문에 문화콘텐츠 관련 책을 읽어보면 거기에는 특수한 학자들의 해석을 가지고 문화콘텐츠를 제한하려는 시도들이 굉장히 많은 것을 확인할 수 있다. 문화기호학자는 문화를 기호의 차원으로 축소시키고, 기호의 차원으로 축소시킨 그 안에서 문화콘텐츠를 해석한다. 그것은 언어를 기호로 풀이했을 뿐만 아니라 언어의 차원도 다 못 담고 있다. 문화를 인간의 모든 생활방식이라고 했을 때 그것은 말뿐만이 아니라 쓰여진 글자, 인간의 모든 몸짓과 행동, 그것이 만들어 내고 있는 모든 상식기호 등등 그 모든 것들이 다 포함되는 것이다. 그래서 우리는 문화를 폭넓게 봐야 한다는 점을 염두에 두어야 할 필요가 있다.

흔히 학자들은 콘텐츠를 거시콘텐츠와 미시콘텐츠로 구별한다. 거시콘텐츠는 영화, 대중가요, 드라마, 웹사이트 등을 구성하는 콘텐츠로서 사용자에게 오락과 정보, 광고효과와 홍보효과가 혼합된 엔터테인먼트, 가치를 유발시키는 대중문화 콘텐츠 등이다. 대중문화 콘텐츠를 향유하는 사용자의 감각을 즐거움으로 확장시키고 정서적인 만족감에 도달하게 하는 그러한 엔터테인먼트 가치를 창조하는 콘텐츠를 거시콘텐츠라고 한다. 미시콘텐츠에는, 거시콘텐츠의 콘텐츠를 구성하는 하위콘텐츠 중에서 정보를 역동적으로 전달하는 정보콘텐츠와 교육적 성격이 강한 교육문화콘텐츠 등이 속하는 것으로 규정되고 있다.

그러나 그것은 규정의 문제일 뿐이고 지은이는 오히려 문화콘텐츠를 더 큰 개념으로 볼 수 있으리라고 생각한다. 그래서 여기서 중요한 것은 언어, 의미, 상징, 구조, 형상 등이다. 이제는 사물을 사물 그 자체로 보는 것이 아니라 사물을 일종의 사태스러운 것으로, 사물이 야기하는 다른 모든 것과의 관계에서 보려고 한다. 그래서 데리다는 이렇게 이야기했다. "모든 사물은 서로 전화를 걸고 있다. 모든 사물들은 장거리 통화 중이다." 모든 사물들은 가만히 있는 것처럼 생각되지만 그렇지 않다는 것이다. 모든 사물들은 다 서로 연관되어 있다. 바로 이렇게 큰 의미에서 생각을 전개한다면 이제 우리는 "텍스트 외에는 없다"라고 하는 말을 조금 더 넓혀서 텍스트가 가지고 있는 나름대로의 구성적인 차원을 그대로 품고 문화콘텐츠로 넘어갈 수가 있다. 즉, 우리는 텍스트를 통해서 텍스트를 독립적인 텍스트로 이해했을 때, 그 텍스트가 가지고 있는 의미가 뭔지를 파악하려고 노력한다. 그런데 텍스트의 의미를 파악하려면 텍스트가 놓여 있는 문맥을 봐야 하고, 그리고 그 문맥에 놓여 있는 상황을 봐야 하고, 그 상황이 놓여 있는 세계를 봐야 하고, 지금 그 세계가 위치한 역사와 문화를 제대로 볼 때 텍스트를 잘 이해할 수 있는 것이다.

4 | 문화콘텐츠 출현 배경

이렇게 의미를 발견하게 하는 모든 요소를 콘텐츠라고 볼 수 있다. 이제 문화콘텐츠가 출현하게 된 시대사적 배경을 간단하게 살펴보자. 인류의 역사를 되돌아보면 인류의 역사는 다양한 형태로 변천해 왔다. 이른 바 문화 전략의 차원에서 인간이 주변 사회와 주변 환경에 어떻게 적응하면서 나름대로의 가치 있는 삶을 만들어 나가느냐에 따라서 그 나름대로의 독특한 패턴을 보여주고 있다. 그러한 독특한 문화의 전개단계들을 우리는 신화적인 단계, 그 다음에 이성적 또는 존재론적인 단계, 그 다음에 인식론적 또는 문화적인 단계로, 그리고 지금 현대와 같은 정보적인 단계로 나눌 수 있다. 그 단계들은 인간을 어떤 모델로 보느냐에 따라서 독특하게 구별된다고 할 수 있다.

신화적인 단계에서는 신에게서 받은 계시를 전해주는 신의 사자로서의 무당과 주술사가 큰 역할을 한다. 그 다음 존재론적인 단계에 오면 말하는 사람이, 즉 명령하는 사람(왕)이 제일 중요한 모델로 등장한다. 그리고 그 다음 근대로 넘어오면 글을 쓰는 사람(학자, 전문가)이 중요한 존재로 등장한다. 그런데 이제 현대의 정보영상의 시대로 오면 영상매체를 활용하는 사람이 인간의 중요한 모델로 등장한다. 그러한 단계들에서 인간의 능력이 다양하게 달라져 왔음을 우리는 알 수 있다. 신화의 시대에는 인간의 영성적인 능력이 강조되어 왔고 그 다음에 존재론의 시대인 고대, 중세 시대를 본다면 인간의 이성, 지혜가 강조되어 왔고, 근대로 오면서 인간의 지식이 강조가 되면서 인간의 지성이 두드러지는 시대가 된다. 그 다음 현대에 오면 영상, 감성이 중요한 시대가 된다.

그 다음 기술개념의 변화도 이런 문화의 단계와 밀접하게 연관되어 있다. 신석기 시대, 구석기 시대 등의 식으로 시대를 나누는 방식에서 우리는 도구의 변천사가 곧 문화사였다는 인식을 확인할 수 있다. 처음에는 도구기술이 주축을 이루었는데, 이것이 조금 발전해 근대로 넘어오면 기계기술로 전개된다. 그 다음 단계에서는 어떤 에너지를 쓰느냐에 따라서 문화사, 문명사가 달라진다. 바로 에너지 기술이다. 그 다음 현대로 오면 이제 정보 기술의 시대가 된다. 그래서 이제 이러한 모든 것들이 그야말로 정보의 시대에 서로 혼합이 되어 새로운 개념이 등장하는데, 그 개념이 바로 '문화산업' 이라고 할 수 있다. 문화산업은 문화와 기술과 경제, 즉 자본과 미디어와 대중심리들이 한데 어우러져 융합된 것이다. 이제 문화산업이라고 하는 거대한 산업이 등장했으며, 자본에도 '문화자본' 이라는 말이 생겨날 정도로 문화가 중요한 개념으로 부각되고 있다. 문화산업이라고 하는 개념도 굉장히 부정적인 의미를 함축하고 있고 그런 상태 속에서 출발했지만, 이제는 부정적인 의미 이전에 어쩔 수 없는 우리의 사실로 받아들여야 할 것이다.

2

문화란 무엇인가, 문화개념의 갈래와 너비

1 | 이미지로 보는 문화의 다양성

이번 장에서 우리는 문화란 무엇인지, 문화개념의 갈래와 너비에 대해 알아보도록 하자. 먼저 이미지를 통해 문화의 다양성에 대해 전체적인 그림을 갖도록 하자.

〈사진 1〉은 동굴 벽화 그림이다.[8] 우리의 조상들이 그린 소나, 다른 짐

사진 1 동굴 벽화

8) 출처 Heinrich Rombach, *Leben des Geistes*, Herder: Basel, 1977.

사진 2 이스터 섬의 모아이

사진 3 고딕 대성당

승들은 요즘처럼 단순히 보기에 멋있어서 그려서 걸어두고 감상하기 위해 만든 것이 아니다. 1만 여년 전 것으로 추정되는 동굴의 벽화들은 그 당시 삶의 방식을 나타내고 있다. 그것은 그림에 나오는 소를 잡아서 먹고 살았다고 하는 식습관만을 보여주는 것도 아니다. 여기서의 소는 단순히 먹을거리의 하나를 알려주고 있는 것이 아니다. 이 소는 그 당시 사람들의 생존과 실존의 조건을 가리키고 있다. 그들에게 그 소가 없으면 살 수가 없기 때문에 그 소는 그들에게 신과 같은 존재이기도 했다. 그것을 학자들은 토테미즘이라고 부른다.

〈사진 2〉는 이스터 섬의 모아이 상이다. 하늘을 응시하는 눈이 섬뜩하다.[9] 지은이는 이 눈을 보면서 〈존재의 시각〉 또는 〈존재의 눈깔〉을 떠올린다. 인간은 자연 속에 내던져져 하늘과 땅 사이에서 삶의 공간을 개척해 나간다. 어느 문화권, 어느 시대이건 인간은 하늘 아래 땅 위에서 하늘을 우러르며 하늘을 성스러운 곳으로 여겼다. 어디에서나 다양한 형태의 하

9) 출처 그레이엄 핸콕, 『신의 거울』, 김정환 옮김, 김영사, 2000.

사진 4 농경문화

사진 5 농경문화의 의례

늘에 대한 관계방식이 표현되고 있다.

중세 시대 하늘과 땅 사이에 존재하는 인간의 존재방식을 표현한 대표적인 작품으로 〈사진 3〉의 고딕 대성당을 들 수 있다.[10] 여기에서는 하늘로 향하려는 인간의 염원이 하늘을 찌르는 듯한 첨탑으로 표현되고 있다. 이 건축물에서 우리는 그 당시의 세계관을 읽어낼 수 있다. 첨탑을 비롯한 모든 건축물에 세계에 대한 그들의 시각이 반영되어 있다. 첨탑의 끝으로 해서 그 위 하늘에는 하느님이, 그 다음 첨탑의 지붕에는 천사가, 그 다음의 성당의 지붕에는 인간이, 그 다음의 벽면에는 동물과 식물이, 그 아래는 광물이 그 시대에 통용되던 우주의 위계질서를 표현하고 있다. 이런 식으로 이른바 문화의 흔적 속에는 그것을 만들어 사용하던 사람의 삶의 방식이 각인되어 있다.

〈사진 4〉와 〈사진 5〉는 농경문화의 생활방식을 보여주는 이미지들이다.[11] 동굴 벽화에서 우리는 사냥을 생활수단으로 삼아 살았던 사람들의 문화형태의 일단을 보았다. 여기에서는 집단적이고 조직적인 파종과 경작을 통해 대규모의 사람들이 함께 대규모의 집단을 이루며 산 농경문화의

10) 출처 Heinrich Rombach, *Leben des Geistes*, Herder: Basel, 1977.
11) 출처 Heinrich Rombach, *Leben des Geistes*, Herder: Basel, 1977.

사진 6 정약용의 거중기

사진 7 마네의 〈풀밭 위의 식사〉

사진 8 오관의 확장

모습을 볼 수 있다. 여기 농경문화의 사람들에게는 수렵문화나 유목문화의 사람들에게서와는 다른 종교와 그 의례가 있었다. 이를 통해 우리가 알 수 있는 것은 사람들이 어떤 생활방식으로 무엇을 수단으로 해서 생활을 꾸려나갔느냐에 따라 신의 모습과 특징도 달라지고 종교의례도 달라진다는 사실이다. 그래서 특정문화의 신관을 잣대로 해서 다른 문화권의 종교를 평가하는 것은 옳은 접근방법이 아닐 것이다.

〈사진 6〉은 정약용 선생이 설계했다는 거중기 사진이다. 이것은 한국적인 문화의 특징을 보여주고 있는 발명품이다.

〈사진 7〉은 마네의 작품인 풀밭 위의 식사이다.[12] 여기에는 남자 두 명과 여자 한 명이 식사를 하며 담소하고 있는 장면이 그려져 있다. 그런데 여자는 나체로 표현되어 있다. 여기 이 그림에도 여자의 나체에 대한 그 당시의 세계관이 반영되어 나타나고 있다. 그 전에는 오직 여신만이 나체로 그려질 수 있었다. 그런데 여기의 그림은 여신이 아니라 보통의 여자이다. 즉, 근대의 어느 시점에 이르러 여신이 아닌 일상여자를 나체로 표현하기 시작했다는 사실을 알려준다. 그것은 세계관이 변했기 때문에 가능한 것이다.

12) 출처 Heinrich Rombach, *Leben des Geistes*, Herder: Basel, 1977.

〈사진 8〉은 인간의 감각기관을 확장해 보려는 과학기술의 실험을 보여주는 이미지이다.[13] 현대의 과학기술은 온갖 실험을 통해 인간의 육체적인 감각을 초능력으로 만들어 슈퍼맨을 만들려고 혈안이 되어 있다. 유전자 조작을 통해 만들어지는 복제인간에 대한 구상에서부터 기계와 인간의 잡종인 키메라 또는 사이보그까지 연구영역을 넓히며 인간 이후의 시대를 준비하는 듯 보일 정도이다. 이제 인간과 사이보그의 경계선이 무너지기 직전의 상황으로 치닫고 있다. 인간의 오감을 확장시키려는 인간의 꿈이 TV 시리즈에서는 〈600만불의 사나이〉로 표현되고 있다. 눈, 손, 발, 심장까지도 인체의 모든 부분이 기계로 대치되는 그런 시대가 되고 있다. 이것도 다 문화와 문명의 한 유형으로 볼 수 있다.

2 | '문화'라는 낱말의 주변

이제 문화란 무엇인가에 대해 살펴보도록 하자.[14] 학문에서 개념은 매우 중요하다. 지금 우리가 논의하고 있는 개념은 '문화'라는 개념이다. 한자로는 '文化'라고 쓴다. 이 문화라는 낱말이 처음부터 우리에게 있었는가 하는 이 점이 매우 중요하다. 우선 사전에서 뭐라고 정의하는지를 살펴보

---

13) 출처 Richard van Duelmen 편, *Erfindung des Menschen*, Bohlau: Wien, 1998.

14) 지은이가 여기에서 〈문화〉라는 개념의 체계적인 설명을 위해 활용하는 텍스트는 아래의 글이다. 백종현, "문화(文化)란 무엇인가", 『우리말 철학사전 1. 과학 · 인간 · 존재』, 우리사상연구소 편, 지식산업사, 2001, 39~62.

자.[15] 첫째는 사람들의 지식수준이 높아지고 생활의 질이 높아지는 일로 규정을 하고 있다. 두 번째는 인간의 이상을 실현하는 과정에서 얻어지는 인간의 내면적·정신적 활동의 성과물, 즉 더 나은 제도, 예술, 종교, 도덕 따위로 정의하고 있고, 세 번째는 미개한 백성을 형벌이나 위협이 아닌 이성, 종교, 도덕 같은 것으로 백성을 가르쳐 인도하는 일이라고 설명하고 있다. 그리고 이 문화라는 개념이 문명이라는 개념과 통하는 점이 있다고 알려주고 있다.

'문화' 라는 낱말이 있고 우리가 아주 자연스럽게 사용하고 있으니 이 개념은 아주 오래 된 것이겠구나 생각할 수 있겠지만 사실은 오래 된 개념이 아니다. 어떻게 보면 서양말이 들어오면서 문화라는 말도 생겼다고 할 수 있다. 그렇다면 문화에 대한 서양말은 무엇인가? 그것은 바로 'Culture' 이다. 'Culture'라는 단어는 영어든 독어든 프랑스어든 대개 비슷한 글자꼴을 갖고 있다. 이것은 라틴어 'Cultura' 에서 왔다. 이 'Culture' 라는 낱말이 아시아 문화권에 왔을 때 — 일본의 메이지유신(1870년대) 때라고 한다 — 그 때 일본학자들은 이 말을 어떻게 번역할까 고민하다 처음에는 사물(事物)이라고 옮겼다. 그러니까 지금 우리가 쓰고 있는 '문화' 라는 개념이 아주 당연한 것은 아니다. 처음에 외래어가 들어왔을 때 학자들은 이 외래어를 아시아 문화권에서는 어떻게 번역할까 나름대로 무척 고민했을 것이다. 그러다가 이것이 인간의 삶을 구성하는 사건과 물건이라는 데 착안하여 그것을 통합해 종합적으로 '사물(事物)' 이라는 개념을 선택했음을 미루어 알 수 있다. 그래서 예를 들어서 한국에서는 조선시대에 바로 이러한 의

15) "① 사람들의 지식수준이 높아지고 생활의 질이 높아지는 일. ② 인간의 이상을 실현하는 과정에서 얻어지는 인간의 내면적 정신적 활동의 성과물. 더 나은 제도, 예술, 종교, 도덕 따위. ③ (미개한 백성을) 형벌이나 위력이 아닌 이성, 종교, 도덕 같은 것으로 백성을 가르쳐 인도하는 일. ☞ 문명(文明)." 남영신 엮음, 『국어사전』, 성안당, 1999.

미로 사물이라는 용어를 쓴 사람이 있는데 장지연이다. 그의 〈만국사물기원역사(萬國事物紀原歷史)〉라는 글의 '사물事物'이 바로 오늘날 우리가 사용하는 '문화'에 해당되는 것이다.[16] 이처럼 개념의 역사는 학문에서 굉장히 중요하다. 문화라는 낱말은 없었을지라도 문화라는 사태는 있었을 것이기에 그것을 지칭하는 우리 나름의 낱말도 있었을 것이다. 그런데 그것이 서양에서 들어온 'Culture'라는 낱말과 개념의 외연과 내포가 잘 맞지 않는 듯 보이기 때문에 그 개념을 포기하고 새로운 개념을 만들려고 노력했을 것이다. 그래서 그 뒤 토종의 '문화' 개념은 사라지고 지금 우리가 사용하는 문화개념이 학술개념과 일상용어로 자리를 잡게 되었을 것이다.

서양의 문화사를 보면 그리스 문화가 라틴 문화로 이어지고 그 다음 라틴 문화가 이태리, 프랑스, 영국, 독일 등의 근대 서양문화로 전개되고 그것이 미국 문화로 이어진다. 이렇게 전개된 서양문화가 식민제국주의 시대에 전 지구로 확산되어 오늘날 지구촌 곳곳에 그 흔적을 남기고 있는 셈이다. 서양말 'Culture'가 라틴어 'Cultura'에서 왔다면, 그러면 그리스어로 문화, 즉 Cultura에 해당되는 말은 무엇인가 하고 궁금증이 일어날 수 있다. 그리스 시대에도 우리 동아시아처럼 근대의 '문화(Cultura)'에 딱 맞아떨어지는 개념은 없는 듯하다. 그 내용을 미루어 그리스어 '파이데이아(*πεαδεια*, paideia)'가 그 말에 해당되는 것으로 학자들은 설명하고 있다. '파이데이아'는 '교양, 수련, 교육' 등의 의미를 간직하고 있다. 이 정신이 라틴어 'Cultura'에 전수되고 있음을 우리는 확인할 수 있다.

어쨌거나 오늘날의 '문화(Culture)'에 해당되는 말뿌리는 그리스어가 아니라 라틴어라는 것은 확실하다.

---

16) 참조 전경수, 『문화시대의 문화학』, 일지사, 2000.

그럼 이 'Cultura'라는 낱말은 어디서 왔는가? 그것은 'Colere'라는 동사에서 유래하는데, 이 동사는 "보살피다, 돌보다, 가꾸다, 개작하다, 경작하다, 재배하다"라는 의미를 가지고 있다. 그것은 대충 자연을 가꾸고 개작하는 인간의 활동과 그 생산물을 뜻한다. 이렇게 말뿌리를 살펴볼 때 우리는 '문화' 라는 말의 배경에 서양 사람들의 세계관이 놓여 있다는 것을 알 수 있다. 이 세계관에서의 핵심은 자연의 개작, 즉 자연을 바꿔나간다고 하는 데 있다. 문화의 의미에서도 바로 자연을 가꾸고 변형시켜나가는 인간의 활동과 그 생산물이라는 점이 부각되고 있다. 그 다음 이것이 약간 차원을 달리해서 자연을 순화시켜서 인간의 이상을 실현하려고 하는 인간의 모든 노력 과정이 문화의 의미에 함축된다. 더 나아가서 인간의 궁극적인 이상은 자연의 정복과 지배이기에 자연에 가하는 모든 형태의 인위적인 행위를 총칭하는 의미까지도 갖게 된다.

이것이 서양말 '문화' 가 가지고 있는 의미의 주축인데, 그것을 한자어 '사물(事物)' 이라고 옮겨서 사용하다 보니 그 의미가 통하지 않음을 깨닫고 다른 적당한 말을 찾아 '수련(修練)' 이라고 옮겨보기도 했다. 그런데 이 옮긴 말들이 서양말이 전하려는 사태를 제대로 전달하고 있지 못함을 알고 그 사태에 부합하는 개념을 만들려고 시도했고 그것이 오늘날 우리가 쓰는 '문화(文化)'라는 낱말이 되었다. '문화(文化)'는 그 말의 뜻을 새기면 '무늬 놓음' 또는 '글로 됨', '글월 됨'을 가리킨다. 그것은 또한 '문치교화(文治敎化)'를 줄인 말로 볼 수도 있다. 형벌이나 무력을 사용하지 않고 말이나 글로 인민을 교화한다는 의미를 함축하고 있다. 이렇듯 '문화'라는 말은 서양말에서 유래하지만 그 서양말을 받아들이면서 우리는 우리의 생활세계에서 쓰이는 낱말에서 의미의 방향이 맞는 개념을 택해 거기에 나름대로의 의미를 부여하고 있다.

이것이 대충 문화라는 낱말이 가지고 있는 개념의 역사라고 할 수가 있다. 학문을 하는 사람으로서 명심해야 할 것은 학문의 토대를 이루는 것은 그 학문의 핵심이 되는 개념을 체계적·이론적으로 정리하는 일이다. 그리고 거기에 필수적으로 병행해야 하는 것은 그 개념의 역사에 대한 연구이다. 〈문화철학〉, 〈문화콘텐츠학〉이라는 학문에서 가장 중요한 개념은 무엇인가? 그것은 말할 것도 없이 '문화' 라는 개념이다. 그럼에도 '문화' 라는 개념에 대한 우리 나름의 연구가 제대로 이루어지지 않고 있다. 그저 서양에서 문화에 대해 설명한 개념사전을 통째로 그대로 수입하여 그것을 토대로 해서 가르치고 있다. 그런데 간략하게 살펴보았듯이 모든 핵심 주요개념은 나름대로의 역사가 있다. 개념의 역사를 통해서 우리가 확인할 수 있는 것은 그러한 개념들이 그것들이 유래한 그 민족문화권의 세계관, 인간관, 가치관을 밑바탕으로 한다는 사실이다.

'문화' 라는 개념이 그 개념으로서는 서양말에서 유래하지만 우리에게 문화라는 사태가 없었던 것은 아니다. 지금 비록 같은 말뿌리에서 생겨나온 개념을 사용하지만 문화라는 사태는 다른 역사와 생활세계를 갖고 있기 때문에 우리의 문화적인 특징이 서양의 그것과는 많이 다른 것이다. 그리고 결국에 그러한 문화적인 차이는 세계관, 인간관, 가치관의 차이에서 비롯되는 것이다. 이러한 차이를 인정하지 않고 선진문화를 미개사회에 주입시킨다는 '계몽' 의 원칙 아래 특정 문화를 표준문화로 삼아 문화를 획일화한다면 그것은 인류의 비극이 될 것이다. 지금 우리는 지구촌 곳곳에서 이러한 문화 획일화, 이른바 세계화로 인해 다양한 형태의 문화전쟁, 문명충돌이 벌어지고 있음을 인식하고 있다. 세계가 하나로 되어 가는 지구촌 시대에 우리는 문화의 다양성이 인류의 삶에, 인류의 이상 구현에 이득이 되면 되었지, 결함일 수는 없다는 것을 깨달아야 한다.

3 | 인간의 도구사용

이제 문화라는 개념에 대해서 구체적으로 살펴보도록 하자. 먼저 문화와 가장 밀접하게 관련되는 것은 인간의 도구사용이라고 할 수 있다. 어떤 학자는 인간이 생물학적인 종으로서 지구상에 필요한 적정 수는 400만 명이라고 이야기한다. 그런데 지금 인구는 66억 명 가량이 된다고 한다. 400만 명이 넘어서는 순간부터 인간은 더 이상 생물학적인 존재가 아니다. 그 때부터 인류는 생물학적인 존재로서의 인간을 벗어난 셈이다. 그렇다면 생물학적인 존재로부터 인간을 벗어나게 한 것이 무엇인가? 바로 거기서부터 인간의 인간다움이 시작된다고 할 수 있다. 그 중 하나가 바로 도구이다. 다른 생물과는 달리 인간은 도구사용을 시작하며 다양한 도구들을 발명하여 생존을 위해 사용하였다. 그래서 우리는 인류의 문화사를 분류할 때, 구석기시대, 신석기시대, 청동기시대, 철기시대 등 도구사용의 변천을 분류의 기준으로 삼고 있다. 인간의 도구사용과 문화는 뗄 수 없는 관계에 있다. 그렇지만 순전한 도구사용만 가지고 문화현상 전체를 설명할 수 있다고 생각하면 그것은 너무 시야가 좁은 것이다.

4 | 진정한 문화는 '문자의 형성'에서 비롯

우리말 '문화(文化)' 의 의미가 '글로 됨' 을 가리키듯이 문화에서 가장 핵심이 되는 것은 문자의 형성이다. 그러니까 언어와 관련이 있는 것이다. 인간의 인간다움은 바로 언어에 있다. 그래서 인간을 규정할 때에 서양말로 우리는 인간을 '이성적 동물' 이라고 한다. 그런데 이성적 동물은 어디서 왔는가? 그것은 라틴어 'animal rationale' 를 우리말로 번역한 것이다. 그런데 이 라틴어는 그리스어 '*ζωον λογον εχον*(조온 로곤 에콘, zoon logon echon)' 에서 왔다. 여기 logon에 우리 모두가 잘 아는 로고스(logos)라는 말이 들어가 있다. "로고스의 능력을 가진 생명체", 이것이 원래 이성적 동물이라는 낱말의 근원이다. 사실은 "언어능력이 있는 생명체" 라는 의미가 본래의 의미이다. 여기서 중요한 것은 언어능력인데 그것을 우리는 '이성적' 이라고 번역을 한 것이다. 이렇게 사실은 인간을 인간으로서 만드는 가장 큰 것은 언어이다.

언어에서 가장 중요한 것은 말과 글이다. 말로서의 언어를 볼 때 지구상에는 지금도 사용되는 말이 6000종류가 있다. 이것이 글자의 체계로 되는 것은 200종류 밖에 되지 않는다. 언어에서 중요한 것은 말하는 것뿐만 아니라 글이다. 왜냐하면 말은 현재를 잡고 있지만 과거를 계속 담아 시간을 넘어 때를 이어서 후대에 전달하기가 어렵기 때문이다. 인간의 경험을 잘 보면 말을 통해서 남에게 알리는 경우, 그것은 주로 지금 현재하고 있는 사람에게 전하는 것이지만, 그것을 글로 표현한다면 시간과 장소를 넘어서 전달될 수가 있다. 바로 이 점이 글이 갖는 위력이라고 할 수 있다. '문화(文化)'를 '글로 됨'이라고 풀이하였을 때 그것은 글자가 가지고 있는 시간을 넘어선 전달력을 고려한 셈이라고 할 수 있다.

인간은 자기가 경험한 것을 다른 사람과 함께 나누려는 욕구를 가지고 있다. 이 때 다양한 형태의 방법이 동원될 수 있지만 가장 많이 사용되는 수단은 말이나 글이다. 자신이 경험한 것을 남에게 전달하려면 먼저 경험한 사태를 제대로 표현할 수 있어야 한다. 달리 말해 경험한 사태를 그려낼 수 있는 합당한 말들을 찾아야 한다는 이야기이다. 적당한 말을 찾지 못해 제대로 알리지 못한 경험을 우리는 누구나 다 경험한 적이 있다. 적합한 말을 찾지 못하면 제대로 표현하지 못하게 되고 상대방은 무엇을 말하려고 하는지 제대로 알 수 없다. 따라서 중요한 것은 경험한 사태를 어떤 말로 잡아내서 상대방에게 정확히 알리는가이다. 그런데 말이나 글이라는 표현수단은 나름대로의 한계가 있다. 우리가 경험한 것은 사실 말이 아니라 사태, 장면, 사건이다. 그것을 다른 사람에게 알리려고 말이나 글로 표현하는 것이다. 그런데 이런 과정에서 일어난 사건이 가지고 있었던 동적인 요소와 장면적인 측면들이 다 추상화되고 말과 문자만 남게 된다.

지금까지 말과 글이 인간의 경험을 다른 사람과 함께 나누기 위한 최적의 수단이었는데 현대에 들어와서 그 지위가 흔들리고 있다. 표현수단으로 말과 글 외에도 그림, 사진, 이미지, 몸짓, 동작, 영상, 동영상 등등 많은 것이 있다. 문화콘텐츠에서 착안하는 것은 바로 이러한 점이다. 말과 글이 편리하고 정확한 표현수단이기는 하지만 그것이 유일한 표현수단은 아니라는 점을 확실히 해야 한다. 그리고 말과 글이 잡으려고 하는 현실, 현상,

사태, 사건 등이 제대로 말과 글로 재현되고 있는지 하는 점도 물음에 붙여야 한다. 경험하는 사람이 맞닥뜨리는 상황을 말과 글로 추상화해서 표현할 것이 아니라 그것을 있는 그대로, 또는 일어난 그대로 다른 사람에게 전할 수 있다면 그것이 훨씬 더 생생하고 실제적이지 않겠는가 하는 것이 요즘 전문가들이 고심하고 있는 사안이다. 우리는 이미지, 영상, 동영상이 넘쳐나는 시대를 살고 있다. 이제는 현실을, 사태를 말로, 언어체계로 바꾸려던 그전의 시도를 넘어서 경험된 상황을 전체적으로 재현하려고 노력한다. 말과 글이 고작 인간의 시각과 청각을 사용한 경험의 차원이라면 이제는 인간의 경험기관 — 오감 — 전체를 동원한 그런 재현에 관심을 쏟고 있는 것이다. 그런데 일단 말과 글로 바꾸는 것은 경험을 나만의 것으로 놔두지 않고 다른 사람과도 공유할 수 있는 어떤 것으로 만들자는 의도다. 언어에서 중요한 것은 이러한 공통분모, 즉 보편성이다. 그래서 진정한 문화는 남에게 전달될 수 있고 공동체적인 삶의 상황을 표현해서 그것을 후대에 전달하고 후대에서 그 문화를 공유할 수 있는 방향으로 갈 수 있다. 그러니까 경험을 공유하고 또 이 경험의 테두리를 넓혀가는 것이 인간의 삶이라고 볼 수 있다. 그래서 다른 문화권을 만나면 나의 문화가 더 풍부해진다고 볼 수 있다.

5 | 문화는 관념과 상징의 체계

이렇게 문화는 문자, 글자, 말과 관련이 되는데 그것들은 잘 살펴보면 관념이고 상징이다. 그래서 문화는 관념과 상징의 체계라고 볼 수 있다. 단순히 글자화, 언어화된 것만이 문화가 아니라 바로 글자화·언어화되기 위해 잡힌 어떤 것에 대한, 즉 사태와 상황 그 자체에 대한 인간의 시각과 관계맺음이 바로 문화라고 볼 수 있다. 바로 이것을 우리는 다양한 수단을 동원해 잡는데, 기호나 상징을 가지고 이런 것을 잡을 수 있다고 본다. 그것이 인간이 다른 동물, 생물과 다른 점이다. 인간은 기호, 상징, 관념을 통해 자기 경험을 다시 표현하고 좀더 나은 차원에서 구현해 나가려고 노력한다. 스스로 만들고 재량으로 해독하는 기호나 상징으로 인해 인간에게는 실재세계를 넘어서는 무한한 상상과 넓디넓은 관념의 세계가 열린다. 관념과 상징의 체계에서 대표적인 것이 바로 숫자, 표준단위 등이고, 다양한 일상 속의 의례와 의식, 그리고 화폐도 거기에 속한다. 화폐의 경우 전 세계 모든 사람에게 통용될 수 있는 보편성을 갖고 있다.

6 | 문화는 윤리도덕의 체계

문화는 관념과 상징의 체계일 뿐 아니라 더 나아가 윤리도덕의 체계이기도 하다. 인류는 처음 생물학적 차원을 넘어섰을 때 도구를 만들어 사용하기 시작했지만 더 나아가 집단을 이루며 살아가게 된다. 인간은 공동체를 형성해 나가면서 제도와 조직을 만들고 그것들을 유지하기 위해 가치 체계를 만든다. 이 가치 체계의 밑바탕에는 윤리도덕의 체계가 있다. 그래서 인간에게 중요한 것은 그가 단순히 돌로 도구를 만들어 사냥과 농경을 위해 유용하게 사용했다는 그 사실이 아니라, 그가 무엇을 위해 도구를 사용하는가 하는 그의 목적과 이상이다. 인간의 상상력은 '아직 있지는 않지만 마땅히 있어야 할 것' 을 이상(理想)으로 세우고, 인간은 이를 자신의 행위를 통해 실현하려고 애쓴다.

인류의 역사를 되돌아보면 많은 문화와 문명들이 피어났다 사라져버렸다. 일찍 사라진 문화와 문명을 보면 바로 이러한 이상이 보편성을 확보하지 못했기 때문이라고 할 수 있다. 그래서 문화에는 윤리도덕이라고 하는 이상 또는 가치관이 있어야 된다. 이것을 우리는 문화의 도덕화 기능이라고 할 수 있다. 도덕화야말로 '글로 다스려, 가르쳐 되게 한다(文治敎化)' 는 본래 의미에서의 문화의 핵심이다.

7 | 문화는 문명

사람들은 문화와 문명을 구별짓는다. 흔히 문화는 정신문화라고 이야기하고 문명은 물질문명이라고 표현하며 우리는 낱말 자체에 이미 거기에 맞는 짝을 지어주었다. 그래서 "문화는 정신적인 차원이고 문명은 물질적인 차원이다"라고 말하면 문명을 낮추어 보는 경향이 들어 있는 것이다. 이것을 서양낱말의 뿌리로 본다면 문화는 Cultura, 문명은 영어로 Civilisation이다. 여기 'Civilis'에는 도시라는 의미가 함축되어 있다. '도시화한다'라는 의미가 'Civilisation'의 밑바탕이 된다고 할 수 있다. 아우구스티누스의 대표적인 저작 중에 'Civitas Dei'이라는 책이 있다. 그것은 "하느님의 도시, 하느님의 나라"라는 의미다. 서양사람들의 〈문명(Civilisation)〉이라는 의미 속에 이처럼 일종의 도시화라는 것이 담겨 있다. 그와는 다르게 우리말 〈문명(文明)〉은 사람이 무지몽매한 야만과 자연의 예속에서 벗어나 자연을 다스리는 지혜를 터득하고 인간답게 사는 이치를 깨우쳐 밝은 빛 속에 살고 있는 상태를 말한다. 문자를 통해 깨어나서 밝은 상태, 그래서 뭔가 여유가 있고 도덕적인 원칙을 세워 인격적인 삶을 산다는 의미가 함축되어 있다.

'물질문명'이라는 개념이 함의하고 있는 것을 살펴보자. 문화라는 것이 정신적인 것이라는 생각이 굳어지면서 문화를 왕과 귀족, 특수층과 고위층의 전유물처럼 간주하는 경향이 지배적이었다. 그런데 근대에 들어서면서 문화의 향유 계층이 점차 모든 시민에게 확대되기에 이른다. 근대의 시민사회가 되면서 문화가 시민화의 개념으로 받아들여지게 된다. '문명'이라는 Civilisation은 프랑스어 Civiliser라는 말이 영어 Civilisation으로 변형된 것이다. Civiliser라는 말은 '시민화' 라는 말이다. '시민으로 만든다'는 것은 사람들로 하여금 일정한 법과 질서를 지킴으로써 사회를 형성하고 그 사회의 일원이 되게끔 만든다는 말이다. 근대 사회의 중요한 이상인 자유, 평등, 박애와 같은 가치가 구현되는 사회를 만든다는 이야기이다. 단순히 정신적인 가치를 이상으로 삼는 것이 아니라, 그 정신적인 가치를 일상의 삶 속에서 구현해서 문화를 통해 삶이 밝아지도록 만든다는 뜻이다. 그렇게 본다면 문화와 문명은 뗄 수 없는 밀접한 관계에 있다고 말할 수 있다. 문화는 문명을 통해 빛을 내야 한다. 문화는 더 이상 특수 계층의 향유물이 아니다. 모든 시민들이 문화의 혜택을 누려야 한다는 생각이 문명의 밑바탕에 깔려 있는 셈이다.

8 | 문화는 인간의 합리적 생활양식

이렇게 볼 때 문화는 단순히 정신적인 것, 가치관뿐 아니라 인간의 삶을 보다 낫게 하려는 모든 노력을 총칭한다고 할 수 있다. 그래서 문화는 인간의 합리적 생활양식이라고 표현할 수 있다. 문화와 합리성이 관계가 있다는 말이다. 문화 다양성의 시대니까 식인종 문화도 그 나름의 문화라고 이해해서 받아들여야 하는가? 이것은 문화의 보편성과 특수성, 인류문화와 민족문화의 상관관계 등과 연결된 문제이다. 이런 논의의 밑바탕에 합리성의 척도라는 것이 전제로 깔리게 된다. 물론 합리성이 절대적인 기준이 될 수는 없다. 그러나 우리는 문화권, 이해의 지평 등과 같은 아주 포괄적인 사안들을 논의할 때 서로의 다름과 차이를 인정하면서도 서로 이야기를 나눌 수 있는 최소한의 의사소통의 기준을 마련해야 한다. 그것은 우선 합리성일 수밖에 없다.

문화의 보편성을 우리는 어느 특정 민족에게만 국한시켜서는 안 되고 인류 전체에 다 해당되는 것으로 고찰해야 한다. 다양한 문화권이 문명의 충돌이 아닌 문명 간의 대화를 통해 평화롭게 문화다원주의 시대를 살아나가려면 합리성의 기준은 필요하다. 그렇지만 그 기준이 폐쇄되고 닫힌 기준, 획일화된 기준이어서는 안 될 것이다. 인류의 역사를 문화권의 차이를 염두에 두고 고찰해 볼 때 '이성'이라는 개념이 문화권마다 시기마다 다르게 해석되고 다르게 구현되었음을 확인할 수 있다. 중요한 것은 현대에서 이성의 기준이 되는 많은 부분이 과학기술에 의해서 재단되고 있다는 점이다. 흔히 종교는 굉장히 미신적인 것, 예술은 굉장히 주관적인 것이라고 생각하는데 사실 종교, 예술도 다 그 밑바탕을 들여다보면 거기에 합리성의 기준이 있다. '이성'을 세우는 일은 문화의 뿌리를 내리는 일이고, 합리성의 기준을 갖는 일은 문화의 형태를 결정하는 일이다. 새로운 문화를 조성한다는 것은 새로운 합리성의 기준을 마련한다는 것이고, 인류 세계의 문화가 다양하다는 것은 합리성의 기준이 여럿임을 뜻한다.

9 | 문화의 토대는 인간의 자기반성 능력

인간으로 하여금 생물학적 존재로부터 벗어나도록 하고 인간만의 독특한 관념과 상징의 체계, 윤리도덕의 체계를 만들어 문화적 존재로 솟아나게 한 문화의 토대는 무엇인가? 그것은 인간의 자기반성 능력에 기반한 인간의 주체의식과 그에 따른 생활방식이라고 할 수 있다. 인간은 자연 안에서 나서 자연 안에서 살면서도 자기 자신을 단지 자연의 일부 또는 자연의 자식으로 보기보다는, 자연을 인간 삶의 환경(環境), 다시 말해 인간을 중심점으로 갖는 주변(周邊)으로 간주한다. 그래서 우선 인간은 자연(自然)의 '있는 그대로'가 자기 삶을 영위하는 데 부적절하다고 생각되면, 그의 능력이 미치는 한 그것을 뜯어 고치고 꾸미고 개작한다. 인간에게 있어서 자연은 더 이상 그 자체로 있는 것이 아니라, 단지 인간의 조작 '대상(對象)'이고, 인간은 그 대상의 중심, 곧 주체(主體)이고 주인이다.

인간은 자기 자신의 주인, 주변 환경의 주인이 되어 세계를 바꾸고 자기 자신을 바꾸어 나갈 수 있는 능력을 갖고 있는데, 우리는 이것을 문화의 원동력이라고 볼 수 있다. 이렇게 주체로 살아가면서 인간은 만나는 모든 것을 필요에 따라 변형시키는 대상으로 만드는 인식과 행위의 틀거리를 만든다. 그것이 서양 근대에서부터 시작되어 널리 퍼진 주객(주체-객체)도식이다. 이러한 주객도식이 인간관계와 타문화와의 교류에도 적용되면 주종관계가 되고 본토-식민지 관계로 뻗어나간다. 근대의 서양국가들이 발달된 과학과 기술을 무기로 삼아 미개한 나라들을 계몽시킨다는 구실 아래 정복과 지배의 대상으로 삼은 그 밑바탕에도 이러한 주객도식이 깔려 있었던 것이다. 현대에 들어서서 식민제국주의 시대는 지났다고 하지만 문화를 산업화하고 자본화하여 인간의 욕망과 소비를 조작해서 획일화된 문화소비재를 유포시키는 문화제국주의의 경향을 우리는 도처에서 확인할 수 있다. 그래서 인간은 끊임없이 스스로 뒤로 물러서서 자기 문화도 되돌아볼 수 있는 능력을 계속 키워나가야 한다. 인간은 자신을 대상화하여 스스로를 평가함으로써, 자신의 한계를 깨닫고, 현실에 대비되는 이상을 끊임없이 실현하기 위해 매진한다. 이로 인해 종교와 윤리도덕 그리고 예술이 발원하고, 과학기술의 착상에 이른 것이라 볼 수 있다. 그러니까 인류문화의 토대는 인간의 자기 자신에 대한 반성 능력이라 할 것이다.

10 | 문화의 보편성과 상대성

문화는 보편적인 성격을 갖고 있다. 그럼에도 문화는 인간이 일정한 시간을 두고 특정한 생활세계에서 살아나가며 만들어낸 성과물이다. 인간의 삶이 전개되고 있는 생활세계는 시간적·공간적으로 제약될 수밖에 없기 때문에 특정한 삶의 공간에서 만들어진 문화가 아무런 무리 없이 다른 문화권에서 통용될 수는 없다. 그래서 문화의 보편성과 상대성에 대한 논의가 대두되는 것이다. 그렇지만 문화에는 보다 나은 삶을 추구하는 인간의 합리적인 노력이 밑바탕에 깔려 있기 때문에 나름대로 이성적인 기준을 갖고 이성이 통할 수 있는 보편성을 이야기할 수 있다. 서로 다른 사회의 여러 형태의 문화의 특수성을 모두 인정한다 하더라도, 문화가 그것의 본질적인 면에서 고찰되는 한, 문화는 보편적인 것이다. 그렇기 때문에 우리는 서로 다른 문화일지라도 하나의 보편적 기준에서 그 질의 높낮이를 평가할 수 있다. 그러나 서로 다른 사회의 문화가 보편적·절대적 척도 아래에서 평가될 수 있다는 생각이 '자기문화중심주의'나 '문화사대주의'를 낳는 것은 아니다. 현대의 문화다원주의시대에 우리가 염두에 두어야 할 것은 문화의 상대성을 인정하면서도 문화가 교류·융합·통합될 수 있다는 점도 인정해야 한다는 것이다.

11 | 인류문화와 민족문화

민족문화는 민족문화이기 때문에 어쩔 수 없이 특수성과 상대성을 갖지만, 그럼에도 그것은 또한 나름대로의 보편성을 간직하고 있다. 민족문화는 합리적 기준과 정서적 공감대, 문화적 감수성 등에 의해 보편화되어 다른 문화권과 교류하여 융합되면서 인류문화의 차원에 합류할 수 있다. 지금 한류 열풍의 경우에 우리 문화의 특수성이 아시아 문화권에서 나름대로 보편성을 형성해간다고 볼 수 있을 것이다. 그리고 그것이 아시아 문화권을 넘어서 서양 문화에서도 호소력을 갖는다고 한다면 한류 문화의 특수성이 인류문화에 무언가 기여할 수 있게 되는 것이다. 민족문화와 인류문화는 나름대로 상호 보완하는 역할을 갖고 있다. 문화교류를 통한 문화형성에는 열린 태도가 중요하다. 서로 다른 문화를 평가하고 좋은 문화를 가꾸어 나가는 올바른 태도는, 우리 문화이든 남들의 문화이든, 문화라면 꼭 갖추어야 할 세련미와 도덕성을 기준으로 살펴서, 더욱 발전시킬 것은 발전시키고 개선해야 할 것은 개선하여 문자 그대로 문화를 부단히 '형성' 해 가는 유연하고 열린 태도이다.

우리 인간은 다른 문화를 서로 배워, 자기 문화를 풍부하게 만들고 남의 문화향상에도 기여함으로써 인류문화 창달에 이바지할 수 있다. 다만 사람의 능력은 주체성 내지는 자기 정체성(正體性)의 바탕 위에서 제대로 발양되는 것이 보통이므로, 본질적인 면에서의 수준에 큰 차이가 없는 것이라면, 자기 집단의 고유문화를 더욱 세련화하는 일은 자기 집단의 번영에도 좋은 일이요, 동시에 인류사회에 다양성을 제공하여 그 삶의 질을 높이는 일이기도 하다. 우리의 생활세계에서 형성된 우리의 민족문화가 간직하고 있는 독특한 가치, 생활방식, 이상실현 등이 어떻게 인류문화에 기여할 수 있는지 곰곰이 생각해보아야 한다.

12 | 인간은 '문화적 동물'

인간은 생물학적 존재로는 400만 명에 머물러 있었지만 그것을 넘어서는 순간 인간은 더 이상 생물학적 존재가 아니라 문화적 존재로, 즉 다른 차원으로 도약한 셈이다. 문화적인 동물로서의 인간을 지칭하는 다양한 이름들이 있다. 앞에서 살펴본 이성적 동물(animal raionale)을 비롯해서, homo habilis(정착농경인), homo faber(공작인), homo sapiens(지혜인), homo erectus(직립인), homo ludens(놀이하는 이) 등의 명칭들이 있다. 그리고 이러한 이름의 밑바탕에는 나름의 독특한 문화적 특징과 방향이 깔려 있다. 이러한 모든 것을 아울러 인간을 한 마디로 문화적 존재라고 명명할 수 있다. 세상에는 가치 있는 일이 있고, 해서는 안 될 일이 있음을 깨우치고, 인간이 세대를 이어가면서 가치지향적 활동을 하는 한, 인간사회는 문화 역사의 사회이며, 그런 한에서 인간은 이성적 동물로서 과학기술적 · 정치사회적 · 유희적 · 예술적 · 형이상학적 · 종교적 동물일 뿐만 아니라, 역사적 동물이고, 그런 의미에서 문화적 동물이라 할 수 있다.

이 문화라는 개념이 예전에는 정신문화라는 좁은 개념 속에 갇혔고, 그 정신문화를 향유할 수 있는 계층은 한 사회에서 5~10% 정도밖에 안 되었다. 근대로 넘어오며 계급에 의한 문화향유의 제한이 철폐되어 경제적 여유가 있는 사람으로 넓어지고, 현대로 오면서 모든 사람에게 문화가 열렸다고 볼 수 있다. 이제 인간을 문화의 창조, 바탕으로 볼 수 있는 것이다. 이것은 20세기 후반, 21세기 인간이 과학기술의 발달로 인해서 더 이상 먹기 위해 사는 존재가 아니라 삶을 즐길 수 있는 존재가 되었음을 보여주는 징표라고 볼 수 있다. 문화의 세기에 우리는 문화의 향유자, 창조자가 되어야 한다.

3

자연과 문화, 생물학적 존재에서 문화적 존재로

1. 이미지로 보는 인간문명의 발자취
2. 우주, 자연 그리고 인간
3. 문화의 발전모형
4. 인간의 경험과 문제의식의 단계

1 | 이미지로 보는 인간문명의 발자취

〈사진 1〉은 2002 한일월드컵 때 응원 나온 붉은악마 응원물결이다. 붉은악마로 상징되는 한국의 응원은 응원문화의 새로운 지평을 열었다는 평을 받으며 세계를 놀라게 했다. 이 붉은악마의 길거리 응원문화는 세계 각국에 충격을 주었으며 2006 독일월드컵에도 많은 영향을 주었다. 2006 독일월드컵에서는 한일월드컵의 영향을 받아 주최국 독일을 비롯한 많은 나라의 팬들이 길거리 응원에 동참했다. 또한 독일월드컵조직위원회는 한국에 『2002 한일월드컵백서』를 요구했다. 한국 붉은악마의 응원문화를 벤치마킹하기

사진 1 월드컵의 붉은악마

사진 2 문화대통령, 서태지와 아이들

위해서였다. 붉은악마의 거리응원에 큰 감동을 얻은 독일월드컵조직위원회는 월드컵이 열리는 도시마다 거리응원(Fan-fest) 장소를 설치하기에 이르렀다. 붉은악마는 응원문화의 새로운 지평을 열었고 그들의 응원문화를 세계가 따라하게 만든 새로운 문화적인 몸짓이라고 할 수 있다.

음악계에서도 새로운 지평이 열렸다. 한국의 문화대통령으로 불리는 〈사진 2〉의 '서태지와 아이들'이란 그룹이 출현한 것이다. '한국의 대중음악은 서태지 이전과 이후로 나눌 수 있다' 라고 할 만큼 이들의 등장은 한국 문화계의 충격이었다. 서태지와 아이들은 새로운 외국의 음악을 도입하고 우리의 정서에 맞는 음악으로 재탄생시켰다. 또한 한국 전통음악과의 결합을 시도해 많은 충격과 시사점을 남겼다. 서태지의 이러한 시도는 그 후 한국음악계에 강렬한 자극을 주었고 그로 표현되는 젊은 세대는 기성세대에게 강하게 어필했다. (응원과 음악의 새로운 지평을 연 젊은 세대, 즉 붉은악마로 표현되는 젊은 세대와 서태지로 표현되는 젊은 세대가 만들어 나가는 문화적인 역량을 보여주기 위해 도입영상과 음악에서 붉은악마의 이미지에 서태지 음악 〈하여가〉를 활용해 보았다.)

아래의 이미지들은 이 장에서 다룰 주제를 대략적으로 소개하고 있다. 이 장의 주제는 '자연과 문화' 이다. 그렇다면 〈사진 4〉의 이미지는 어떤 것을 상징하고 있는 것일까? 인간이 태어나기 이전부터 우주는 이미 존재

사진 3 침팬지

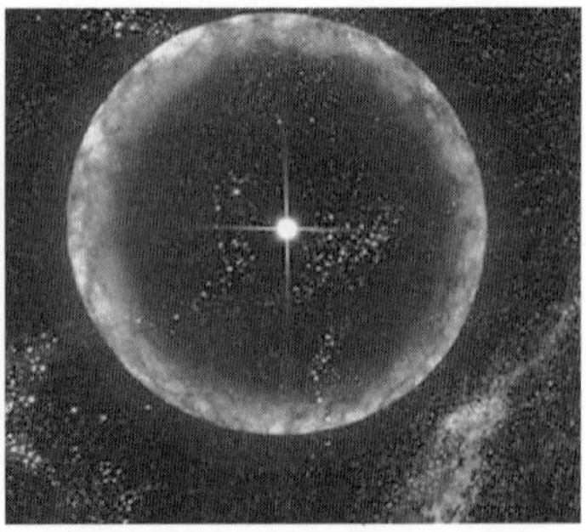

사진 4 우주의 시작 – 빅뱅

했다. 그렇다면 인간이 태어나서 이 우주에 어떤 변화를 주어왔는가에 대해 살펴볼 필요가 있다. 이에 대해 알아보기 위해 〈사진 3〉에서 침팬지의 이미지를 사용해 보았다. 많은 과학자들이 인간은 침팬지에서부터 진화되어 왔다고 과학적인 단서를 이용해 주장한다. 굳이 이런 주장이 아니더라도 인간과 침팬지의 차이는 거의 없다고 한다. 유전인자와 뇌 용량의 크기를 비교해 보아도 그렇게 큰 차이가 없기 때문이다.

그렇기 때문에 인간과 침팬지의 차이는 생물학적인 것이 아니라 문화적인 차이라고 볼 수 있다. 그래서 우리는 인간과 침팬지의 문화적 차이가 무엇인지 알아볼 예정이다. 이를 위해 문화가 등장하기 전까지의 우주자연의 상태를 기술하기 위해 〈사진 4〉에서 빅뱅으로 알고 있는 우주의 시작, 대폭발의 이미지를 선택하였다. 어느 정도 우주가 우주론적으로, 물리·화학적으로 진화를 해 나간 뒤 어느 시점에 생명이 등장했다. 우주 안에 생명이 등장했다는 사실은 우주 진화과정 전체를 놓고 볼 때 획기적인 사건이라고 할 수 있다.

생명이 등장하고 나서 또 어느 시점에 이르자 인간이 등장했다. 인간이 생물학적인 존재에서부터 독특한 인간으로서의 존재 ― 그것을 생물학적 용어로 호모 사피엔스 사피엔스라고 한다 ― 인 현 인간의 종으로 발달하기 위해서는 이른바 도구의 발견이 있었다. 〈사진 5〉의 돌도끼는 호모 사피엔스 사피엔스(Homo sapience sapience)의 상징인 도구의 발견을 나타내기 위한 것이다.

이러한 도구의 발견이 현대에서 상징하고 있는 것은 기술과 과학, 기술과학문명이라고 할 수 있다. 그런데 기술과학문명은 인간에게 전에 없던 편이를 제공하지만 이 기술과 과학이 인간의 통제를 벗어나 발전한다면 인간에게 크나큰

사진 5 돌도끼

사진 6　체르노빌 폭발의 현장

사진 7　원자폭탄의 위력

비극이 될 수 있다. 이를 잘 보여주고 있는 것이 바로 체르노빌 발전소와 원자폭탄이다. 이것들은 잘못된 과학기술의 사용이 인류에게 얼마나 큰 비극이 될 수 있는지를 잘 시사하고 있다. 기술과 과학을 바른 길로 나아가게 하기 위해서는 문화의 역할이 매우 크다. 이를 위해서 우리는 문화적인 배경, 문화적인 역사와 삶의 장, 이런 것들을 염두에 두고 문화의 다양성을 잃지 말아야 한다.

문화의 다양성은 〈사진 8〉이 잘 드러내고 있다. 〈사진 8〉은 〈적신월사〉의 이미지이다. 적신월사는 무엇을 뜻하고 있나? 초승달을 본 사람들은 이것이 아랍문화권에서 많이 쓰이고 있음을 유추해 볼 수 있을 것이다. 그것은 우리가 흔히 〈적십자사〉라고 알고 있는 국제기관의 이미지와 동일한 적신월사의 로고이다. 우리는 언론을 통해서 적신월사가 한국인 피랍사태 때 큰 활약을 했음을 알고 있다. 우리가 흔히 알고 있는 적십자의 로고가 아랍권에서는 초승달로 달리 표현되고 있으며 그 명칭도 적신월사라고 불리고 있다. 이것이 바로 문화의 다양성이다. 사실 우리는 앰뷸런스의 이미지를 당연히 적십자라고 생각하고 있지만 문화권이 다른 중동에서는 다른 이야기이다. 알다시피 중동은 이슬람 문화이고, 이슬람 문화권에서는 우리가

사진 8 적신월사의 표장
적십자와 같은 단체다

사진 9 9·11테러-쌍둥이빌딩 폭파장면

당연하게 생각하는 — 서양에서 당연하게 생각하는 — 십자가가 당연한 상징이 아니다. 상징이라고 하는 것, 바로 십자가라고 하는 것, 앰뷸런스의 십자가라고 하는 로고는 상징의 시대를 표시하는 대표적인 표식이다. 문화의 다양성의 차원에서 앰뷸런스의 상징이 중동에서는 초승달이라고 하는 것을 우리는 이해할 준비가 되어 있어야 한다. 보편성의 이름으로 그것을 적십자로 바꾸라고 강제해서는 안 된다.

그 다음 기술 과학적으로서 현대문명을 잘 보여주는 것은 인공지능으로 대변되는 슈퍼컴퓨터이며 그 기술 역시 파괴적으로 쓰일 수 있다는 점을 잊어서는 안 된다. 현재 우리의 기술은 엄청난 수준으로 발달해 있다. 만일 이것이 파괴의 수단으로 쓰인다면 인류문명의 파괴는 그야말로 순식간에 일어날 수 있다. 이는 지난 번 〈사진 9〉 뉴욕 쌍둥이빌딩 폭파로 잘 드러났다.

이제 인간은 이 지구라고 하는 삶의 장마저도 벗어나 다른 혹성으로 갈려고 한다. 그것이 아마 21세기가 지시하고 있는 새로운 가능성이라고 할 수 있다. 그래서 이제 인간은 지구라고 하는 조그만 혹성을 벗어나 우주 전체를 상대로 삶의 장을 펼쳐 나가는 우주시대를 준비하고 있다. 우주탐사기획이라는 이름 아래 다양한 우주탐사선을 우주로 띄워 보내고 있다. 이런 주제들이 이 장에서 우리가 다뤄야 할 소재인데 전체적인 그림을 얻기 위해 먼저 이미지로 살펴보았다.

2 | 우주, 자연 그리고 인간

(1) 우주, 자연, 세계 그 의미의 차이

인간이 등장하기 전에 우주는 있었는가, 자연은 있었는가? 이렇게 질문한다면 보통 사람들은 이렇게 대답한다. "답이 너무나 뻔한 것 아니냐. 인간이 있기 이전에도 자연과 우주는 있었다." 그런데 혹자는 이렇게 주장한다. "인간이 있기 전에 우주는 없었다." 즉시 이의가 제기된다. "그렇다고 해도 뭔가 있기는 있었는데 그것이 우주는 아니었다."

위의 이야기를 말장난이라고 가볍게 넘어가 버릴 수도 있다. 그렇지만 우리는 한 번 진지하게 앞에서 이야기된 것을 깊이 사유해 볼 필요가 있다. 우선 '우주' 라는 말, 낱말 자체가 지금 영어로 표현한다면 '코스모스(Cosmos)' 이다. '코스모스' 는 그리스어 '코스모스(κοσμος)' 에서 유래했는데, 이 말은 '질서 잡힌 전체' 라는 뜻이다. 그렇다. 인간이 있기 이전에 뭔가 전체가 있었는데 그 전체를 질서 잡힌 것으로 본 순간 그 전체를 '우주(코스모스)' 라고 이름 붙인 것이다. 그래서 '인간이 있기 전에 우주는 없었다.' 라고 하는 주장은 인간이 있기 전에 우주 전체를 파악하려고 하는 시도가 없었다는 것을 뜻한다. 우주 전체가 하나의 질서 잡힌 전체라고 보는 시각도 없었다는 이야기이다. 그래서 어느 과학자는 인간이 있기 전에 우주는 우주가 아니라 그냥 둥둥 떠다니는 먼지 덩어리였다고 말하기도 한다. 결국 모든 이름은 인간이 붙여놓은 것이다. 그렇기 때문에 인간이 있기 전에 우주는 없었고 그냥 둥둥 떠다니는 먼지 덩어리만 존재할 뿐이었다. 그러나 인간이 등장하면서 존재하고 있는 이것들에 이름을 붙이기 시작했다. 이름을 붙이기 시작했다는 것은 이미 인간의 세계를 만들어 나갔다는 것을 의미한다. 이제 자연과 우주가 일종의 '세계' 로 바뀌는 것이다. 이것은 이제 우주와 자연이 바로 인간의 '삶의 세계' 로 바뀐다는 것을 뜻한다.

이런 우주나 자연이란 낱말은 모두 서양말로는 '살아 있는 생명체' 라는 의미가 그 안에 깔려 있다. 우리도 마찬가지이다. 예전부터 우리는 자연이란 말을 살아 있는 생명체로 생각했다. 인간은 어느 순간 처음으로 우주와 자연에 대해서 깊이 생각을 하며 그것에 대해서 나름대로 고찰을 하고 관찰을 하게 된다. 그러면서 '우주' 에 우주라는 이름을 붙이고 '자연' 에 자연이라는 이름을 붙이게 되는데 이 때 이미 인간은 자기가 살고 있는 주변세계와 관계를 맺게 되는 것이다. 이렇게 인간은 그것들과 관계를 맺으면서 관계 맺고 있는 삶의 장을 '우주'이다, '자연'이다 라고 이름 붙이게 된 것이다. 우리 한국인은 아직도 우주, 자연을 생명으로 생각하고 있다. 그러나 서양에서는 자연을 처음에는 살아 있는 생명체로 생각했지만 근대로 넘어오면서 우주, 자연을 일종의 기계라고 생각하게 되었다. 그래서 서양의 세계관은 기계론적인 세계관으로 바뀌고 말았다. 그렇지만 우리는 여전히 우주자연을 생명이라고 생각한다. 우리말 '생명' 에는 '하늘의 뜻에 따라 살아가는 것' 이라는 의미가 간직되어 있다.

다시 정리해 말하자면, 인간이 지구상에 등장하면서 처음으로 존재하는 것 전체를 개념으로 잡으려는 시도가 감행되었다. 물론 인간이 존재하기 이전에도 다른 생명체가 지구상에 존재하고 있었지만 이런 생명체들에게는 살아남는 것 그 자체만도 아주 버거운 짐이었다. 그런데 인간이 등장하면서 이야기가 달라졌다. 분명 인간도 자기 몸 하나 살려나가기가 힘들었지만 어느 순간부터 생각하며 물음을 던지기 시작했다. 인간은 주변세계를 바라보기 시작했으며 이것이 무엇인지, 왜 그런지에 대해 알아보기 시작했다. 그리고 어느 순간 이 우주, 자연 전체가 어떻게서인가 나름대로 연결되어 있다는 것을 생각하기 시작하고 그 전체를 이름 지어서 '자연' 이라 하고 '우주' 라고 이름하였다.

따지고 보면, 사실 인간이 등장하기 전에 우주는 먼지덩어리였다. 어떻게 보면 우주는 인간이 등장하기 전에는 그토록 거대한 몸통을 가지고 있으면서도 자기가 존재한다는 사실을 몰랐다. 이 우주는 인간이 등장하면서 비로소 우주 자신 안에 있는 인간이라고 하는 조그만 존재 때문에 자기가 존재한다는 사실을 깨닫게 된다.

그렇기 때문에 인간이 등장하면서 우주의 역사는 달라지기 시작한다. 인간이 등장한 후부터 우주는 지금껏 전개되어 왔듯이 그냥 우주적으로, 자연적으로만 전개되지 않는다. 이제 우주는 인간의 노력, 즉 다양한 변이와 변화, 인위적인 변화가 들어간 발달 단계를 겪게 된다.

(2) 개체발생과 종족발생

이제 이상의 내용을 좀더 깊이 이해하기 위해서 우리는 다음의 개념을 알고 넘어가야 한다. 그것은 '개체발생과 종족발생' 이라고 하는 개념이다. "인간의 개체발생은 종족발생을 반복한다." 이것은 과연 무슨 의미일까? 이것을 다시 설명한다면 이 글을 읽고 있는 여러분들과 지금 현대를 살아가고 있는 모든 사람들이 우주 진화의 최종 결정체, 결과물이라는 말이다. 우주역사를 약 150억 년이라고 한다면 150억 년 동안의 우주가 지나온 발자취를 담고 있는 것이 바로 사람이다. 인간의 발생초기 과정인 난자와 정자가 만나 수정란이 되고 그 뒤 인간으로 성숙되어가는 과정을 살펴보면 그 과정은 인류가 200만 년을 살아온 역사(진화)의 흔적을 간직하고 있으며 그것을 그대로 반복한다는 이야기이다. 현대의 모든 인간들 안에는 인류의 전 진화가 함께 기억되어 있다. 그리고 인류의 진화뿐만 아니라 그 전의 역사까지도 농축되어 들어 있다. 원숭이, 침팬지, 물고기 등, 더 거슬러 올라가 그 이전의 원형질, 아메바, 더 올라가 원소, 원자 등에 이르기까지 인간에게는 우주진화의 흔적이 결로써 각인되어 들어 있다.

우리말의 "몸"은 이러한 우주적 의미를 함축하고 있다. 지은이의 인터넷 홈페이지 주소는 영어로 'saemon' 이다. 우리말의 '새몸' 을 뜻하고 있다. '새몸' 은 '사이몸' 의 줄인 말이다. 즉 '사이' 와 '몸' 으로 된 합성어가 '사이몸' 이고 '새몸' 이다. 우리말의 '몸' 이라는 글자를 보면 'ㅁ' 을 두 번 사용하고 있음을 알 수 있다. 우리말의 'ㅁ' 은 무엇인가를 모았다는 것을 의미한다. 'ㅁ' 자체가 음양오행에서 흔히 말하는 '토(土)' 의 기운에 해당하며 그것은 사방 오행 중에서 가운데를 뜻한다. 바로 모든 것을 모은 상태가 'ㅁ' 이라는 것이다. 그런데 우리말의 '몸' 은 'ㅁ' 이 두 개로 구성되어 있다. 위는 하늘을 모으고 있고 아래는 땅을 모으고 있음을 뜻한다. 그래서 인간의 '몸'은 자기 안에 땅에 있는 것과 하늘에 있는 것을 다 모은 상태이다. 어느 과학자에 따르면 땅에 있는 모든 원소를 다 동원한다 해도 인간의 몸을 다 설명할 수 없다고 한다. 인간의 몸에는 이 땅, 지구상에서는 발견될 수 없는 원소가 내재하고 있기 때문이라고 한다. 그렇다면 이 원소, 원자들은 어디서 왔는가? 그 과학자는 그것은 바로 하늘에서 왔다고 이야기한다. 다시 말해 우주에서 온 원소인 것이다. 그래서 과학적으로도 우리말의 몸이라는 말이 맞다고 이야기 할 수 있다. 우리말의 '몸'은 모았기 때문에 몸인 것이다.

그러면 하늘과 땅을 모은 몸에서 몸과 더불어 무슨 일이 벌어지고 있는가? '몸'을 우리말의 홀소리인 아래아(·)로 표시한다면 'ᄆᆞᆷ'의 형태가 된다. 우리말의 아래 아(·)는 본래 어떤 것의 절대 시작, 즉 우주의 시작, 빅뱅, 대폭발을 의미한다. 그리고 더 나아가 그것은 어떤 것의 시작을, 보이지 않게 감추어져 있던 것이 밖으로 드러나는 상태를 뜻한다. 그것이 'ᄆᆞᆷ'이다. 이것이 조금 더 세상 속에서 영향력을 발휘하여 자신의 존재를 드러내게 되면 그것은 '맘', 즉 마음이 된다. 마음이라고 하는 것은 내가 모은 하늘과 땅, 그것을 밖으로 드러내는 것이다. 그래서 마음과 마음이 서로 만나서는 서로 자기가 모은 하늘과 땅을 드러내는 것이다. 그러면 마음은 이제 그냥 드러낼 뿐만이 아니라 드러내서 또 주변의 것을 변화시키려고 한다. 마음의 발동은 의지, 의욕의 형태로 나타난다. 마음에는 일종의 뜻이 있다. 그 뜻에 의해서 상대방을 움직이려고 한다. 그것의 한 형태가 이른바 말하는 권력이고 권위이다. 이것이 잘못 사용될 때 문제가 발생한다. 마음의 발동을 조절하여 평정심을 이룬 상태를 우리말은 '믐'이라고 표현한다.

(3) 대폭발과 우주론적 진화

우주진화의 전개를 우주론적 진화, 물리화학적 진화, 생물학적 진화, 인식론(문화)적 진화의 4단계 진화과정으로 파악할 수 있다. 첫 번째 단계는 처음 우주가 형성되는 측면을 강조하는 진화이며 우리는 이것을 우주론적 진화라고 할 수 있다. 이런 관점은 일종의 거시적인 관점으로 마크로코스모스적인 관점이다. 과학의 우주 발생설을 종합하여 보면, 우주란이 터져서 우주론적 진화가 전개되기 시작하였다고 한다. 우주가 무(無) · 공(空) · 허(虛)의 텅 빈 상태에서 무엇인가 새로 생겨나기 시작한 것이다. 이른바 대폭발(Big Bang)이 일어난 것이다. 기체들이 우주에 가장 밀도있게 응축되어 있다가 터진 것이라고 한다. 그리하여 별들이 생겨나고 은하계, 성운이 생겼다고 한다. 이와 같은 초기우주 생성의 단계가 우주론적인 진화의 첫 단계다. 이 단계를 약 150억 년 전으로 본다.

(4) 물리화학적 진화

대폭발 이후 이렇게 별들이 생성되고 성운과 은하수들이 생겨났을 당시에는 많은 종류의 원자들, 분자들이 존재하지 않았다. 그 후 원자, 분자들이 합치고 분리되는 과정에서 헬륨, 질소, 탄소, 수소가 되면서 물질이 된다. 다양한 물리화학적인 반응이 일어나면서 다양한 물질들이 생겨난다. 이러한 원자와 분자의 끝없는 결합과 분리, 분리와 결합 그리고 그에 따른 새로운 물질의 형성과 소멸 등의 과정을 우리는 물리화학적 진화라고 할 수 있다. 그래서 대폭발이 시작된 150억 년 전에는 몇 개 존재하지 않았던 화학적 원소, 원자들이 지금은 그야말로 셀 수 없이 많은 종류로 생성 변형되어 존재하게 된다.

그런데 이제 물리화학적 진화에서 우리의 관심을 끄는 것은 태양계이다. 태양계가 형성이 된 시점은 대략 46억 년 전이라고 한다. 그래서 지구의 역사를 46억 년 정도로 생각한다. 지구라는 행성이 생기고 그 안에서 물리화학적인 진화가 계속되었다. 그러다 약 30억 년 전에 지구 위에 생명체가 등장한다.

(5) 생물학적 진화

과학에서는 생물학적 진화의 시작을 약 35억 년 전으로 계산한다. 그래서 어느 과학자는 이 지구가 생긴 이래 10억 년 만에 생물학적인 진화, 즉 생물이 생길 수 있는 시기를 10억 년으로 잡는 것은 너무 짧다고 이야기한다. 10억 년 만에 모든 물리화학적 변화를 거쳐 무기물에서 유기물이 자연발생적으로 생긴다는 것은 굉장히 어렵다는 주장이다. 그래서 일부 과학자들은 외계에서부터 생명체가 들어왔다고 하는 외계유입설을 주장하기도 한다. 이렇게 처음 생명이 등장한 35억 년 전부터 생물학적인 진화가 계속되었고 다양한 생물들이 등장하였다.

(6) 인식론(문화)적 진화

그렇다면 과연 인간은 언제 등장하게 되었을까? 인간이 처음 등장한 것은 35억 년이 한참 지나고 인간이 처음 도구를 쓰기 시작한 약 200만 년 전으로 생각된다. 그 때는 아마 인간이 인간다움을 완전하게 갖추지는 못했을 것이다. 그래서 현생대의 인류로 보는 호모 사피엔스 사피엔스가 생긴 5

만 년 전부터를 현대 인간의 출현으로 본다. 우리는 그 때부터 시작된 진화를 인식론적 진화 또는 문화적 진화라고 이름할 수 있다.

과학적으로, 생태학적으로 볼 때 과연 인간이 이 지구상에 생물학적 존재로서 다른 생물들과 조화를 이루면서 살아갈 수 있는 적정 숫자는 얼마일까? 과학자들은 생물학적 인간의 적정수를 400만 명으로 추정한다. 그런데 지금 지구상의 인구가 얼마나 되는가. 현재 인류의 수는 약 66억이 넘는다고 이야기한다. 생물학적인 존재로서 인간은 400만 명을 넘을 수 없는데 인간은 이미 그 적정수를 넘어버렸다. 그래서 우리는 인간이 이 생물학적인 적정 숫자를 넘어선 이상 그는 더 이상 생물학적인 존재가 아니라고 주장하는 것이다. 그 때부터 인간은 생물학적 존재이기를 포기하고 문화적 존재로서 살아왔다는 이야기이다. 학자들이 인간의 역사를 200만 년 전으로 계산한 이유는 그 때부터 인간의 도구사용이 확인되고 있기 때문이다. 도구를 쓰는 순간 이제 더 이상 인간은 생물학적인 존재가 아니다. 그 때부터 인간은 인간만의 독특한 문화와 문화기술을 발달시켜 나갔다고 볼 수 있는 것이다. 그래서 인간은 도구를 쓰기 시작하면서 어느 시점부터 문자를 발명하게 되고 이른바 역사시대를 열어가게 된다. 역사시대! 우리가 인식론적인 진화라고 하는 것은 바로 역사시대에 시작된다고 볼 수 있다. 우리는 그 때를 길어야 5만 년 전 정도로 추정한다.

400만 명의 생물학적인 존재에서부터 문화적 존재로 넘어오면서 불어나는 인구수를 살펴보자. 기원 원년, 즉 2000년 전의 세계 인구는 약 1억 명 정도였다고 한다. 인간이 처음 등장한 200만 년 전부터 역사시대로 접어든 5만 년 전 그리고 기원 원년까지 시간으로 따지면 꽤 오랜 시간이 흘렀다. 인간이 출현한 200만 년이란 시간동안 인류는 약 400만 명에서 1억 명 정도로 증가한 것이다. 그리고 기원 원년부터 1000년이 지난 서기 1000

년의 인간의 수는 3억 5000만 명 정도였다고 한다. 1000년 동안 약 1억 명이었던 인구가 거의 세 배 반 정도 늘어났다. 이 짧은 기간에 인구가 그렇게 늘기 위해서는 해결되어야 할 문제가 많다. 그 중에 가장 중요한 것은 생존의 문제, 먹는 것의 문제이다. 그런데 인간은 이런 중요한 문제를 해결했고 그래서 인구는 이 정도로 증가할 수 있었다. 그렇다면 지금으로부터 약 100년 전, 1900년에는 인구가 얼마 정도였을까. 1900년에는 인구가 약 16억까지 증가했다고 한다. 인구가 약 4배로 증가하는 기간이 거의 1000년 정도 밖에 걸리지 않았다. 문제는 바로 여기서부터다. 지난 100년 동안 약 16억이었던 인구가 2000년에 들어서면서 약 65억 명까지 증가한 것이다. 계산하자면 100년 전에 비해 역시 4배가 증가한 것이다. 예전에는 인구가 4배 증가하는 데 약 1000년 정도 걸렸는데, 이제는 100년 만에 4배로 늘어났다. 인구증가 속도가 엄청나게 가속된 것이다. 이제 인구문제는 인류가 풀어야 할 가장 시급하고 중요한 문제로 제기되고 있다.

철학자 니체(Friedrich Wilhelm Nietzsche)는 이렇게 말했다. "인간은 이 지구상에 가장 쓸데없는 병원체이다." 그는 인간이 지구상에서 없어진다면 평화가 올 것이라고 이야기했다. 니체의 이런 식의 이야기는 점점 사실로 확인되고 있다. 지금 이 지구상에는 66억 명의 인간이 존재하는 바람에 다른 생물종들은 전부 사라져버릴 위기에 처해 있다. 이와 함께 인간의 이기심 때문에 예기치 못한 생물 변종도 생기고 있다. 이제 앞으로 인간이 싸워야 할 가장 큰 적은 인간 자신이다. 그렇기 때문에 앞으로 인간이 기술과 과학, 기술문명에만 의존한다면 파괴의 현장만이 존재할 수 있다. 이미 지로 보았듯이 911테러, 원자폭탄, 화학전, 생물학적인 전쟁 등은 모두 인간 스스로 만들어 놓은 인류의 재앙이다. 이제 앞으로는 감기 한 번 잘못 걸려서 몇 천 만 명이 죽을 수도 있는 것이다. 그래서 이제 인간은 기술과 과학에만 의존하지 말고 기술과 과학을 인간다운 삶을 위해서 사용할 수 있는 방향을 찾아야 한다. 이를 위해서는 인간의 능력을 다양하게 개발해야 한다. 인간의 능력에는 감성적인 능력, 지성적인 능력 그리고 전체를 파악할 수 있는 이성적인 능력이 있다. 그리고 또한 눈에 보이지 않는 존재와 소통할 수 있는 영성적인 능력이 있다. 이런 인간의 능력이 시대에 따라서 각각 독점적인 지위를 차지해 왔다. 그러나 중요한 것은 우리 인간이 이 네 가지 차원의 능력을 고루 발달시킬 때 인류는 지구상에 모든 다른 생명체와 더불어 평화롭게 살 수 있다는 점이다. 감성적인, 지성적인, 이성적인 그리고 영성적인 차원의 능력 등이 서로 어우러질 때 인간은 다른 사람, 다른 존재와 더불어 평화롭게 살 수 있다. 바로 이것이 기술과 과학의 시대에 진정 필요한 능력이다. 지구를 몇십 개 폭파시킬 수 있는 원자폭탄을 발아래 두고서 진정 평화롭다고 이야기할 수 있는지 우리는 반문해 보아야 한다. 과연 그것이 진정한 평화인지 반성해 볼 필요가 있다.

(7) 인간 이후 우주진화의 방향

그렇다면 인간으로 인해 진화의 궤도가 어떻게 달라지고 있는가에 대해 한 번 알아보자. 인간이 등장하기 전에는 별들을 포함한 우주의 모든 것들이 우주론적인 진화, 물리화학적인 진화, 생물학적인 진화를 통해 변모해 왔다. 다시 말해 자연발생적인 차원에서 진화의 방향이 흘러가고 있었다. 자연스럽게 원소가 서로 뭉쳐서 물질이 되고 그 물질이 또 뭉쳐서 또 더 큰 물질을 만들어냈다. 이런 식으로 별들이 만들어지고 그 별 안에서 또 원소들이 흩어지고 나면 또 다른 물질로 변해가는 과정들이 반복되었다. 무기물질에서 유기물질이 생겨서 생물이 등장하였다. 단세포동물에서부터 시작해 아메바, 바이러스 등등 생물학적인 차원에서 진화가 펼쳐졌다. 그리고 그 시각부터 인간이 등장하기까지는 거의 35억 년이란 긴 시간이 소요됐다. 그래서 어떤 학자는 이렇게 이야기한다. 우주발생부터 지금까지의 시간을 한 장의 달력으로 표시한다면, 인간이 우주에 등장한 시간은 12월 31일 밤 11시 59분 59초라고. 우주시계로 볼 때 인간은 그야말로 아주 짧은 마지막 시간에 등장한 것이다. 그런데 마지막 찰칵 하는 순간에 나타난 인간이 세상을, 우주를 바꿔놓고 있다.

인간이 등장하면서 무엇이 바뀌기 시작했을까. 인간이 등장하면서 바뀌기 시작한 것으로 우리는 전체를 볼 수 있는 시각, 전체와 관계를 맺는 태도를 들 수가 있다. 다른 생물들은 전체와 관계를 맺지 못한다. 고작해야 자기가 사는 환경에서 본능적으로 필요한 것들과만 관계를 맺는다. 그런데 인간은 자기가 사는 데 직접적으로 관련이 없는 것까지도 간섭을 하고 나선다. 그래서 지은이는 농담 삼아 이렇게 이야기한다. 인간이 등장하기 전까지 하느님은 굉장히 심심했을 것이다. 하느님은 150억 년 전에 우주를 만들어 놓고 150억 년 동안 아주 조용하게 지내왔다. 그런데 150억 년이 지난 어느 시점에 갑자기 어디선가 이상한 소리가 들리기 시작했다. 그래서 하느님께서 잘 살펴보니 광활한 우주 어느 조그마한 한 구석 태양계라고 하는, 또 거기에 지구라고 하는 조그만, 아주 콩알 만한 혹성에서 인간이라고 하는 종자들이 떠들고 있었다. "하느님은 없다" 또는 "있다"고. 그리고 "하느님은 전지전능하다" 아니, "하느님은 악하다" 고. 창조주인 하느님은 이 조그만 어린 존재들이 등장하기 전에는 아무도 자신에 대해 아무런 관심도 없었는데, 인간이란 존재가 등장하면서부터 자신에 대해 이러쿵저러쿵 떠들어대기 시작한 것이다. 이것이 바로 인간의 위대함이라고 할 수 있다. 왜냐하면 인간은 존재하는 것 전체에 관심을 가지기 때문이다. 존재하는 것 전체를 하나의 낱말(개념)로 묶어서, 그 낱말(개념) 속에 담아 그 낱말(개념)로 그 전체를 마음대로 쥐락펴락하려고 하기 때문이다. 철학·학문·과학이 바로 인식론적인 진화를 주도하고 있다. 인간이 등장하면서 바로 '존재자 전체로의 침입사건'이 일어난다. 인간이 이 지구에 등장하면서 처음으로 존재하는 것 전체 — 절대자, 하느님까지 포함해서 — 에 대한 침입이 시도된다. 인간은 존재하는 것 전체를 개념으로 잡아서 존재하는 것 전체를 바꿔나가려고 한다. 그래서 이제 전체와 관련된 진화가 방향을 바꿀 수밖에 없게 되었다.

예를 들어 자연적인 물리화학적인 진화가 궤도를 달리하기 시작했다. 19세기 들어서 화학이 등장하면서, 화학실험실에서 다양한 원소들이 인위적으로 분해되고 결합되는 바람에 새로운 원소들이 등장하기 시작했다. 그 당시 화학원자들을 이런저런 방식으로 조작하기 시작하면서 인간들은 환호성을 울리기 시작했다. 드디어 우리 인간이 하느님의 비밀코드를 풀었다고. 과학자들은 "화학은 아름답다"고 열광하였다. 그리고 그 다음은 어떤 변화가 생겼는가. 생명공학이 등장했다. 지금으로부터 약 40년 전부터 과학자들은 식물을 가지고 이러저런 조작을 시도했다. 그 다음 한 걸음 더 나아가 동물을 가지고 갖가지 실험을 시작하였다. 처음에는 간단하고 쉬운 것부터 조작했지만 이제는 복제소, 복제양, 복제고양이, 복제개, 복제돼지 등이 만들어지고 급기야는 인간까지도 복제의 대상에 포함되기에 이른다. 그래서 이제는 자연스러운 생물종보다 생물학적인 변종이 더 많을 정도라고 이야기한다. 이렇듯 생물학적인 진화는 인간의 개입에 의해 더 이상 자연발생적으로 흘러가지 않는 셈이다.

인간의 개입은 여기서 끝나는 것이 아니다. 인간은 이제 더 나아가서 인식론적인 진화까지도 개입하고 있다. 바로 이른바 A.I.(Artificial

Intelligence, 인공지능)의 영역이다. 인간은 인공지능을 갖춘 슈퍼컴퓨터를 만들어냈고 이것이 이제 어떻게 진화해갈지는 아무도 모른다. 그러나 과학공상영화에서는 이러한 인간의 개입을 매우 암울하게 표현하고 있다. 영화 〈매트릭스〉에서 인간이 어떤 존재로 전락할 수 있는지를 보여주고 있다. 이 영화에서 인간은 기계를 위한 에너지원으로 전락하고 만다. 이렇게 인간이 등장하면서 바로 지능, 즉 인식능력마저도 자연발생적으로 전개되지 않는다. 이제 앞으로 한 10년, 20년이 지나면 멀쩡한 육체를 가진 사람을 보기 힘들지도 모른다. 사실 지은이 역시 멀쩡한 육체가 아니다. 이미 지은이의 혈관 속에도 인위적인 장치가 심어져 있다. 이제 이런 기술이 조금만 더 발달하면 드라마 〈600만불의 사나이〉나 영화 〈로보캅〉에서 볼 수 있는 것 같은 반은 인간이고 반은 기계인 또는 신체의 반 이상이 기계인 그런 사람이 등장할 수도 있는 것이다. 우리는 그것을 '사이보그'라고 한다. 아마 우리는 이미 그런 시대에 한 발 담그고 있는 것인지도 모른다. 이렇게 인간의 등장으로 인해서 인식론적 진화의 궤도도 달라지기 시작한다. 그 다음 단계에서는 어떤 일이 벌어질까. 인간은 이미 지구를 벗어나서 태양계를 조사하기 시작했고 더 나아가 태양계 바깥까지도 조사하기 시작했다. 이제 인간은 영화 〈아마겟돈〉이나 〈에어리언〉에서 볼 수 있듯이 어떤 혹성은 광물채취를 위해서, 어떤 혹성은 쓰레기를 버리기 위해서 개발하여 사용하고 불필요한 혹성들은 폭파시켜 버릴지도 모른다. 그렇게 되면 인간은 우주의 진화에도 개입하여 우주마저도 자연적인 진화과정을 거치지 못하도록 하게 될 것이다. 이것이 바로 인간이 가지고 있는 힘이다. 인간이 가지고 있는 인식론적인 힘, 문화적인 힘이며 운명적인 힘이다.

앞에서 언급했던 '인간의 개체발생은 종족발생을 반복한다'라는 말을 다시 한 번 살펴보자. 인간의 문화사적인 단계에만 국한시켜서 살펴본다면 그것은 최근 19세기 말부터 학문의 방법론적 명제로 많이 활용되었다. 그 중 대표적인 것이 콜버그(Lawrence Kohlberg)의 도덕발달이론이다. 이 이론에서는 다음과 같이 주장한다. 인간의 도덕발달을 가만히 살펴보면, 인간이 개체로서 도덕적인 감정, 도덕적인 의식이 생기는 그런 발달과정이 존재한다. 관습 이전의, 관습적인, 관습 이후의 도덕의식이 그것이다. 그런데 인류의 도덕적인 발전과정을 살펴보면 바로 인류가 그러한 역사적인 발전과정을 거쳐 지금에 이르렀음을 확인할 수 있다. 이처럼 역사적인 전개과정에서의 인류의 도덕발달단계가 개인의 성장단계에서 확인될 수 있다는 이야기이다. 그리고 프로이트(Sigmund Freud)가 주장한 오이디푸스 콤플렉스 역시 위의 방법론을 활용하고 있는 경우이다. 프로이트는 개인의 성적 성장단계에 오이디푸스 콤플렉스의 시기가 있다고 주장한다. 인간의 유아기에 오이디푸스 콤플렉스 시기가 있는 것을 볼 때 ─ 위의 방법론을 역으로 적용해서 ─ 인류 문화의 발전단계에 거기에 버금가는 어떤 사건이 있었음을 추정할 수 있다. 인간 개체에서 나타나고 있는 성욕의 단계에서 확인되는 이런 흔적은 인류 초기에서의 어떤 사건을 지시하고 있다는 주장이다. 그 사건을 프로이트는 다음과 같이 풀이한다.

예전 어느 시기에 한 아버지가 독재를 하며 자기 마을이건 나라건 공동체의 모든 여자를 혼자 소유하고 있었던 그런 시절이 있었다. 워낙 힘이 막강해서 모든 여자를 자기 혼자 독차지했으며 따라서 아들들도 많이 낳았다. 그런데 아들들은 아버지의 여자독점으로 인해 결혼할 여자를 찾을 수 없게 되었다. 그래서 어느 날 아들들은 공모를 해 반란을 일으켜서 아버지를 죽였다. 그리고 아버지의 여자들을 나누어 가졌다. 여자를 차지하며 성적인 욕구는 채웠지만 아들들은 아버지를 죽인 것에 대해 심한 양심의 가책을 느끼게 되었다. 그래서 아버지를 신으로 받들며 매년 제사를 지내기로 하였다. 죽은 아버지이지만 아버지의 명령에 복종하기로 하였다.

프로이트는 이 사건을 이제 일종의 토템이라고 본다. 아버지를 죽인 것에 대해서 양심의 가책을 느껴서 아버지를 신격화시켜 아버지의 명령에 복종하는 것이다. 프로이트는 그의 책 『토템과 터부』에서 종교의 기원을 위와 같이 설명한다. 그는 인간의 개체발생의 과정을 잘 살펴보면 인류의 종족발생의 흔적을 발견할 수 있다고 보는 것이다. 이렇게 이 명제를 요즘 많은 학자들이 자신의 방법론으로 활용하고 있다. 그래서 이것을 인간의 인식의 단계, 문화사적인 단계, 또는 철학사적인 단계에 적용시킨다면 인간이 개체에서 보여주고 있는 경험의 발달 단계가 철학사적으로 전개되어 온 철학사의 단계와 그 궤를 같이 한다는 사실을 확인할 수 있다. 그리고 지은이는 그것을 문화의 발전모형이라고 하는 개념으로 설명하려고 한다.

3 | 문화의 발전모형

우선 문화의 발전모형에서부터 시작해 보자. 여기서 지은이는 문화의 발전모형을 신화적인 단계, 존재론적인 단계, 그 다음 인식론적인 단계 그리고 마지막으로 우리가 존재하고 있는 시대의 관계론적인 단계, 이렇게 크게 네 단계의 발전모형으로 나눈다. 인류의 문화사를 되돌아볼 때 이런 방식으로 발전이 되어왔다고 해석할 수 있다. 물론 이것은 서양의 문화사적인 관점이다. 동아시아는 이것과는 다른 문화사적인 발전을 해 왔다. 그러나 우리는 일단 이런 제약을 두고 이야기를 끌어나갈 수밖에 없다. 왜냐하면 지금 우리는 세계가 하나가 되는 시대에 살고 있는데, 이러한 하나의 지구촌 시대에 우리의 삶을 규정하고 있는 문화의 모형이 서양의 것이기 때문이다. 그 점은 우리가 인정하고 들어갈 수밖에 없다. 지금 우리의 주변을 한 번 둘러보자. 여러분들의 복장을 보고 여러분들의 음식, 취미, 주거환경, 교통수단 등 여러분의 일거수일투족을 살펴보라. 그 모든 것들은 서양사람들의 세계관과 가치관이 반영된 것들이다. 그렇기 때문에 서양에서 이야기하고 있는 문화의 모형을 우리는 한 번 유심히 살펴볼 필요가 있다. 아래에서는 각 단계의 특징만 간단하게 살펴보고 지나가기로 한다. 다음의 장들에서 단계별로 상세하게 다루게 될 것이다.

(1) 신화적 단계

신화적인 단계에서의 특징은 과연 무엇일까? '있다' 라고 하는 것에 대한 체험이 부각된다. 무엇인가 인간인 나로서는 어떻게 해 볼 수 없는 그런 거대한 힘, 그런 것이 있다라고 하는 것과 그것에 대한 두려움이 여기서는 지배적이다. 그래서 그것을 나름대로 극복하기 위해 다양한 의례와 의식을 개발한다.

(2) 존재론적 단계

존재론적인 단계에 오면 앞단계에서와는 다른 생각을 하게 된다. 그 무엇인가는 과연 무엇일까? 우리를 둘러싸고 있는 알 수 없는 거대한 힘들. 그것들이 무엇으로 만들어져 있는지, 어떤 법칙에 의해서 유지되고 있는지에 대해 의문을 가진다. 단순히 '무엇가 있다' 라고 하는 내부의 힘, 초월적인 힘에 대해 그냥 순응하고 순명하고 살아가는 시대에서 한 발짝 벗어나 그것이 무엇인지를 물어보는 그런 단계이다. 그래서 이것은 '있다' 라고 하는 사실의 강조에서 벗어나 '그것이 무엇인가?' 라고 하는 물음으로 무엇에 대한 질문을 던진다. 그것을 '우리는 본질에 대한 물음이다' 또는 '실체에 대한 물음이다' 라고 이야기한다. 그것의 실체가 무엇인가, 그것의 본질이 무엇인가 묻는다. 여기서부터 철학이 시작된다고 볼 수 있다. 서양철학의 시작에 우주는 무엇으로 이루어져 있다고 생각했는가? 물로 이루어져 있다고 했다. 우주의 본질, 우주의 실체는 물이라고 이야기했다. 그러나 어떤 사람에게는 물이 아니라 불이다. 또 다른 누군가에게는 바로 공기다, 아니 원자다. 이런 식으로 이야기가 계속되다가 이제는 실체라고 이야기하였다. 바로 이 무엇에 대한 물음이 제기되기 시작하는 것, 본질에 대한 물음이 제기되기 시작하는 것을 존재론적인 단계로 볼 수 있다. 시기로는 서양의 고대와 중세가 여기에 해당된다.

(3) 인식론적 단계

인식론적인 단계에 오면 이제 무엇에 대한 설명이라고 하는 것에 한계가 있다는 것을 알게 된다. 거기에서 배후에 어떤 절대적인 힘, 예를 들어 창조주 하느님과 같은 존재를 전제해놓고 그 존재가 만들어낸 질서와 법칙이 우주와 자연을 지배한다는 식의 설명이라는 이야기이다. 따라서 전제해놓은 어떤 것에 의해서 '무엇' , 즉 본질이나 실체가 설명된다고 보는 것이다. 그래서 이제 인식론적인 단계, 이른바 근대에 오면 중요한 것은 '무엇' 이 아니라, 그것이 어떻게 만들어졌는가라는 식으로 묻는 '어떻게' 가 중요해진다. 그래서 물음의 방향이 '무엇' 에서부터 '어떻게' 로 바뀌게 된다. '어떻게' 는 방법과 방식에 관한 물음이다. '어떻게' 를 알게 되면 그 방법과 방식에 따라 실험해 볼 수 있고 반복할 수 있고 조작할 수 있고 제작할 수 있게 된다. 근대에 들어와 기술과 과학이 발달하면서 모든 것을 만들어내는 기술과 기계 같은 산업방향으로 나아가게 된다.

'어떻게' 에서는 인과론적인 설명이 주축을 이루고 효율성, 실용성, 기능성이 전면에 부각된다. 우주, 자연, 세계가 다 과학적으로 설명이 될 수 있다고 보며 과학이 만능이라는 생각이 확산된다. 그런데 그것이 전부가 아니라고 하는 것을 20세기 후반부터 인간은 깨닫기 시작한다. 이제 인간들은 기술과 과학이 — 제1, 2차 세계대전을 통해서 보아오건데 — 인류에게 재앙이 될 수 있다는 것을 알기 시작한다. 그냥 단순히 인간의 능력을 극대화시켜서 만들어낼수 있는 것은 다 만들어낸다고 해서 인간에게 도움이 되는 것은 아니라는 것을 알게 된다. 이제 우리는 물음을 하나 더 던져야 된다고 생각한다. '왜' 그걸 만들어내는지 물음을 던져야 한다.

(4) 관계론적 단계

우리가 살고 있는 현대에서는 무엇보다도 의미를 묻는 '왜' 의 물음이 모든 것을 다 뒤집는 근본물음으로 등장한다. 앞에서 숭산 스님과 현각 스님에 대한 이야기를 했는데, 이 사람들이 던진 질문도 '왜' 라는 것이다. '왜' 라는 물음을 던지고 그 물음에 대한 대답으로 그들은 자신들의 머리카락을 잘랐다.

지금까지 이야기한 단계모형을 인간의 능력과 관련지어서 설명해보자. '무엇인가 있다' 라는 것, 외부의 힘, 즉 하느님의 힘인 신적인 힘, 바로 그 힘을 주로 활용한 사람들은 주술사, 무당이었다. 이들은 하늘과 땅과 인간을 잇는 중계자 역할을 했다. 이들은 하늘의 계시를 받아서 그 계시를 백성들한테 전해주는 역할을 하고 있었다. 그야말로 영성의 차원이 강조된 것이다. 그런가 하면 존재론적인 단계에서, '무엇' 이 물음이 될 때에, 다시 말해 '본질이 무엇인가?' 라고 하는 물음을 던지는 것은 그 능력으로 본다면 영성이 아니라 이성이다. 그리고 이성에 해당되는 인간의 능력은 지혜라고 한다. 삶의 지혜라고 이야기하듯이 지혜는 전체와 관련된 것이다. 여기에서는 질서와 법칙과 같은 것들이 중요한데, 그러한 것을 알고 있는 사람은 현자, 현인들이다. 그리고 현자와 현인들이 제도화되면 왕이 되고 교황이 되고, 왕권이 되고 교권이 된다. 근대에 오면 이러한 전체에 대한 주장에서부터 한 걸음 물러난다. 우리는 전체를 알 수 없고 고작해야 사물이 무엇이고 사태가 무엇인지, 그리고 그것이 어떻게 생겨나왔는지 정도만을 알 수 있다. 그리고 그런 것을 알 수 있는 능력을 지성이라고 하였다. 그리고 이런 분야의 전문인이 등장하고 과학자가 등장하고 기술자가 등장했다. 이들 전문인이 구사하는 것은 더 이상 지혜가 아니고 전문지식이다.

이제 현대 우리가 처한 상황은 어떤가? 예전에는 특수한 영적인 능력을 가진 사람들이 말할 수 있었다. 그리고 고대, 중세에는 현자, 현인, 왕, 교황 등 특권층에 있는 사람만이 말할 수 있었다. 그리고 근대로 오면 이들이 바로 전문가, 과학자에 해당한다. 글을 아는 사람들은 다 전문인, 과학자가 될 수 있고, 말할 수 있는 기회는 모든 사람들에게 다 열려 있다. 가능성은 그렇지만 근대인 모두에게 다 말과 글의 혜택이 돌아간 것은 아니다. 경제적인 능력이 되는 사람, 배울 능력이 있는 사람, 경제적으로 배움을 뒷받침할 수 있는 사람만이 말할 수 있는 처지에 있게 되었다. 현대에 들어서야 이런 모든 특권들이 다 철폐되고 모든 사람에게 능력에 따라 모든 것이 다 가능한 상황이 되었다.

현대에 들어서서 말과 글은 주된 소통의 자리를 빼앗긴다. 과거의 지혜, 지식의 자리에 정보가 들어서고 말과 글 대신에 이미지와 상징, 영상과 동영상 등이 판을 주도한다. 현대에 와서 달라진 것은 지혜라든가 지식이라고 하는 것이 특정한 사람에게만 요구되는 것이 아니라는 점이다. 이 세상 모든 정보는 모든 사람들에게 열려 있고 정보를 가지고 활용할 수 있는 사람이 이제 세계를 꾸려나가는 사람이다.

4 | 인간의 경험과 문제의식의 단계

인간의 위대함은 자신이 겪은 경험에 대해 생각한다는 것이다. 좋은 경험은 발전적으로 확대하고 쓰라린 실패의 경험은 그 원인을 분석해서 다시는 그런 실패가 일어나지 않도록 대책과 방안을 마련한다. 인간은 자신이 겪는 어려움을 문제로 인식하고 이 문제를 풀기 위해 여러 방면으로 해결책을 찾아 나선다. 그런데 인간의 이러한 경험과 관련된 문제의식에도 단계가 있다. 그 단계는 종족발생적으로는 인류문화의 발전단계이고 개체발생적으로는 개인성장의 과정이다.

(1) 사실확인의 단계

이러한 문화사적인 단계가 독자 여러분들의 개인경험의 단계에 비춰볼 때 이것에 상응한다는 것을 쉽게 확인할 수 있다. 자! 한 번 여러분들의 어렸을 적을 생각해보자. 가장 어렸을 때의 경험 단계는 말을 하기 시작하는 단계이다. 최소한 어느 정도 다른 사람과 의사소통이 가능할 때부터 시작되는데 제일 첫 번째 단계를 '사실확인의 단계' 라고 이야기한다. 가장 초보적인 경험과 문제의식의 단계는 "있었다" 내지는 "있다"는 사실확인의 단계이다. 어린아이들이 자기들끼리 만나 자랑을 하며 이야기하는 것을 보면 이 단계를 실감할 수 있다. 자기 집에 무엇이 있다는 것을 자랑하며 이야기를 해 나가다가 나중에는 있지도 않은 "금송아지"도 있는 것처럼 꾸며댄다. 경험적으로도 사실(사건)을 많이 본 아이가 다른 아이들의 "존경"을 받는다. 여기에서는 "그런 일이 실제로 있었는가?" 라는 사실적인 물음이 주축을 이룬다. 종족 발생적으로는 신화의 단계에 해당한다.

(2) 상태서술의 단계

그런데 이것이 한 단계 더 올라가 초등학교 정도의 단계에서는 단순히 그냥 있다고 하는 것으로 통하지 않는다. 있다는 것이 무엇인지 구체적으로 설명해야 되고 서술해야 한다. 있다는 사실이 확인되면 그것이 어떠했는지를 서술하는 것이 그 다음 단계이다. "있었다" 내지는 "보았다"라는 주장으로 만족하지 못할 경우 본 사람은 그 경험에 대한 근거로 그것이 어떠한지를 설명해야 하는 요청을 받게 된다. 이 때 경험자는 자신이 본 다양한 모든 측면을 열거하면서 설명을 시도한다. 자신이 경험한 것이 아주 생소한 것이라면 이미 알고 있는 것과의 비교·대조를 통해서 설명하여 듣는 사람을 설득시키려 할 것이다. 종족 발생적으로는 초기 철학의 단계, 고대의 우주론자와 자연론자 시대에 해당된다고 볼 수 있다.

(3) 정의(본질 서술)의 단계

그 다음에 사춘기가 되고 중학교, 고등학교에 들어가서는 대충 두루뭉술 이야기하는 것으로 만족하지 않고 그것이 무엇인지 정확한 지식으로 알려고 한다. 정확한 지식으로 알려고 하기 때문에 그 때는 그 사회에서 통용되는 것이 무엇인지를 알아야 되고 사전에 나오는 것을 알아야 한다. 삶에서 어떤 것이 통용되는지 알아야 되고 윗사람들이 어떻게 하는지 그것을 따라 해보고 배워야 한다. 새로운 사실이 확인되고 그것이 어떠한지가 다각도에서 서술되고 나면 우리의 경험세계에 확고한 자리를 부여해 주어야 하는 지식론적 차원의 작업이 요구된다. 우리는 우리의 "경험사전"에 그것이 "무엇"인지를 꼭 집어서 기술해 넣어야 한다. 그러면 그 기술만으로도 사람들은 그것이 무엇인지를 알게 된다. 이제는 그저 마구잡이 식의 열거나 편이에 따른 비교나 대조가 아닌 사태 그 자체에 근거한 사태 자체의 기술이 문제가 된다. 철학의 체계가 잡히기 시작하는 고대 그리스 철학의 시기라고 볼 수 있다. 플라톤과 아리스토텔레스를 시작으로 하여 중세에까지 이어지는 실체와 본질에 대한 물음이 주종을 이루던 시대이다.

(4) 출처설명의 단계

대학교에 들어가거나 사회생활을 하게 되면 우리의 관심은 그것이 어떻게 생겨나온 것인지, 그것을 어떻게 만들 수 있는지, 그것이 다른 것들과는 어떤 연관이 있는지 등등에 쏠리게 된다. 방법과 방식에 대한 관심과 그것이 갖는 유용성 또는 효율성에 대한 실제적인 물음이 펼쳐진다.

"무엇" 인지가 설명이 되고 나면 그것이 어떻게 해서 생겨 나왔는지에 대한 물음이 제기되면서 우리의 관심은 인과설명적, 또는 계보학적으로 확장되어 나간다. "무엇"에 대한 앎이 사실에 대한 인식론적 공유를 가능하게 했다면, 생성의 "어떻게"에 대한 지식은 우리로 하여금 그것을 마음대로 처분할 수 있는 기술 과학적 지배를 가능하게 한다. "어떻게"가 문제가 될 때 사실(사태)의 문제는 단순한 객관성의 문제가 아니라 주관과 객관의 (주객) 문제가 된다. 주체가 중심이 되어 "어떻게"에 관심을 쏟던 근대가 여기에 해당된다.

(5) 의미(근거)해명의 단계

인생이 말년에 가까워올수록 사람은 자신의 지내온 삶이나 사는 모습에 대해 무엇 때문에 사는가, 왜 살아야 하는가 하는 근본적인 물음을 던지게 된다. 사춘기가 지나오면서부터 불현듯 '왜' 라는 물음이 비집고 나오면서 사람들은 삶의 목적과 이유 등을 알고 싶어한다.

존재하는 것에 대해서 그것이 무엇이고 그것이 어떻게 해서 생성되어 나왔는지를 설명할 수 있게 되면 사실 설명의 단계는 끝난 셈이다. 그러나 인간은 설명으로 만족하지 않고 한 단계 더 나아가 그것이 "왜" 그런지,

꼭 그래야만 하는지를 묻는다. 이 단계의 물음은 이제 더 이상 과학적인 근거를 묻는 것이 아니고 인간의 삶의 목적과 관련된 의미론적 근거를 묻는 물음이다. 인간은 자신의 환경을 개척해 나가면서 나름대로 의미를 부여해 자신의 세계로 만든다.

인간이 자신의 삶에, 자신의 세계에 부여하는 의미에 따라서 그의 삶의 모습이 달라지며 인류의 역사는 결국 이러한 다양한 의미부여의 역사라 할 수 있을 것이다. 우리는 삶의 모든 물질적 정신적 문제가 해결된 뒤에도 "왜 살아야 하는지" 하는 삶의 의미와 근거를 알고 싶어한다.

삶의 주체인 인간 각자의 의미부여 문제가 전면에 부각되면 그것은 더 이상 자연현상에 대한 설명처럼 주객의 도식으로 해결될 수 있는 것이 아니라 주관(주체)과 주관(주체)의 문제, 즉 상호주관성의 문제가 된다. 20세기에 들어선 현대가 여기에 해당된다고 할 수 있다.

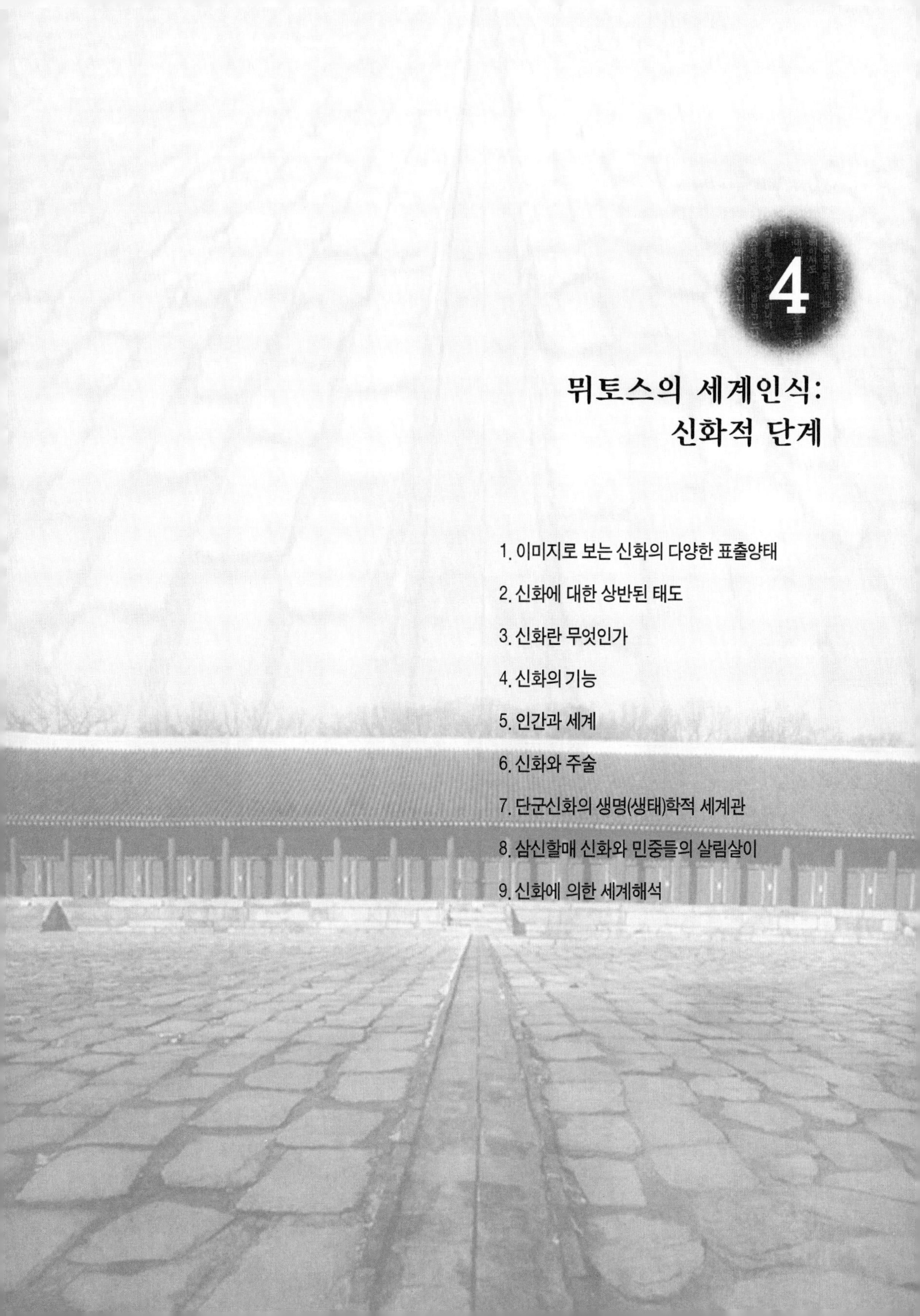

4

뮈토스의 세계인식: 신화적 단계

1 | 이미지로 보는 신화의 다양한 표출양태

먼저 다양한 문화권에서 나타나고 있는 다양한 여신들의 형태들을 살펴보자. 우리는 강력한 신들로 제우스, 아폴론 등과 같은 남신들만을 주로 알고 있지만 인류의 시작을 수놓은 신들은 여신들이다. 다양한 문화권만큼이나 여신들의 모습도 다양하다. 〈사진 1〉은 터키에서 발견된 여신 샤탈 후유크이고 〈사진 2〉는 중동의 모헨조다로이다.[17]

사진 1 샤탈 후유크(터키)

사진 2 모헨조다로(중동)

17) 출처 Hugh Honour/John Fleming, *Weltgeschichte der Kunst*, WBG: Darmstadt, 2000.

사진 3 빌렌도르프의 비너스

사진 4 새의 신(이집트)

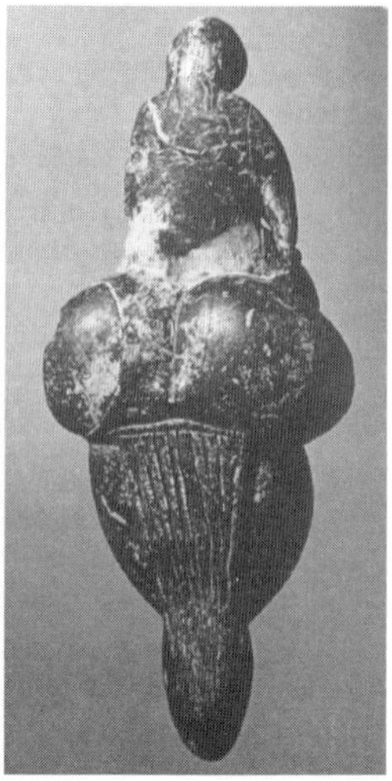
사진 5 여신의 뒷모습

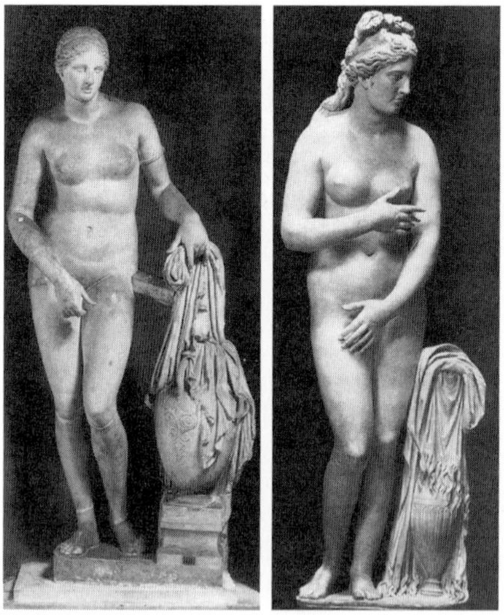
사진 6 아프로디테

〈사진 3〉은 선사시대의 것으로 추정되는 여신상으로 빌렌도르프의 비너스라는 이름으로 널리 알려져 있다.[18] 〈사진 4〉는 이집트의 새의 신이고[19] 〈사진 5〉는 뒷모습을 찍은 여신상이다.[20] 풍요와 다산을 부각시키기 위해 통통한 엉덩이가 강조된 것을 알 수 있다. 이상의 다양한 여신들에서 드러나고 있는 것은 생산, 풍요, 다산 등의 상징이며 이를 위해 다양한 형태의 여신들이 상으로 제작되었다는 사실이다. 세상을 생명이 있는 어떤 것으로 보고 생명의 상징인 여성을 통해서 세계를 보려고 했다는 것이

18) 출처 Hugh Honour/John Fleming, *Weltgeschichte der Kunst*, WBG: Darmstadt, 2000.
19) 출처 Joseph Campbell, *Die Kraft der Mythen*, Artemis: Muenchen, 1989.
20) 출처 Hugh Honour/John Fleming, *Weltgeschichte der Kunst*, WBG: Darmstadt, 2000.

사진 7 밀로

사진 8 브론치노

여기서 드러난다고 볼 수 있다.

그리스 아테네에서는 여신들이 다른 모습을 띠고 있다. 우리가 알고 있는 비너스는 그리스의 여신이다. 위의 그림들은 다양한 모습으로 표현된 비너스들을 모은 것이다. 그리스로 오면 미의 기준으로 비례와 조화가 선택된다. 이른바 8등신은 그리스 미의 기준이다. 시대와 문화권에 따라서 여성들의 미의 기준도 많이 다르다는 것을 우리는 확인할 수 있다.

신화는 문화의 원형, 집단 무의식이라고 한다. 그런데 요즘 우리

사진 9 단군신화

사진 10 삼신할매

사진 11 앙코르와트

의 아이들을 보라. 이들은 그리스 로마 신화를 보고 들으며 자란다. 우리의 신화는 유치하다고 무시하고 서양신화에 열광한다. 아이들이 문화적 정체성을 잃을까 걱정스럽다. 우리의 신화에서 단군신화와 삼신할매 신화를 대표적인 두 가지 신화로 꼽았다. 한국 신화의 독특함은 무엇인지, 그 신화 속에 각인되어 있는 한국인의 독특한 세계인식은 무엇인지 알아보자.

〈사진 11〉의 앙코르와트의 신전은 대단한 문화 발전의 모습을 보여주고 있다. 이 신전에서는 하늘과 땅, 신적인 것, 인간적인 것, 이 넷이 아우러지는 특출난 세계인식이 드러나고 있다.

〈사진 12〉[21]와 〈사진 13〉은 신화의 단계에서 가장 큰 역할을 했던 주술사와 무당의 이미지이다. 주술사와 무당은 신적인 것과 인간적인 것을

사진 12 주술사

사진 13 무당

사진 14 스타워즈

21) 출처 Joseph Campbell, *Die Kraft der Mythen*, Artemis: Muenchen, 1989.

이어주는 중개자의 역할을 했고 제사장으로서 때로는 통치자의 역할도 하였다.

현대는 신화와 가장 먼 과학과 기술의 시대라고 한다. 그렇지만 우리는 신화 없이는 살 수 없는 존재이다. 현대의 우리의 삶 구석구석에도 신화가 뿌리내리고 있다. 우리 모두가 즐겨보는 수많은 영화들이 현대인들의 신화에 대한 갈증을 해소하기 위해서 만들어진 것들이다. 〈사진 14〉는 영화 스타워즈의 포스터이다. 스타워즈는 동양의 신화와 이야기들을 많이 차용하고 있다. 서양인들도 동양의 신화에 관심을 갖기 시작하는데 정작 우리들은 우리의 신화를 외면하고 있다.

2 | 신화에 대한 상반된 태도

신화 이야기는 읽으면 읽을수록 재미가 있다. 현대인들이 그리스 로마 신화에 열광하는 것도 거기에 아기자기한 재미가 있고 이야기의 짜임새가 탄탄하기 때문이다. 그리고 더 나아가 그 이야기들이 우리가 살아가는 현대에도 이렇게 저렇게 여러 가지로 연관이 된다는 느낌이 들기 때문이다. 우리 삶의 구석구석에도 그리스 로마 신화가 들어와 있다. 잠실 롯데월드 백화점의 트레비 분수가 그 한 예이다. 한국뿐만 아니라 근대화된 지구촌 구석구석이 서양화되어 있는 것은 당연하다. 근대화가 다른 것이 아니고 서양화였으니까. 세계 구석구석이 서양의 세계인식으로 인해 재구성되다시피 되었다. 그래서 우리는 삶의 곳곳에서 서양문화의 원형인 그리스 로마 시대의 흔적을 발견하는 것이다.

신화에 대한 태도에는 두 가지 상반된 태도가 있다. 그 중 하나는 낭만주의 태도이다. 낭만주의자들에 의하면 이른바 '원시인'은 문명과 기술로 오염되지 않은, 자연에 가장 가깝게 살았던 인간의 원래 모습이다. 인간은 신화적 세계 속에서 어린아이와 같이 단순하게, 아무런 문제없이 어울려 살았으며, 그러한 세계는 초자연적인 힘이 있는 신비롭고 흥미로운 세계이다. 그런가 하면 이와는 정반대의 합리주의 태도(인간 이성과 과학적 사고가 가진 힘을 과대평가하는 태도)도 있다. 합리주의를 추종하는 사람들은 신화적 문화를 야만적이고 비과학적인 사고방식으로 이해하고 그것을 멸시한다. 19세기 말 어느 연구가는 신화를 유아적 사고단계로, 심지어는 언어의 질병으로 보았다. 이런 식의 오해로는 인간의 보편적 특징이 신화 속에 담겨 있다는 사실을 도무지 인식할 수 없다. 물론 우리의 문화 양식이나 사물을 다루는 방식과는 다르지만, 신화 역시 인간을 에워싼 힘과 인간의 관계를 조정하는 뛰어난 전략임에는 틀림이 없다.

신화에 대해서 무 자르듯이 '낭만주의 태도가 틀렸다, 합리주의 태도가 옳다'라고 말할 수 없다. 또 그 역도 쉽게 주장될 수 없다. 신화는 어느 시대에나 다 있었다. 이성으로 설명될 수 있는 것은 극히 제한되어 있다. 우리가 현실 전체를 원으로 표현해서 원을 100이라고 할 때 이성으로 해석될 수 있는 것은 5%도 안 된다. 그럼 나머지는 무엇으로 설명이 되는가? 나머지도 설명하기는 해야 하는 것이다. 이 때 동원되는 것이 가설이고 추측이며 의견이고 믿음 등등이다. 그런 것이 따지고 보면 넓은 의미에서 이야기이며 신화인 셈이다. 과학과 기술의 시대라는 현대에서도 우리는 많은 신화를 가지고 있다. 신화라는 이름으로 가지고 있지 않고 다른 이름으로 가지고 있다. 현대가 가지고 있는 다른 이름의 신화 가운데 대표적인 것은 이데올로기이다. 누군가 공적인 권위의 도움으로 '이것이 진리이다' 라고 선포하면 많은 사람들이 아무런 의심 없이 그 주장을 거의 무조건 따른다. 예를 들어 '과학에서 주장되는 것은 당연히 진리일 것이다' 라며 과학을 맹신할 때 우리는 과학의 이데올로기에 빠지는 것이다. 얼마 전에 '황우석 사태' 가 있었는데 이 때에도 우리는 많은 것을 과학자가 이야기하는 거니까 '당연히 객관적이고 보편적이고 진리일 것이다 '라고 별 의심 없이 그의 말들을 믿었던 것이다. 그렇지만 뒤늦게 그것이 허황된 믿음이었다는 것을 알게 된 것이다. 이렇게 우리는 대부분의 많은 경우 확인 절차 없이 그저 믿어야 되는 것이다. 우리가 경험적으로 실제로 경험할 수 있는 것은 극히 일부일 뿐이다. 과학자들도 결국 믿어야 되는 것이다. 사실 삶에서 믿음의 몫은 앎의 몫보다 더 크다.

3 | 신화란 무엇인가

오늘 우리가 널리 사용하는 '신화' 라는 말도 그리스어 '뮈토스(Mythos)' 에서 유래하였다. 대개의 유럽어들은 비슷한 철자를 사용하고 있다. 그리스말 '뮈토스' 는 '이야기' 라는 뜻이다. 다음 장에서 우리는 신화의 다음 단계로 로고스 단계를 다룰 텐데, 뮈토스와 로고스는 대립되는 짝을 이루는 개념들이다. 로고스는 흔히 '이성' 으로 번역된다. 『뮈토스에서 로고스에로』라는 유명한 책도 있다. 풀어 말하면 '신화에서 이성에로' 라는 말이다. 흔히 철학의 시작을 그렇게 표현한다.

이야기라는 말에 초점을 맞추어 논의를 전개해 나가자. 로고스도 따지고 보면 일종의 이야기이다. 그렇다면 이 둘의 차이는 어디에 있는가? 뮈토스는 '지어낸 이야기' 이고, 로고스는 '근거 있는 이야기' 라고 말할 수 있다. 따라서 뮈토스는 대충 꾸며낸 이야기로 이해할 수 있겠다. 이야기는 독일말로 'Geschichte(게쉬히테)' 이다. 아이들이 자러 들어가서 엄마나 아빠에게 이야기해 달라고 조른다. 이 때 등장하는 단어가 바로 '게쉬히테' 이다. 그런데 이 말에는 다른 중요한 뜻이 하나 더 있다. 바로 '역사' 라는 뜻이다. 예부터 이야기와 역사는 맞물려 있다. 영어의 'Story' 도 'History' 와 밀접한 연관이 있다. 시간을 거쳐 지나오면서 겪은 이야기도 뮈토스 속에 많이 들어 있겠지만 많은 경우 꾸며낸 이야기들이 여러 형태로 자리를 잡고 있다.

신화는 하나의 이야기이다. 그것은 이야기이되, 일군의 사람들에게 방향을 제시해주는 특별한 의미를 가진 이야기이다. 이야기는 말로써 전달될 수 있고 때로는 춤이나 인형극을 통해 전달될 수도 있다. 이야기의 핵심을 이루는 것은 상징이다. 선과 악, 삶과 죽음, 죄와 속죄, 결혼과 출산, 낙원과 내세 등에 관한 상징이 신화 속에 담겨 있고 이 상징들은 인간의 원초적인 경험을 표현한다. 신화는 인간의 처신과 행동에 방향을 제시한다. 신화는 말하자면 삶의 전략에 나침반 구실을 한다. 인간은 신화를 통해 주변세계에 참여하고 자연의 힘과 겨룬다. 이와 같은 신화적 세계관을 우리는 '참여(參與, participation)' 라는 말로 표현할 수 있다. 사람은 열려 있고, 또 그렇기 때문에 자연의 힘에 참여한다. 자신을 에워싼 힘에 참여 또는 관여한다는 것은 사람이 아직 완전히 구별된 개별성을 지니지 않았음을 뜻한다. 사람(주체)은 아직 열려 있다. 사람(주체)과 주변세계(대상), 사람과 자연의 힘은 구별할 수 없을 정도로 서로 뒤섞여 있다.

4 | 신화의 기능

뮈토스건 로고스건, 신화건 이성이건 여기에서 중요한 것은 인간이 이야기를 한다는 점이다. 인간은 남과 더불어서 살아가면서 끊임없이 이야기를 하며 낯선 것을 친숙하게 만들고 거친 자연환경을 자신의 세계로 만들어 나간다. 살아나가면서 인간은 온갖 장애물들을 만나며 자신으로서는 어쩔 수 없는 압도적인 힘들에 부딪친다. 그런 난관이 닥쳐올 때마다 놀라 도망치기만 해서는 살아남기 힘들다. 그래서 그런 압도적인 힘들에 일종의 의미를 부여하고 이름을 부여하며, 거기에 설명을 덧붙여 해석을 한다. 그렇게 해서 그런 힘들과 더불어 삶을 영위하려고 시도한다. 이렇게 설명과 해석이 되어 친숙해지면 그것들에 대해서 더 이상 무서워하거나 불안해 할 필요가 없다. 우리는 신화를 처음부터 자기 주변세계에서 만나고 있는 압도적인 힘, 인간의 능력을 벗어나고 있는 그런 초월적인 힘에 대한 인간측의 설명, 해석이 이야기 형태로 나타난 것이라고 볼 수 있다. 그러한 이야기에는 이야기를 하는 주체들의 세계를 보는 세계관이 숨겨져 있다. 집단 무의식이라고 이야기할 수도 있고 세계를 보는 눈이라고 볼 수 있다. 다른 말로 세계인식이라고도 이야기한다.

신화의 기능 가운데 가장 중요한 것은, 신화를 통해 '압도적인 힘' 이 나타난다는 것이다. 신화는 낯선 힘을 보여준다. 그런데 신화는 그 힘에 대해서 알게 되는 것에 그치지 않고 그 힘을 하나의 '압도적인 힘' 으로 체험하도록 하는 일에 관심을 둔다. 신화는 초자연적인 성격을 띠게 되고 일상의 생활과 구별된다. 성스러움의 영역이 따로 설정되고 거기에서 초자연적인 힘에 대한 의례와 의식이 펼쳐진다.

인간은 상징을 수단으로 하여 신화를 통해 그 힘이 나타나는 주변 세계의 힘에 참여하게 된다. 신화는 현재를 보증해 준다. 이와 같은 모든 일에서 춤의 역할은 특별히 중요하다. 신적인 힘이 춤추는 사람을 사로잡아 입신의 경지에 들게도 하고, 춤을 통해 미래의 행동이 위험으로부터 보호받을 수 있기도 한다.

신화는 사람과 힘을 서로 조정한다. 세계에 대한 인식을 제공한다는 점에서 신화는 현대과학과 철학이 하고 있는 기능과 비슷하다. 신화는 항상 무엇에 관해 설명해준다. 현대적인 의미와 차이가 있기는 하지만 신화는 세계 생성과 여러 신들의 관계, 악의 기원에 대해서 서술해 준다. 하늘과 땅의 출현이나 신들의 출현에 관한 이야기가 신화 속에 담겨 있다.

신화적인 체험을 한 마디로 요약하자면 '무엇인가 있다' 는 것에 대한 체험이라 할 수 있다. 현대를 사는 우리는 우리가 어쩔 수 없이 받아들여야 하는 외부적인 힘에 대한 경험을 수도 없이 많이 한다. 신화는 첨단기술문명의 시대인 현대에도 유효하다. 기술과 과학이 모든 것을 투명하게 설명해준 듯 싶지만 그 설명이 나의 삶에 아무 도움이 안 될 경우 그것은 내게 아무런 의미가 없다. 현대에 와서 허무주의가 횡행하고 자살률이 늘어나는 것도 그 때문이다.

우리는 설명될 수 없는 것에 대해 자유로운 상상력을 발휘해서 재미있게 이야기한다. 그리고 그러한 이야기 속에 의식적으로나 무의식적으로 우리의 삶의 이야기를 담으며 우리의 꿈과 가능성을 끼워 넣는다. 현실을 이성이라는 틀로 다 담아낼 수 없을 때, 이성의 틀로 설명할 수 없는 열린 부분을 신화 또는 이야기로 설명하면서 우리의 상상력을 키우고 우리의 가능성을 펼쳐본다. 신화는 우리의 꿈이다. 미래의 가능성이다. 우리말의 '꿈' 이 어디서 왔을까? 꿈은 '꾸다' 에서 왔다. '꾸다' 라는 것은 내가 지금 갖고 있지 못한 것을 누구에게인가 빌리는 것이다. 돈이 없을 때 빌리는 것을 꾼다고 한다. 아직 현재화되지 않은 것, 아직 오지 않은 미래로부터 무엇인가를 꾸어오는 것, 이것이 '꿈' 이다. 우리말의 '꿈' 은 미래로부터 꾸어오는 것이다. 우리는 신화를 이렇게 우리의 미래에 대한 이상이라고 이야기할 수 있다. 신화에서 중요한 것은 바로 이러한 방향제시이다. 그것을 한 마디로 상징이라고 이야기할 수 있다. 거기에 인간은 의미를 부여하고 있는 것이다. 허무주의가 판을 치는 현대에 과거 어느 때보다도 신화가 활황을 누리는 것은 바로 이 때문이다.

5 | 인간과 세계

신화적 단계에서의 세계관을 살펴보자. 간략하게 그림으로 표현한다면 다음과 같을 것이다. 현실을, 따라서 우주나 자연 전체를 하나의 원으로 표현할 경우 그 원 안에는 존재하는 모든 것들이 다 들어가 있다. 신적인 것,

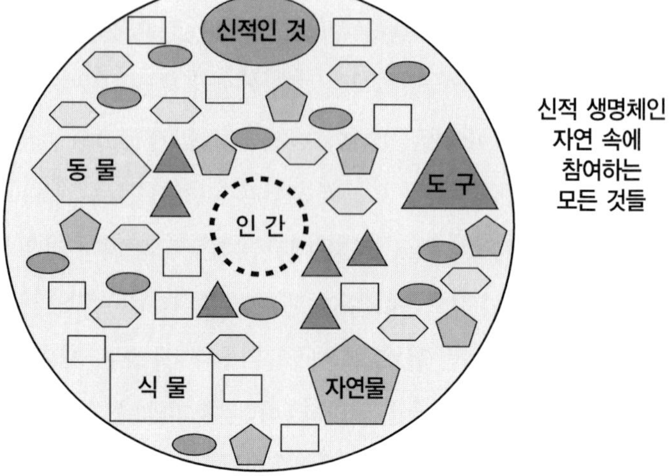

신화적 세계관: 참여의 세계관

자연물, 식물, 동물, 인간 그리고 인간이 만든 모든 것들이 거기에 함께 존재하고 있다. 뚜렷한 위계질서는 없지만 인간이 모든 존재하는 것의 가운데 있는 것으로 생각된다. 인간과 세계는 엄격하게 분리되어 있지 않다. 인간은 열린 상태에서 세계 또는 세계의 다른 존재하는 것들과 소통한다. 그래서 인간을 둘러싼 작은 원을 점선으로 표시했다.

신화적 생활공간 안에서는 인간과 세계, 주체와 대상을 엄격하게 갈라놓는 분리선이 존재하지 않는다. 인간은 하나의 완결된 존재를 갖는 것이 아니라 열린 원으로 존재하기 때문에 아직 엄밀한 의미에서 주체라고 말할 수 없다. 사람들은 종족관계와 주변 세계(우주)의 영향을 받으면서 살고 있다. 사회 · 신화적 공간은 종족관계와 신화적 태도에 의해 결정되는 공간으로 사람들에게 영향력을 행사한다. 사람들은 이 공간 속에서 비로소 자신을 발견한다. 그러므로 사회 신화적 공간을 떠나서 사람들은 자신의 정체를 확인할 수 없다.

신화적 세계에서는 내면세계와 바깥세계를 거의 구별하지 않는다. 그들은 자신의 '혼' 이 반드시 자기 몸 안에 거주해야 한다고 생각하지 않았다. 왜냐하면 내면적인 것, 자기 자신을 이루는 것, 자신의 존재에 가장 깊숙한 것 등 현대인들이 생각하는 (개인의 내면적인) '영혼' 개념이 그들에게는 존재하지 않았기 때문이다. 혼은 오히려 영향력을 행사하는 어떤 힘이었다. 마찬가지로 신체(몸)도 그 밖의 다른 것과 그렇게 엄격하게 구별하지 않는다.

이와 같은 현상을 우리는 '인간과 우주의 상호침투' 라 이름할 수 있다. 상호침투는 인간의 힘과 신적인 힘의 상호작용을 뜻하기도 한다. 원시인도 종교와 무관한 속세의 일은 합리적으로 처리할 줄 알았다. 하지만 신적인 힘이 그들을 사로잡는 것 같은 순간이 때때로 있었다.

가치와 규범은 사회를 규제하는 교통순경과 같다. 이른바 원시사회에서는 출생과 성인식, 결혼과 죽음 등 중요한 시기마다 신들의 존재와 신화가 제 몫을 담당한다. 인간을 개체로 보는 의식이 없다든지, 신적인 힘이 인간과 사물 속에 침투해 있다든지, 가치는 늘 종족이나 혈연관계에 얽혀 있다든지, 역사의식이 결여되어 있다든지 하는 것들은 모두 신화적 사유의 기본형태를 이루고 있다.

신화적 체험은 외부의 거대한 힘에 압도되면서 알지 못하는 무엇인가 있다는 느낌과 연관되어 있다. 이것은 지난 장에서 소개한 인간 개체의 제1 경험 단계인 사실확인의 단계와 통한다. 설명될 수 없는 무엇인가 있다. 나의 주변에 있는 많은 것들이 우리의 지성, 이성으로는 설명할 수 없는 거대한 힘에 의해 유지되고 있음을 느낀다. 그 힘에 의해서 나도 모르게 제어당하고 있고 통제당하고 있고 침투당하고 있다. 이것이 신화에서 관계맺고 있는 낯선 힘에 대한 인간의 태도, 사고방식이라고 할 수 있다. 그런 사고방식 속에서 인간들이 자신의 세계를 어떻게 보는가 하는 세계관, 세계인식이 드러난다. 각 문화권에서 전수되어 내려오는 신화, 설화 속에는 그 민족의 오래 된 세계관이 감춰져 있다. 우리의 단군신화, 삼신할매 신화에는 우리의 예전 세계관이 들어있다. 우리의 독특한 세계관이 무엇인지 알려면 우리는 우리의 신화부터 공부해야 한다.

6 | 신화와 주술

신화 속에서는 사람과 세계 사이의 끊임없는 관계맺음이 일어나고 있다. 이러한 사람과 세계의 관계맺음의 가장 대표적인 형태는 노동이다. '노동' 이라는 표현에 거부감을 갖는다면 '활동' 이라는 낱말을 사용해도 된다. 인간이 인간으로서 시작되었을 때 갖추어졌을 가장 기본적인 차원은 노동, 사회, 언어이다. 인간은 노동하기 시작한 순간 인간이기 시작한 것이다. 어떤 원시인이 혼자 돌을 가지고 토끼를 잡았다고 했을 경우 이것은 엄격한 의미의 노동이 아니다. 노동은 그것이 속한 집단(사회)이 전제되고 있다. 이미 사회가 형성이 됐고 그 사회 속에서 노동이 자리하는 노동의 몫이 있는 것이다. 사회가 형성이 되려면 언어가 있어야 한다. 노동, 사회, 언어. 이것은 인간이 인간으로 시작된 그 순간에 이미 있었다고 볼 수 있다.

신화적인 단계에서도 노동, 사회, 언어는 같이 있었다고 볼 수 있다. 신화적 단계에서 인간의 삶의 세계는 사회적 · 신화적 공간이다. 인간의 신화적인 공간은 언어가 전제되어 있는 이야기의 공간이다. 언어가 있기 이전에는 이야기도 신화도 없었다. 인간의 시작, 인간의 인간다움은 언어와 더불어 시작되었다. 언어가 있기에 인간은 만나는 모든 것에 이름을 붙이기 시작하였다. 의미를 부여하기 시작한 것이다. 그렇기 때문에 우리가 만나는 사물들이 우리와 무관한 사물들이 아니다. 그 사물에 이름을 붙여주는 순간, 그것은 우리의 세계 속으로 들어온다. 신화적인 세계든 과학적인 세계든 이름 붙이는 행위는 정말 대단한 행위이다. 이름을 붙이면, 이름을 붙인 사람이 이름을 부여한 그 사물에 대해서 일종의 통제권을 갖게 된다. 그래서 어느 문화권이고 신, 하느님은 이름을 붙여서는 안 된다고 엄격히 금지했다. 신에게는 형상도 못 그리게 했고 이름도 붙일 수 없게 했다. 이름을 붙인 사람이 이름을 붙인 것에 대해 통제권을 가지게 되기 때문이다.

이러한 언어가 가지고 있는 대단한 힘을 처음 신화적인 단계에서는 이야기할 수 있는 사람, 주술사, 무당, 제사장, 왕 등과 같은 특수한 사람만이 가질 수 있었다. 이른바 이런 특수한 사람이 세계를 다스릴 수 있었던 것이다. 그것이 일종의 권력으로 등장하게 된다. 어떤 사회에도 권력은 있게 마련이다. 신화의 단계에서 권력은 일종의 주술로 표현이 된다. 주술이라고 하는 것은 자기가 행한 행위 또는 어떤 것이 자기 원하는 방향대로 가라고 하는 마음, 마음쓰임이 표현된 것이다. 이러한 주술적 행동거지는 오늘날에도 다양한 형태로 발견된다. 어느 테니스 선수는 경기가 진행되는 기간에는 절대 면도를 하지 않는다고 한다. 면도를 하면 시합에서 지기 때문이라고 한다. 이것이 바로 주술적 행위이다. 신화적 단계에서는 이러한 주술적 행위가 개인의 차원에서 펼쳐지는 것이 아니고 집단(사회, 나라)

의 차원에서 공개적으로 행해졌던 것이다. 그러한 주술적 의례를 통해 개인의 삶뿐만 아니라 집단 전체의 운명까지도 바꾸려 시도했다. 그래서 그것은 아무나 할 수 있는 것이 아니다. 신으로부터 권한을 부여받은 사람만이 그러한 일을 할 수 있다.

삶 속의 주술 사람들은 사고가 났을 경우나 불안할 경우 주술적인 의식을 통해 마음의 안정을 찾을 수 있다. 전문가들은 주술을 하나의 '예방적 수단'(프로이트) 또는 '마음을 가라앉히는 의식'(반 바른)으로 보기도 한다. 이 점에서 주술은 오늘날의 보험 제도와 매우 흡사하다.

신화와 주술의 차이 신화 속에서의 시선이 이 세상으로부터 좀더 고차원적인 힘의 왕국으로 향해 있다면, 주술 속의 시선은 낯선 힘으로부터 이 세상으로 향해 있다. 신화는 초월적인 것을 지향하고, 주술은 내재적인 것을 지향한다. 신화는 종교적 숭배의 성격을 띠고 있고, 주술은 정교한 지배의 성격을 띠고 있다.

겸손과 오만 종교는 섬기는 것이고 주술은 지배하는 것이다. 신화 속에서는 종족관계나 토템 동물 등을 통해 생명의 힘이 나타난다. 이로 인해 사람들은 교만해지게 되고, 모든 일을 스스로 주장하고 싶어한다. 이와 같은 오만이 곧 주술이다. 주술적 태도가 힘을 얻게 될 경우, 신화적 상징이나 가치 그리고 신들의 존재는 주술적 행위의 부수적 부분에 지나지 않게 된다.

주술과 권력 신화적 태도 안에서의 신적 힘은 몇몇 특정한 인물(주술사, 제사장)의 권력으로 '내재화' 된다. '권력'은 사회적 현상이다. 권력이 사회적 현상이라는 사실은 노동을 통해 표현된다. 노동은 신화적 세계에서는 개인의 일을 통해 수행되기보다는 사회 전체의 연관을 통해 수행되었다.

노동은 운명 노동에는 부족 전체뿐만 아니라 질서와 풍요 같은 신적인 힘과 악한 신의 제거 등도 관련되어 있다. 때와 장소를 가려야 했고, 성과 속을 구별해야 했고, 사회적 관계를 고려해야 했다. 노동은 하나의 우주적 탄생이다. 아이를 낳는 것도 노동의 한 부분이었다. 노동은 이와 같이 전체를 포괄하는 신적 질서의 한 부분이요, 우주적 출산 과정의 한 부분이었다. 노동은 오늘날처럼 '행동'이 아니라 하나의 '운명'이었고 노동분업도 신화적 질서에 따라 정해졌다.

7 | 단군신화의 생명(생태)학적 세계관

아래에서 우리는 신화 속에서 어떠한 세계인식을 볼 수 있는지, 우리의 세계인식은 서양의 세계인식과 어떤 점에서 차이가 나는지 등을 구체적으로 우리의 신화를 통해서 살펴보도록 하자.

여러분들은 서양 신화에 대해서 많이 알면서 정작 우리의 신화인 단군신화나 삼신할매 신화에 대해서는 잘 모르고 있다. 서양의 학문적인 발전단계에서 본다면, 서양에서는 끊임없이 사회가 위기에 처했을 때, 그래서 새로운 가치관을 필요로 할 때, 새로운 돌파구를 찾을 때, 그럴 때 예전의 신화에서부터 이야기의 실마리를 끄집어낸다. 서양의 신화에서 독특한 점은 신화가 끊임없이 재해석되어 현재에서 다시 살아난다는 사실이다. 그런 의미에서 우리의 단군신화나 삼신할매 신화가 현재의 우리 삶 속에서 다시 살아나지 못하고 오래 전에 끝나버린 지나간 옛날이야기로 간주되는 것이 우리의 비극인 것이다. 우리의 예전 신화를 오늘날에 되살려야 하는 것이 특히 문화콘텐츠를 전공하는 우리가 가져야 할 과제이며 사명이다. 그래서 아래에서 단군신화와 삼신할매가 오늘날 우리에게 어떠한 의미로 새롭게 해석될 수 있는지 그 가능성을 살펴보고자 한다.

〈단군신화의 생명학적 세계관, 또는 생태학적 세계관〉이라는 제목을 붙인 것도 바로 그런 의도에서이다. 오늘날 우리는 생태학적 위기에 처해 있다고 한다. 생태학적 위기에 처해 있는 많은 이유 중 하나가 서양인들이 가지고 있는 이성중심, 인간중심의 세계관, 주체와 객체를 나누는 주객도식의 세계관에 있다고 한다. 단군신화의 세계인식은 인간중심도 아니고 이성중심도 아니고 주체와 객체를 나누는 세계관이 아닌 새로운 차원의 세계관이다. 그래서 이러한 세계관을 새롭게 해석해서 오늘날의 문제상황을 헤쳐나갈 수 있는 방법이나 방향을 찾을 수 있을 것으로 본다.

단군신화 『삼국유사』의 단군신화에 의하면 환인(桓因)의 서자 환웅(桓雄)이 자주 천하를 생각하여 인간 세계를 탐구했는데 아버지가 그 뜻을 알고 아래를 보니 삼위태백(三危太白)이 홍익인간(弘益人間)할 만한 곳이라 여기에 내려 보내서 세상을 이치로 다스리게 했다. 사람이 되기를 바라던 곰은 인내와 극기로써 여자가 되어 환웅과 혼인하여 단군왕검(檀君王儉)을 낳았다. 1500년 동안 다스리다가 중국 세력에 밀려난 단군은 아사달에 숨어서 산신이 되었다.

이것이 『삼국유사』에 실린 단군신화에 대한 짧은 텍스트이다. 많은 사람들이 이야기도 안 되는 너무 유치한 '전설'일 뿐이라고 평가절하한다. 그런데 서양에서 같았으면 이 신화가 시간과 더불어 이야기를 통해서 불어나고 좀더 체계적이고 좀더 설득력 있는 탄탄한 이야기로 바뀌어 왔을 텐데 우리 신화는 대부분 그렇지 못하다. 큰 이유 중 하나는 이러한 신화들이 기존 사회권력층의 제도적인 방해로 인해 일상 속에 발을 붙일 수가 없었기 때문이다. 이러한 민중신화들은 유교에 의해서 밀려나고, 불교에 의해서 밀려나고, 현대에 와서는 기독교에 의해서 외면 당하며 근근히 명맥을 유지해 왔을 뿐이다. 시대마다 그 신화를 현재적으로 새롭게 해석하려는 시도가 아예 없었던 것이 문제이다. 그렇지만 다시 한 번 넓은 마음을 가지고 단군신화를 해석한다면 우리는 거기에서 신과 인간, 그리고 동물이 하늘과 땅 사이에서 벌이고 있는 커다란 우주론적 이야기를 들을 수 있다.

신과 인간 그리고 동물 크게 볼 때 단군신화의 서사적 구조는 신과 인간, 동물 사이에서 전개되고 그 주무대는 태백산 신단수로 설정되어 있다. 건국시조인 단군의 출현은 신과 동물, 하늘과 땅 사이에서 이루어지는데, 거기에서는 신도 인간을 동경하고 동물도 인간을 동경하는 인본주의적 성격이 분명하게 드러난다. 천신인 환웅(桓雄)이 인간세상을 동경한 나머지 마침내 지상으로 내려올 뿐 아니라, 동물인 곰과 호랑이도 사람이 되고자 굴 속 수행을 한다. 인간이 신과 동물의 중심에 있지만, 신과 동물이 함께 만들어가고자 하는 세계가 바로 단군신화의 인간세상이다.

순환적 세계관 그러나 이 때의 인간세상은 인간만으로 이루어져 있지 않다. 환웅이 태백산 신단수 밑에서 인간세상을 다스리는 과정에 우사(雨

師)·운사(雲師)·풍백(風伯) 등 기상을 관장하는 신격이 등장하는가 하면, 곰과 범 등 동물들까지 출현하여 사람이 되려고 동굴 속에서 쑥과 마늘을 먹는다. 그리고 사람으로 변신한 곰네(웅녀의 우리말)가 환웅과 만나 비로소 단군을 낳는데, 그 단군은 죽어서 산신이 된다. 인간중심주의의 세계상이 전개되는 것이 아니라 인간과 자연이 생태학적으로 공생하고, 뿐만 아니라 신과 인간, 동물이 존재론적으로 순환하는 인본주의 세상이 펼쳐지고 있다. 그러므로 홍익인간 이념은 이처럼 자연과 공생하는 인간세상과 다른 존재로 전환되고 순환하는 세계상과 만난다.

홍익생명주의 단군신화에서 흥미로운 것은 신화의 세 주체인 환웅과 곰, 그리고 단군이 제각기 신, 동물, 인간이면서 그 자체로 존재하지 않고 다른 존재로 비약한다는 점이다. 신과 동물, 인간은 절대적 존재가 아니라 순환적 존재로 묘사되고 있다. 단군신화에서 말하는 홍익인간의 이념은 자연을 수단화하여 인간만을 널리 이롭게 하라는 '인간중심주의'가 아니라, 신과 동물의 조화 속에서 인간과 자연이 서로 공생하며 순환하는 생태학적 세계를 이룸으로써 '인간 세상에 존재하는 모든 생명'을 널리 이롭게 하는 '홍익생명주의'라 할 수 있다.

천지인 삼재론 단군신화가 이상으로 그리는 인간세상은 산과 숲을 무대로 하늘과 땅, 신과 동물이 만나 인간을 잉태하는 천지인(天地人) 삼재론(三才論) 및 천지부모(天地父母) 사상이 그 토대를 이룬다. 따라서 신과 인간, 동물과 식물, 비바람과 구름이 공생적 세계관을 이루되 자연을 인간의 부모로 삼는다는 점에서 자연우위적 인본주의라 할 수 있다.

8 | 삼신할매 신화와 민중들의 살림살이

삼신할매를 요즘의 젊은이는 잘 모른다. 지은이가 자랄 때만 해도 동네에서 심심치 않게 굿판이 벌어졌고 새로 아이가 태어나면 대문에 고추와 숯을 걸어 놓은 것을 자주 볼 수 있었다. 요즘은 거의 그런 것을 볼 수 없다. 삼신할매 신화는 한반도 곳곳에 두루 퍼져 있는 매우 일반적인 민중신화이다. 얼마 전까지만 해도 우리의 부모들은 삼신할매 신화를 믿으며 그렇게 생활해 왔다. 삼신할매는 한 마디로 생명을 관장하는 신이다. 삼신할매가 갖고 있는 독특한 신화적인 구조와 그 이야기의 배경에는 한국 민중의 삶과 시련이 서려 있다.

지금 전세계에 수도 없이 많은 신화가 있지만 그 가운데 할머니가 주연이 되는 신화는 많지 않다. 예를 들어 유럽에서의 할머니는 긍정적인 이미지가 아니다. 유럽에서는 '할멈' 하면 제일 먼저 떠올리는 것이 '마귀할멈' 이다. 여러분들도 〈헨젤과 그레텔〉의 신화를 알 것이다. 거기에서도 마귀할멈이 등장해 두 어린아이를 잡아먹으려 한다. 서양에서는 — 비너스 여신상에서도 드러나듯이 — 여성을 처녀 때와 연관지어서는 순결과 아름다움의 상징으로 생각하고 결혼한 뒤의 성숙한 여인은 생산의 상징으로 여기는 경향이 있다. 그래서 아름다움과 생산이 끝나면 여자로서의 존재가치를 잃어버리는 것으로 간주한다. 그래서 할머니를 마귀할멈으로 묘사하며 사회에 아무 쓸모가 없음을 간접적으로 표현하고 있다.

그렇지만 우리는 할머니, 할망구를 부정적인 말로 쓰지 않고 오히려 그 것을 긍정적으로 써서 '삼신할매' 라는 신화적 인물로 승격시켰다. 그것이 아마 한국이 갖고 있는 독특함이라고 볼 수 있다. 그래서 지은이는 한국의 드라마가 동아시아에서도 많이 받아들여지며 호응을 얻는 것은 한국인의 무의식 구조인 가족구조, 할머니가 갖고 있는 인정과 같은 것들이 나름대로 공감을 얻기 때문이라고 본다. 한국의 드라마를 보면 항상 할머니가 가족단위의 주축이 되고 있다. 서양에서는 아버지가 절대적인 권위로 집안의 구성원들 위에 군림하고 있다. 그래서 오이디푸스 콤플렉스라는 심리적 상흔까지 생긴다고 여길 정도이다. 그런데 한국에서는 가부장 제도에서 절대 권력을 휘두르는 아버지도 할머니한테만은 꼼짝을 못한다. 이것은 무엇보다 사극에서 두드러지게 드러난다. 임금은 매일같이 어머니인 대비마마에게 문안을 올리고 중요 사안은 대비마마에게 허락을 구한다. 이렇게 아버지 중심체계 위에 할머니가 있고 할머니가 모든 갈등을 화해로써 풀어나가는 그런 가족구조를 우리는 갖고 있다. 그래서 한국 드라마를 보면 나름대로 갈등이 있지만 그 갈등이 파국으로 치달아 원한, 복수의 과정으로 전개되지 않고 원만하게 해결되는 것으로 끝을 맺는다. 여기서 이 갈등해소의 중간역할을 다른 사람이 아닌 할머니가 한다.

우리 한국인에게 할머니는 인정의 상징이다. '삼신할매' 라니까 여러분들은 꼬부랑 할머니를 떠올릴 줄 모르겠지만 신화에 등장하는 삼신할매는 늙은 할머니가 아니라 젊디젊은 아기씨이다. 그 아기씨가 삼신할매로 상징화된 것이다. 한국 서민의 삶 속에서 할머니가 누구에게나 매우 친화적인 이미지로 나타나기 때문에 할머니를 상징물로 삼았다고 할 수 있다. 할머니를 삼신할매로 끌어들이는 삼신할매 신화의 구조 속에서는 민중의 삶 속에서 드러나는 이러한 할머니에 대한 민중들의 생각이 반영되고 있는 셈이다. 할머니하면 떠오르는 인정성과 서민들이 맺고 있는 할머니와의 끈끈한 유대성이 고려에 넣어졌을 것이다.

민중들 속에서 삼신할매 역할을 하는 사람은 무당이다. 요즘은 무당하면 으레 미신과 연관짓는데 이것은 정말 잘못된 생각이다. 예전에는 무당들이 서민들 삶의 애환과 고통을 풀어주었다. 그래서 지은이는 우리의 굿 문화를 새롭게 생각해야 된다고 본다. 서민들의 삶의 문화, 삶의 모든 상징들이 굿 속에서 잘 표현되어 있다고 볼 수 있다. 그래서 오늘날 굿을 다양한 형태로 살리고 있는 것, 이를테면 놀이로서의 굿과 같은 것은 참 좋은 현상이다.

삼신할매와 민중 삼신할매에 대한 믿음과 그에 따른 신앙행위는 한반도 곳곳에 두루 퍼져 있음이 확인된다. 우리는 그것이 굿풀이 또는 서사무가의 형태로 전해지고 있음에 주목해야 한다. 그리고 무속이 갖는 민중들과의 친밀성과 밀착성에서 삼신할매의 의미를 읽어내야 할 것이다. 삼신할매 신화라는 '텍스트' 를 형성하여 전해오게끔 한 삶의 '콘텍스트(생활세계)' 는 민중들의 고달픈 나날의 삶이 펼쳐진 일상의 생활마당이었다. 이것은 삼신할매 속에 민중들의 집단 무의식이 보이지 않게 갈마들어 형상화되었음을 지시한다. 거기에는 가장 힘이 없는 계층인 민중들이 온갖 억압과 굴레 속에서 살아남기 위해 터득한 생존의 지혜가 결과 무늬로 새겨져 있다.

할매는 인정의 표징 삼신할매 굿풀이에서 드러나고 있듯이 거기서 '할매, 할망' 은 나이를 많이 먹어 기력이 없는, 허리 꼬부라진 노파를 지칭하는 말이 아니다. 민중들의 기본 관심사인 삶과 죽음(생과 사), 즉 생명을 점지받아 잉태되어 온전한 몸으로 태어나서 아무 탈[병] 없이 건강하게 자라 행복하게 살다가 죽는 삶의 전 과정을 도맡아 관장하는 신령을 민중들의 삶에서 가장 친근한, 인정 많은 인물인 할머니와 연관시켜 의인화시켰음을 우리는 알 수 있다. 따라서 우리는 한국 서민들의 삶에 '할머니'가 가지는 삶의 맥락을 되새겨 보아야 한다.

한국인과 3이라는 숫자 한국인은 유난히 '3'이라는 숫자에 집착한다. 가위 바위 보를 해도 세 번은 기본으로 해야 한다. 부모가 돌아가시면 삼년상을 치르고, 장사를 지내면 사흘 만에 삼우제를 지낸다. 고사를 지내도 '고시레'는 세 번 해야 하고, 동제(洞祭)를 지내도 온통 '3'이라는 숫자와 연관을 짓는다. 술도 석 잔, 밥도 세 그릇, 나물도 세 가지, 사흘 전부터는 목욕재계하고 부부관계도 삼가야 한다는 등 수없이 많은 것을 3과 연관짓는다. 그리고 신라의 성산도 세 개요, 백제가 홍할 때에는 부악, 오악, 일산의 삼신이 서로 오가며 놀았다는 기록도 남아 있다. 그야말로 한국인의 정신세계는 온통 '3'이 차지하고 있다고 해도 과언이 아니다.

단군신화와 3 우리는 단군신화에서 이미 '삼신(三神)'이 등장하는 것을 확인할 수 있다. 고조선 건국신화에는 환인 · 환웅 · 환검(단군왕검)이 삼신으로 부 · 자 · 손 관계로 나타나고 있다. 그리고 이 '삼신'이라는 표현에서 우리가 주목해야 할 것은 숫자 '삼(3)'이다. 우리민족이 유난히 숫자 '3'을 좋아한다는 것은 널리 알려진 사실이다. 우리뿐만 아니라 세계의 모든 민족은 수와 관련된 독특한 문화양상을 가지고 있으며 그 문화권에 따라 독특한 모습을 보이고 있다. 우리 민족은 특히 '3'에 대해 특별한 수 관념을 갖고 있다. 유달리 3을 좋아한 우리 민족의 수관념은 단군신화에서부터 시작된 것이라고 볼 수 있다. 환인이 인간세상인 삼위태백을 내려다 보았고 천부인 세 개를 가지고 다스리게 한 것도, 환웅이 장수 세 사람과 백성 3000명을 거느리고 태백산에 내려와 인간의 360여 사를 맡은 일, 곰이 삼칠(3 · 7)일 만에 사람으로 화한 것 등등이 그렇다.

굿문화 속의 3 민속문화인 굿문화도 '3' 이라는 수리체계와 그 원리에서 행해진다. 이 3수원리가 신성성을 중시하였을 때는 '삼신(三神)' 이란 존재와 용어로 표현되며, 나를 있게 해준 그 어떤 신성(神性)과 생명을 강조할 때는 '삼신할머니 · 삼신할매' 란 친숙한 존재로 민중 곁에 오게 되며, 타종교(불교)와의 습합현상에서서는 삼불제석(三佛帝釋)으로 변용되기도 한다. 놀이를 이루는 가 · 무 · 악(歌舞樂)도 3박자 · 3채 · 3진 3퇴 · 소삼대삼(小三大三) · 추임새 · 3기법형식(만중삭) · 3음 등의 3이라는 수리체계가 기본을 이루고 있으며, 대동놀이의 훌륭한 기제인 줄다리기용 용줄 제작은 3줄 꼬기를, 경기규칙은 삼세판을 기본으로 한다. 또한 세상과 삶을 인식한 인식체계나 가치지향에 대한 의지표현은 3태극 · 3족오 · 3번 꺾인 만(卍)자 문양으로 도상화하였다.

9 | 신화에 의한 세계해석

서양에서는 사회가 혼란에 빠졌을 때, 그래서 돌파구를 찾아야 할 때 과거의 신화를 오늘날의 상황을 염두에 두고 재해석한다. 근대의 계몽주의자들이 좋아한 신화는 프로메테우스 신화이다. 그것은 아폴론으로 대변되었던 신적인 이성의 시대가 끝나고 인간적인 이성이 주도하는 세계가 도래했음을 웅변적으로 말해주는 것이다. 신의 세계에서 불을 훔쳐다가 인간에게 전해주어 인간을 자립시킨 프로메테우스 신화는 근대의 상징인 자주, 자립, 자율을 잘 나타내고 있다. 이렇게 이성중심으로, 그래서 또한 인간중심으로 잘 흘러가던 이러한 세계관에 근본적인 물음을 던진 사람은 니체이다. 그가 종전의 세계관을 뒤집기 위해 끌어들이고 있는 신화는 디오니소스 신화이다. 이성이 아닌 감성, 질서가 아닌 혼란, 동원이 아닌 축제, 일상이 아닌 일탈 등이 디오니소스가 상징하는 차원들이다. 이것이 포스트모더니즘의 방향이라는 것을 알 만한 사람은 다 알고 있다.

실존주의 철학자인 카뮈는 자신의 철학을 설명하기 위해 시지프스 신화를 끌어들인다. 시지프스는 인간을 도왔다는 죄로 운명의 돌을 산꼭대기로 굴려 올리는 형벌을 받는다. 정상으로 굴려 올린 돌은 다시 아래로 굴러 떨어진다. 그러면 시지프스는 밑으로 내려와 그 돌을 다시 꼭대기로 굴려 올려야 한다. 이 짓을 무한히 해야 한다. 세상이 무의미할지는 몰라도 우리는 그 무의미에 맞서 그 무의미에 의미를 부여해야 한다는 실존주의적 메시지를 카뮈는 이 신화에 부여하고 있다. 또 다른 실존철학자인 하이데거는 인간 존재를 이성적인 동물이 아닌 자기의 실존을 끊임없이 걱정하는 '염려' 라고 규정했다. 이를 위해 그가 끌어들이고 있는 신화는 '쿠라' 신화다. 사르트르는 나를 대상화시켜 버리는 타인의 시선을 상징적으로 표현하기 위해 '메두사' 신화를 끌어들여 '메두사의 눈' 이라는 표현을 쓴다.

이렇게 서양의 짤막한 신화들은 시대에 따라 작가에 따라 끊임없이 새롭게 해석이 되며 새로운 소설의 주인공이 되고 새로운 세계관을 열어가게 된다. 그런데 우리는 우리의 신화를 우리의 삶, 가치관, 사회를 새롭게 해석하는 가능성으로 보지 않고 고리타분하고 유치하다고 집어던지고 서양 것으로 대체해 버린다. 그러다 보니 우리의 가치관이 완전히 서양의 가치관에 의해 점령당하게 되고 우리는 우리의 뿌리마저 서양의 신화에서 찾으려 하고 있다. 이것이 우리가 앞으로 해결해야 할 큰 문제 중 하나이다. 서양의 가치관만이 전 세계를 하나로 묶을 수 있는 유일한 가치관은 아니라는 것을 생각해봐야 한다. 서양사람들은 동아시아의 신화에 관심을 갖고 그것을 조사해서 다양한 영화의 소재로 삼고 있는데 정작 우리는 서양의 신화만이 제대로 된 신화인 것처럼 그 속에서 허우적대고 있다. 우리의 신화 속에서 전개될 새로운 세계를 위해서도 우리 것에 관심을 가져야 한다.

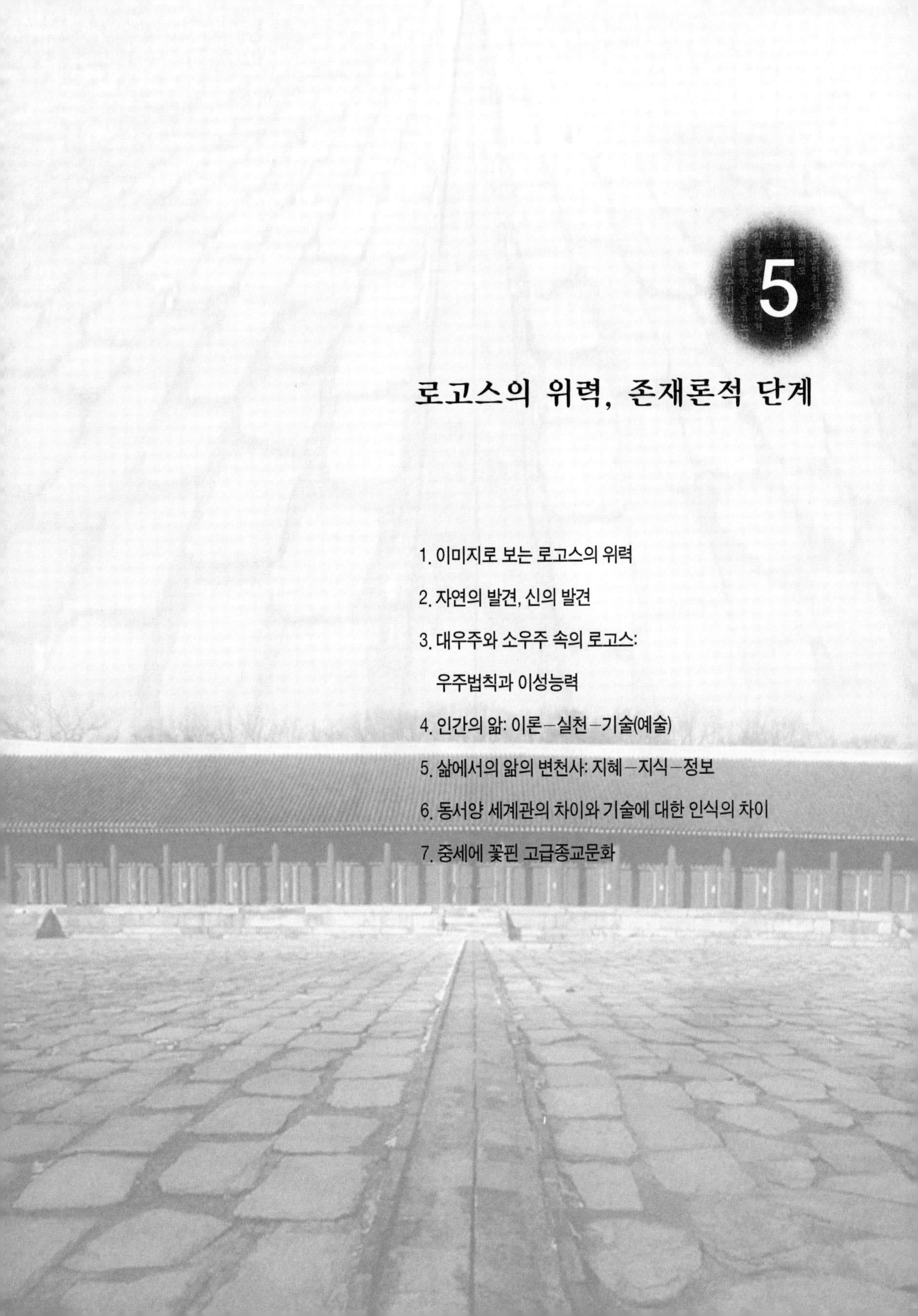

5

로고스의 위력, 존재론적 단계

1. 이미지로 보는 로고스의 위력
2. 자연의 발견, 신의 발견
3. 대우주와 소우주 속의 로고스:
   우주법칙과 이성능력
4. 인간의 앎: 이론–실천–기술(예술)
5. 삶에서의 앎의 변천사: 지혜–지식–정보
6. 동서양 세계관의 차이와 기술에 대한 인식의 차이
7. 중세에 꽃핀 고급종교문화

1 | 이미지로 보는 로고스의 위력

이 장에서 다루려고 하는 본격적인 논의와 관계된 이미지는 로고스, 즉 이성의 위력이라는 주제에 관한 것들이다. 즉, 이번 장의 핵심주제는 로고스 또는 옮긴 말로 이성이다. 로고스는 성서에서는 말씀으로 번역된다. 다시 말해서 '로고스' 하면 경전의 시대를 뜻하기도 한다. 그래서 로고스의 시대와 신의 시대는 서로 그 궤를 같이 한다고 볼 수 있다. 이와 관계된 이미지로서 처음 선택한 것은 그리스 신전이다.

그리스 문화권에서의 신에 대한 이미지와 로마시대의 신에 대한 이미지는 서로 다른 면이 있다. 그리스 신전은 신들이 거주하는 곳으로서의 특징이 강하다. 그래서 그리스의 신전들은 회랑을 중심으로 지어져 넓고 열린 공간들이 많이 있다. 그런가하면 그리스도교의 시대로 넘어오면서 신전,

사진 1 그리스 파르테논 신전

사진 2 성당에 새겨진 세계관

성당이라고 하는 곳은 인간이 신을 향해 예배를 드리는 곳, 미사를 드리는 곳으로 그 성격이 변한다.[22] 이제 신전은 신이 사는 곳이 아니라 인간들이 신을 찬양하기 위해서 모이는 장소이다. 이러한 영향으로 신전의 건축 양식도 달라졌다. 신전의 의미와 건축양식만 바뀐 것이 아니다. 〈사진 2〉에 있는 가톨릭 성당의 구조를 잘 들여다보면 그 당시 인간들의 세계관을 엿볼 수 있다. 고딕 양식으로 지어진 성당의 날카로운 첨탑 맨 위에는 하느님이 계시고 그 다음에 천사들, 그 다음에 인간들, 그 다음에 동물, 식물, 광물 등이 층계별로 나타나 있음을 알 수 있다. 이는 존재론적인 질서 층위를 상징적으로 잘 보여주고 있다. 마찬가지로 성당 앞에는 다양한 조각들이 있는데 이 조각들도 존재론적인 층위를 형상화하며 그려놓은 것이다.

아래의 〈사진 3〉은 존재론적인 세계관을 도표로써 나타낸 것이다.[23] 여기서 하느님은 제일 한가운데 존재한다. 그리고 하느님의 주변에 하느님의 세계에서 통용되는 세계관이 배치되어 있음을 알 수 있다. 하느님 주

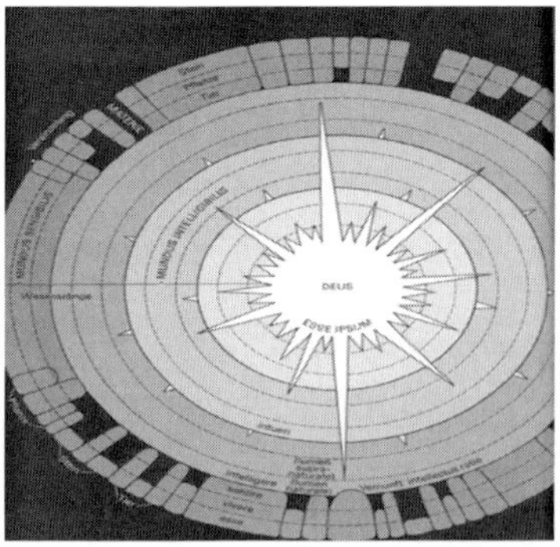

사진 3 도표로 보는 존재론적 위계질서의 세계상

사진 4 바티칸 성당과 성모마리아

22) 출처 Heinrich Rombach, *Leben des Geisters*, Herder : Basel, 1977.
23) 출처 Heinrich Rombach, *Leben des Geistes*, Herder: Basel, 1977.

변에는 예지계 천사들, 신적 이성의 세계가 존재하고 그 옆에 살짝 걸쳐서 존재하는 것이 인간의 이성적인 세계임을 알 수 있다. 그리고 그 다음에 동물의 세계, 광물의 세계 등이 존재하고 있음을 〈사진 3〉은 보여주고 있다.

〈사진 4〉는 바티칸 성당과 성모마리아의 그림이다. 이 당시의 그림은 모든 것이 철저하게 기하학적인 원칙에 의해서 그려졌다. 바티칸 성당과 성모마리아 상의 제작기법 역시 빈틈없이 기하학적인 구도에 의해서 짜여졌다.[24] 이미 중세 시대에서부터 인간들은 기하학적인 시각으로 세계를 보기 시작한 것을 알 수 있다.

아래의 두 이미지는 어떤 연관성을 가지고 있다. 하나는 중세시대의 성서의 삽화로서 성서를 설명하기 위한 그림이고 다른 하나는 블레이크(William Blake)가 그린 천지창조라는 작품이다.[25] 우리는 이 그림이 서로 일

사진 5 경전의 시대 「성서」삽화

사진 6 하느님과 천지창조 블레이크 작품

24) 출처 Heinrich Rombach, *Leben des Geistes*, Herder: Basel, 1977.
25) 출처 Hugh Honour/John Fleming, *Weltgeschichte der Kunst*, WBG: Darmstadt, 2000.

사진 7 아카데미(왼쪽)와 노자(오른쪽)

맥상통하는 것을 볼 수 있다. 중세시대의 그림에서는 하느님이 콤파스를 사용해 천지를 창조한 것처럼 표현하고 있다. 근대 후반기 블레이크 역시 하느님이 기하학적인 구도 속에서 천지를 창조하는 것으로 나타내고 있다. 우리는 이 두 그림에서 서양 중세에 강조했던 이성이 근대로 넘어오면서 차츰 계산적인 이성으로 흘러가고 있음을 잘 알 수 있다.

이번에는 〈사진 7〉의 두 이미지를 통해 동서양의 철학자들을 비교해 보았다. 한쪽은 라파엘이 그린 아카데미의 이미지이고 다른 쪽은 노자의 그림이라고 알려진 이미지다. 〈아카데미〉에서는 플라톤, 아리스토텔레스 등등의 사람들이 아카데미에서 토론하고 있는 모습이 그림으로 표현되고 있다. 이렇게 이성의 시대에는 신에 대한 말씀으로서 이성을 강조하였으며 동시에 근거 있는 이야기를 하기 위해 원인을 찾아나서는 철학적인 노력도 중요시하였다. 즉, 이 시대는 이성과 철학적인 지혜가 같이 맞물려 돌아가는 시대였던 것이다.

위의 이미지에서는 서양의 대표적인 종교인 그리스도교와 동양의 유교

사진 8 꾸란

사진 9 팔만대장경

나 도교를 언급하고 있지만 종교가 이것만 있는 것은 아니다. 다른 문화권에 다양한 종교가 있었고 그 종교들은 모두 신의 말씀을 담은 경전을 보존하고 있다. 〈사진 8〉과 〈사진 9〉에 보이는 꾸란과 팔만대장경은 다른 문화권에서 볼 수 있는 대표적인 종교 경전들이다.

사진 10 독일의 노이슈반슈타인 성

마지막으로 보는 이미지는 건축에 관한 것이다. 사람들은 이제 존재론적인 시각으로 세상을 바라보기 시작했다. 이런 시각은 건축형상에서도 독특하게 나타나고 있다. 이 중의 하나가 바로 여기 옆에 보이는 '노이슈반슈타인'이라고 하는 성이다.

이상이 오늘 우리가 다루려고 하는 로고스의 다양한 양태와 그 위력을 형상화한 이미지들이다. 그럼 이제부터 본격적으로 이 로고스에 관해서 알아보도록 하자.

2 | 자연의 발견, 신의 발견

철학적으로 볼 때 획을 긋는 인류의 시대에는 그 시대를 특징짓는 철학적인 발견이 있었음을 확인할 수 있다. 철학적 발견을 시대별로 분류해 봤을 때 고대에는 자연의 발견 또는 우주의 발견이 있었다. 그리고 고대 어느 시기에 신의 발견이 있었다. 그리고 근대에서는 인간의 발견이 있었다. 여기서 말하는 인간이란 보편적 의미의 인간이 아닌 개인으로서의 인간을 가리킨다. 그리고 현대에 와서 몸의 발견이 있었다. 이렇게 시기에 따라 자연의 발견, 신의 발견, 개인의 발견, 몸의 발견이라는 철학의 유형을 구분해 본다면 지금 우리가 다루려 하는 부분은 자연의 발견과 신의 발견에 해당한다.

고대 자연의 발견은 신화적 단계에 해당한다. 그리고 현실을 설명하고 해석하는 데 신화에 만족하지 못하고 원인과 근거를 찾아서 합리적으로 설명하려고 노력하는 시점이 되면 그 단계가 로고스의 단계라고 할 수 있다. 로고스의 단계에서는 자연에 대한 설명이 달라진다. 물론 신에 대한 설명도 달라진다. 신화적 단계에서 신은 온갖 환상적인 이야기 속에 다양한 형상으로 나타난다. 그러나 이성의 단계로 넘어오면서 황당한 이야기들은 설득력을 갖지 못한다. 그래서 근거 있는 이야기로 신에 대해 말하기 위해서 창조주라는 개념이 도입되기에 이른다. 로고스 단계에서 신은 이른바 창조주의 신분으로 등장하게 된다. 자연의 발견인 신화의 단계에서 신 또는 신들은 일종의 제작자 또는 조물주로서 이해되었다. 이 당시에 인간이 생각하는 신은 무엇인가 존재하는 것을 가지고 물건을 만들어내듯 그렇게 우주 만물을 만들어냈다고 생각했다. 그러나 로고스의 단계로 접어들며 인간은 다른 생각을 하기 시작했다.

이런 물음들이 제기되기 시작한다. "신이 존재하는 무엇을 가지고 우주 만물을 만들었다면 신이 있기 이전에 이미 무엇인가 존재했다는 말인가? 그렇다면 그것은 무엇인가? 신이 있기 이전에 무엇인가 존재하고 있었다면 그것은 누가 만들었는가? 신은 누가 만들었는가? 또 다른 신이? 그렇다면 이 신은 누가 만들었는가?" 이런 식의 물음을 던지며 인간은 좀더 이성적으로 사고하기 시작했고 지금까지의 제작자, 조물주의 개념으로서의 신은 불완전하다는 것을 깨닫게 되었다. 그래서 인간은 창조주라는 개념의 신을 만들어냈다. 인간이 생각해낸 창조주는 세상만물을 무에서부터 창조했다. 아무것도 없는 상태에서 세상만물을 창조해낸 것이다. 이렇게 창조주라는 새로운 개념의 하느님이 등장하게 되고, 신은 무에서 유를 창조해낸 하느님으로서 모든 원인 중에서 최고의 원인이 된다. 철학에서는 그러한 존재를 '제일원인'이라고 명명한다.

모든 것을 무에서 창조한 최초의 원인! 여기서 우리는 철학과 신학이 서로 교차하고 있다는 것을 알 수 있다. 제일원인이라는 개념은 신학에서도 쓸 뿐만 아니라 철학에서도 사용하고 있다. 아리스토텔레스(Aristoteles)라고 하는 철학자가 신을 제일원인이라고 규정하며, 제일원인을 '자기 자신은 움직이지 않으면서 다른 모든 것을 움직이게 하는 자', '부동(不動)의 원동자(原動者)' 라고 정의하였다. 만약 하느님이 움직인다면, 그는 불완전한 존재라는 이야기가 된다. 움직이는 것은 뭔가 부족해서 그것을 채우기 위해서, 변하기 위해서 움직일 것이기 때문이다. 그러나 하느님은 부족한 것이 없는 완벽한 존재여야 하기 때문에 움직일 필요가 있어서는 안 되는 존재다. 이 '제일원인' 이라는 신을 표현하는 명칭에서 신학과 철학적인 지혜가 서로 만나고 있다.

이성적인 '제일원인' 이라는 하느님 덕분에 인간은 이제 좀더 많은 것을 설명할 수 있게 되었다. 이 전에 인간들은 우주와 자연을 이루고 있는 근본요소, 즉 최종요소를 각기 다르게 설명했었다. 탈레스는 이 근본요소, 최종요소를 물이라고 하였다. 그리고 어떤 사람은 이것을 불이라고, 어떤 사람은 흙이라고, 어떤 사람은 원자라고 이야기했다. 사람들은 자연에 대

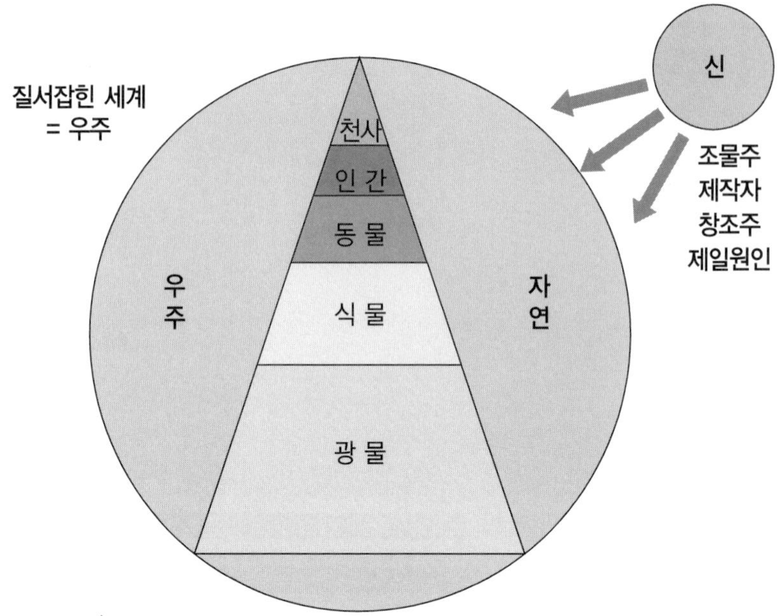

도표 1 고중세세계관 : 위계질서의 세계관

해서 이성적으로 설명하기 위해서 이런 최종요소를 끌어들여야만 했다. 그러나 이제 신의 발견에 오면 하느님, 신을 끌어들여 이런 것들을 바로 설명할 수 있게 된다. 그리고 여기서 강조하고 있는 것이 바로 이성, 로고스이다. 또한 여기서 말하고 있는 이성이라고 하는 것은 현대의 우리가 생각하고 있는 인간의 이성적인 능력만이 아니라, 더 나아가 본래의 이성인 신적 이성, 객관적 이성을 가리키고 있다는 점을 염두에 두어야 한다.

이것을 도표로 형상화한다면 〈도표 1〉과 같이 그릴 수 있다. 여기서도 존재하는 것 전체를 커다란 원으로 형상화하였다. 신화적 단계에서는 이 존재하는 것 안에 많은 것들이 있으며 그 중에 인간도 포함되어 있다고 하였다. 그 당시 인간이라고 하는 존재는 우주 속 한가운데 있다고 생각을 했으며 이 때 인간이 점선으로 둘러싸여 있는 것으로 표현했다. 그것은 인간과 우주 또는 자연이 서로 소통하며 영적인 교통을 갖는다는 것을 의미한다. 즉, 자연과 우주, 그리고 그 속에 있는 것들과 인간이 상호 교류하고 있음을 표현한 것이다.

그런데 이제 존재론적인 단계에 진입하면서 이런 사고에 변화가 생겼다. 이제 존재론적인 단계에서 우주, 자연 속에서 인간은 소우주로서 한가운데 자리를 차지하게 된다. 그전에 신적인 것으로서 우주와 자연 안에 함께 존재했던 신은 이제 이 우주와 자연을 창조한 제일원인으로서 바깥에 위치하게 된다. 이것이 바로 존재론적인 단계에서 보여주고 있는 위계질서다.

3 | 대우주와 소우주 속의 로고스: 우주법칙과 이성능력

이제 하느님은 존재하는 현실을 창조한 제일원인이기 때문에 현실 속에 같이 있지 않고 그 바깥에서 현실을 관장한다. 그리고 인간은 다른 존재들과는 달리 이 자연현상, 우주질서를 알기 때문에 현실세계를 나름대로 이해하며 설명할 수 있게 되었다. 1차적인 의미에서 로고스는 신적 이성을 가리킨다. 하느님의 말씀이 로고스이고 그것은 곧 우주의 법칙이다. 그리고 인간이 가지고 있는 로고스는 인간의 능력으로서 하느님의 로고스를 알아볼 수 있는 힘을 뜻한다. 그래서 이 당시는 인간을 'zoon logon echon' 이라고 규정하였다. 즉 '로고스의 능력을 갖춘 생명체' 라고 규정하였다. 인간이 가진 이 이성적인 능력이 이차적인 의미에서의 로고스이다.

그런데 이것이 라틴문화권으로 넘어오면서 라틴어로 '아니말 라시오날레(Animal rationale)' 가 되었다. 이것을 우리말로 번역하면 '이성적 동물' 이라는 뜻이다. 그래서 사실 엄격하게 따지자면 '이성적 동물' 이라는 번역은 정확한 번역은 아니다. 여기에서는 '생명체' 라고 하는 것이 '동물' 로 되어버렸고, '로고스의 능력' 은 '이성적인' 이 되어버렸다. 그러나 그리스문화권에서 로고스는 위에서 보았듯이 단지 인간의 이성적인 능력만을 이야기하는 것이 아니다. 인간은 신적인 이성에 참여하고 있기 때문에 우주와 자연 질서에서 독특한 자리를 차지하고 있다. 그래서 그는 이 우주를 인식할 수 있고 우주의 법칙이 돌아가는 것을 알아볼 수 있고 그 법칙에 맞춰서 세상을 다스릴 수 있다. 또한 그 법칙에 따라 다른 것들을 만들어낼 수 있다. 이것이 바로 '대우주와 소우주 속의 로고스' 가 의미하는 내용이다. 다시 말하자면 신적인 이성이라고 하는 것은 우주법칙이고 이 신적인 우주법칙을 알아볼 수 있는 인간의 능력은 이성능력이라고 할 수 있다.

지금까지 간단하게 고대와 중세에서 보여주고 있는 이성, 로고스가 어떤 의미인지 알아보았다. 앞에서 살펴보았듯이 로고스는 1차적으로 우주적인 원칙, 우주의 법칙, 신적인 이성이라고 하는 의미를 지니고 있다. 요즘 식으로 이야기하면 객관이성이라고 하는 의미이다. 그리고 객관이성과 함께 이 객관이성을 알아볼 수 있는 주관이성을 가지고 있는 것이 바로 인간이라는 것도 알 수 있었다. 다른 생명체가 객관이성을 알아볼 수 있는 주관이성을 미미하게 가지고 있을 수도 있지만 오직 인간만은 이 주관이성을 온전하게 가지고 있다.

4 | 인간의 앎: 이론 – 실천 – 기술(예술)

서양철학의 아버지라고 불리는 사람은 아리스토텔레스이다. 그는 앎에 대해서 최초로 체계적으로 설명하였는데 오늘날까지도 그의 앎의 체계는 여전히 유효하다. 인간의 앎, 인간의 지혜, 인간의 지식, 또는 인간의 앎의 능력 등을 포괄하는 앎에 대한 이론이다. 아리스토텔레스는 인간의 앎을 세 가지 종류의 앎으로 설명하였다. 그에 의하면 인간이 살아가면서 행하는 모든 행동은 이 세 가지 앎에 의해서 이끌려진다고 한다. 그리고 이 세 가지 앎 중에 첫 번째 앎이 기술적 앎, 두 번째 앎이 실천적 앎, 세 번째 앎이 이론적 앎이라고 구분하였다.

기술적 앎 그것은 일종의 도구의 만듦과 같이 제작에 관련된 것이다. 무엇인가를 만들 때 우리는 제작에 필요한 나름대로의 규칙, 법칙을 알아야만 만들 수가 있다. 예를 들어 구두를 만들 때는 사용할 수 있는 가죽의 종류, 가죽을 붙일 접착제의 종류와 사용법 등등 구두를 만드는 데 필요한 다양한 사항들을 알아야 한다. 그런 앎들을 기술적 앎이라고 하는데, 여기서는 도구제작만이 아니라 예술적인 작품제작까지도 기술적인 앎이라고 이야기한다. 또한 시의 제작 역시 도구제작과 비슷한 차원으로 이해한다. 물론 시의 제작은 구두를 만드는 것과 다르기 때문에 시를 제작하는 것은

'예술' 이라고 이야기한다. 그렇지만 기술과 예술은 같은 차원에 있는 것으로 아리스토텔레스는 이해하였다. 그리고 시의 제작처럼 예술품의 창작 역시 기술의 한 종류로 보았고 그리스어로 포이에시스(poiesis)라고 불렀다. 지금은 시를 의미하는 포이에시스가 사실은 예술에 해당했다. 예술을 영어로는 흔히 '아르스(Ars)' 라고 하는데 '아르스' 는 사실 포이에시스, 즉 예술이 아니라 라틴어로 '기술' 이라는 뜻이다. 그런데 기술은 그리스어로 테크네(techne)이다. 기술적인 앎은 어떤 재료가 있고 그 재료를 이용하여 어떤 아이디어에 따라 그 아이디어와 재료를 가지고 이뤄내는 것이다. 기술적 앎의 결과는 하나의 성과물로서 만든 사람의 밖에 독립해 존재하게 된다. 이것이 바로 기술적인 앎이 가지고 있는 독특함이다.

실천적인 앎 실천적인 앎에서 실천은 그리스어로 프락시스(praxis)라고 한다. 이러한 실천은 우리의 행위와 관련이 있다. 도구 제작은 무엇인가를 만드는 행위, 활동이기 때문에 그것을 활동 또는 노동이라고 많이 이야기한다. 그런데 예를 들어 인간이 인간답게 살고 남과 더불어 사는 데에는 어떤 행위 — 선한 행위 또는 악한 행위 — 가 나타난다. 행위의 나타남에는 행위하는 사람의 사람다움이 드러나는데 이 때 그 행위의 결과물이 기술적 앎에서처럼 제품이나 작품으로 독립적으로 밖에 존재하게 되지는 않는다. 이런 차원에서 나타나는 것을 우리는 '덕' 이라고 이야기한다. 그래서 실천적인 앎은 도덕, 윤리 등과 관련이 있다. 예를 들어 좋은 삶을 위한 좋은 행위는 인간이 좋은 삶을 만들어나가기 위해 좋은 행위라고 하는 차원에서 인간이 행하는 행위를 뜻하는 것이며 이것은 인간이 살아가는 삶의 방식을 뜻한다고 볼 수 있다. 그런 앎이 바로 실천적인 앎이다. 바로 남과 더불어 보다 나은 사회를 만들어나가기 위해서 따라야 할 앎을 의미한다.

이론적인 앎 지금까지 알아본 기술적인 앎과 실천적인 앎은 인간의 행위, 인간의 활동과 관련이 있었다. 이것은 자연 속에 이미 존재하고 있는 어떤 것을 대상으로 해서, 그것을 받아들여 변형시키거나 함께 더불어 산다고 하는 차원에서 일어나고 있다. 즉 그것들은 모두 존재하는 것으로서 존재하는 것과 더불어 일어나고 있다. 다시 말해 존재자를 전제하고 있다. 이론이라고 하는 것은 존재하는 것 자체와 연관이 있다. 철학에서 이야기하는 '존재자'란 존재하고 있는 것 자체를 이야기한다. 지금 우리가 활동하고 있는 곳에 거의 모든 것들은 인간이 만들어 놓은 것이다. 인간이 제작한 것이다. 그러나 인간이 만들어 놓은 것 외에도 이미 존재하는 것들이 분명히 있다. 바로 이 세상에 존재하는 자연물들이 그것이다. 이 자연물들은 인간의 활동과 상관없이 이미 이 세상에 존재하고 있었다. 그래서 인간이 자연물들에 대해서 안다고 하는 것은 이 자연물들에 대해 손을 놓고 순수하게 바라보는 수준의 앎을 뜻한다. 자연물이 어떻게 돌아가는지, 어떤 원칙에 의해서 무엇으로 변화되어 나가는지만 알 수 있다. 그래서 인간이 이런 자연물에 대해서 안다고 하는 것은 실천적인 앎도 아니고 기술적인 앎도 아니다. 그것은 바로 테오리아(theoria), 즉 이론적인 앎이다. 테오리아는 다른 말로 '관조'라고 번역된다. 이렇게 바라보기만 하는 것, 바라보면서 원칙을 알아내기만 하는 것들이 테오리아에 해당된다.

5 | 삶에서의 앎의 변천사: 지혜 – 지식 – 정보

아리스토텔레스는 이렇게 앎의 체계를 이야기하며 여기서 앎뿐만이 아니라 그 앎과 연관된 학문의 체계도 드러난다는 것을 이야기했다. 자연사물에 대해 관조의 형태로 바라보면서 법칙을 알아내는 학문이 바로 자연학이다. 더 나아가 수학과 같은 학문도 자연학에 속한다. 그리고 앞서 이야기한 도덕, 윤리 등은 윤리학뿐 아니라 더 나아가 정치학, 사회학에 해당한다. 그리고 기술제작에 관한 학문으로서는 요즘의 공학이 여기에 해당하며 시를 짓는 것은 시학 등에 해당한다. 아리스토텔레스는 이미 앎에 대해서 이렇게 체계적으로 설명하며 오늘날 우리가 가장 많이 이야기하는 테크네(techne), 프락시스(praxis), 테오리아(theoria)에 대해서 이야기했다. 이런 논의들은 1980년대에 〈이론과 실천〉을 둘러싼 논쟁에서 항상 뜨거운 이슈가 되었다. 아리스토텔레스는 이미 세 갈래의 앎을 이야기하며 이것들은 뗄 수 없이 어떤 식으로건 서로 얽혀 있다고 보았다. 그래서 인간이 살아가는 데 이 세 가지 앎이 어떤 차원에서건 다 같이 필요하다는 것을 이야기했다. 그러나 앎은 앎으로서 그냥 끝나는 것이 아니다. 이제 이 앎이 어떤 삶 속에서 벌어지느냐에 따라서 앎의 형태는 역사에 따라 그 강조점과 형태를 달리해 왔다.

인간의 삶은 앎에 의해서 이끌어져 왔다. 그리고 인간의 삶은 시대에 따라 각기 특정한 앎의 방식에 집중해 왔다. 그 결과 앎의 형태도 달라지며 앎의 내용도 변해왔다. 그래서 이 앎(기술적 앎, 실천적 앎, 이론적 앎)을 보는 관점에 따라 지혜, 지식, 정보라고 각각 불러왔다. 즉, 앎의 변천사에서 지혜를 강조하는 시대가 있었고 지식을 강조하는 시대가 있었으며 정보를 강조하는 시대가 있었다. 지혜의 시대는 이성의 시대라고 이야기할 수 있고, 지식의 시대는 지성의 시대라고 말할 수 있다. 그리고 정보의 시대는 감성의 시대라고 이야기할 수 있다. 그래서 지은이는 지혜의 시대, 즉 로고스 또는 이성의 시대를 인간을 모델로 삼아 이야기할 경우 말하미(말하는 이)의 시대라고도 이름한다. 그리고 지식의 차원이 강조되는 지성의 시대는 글쓰미(글쓰는 이)의 시대라고 이름하고, 감성의 시대, 정보의 시대는 관계를 맺는 사람이 강조가 되는 맺으미(맺는 이)의 시대라고 표현한다.

그렇다면 이성의 시대, 로고스의 시대에 왜 말하미가 강조되어 왔을까? 말은 인간 모두가 할 수 있는데 왜 지혜의 시대에만 말하미가 강조되고 있을까? 가만히 들여다보면 그 이유를 알 수 있다. 우리가 생각하는 것과는 다르게 고대, 중세시대에 아무나 말할 수 있는 권리가 있었던 것이 아니다. 그리고 이 시대에는 말함이 곧 명령을 내리는 것이었기에 말하미는 곧 명령자를 뜻했다. 말하미가 말한 이런 명령들은 일종의 경전, 성서로 기록되어 변할 수 없는 명령으로서 모든 사람들에게 통용되었다. 이런 사실에서 유추할 수 있듯이 말할 수 있는 사람, 말하미는 특권층에 있는 사람에게만 그 자격이 주어져 있었다. 그런 사람을 우리는 현자, 현인 또는 성인, 군자라고 불렀다. 이들은 이성적인 능력을 가진 사람이며, 이 이성적인 능력이라고 하는 것은 전체를 볼 줄 알고 통찰할 줄 아는 능력이었다. 이들은 신적인 이성에 버금가며 거기에 응답할 수 있는 사람들로서 정치인들은 이런 아는 사람을 곁에 두고 정치를 했다. 그리고 여기에는 특권층과 비특권층으로 나뉘는 신분질서가 전제되어 있었다. 인간은 나면서부터 노동자는 노동자로서 태어났고, 농부는 농부로서 태어났고, 귀족은 귀족으로서 태어났고, 왕이 될 사람은 왕이 될 사람으로서 태어났다. 이들의 신분은 죽었다 깨어나도 바뀔 수가 없는 것이다. 이런 신분질서가 이성의 시대, 존재론적인 시대의 철저한 위계질서이다. 중세시대의 농부가 자신의 위치를 벗어날 수 있는 길은 없었다. 오직 신분이동이 가능한 길이 딱 하나 존재하였는데, 수사나 신부가 되는 방법이었다. 예외적으로 이 경우에만 약간의 신분이동이 가능했다. 그 외에는 모든 신분이동이 완벽하게 봉쇄되었다.

이러한 양상은 근대로 넘어오며 달라졌다. 근대를 글쓰미의 시대로 정의했듯이 이제 언어라고 하는 것은 특정계급이 독점하고 있는 것이 아니었다. 언어의 해독능력이 있는 사람이라면 모든 사람이 다 언어적인 능력, 이성적인 능력이 있는 것으로 인정되었다. 그 전에는 이성적인 능력이 있는 사람으로 현자, 현인, 성인, 군자 등의 사람들만 인정되었지만 이제 글을 해독할 수 있는 사람들이 모두 이성적인 존재로 간주되고, 글을 배울 수 있는 사람, 글을 배울 능력이 있는 사람은 모두 주체가 될 수 있었다. 고대와 중세에는 언어적인 능력이 특권계층에만 속했지만 근대가 되면서 모든 개인에게 개방되었다. 이제 모든 개인은 자기 의사를 표현하고 자신이 알고 있는 지식을 확대해 나가며 전문지식을 쌓아갈 수 있게 되었다. 그래서 이 때부터는 전문지식으로 무장한 과학자들에 의해 이끌려지는 지성의 시대가 열리게 되었다.

그럼 이성과 지성의 차이는 무엇인가? 이성은 전체를 꿰뚫어 볼 수 있는 능력을 의미하는데, 지성은 전체와 관련되는 것이 아닌 부분과 관련되는 능력을 말한다. 지성은 개개의 사태와 사물에 대해 그 연관관계를 알 수 있는 능력이다. 사태와 사물에 대한 전문지식이 여기에 속한다. 달리 말해 지성은 원인과 결과를 통해 인과론적으로 추론해 갈 수 있는 그런 능력이라고 볼 수 있다.

지식의 시대에 오면 지식은 더 이상 어떤 권력이나 위계질서에 의해 특정계급에게 유보되지 않는다. 모든 사람들이 지식에 접근할 수 있는 가능성이 생겼다. 그렇지만 모든 사람이 다 지식에 접근할 수 있는 것은 아니었다. 이제는 신분적 제약이 아닌 경제적 제약이 장벽을 만들었다. 돈이 있는 사람, 경제적인 여유가 있는 사람들만이 교육을 받고 지식에 접근할 수 있었다. 이 시대에는 부자들만이 공부를 할 수 있고 지식에 접근할 수 있었으며 부자가 아닌 노동자 계급은 지식에 접근할 수 없었다. 이제 신분제 사회가 아닌 철저한 계급사회로 들어선 것이다. 이런 계급사회는 현대에 와서야 달라졌다(실상은 그렇지 않지만). 이제 현대에서 교육은 모든 사람에게 개방되고 글은 누구나 쓸 수 있게 되었다. 그렇기 때문에 더 이상 언어는 특권으로 대변되지 못했다. 언어는 일상생활에서 우리가 기본적으로 말하고 듣고 쓰는 기본적인 수단으로 자리매김되었다. 더 이상 언어는 특권 계급층을 대변하는 수단으로서의 가치를 가지지 못하게 되었고 이제 더 이상 사람들에게 언어는 중요한 것이 아니었다.

우리가 여기서 언어라고 하는 것은 과연 무엇인가? 언어란 결국 인간이 경험한 것을 표현한 것이다. 그렇다면 인간의 경험과 그것을 표현한 언어가 관계상 일대일로 대응할 수 있는가? 사람들이 무수히 많이 생각하는 사물에 대한 이미지는 언어로써 그 모든 면을 충분히 표현할 수 있는가? 그것은 불가능하다. 지은이 역시 글을 통해 설명하려는 모든 것을 다 설명하지 못한다. 강의시간에는 도입영상과 이미지, 동영상을 최대한 많이 사용하려고 노력한다. 강의시간에 활용하는 도입영상과 이미지와 음악으로 학생들에게 어떤 감성적인 문제제기를 시키는 것도 이러한 이유 때문이다. 언어가 아닌 이미지와 음악으로 주제에 접근하는 것은 언어로써 설명할 수 없는 부분까지도 설명이 가능하게 만들기 때문이다.

결국 인간의 경험이라고 하는 것은 언어로써 모두 표현할 수 없다. 말은 어떻게 보면 간접적인 수단에 불과하다. 오히려 직접적인 수단은 우리가 오감이라고 하는 것이다. 그렇지만 우리가 보고 들은 영상과 이미지를 누구에게 전달하기 위해서는 말로 바꿔야 하고 글자로 바꿔야 한다. 일종의 기호로 만들어야 전달이 가능해지는 것이다. 그런데 이제 현대에는 미디어가 발달해서 이것을 꼭 기호화시키지 않아도 전달이 가능해졌다. 캠코더와 카메라 등의 다양한 영상기술을 통해서 타인에게 정보의 전달이 가능해졌다. 게다가 이제는 인간이 경험하는 모든 것을 디지털로 기록하여 재생시킬 수 있다. 이것이 바로 정보화시대가 가지고 있는 위력이라고 할 수 있다. 이제 더 이상 말과 글, 즉 언어만을 가지고 내용을 전달하는 시대는 지나갔다. 이제 어떤 식의 관계를 맺고 있는가라는 관계맺음의 상관항으로서의 인간의 위치가 굉장히 중요해지기 시작했다.

지혜의 시대는 전체를 알아보는 데 주된 관심을 쏟았다. 지식의 시대는 사물, 사태에 대해서 아는 데 총력을 기울였다. 이 말은 내가 인식하고 경험하는 사태를 대상화시켜 사태와 마주선다고 하는 말이다. 그리고 여기서는 주체가 대상을 어떤 시각으로 보느냐 하는 주체의 시각이 매우 중요하게 부각된다. 이런 이유로 지식의 시대에는 주체가 강조되고 모든 것이 인간중심적으로 흘러간다.

문화의 차이에서 동양과 서양을 비교해보면 대개의 경우 서양의 예술작품은 고대, 중세에서부터 인간의 형상을 중심으로 이루어진다. 대부분 인간의 역동적인 활동을 그리고 있다. 인체를 중심으로 인간을 형상화하고 인간이 전면에 부각된다. 그러나 동아시아에서는 인간을 그린 그림이 거의 없다. 동아시아의 산수화를 살펴보면 인간을 그 안에서 찾아보기 힘들 정도로 인간은 산수화의 배경 속으로 사라져 버린다. 바로 여기에서 동서양의 세계관 차이가 드러나고 있다.

지금까지 다루었던 앎에 대해서 살펴보면 고대, 중세, 근대 그리고 현대에서 인간을 어떤 모델로 설명했는가라는 부분이 모두 다름을 알 수 있다. 각각의 모델에서 부각되는 인간의 능력도 모두 달랐음을 알 수 있다. 또한 인간의 앎의 능력도 다양한 차원에서 달라지고 있음을 우리는 확인할 수 있었다. 그리고 인간의 신분질서와 연관지으면서 인간을 어떤 사회적인 차원에서 어떤 단위로 보고 있는가도 앎의 역사에서 매우 중요한 역할을 하는 것을 알 수 있었다.

지금 우리가 다루고 있는 것은 로고스의 위력이다. 이런 로고스의 위력이라는 차원에서 언어의 능력을 비교해 본다면 지혜의 시대에는 특정한 사람이 언어의 능력을 가졌고, 지식의 시대에는 교육을 받은 사람, 받을 수 있는 사람이 언어의 능력을 가졌다. 그리고 현대에 와서는 이제 모든 사람이 언어의 능력을 가질 수 있게 되었다. 그래서 현대를 대중의 시대라고 이야기한다. 이것은 또한 서양의 근대어와 현대어와 직접적으로 연관되어 있다. 앞으로 우리의 근대화에 대해서 다룰 때 이 언어의 문제를 좀 더 살펴볼 예정이다.

6 | 동서양 세계관의 차이와 기술에 대한 인식의 차이

이제부터는 동서양의 세계관의 차이에 따른 기술에 대한 인식의 차이를 다루어보도록 하자. 동서양은 세계관이 서로 다르기 때문에 기술에 대한 인식도 다르다. 그래서 동서양의 기술발전은 서로 상이한 방향으로 전개되어 왔다.

우리가 흔히 근대기술의 발전과 발명에 대해서 언급할 때 대표적인 것으로 꼽는 것은 종이의 발명, 나침반의 발명, 화약의 발명 등이다. 여기에 인쇄술까지 포함시키면 이 기술들은 근대를 이끈 가장 중요한 핵심적인 발명들이다. 그런데 한 번 잘 들여다보자. 이 네 가지 기술은 모두 서양보다 동양에서 먼저 발명된 것들이다. 그런데 이 똑같은 기술들이 동서양에서 서로 상이하게 발전하였다. 예를 들어 화약은 동양에서 먼저 발명되었지만 동양에서는 이 화약이 주로 축제를 위한 폭죽으로 사용되었다. 그러나 서양은 똑같은 화약을 이용해 대포를 만들어 다른 나라를 침략하는 데 사용하였다. 이것이 바로 동서양의 세계관의 차이이다. 세계를 바라보는 관점이 서로 다르기 때문에 똑같은 물건을 가지고도 그 사용하는 방법들이 달라진다. 그리고 그 배경에는 기술에 대한 인식의 차이도 깔려 있다.

인간은 자연 속에 내던져져 있는 존재, 곧 생물학적 존재로부터 시작했다. 그러나 인간이 다른 생물들과 다른 것은 인간이 생물학적인 존재의 차원에 머물러 있지 않았다는 점이다. 인간은 생물학적인 존재에서 한 단계 뛰어올랐고 그것은 바로 도구의 제작, 도구의 사용이 있기에 가능했다. 인간은 생물학적인 차원에 머물지 않고 손을 이용해 돌도끼를 만들고 이를 이용해 사냥을 하고 수렵을 했다. 바로 여기서부터 인간의 인간다운 면모를 만들어나가기 시작했다. 그래서 동양이나 서양이나 이러한 자연 속에 내던져져 자연을 삶의 마당으로 삼아 도구를 이용해 인간의 독특함을 갖춰나가기 시작한 것은 서로 똑같다.

그러나 어느 순간 동서양의 자연을 보는 관점이 달라지기 시작했다. 그 시작의 역사를 기록된 것을 바탕으로 알아보면 다음과 같다. 먼저 동양의 자연관을 노자의 도덕경을 통해 살펴보고 서양의 자연관은 창세기를 통해 살펴보자. 두 경전은 비슷한 시기에 기록된 것으로 알려져 있다. 창세기를 통해 서양의 자연관을 살펴보면 다음과 같다. 성서 창세기 1장 28절에 이런 구절이 있다. "하느님께서는 당신의 모습대로 지어내신 아담과 하와에게 복을 내려주시며 말씀하셨다. 자식을 낳고 번성하여 온 땅에 퍼져서 땅을 정복하여라. 바다의 고기와 공중의 새와 땅 위를 돌아다니는 모든 짐승을 부려라." 위 내용을 살펴보면 하느님은 인간을 창조하고 인간에게 땅을 정복하라는 사명을 내려주고 있다. 만물의 영장으로서 이 자연에 대한 지배권을 인간에게 주는 것으로 나온다. 그렇기 때문에 인간은 자연에 대해 무슨 짓이든 할 수 있는 그런 특권을 하느님으로부터 받았다고 생각하였다. 서양철학의 아버지 아리스토텔레스도 다음과 같이 말하고 있다. "인간의 제작은 자연이 완성하지 못한 것을 완성시킨다." 여기서 우리는 아리스토텔레스 역시 하느님의 말과 같은 선상에서 자연을 이용하라고 이야기하고 있음을 알 수 있다.

그러면 이제 비슷한 시기에 동아시아의 자연관을 담고 있는 노자의 도덕경을 살펴보자. 노자의 도덕경 25장에는 이런 말이 있다. "사람은 땅을 본받고 땅은 하늘을 본받으며 하늘은 도를 본받고 도는 스스로 그러함(자연[自然])을 본받는다." 위 인용구에서 알 수 있듯이, 서양인들은 땅을 정복의 대상으로 삼았지만 노자의 도덕경에서는 땅을 본받아야 한다고 이야기하고 있다. 동서양의 자연에 대한 관점과 태도의 차이가 분명하게 다름을 알 수 있다. 그래서 서양은 자연을 정복의 대상으로 삼았고 동양은 자연을 인간의 삶을 맞춰나가야 할 기준으로 생각했다.

이렇게 동서양의 세계관, 자연관이 다르기 때문에 자연에 관여하는 관계맺음의 방식도 달라지기 시작했다. 그리고 기술에서도 서양 사람들, 특히 아리스토텔레스는 기술을 이미 앎의 차원, 학문적인 차원에까지 끌어올렸다. 그런데 동양에서 기술이라고 하는 것은 앎의 차원으로 올라서지 못하고 고작해야 도구적인 앎에 지나지 않았다. 동양에서는 기술이란 요령과 수단, 꾀 등으로 매우 부정적으로 생각되었다. 이것은 동서양의 세계관이 다르고 기술관이 다르기 때문이다. 이렇게 서로 다른 동서양의 세계관은 기술의 발전에 각기 상이한 영향을 주었고 각기 다른 방향으로 기술이 발전하도록 유도하였다.

서양은 이미 그리스 시대에 교양교육을 통해 기술을 훈련시켰다. 이는 서양인들이 인간의 삶을 이끄는 세 가지 앎 중에서 기술적인 앎이 생존을 위해서 가장 중요하다고 판단했기 때문이다. 그렇지만 동아시아의 고대인들은 이 기술을 긍정적으로 생각하지 않았다. 우리가 익히 알고 있듯이 신분질서 속에서 태어난 귀족과 왕족 또는 군자라고 불리는 사람들은 기술을 천시했다. 그들은 기술 자체를 중요한 것으로 생각하지 않았다. 기술을 학문적인 차원으로 끌어올리려는 생각은 처음부터 아예 하지도 않았다. 기술이란 천한 사람들이나 하는 것으로 생각했기 때문이다.

이렇게 분명한 동서양의 기술에 대한 인식의 차이를 앎으로서의 기술의 차원에서 살펴보자. 앞에서 보았듯이 서양에서는 기술을 학문의 세계로 끌어올리려는 그런 기본태도가 있었지만, 동양에서는 기술적인 앎을 꾀, 요령, 술책 등으로 표현하며 표현에서 벌써 도덕적으로 부정적인 의미를 드러내고 있었다. 한 발 더 나아가 활동으로서의 기술과 기술자들을 매우 낮춰 보는 사회적인 분위기가 있었다. 기술자는 천한 사람이 맡아서 하는 것으로 인식되었다. 그래서 조선시대까지만 하더라도 기술자는 고작해야 중인의 신분에 머물러 있었다. 그러나 서양은 오랜 고대부터 기술자를 대접했다. 근대에는 이런 기술자들이 전문기술자로서의 위치를 확고히 했으며 현대에서도 기술자가 가지고 있는 위치는 대단하다. 예를 들어 독일에서 기술자에게 주는 최고의 칭호는 '마이스터(Meister)' 이다. 독일인들은 이 마이스터라는 칭호는 죽을 때 무덤까지 가지고 갈 만큼 영광스럽게 생각한다. 이들은 마이스터라는 칭호를 학문에서의 박사학위를 부러워하지 않을 만큼 최고의 칭호로 생각한다. 이는 서양인들의 기술에 대한 긍지의 표현이며 그런 태도가 기술발전의 원동력이 된 것이다.

서양인들의 노동에 대한 시각도 동양과는 다르다. 서양에서도 처음에는 노동을 운명의 차원에서 이해했다. 그러나 근대로 넘어오면서 노동이라는 것은 인간 개인의 활동으로서 남과 더불어 살아가는 데 가장 필요한 신성한 활동으로 여겨졌다. 그렇지만 동아시아에서는 예부터 노동을 천한 사람이나 하는 일로 간주했기 때문에 아직도 노동자에 대한 인식이 좋지 않다. 그래서 서양의 근대화에서 산업혁명이 마지막 단계로서 서양인들의 세계를 뒤바꿔놓은 혁명이라면, 동아시아에서는 여러 정황상 이 산업혁명이라고 하는 것이 일어날 수가 없었다. 동양에서는 서양이 만들어 낸 산업혁명의 조건을 채울 수 없었기 때문이다. 동양에서는 시민들의 기술적 변화 의지가 없었고 기계적 기술 차원에서의 여건도 없었으며 대량생산을 위한 자원 투입도 없었다. 그리고 국가적 또는 사회적 차원에서의 지원도 없었기 때문에 동아시아의 사회에서는 산업혁명이 일어날 수 없었다. 또한 산업혁명뿐만이 아니라 의식혁명도 일어날 수 없었다. 그리고 민주화혁명도 일어날 수 없었다. 왜냐하면 동양에는 서양과 다른 세계관이 존재하고 있었기 때문이다.

7 | 중세에 꽃핀 고급종교문화

이성과 관련지어 중세 시대의 독특한 점은 동서양을 막론하고 고급종교문화를 꽃피웠다고 하는 것이다. 이는 존재론적인 위계질서가 단단히 잡혀 있는 중세의 세계관을 잘 반영하고 있다. 이러한 고급종교문화는 서양뿐만 아니라 동아시아에서도 잘 발달했다. 오히려 종교문화에 관한 한 서양 종교보다도 동아시아의 종교가 훨씬 더 발달했다고 이야기하기도 한다. 특히 유교문화와 불교문화는 서양에 영향을 미쳐 서양의 17세기부터 18세기를 계몽시킨 주된 원인으로 다루어지기도 한다. 서양의 학자 클라크(J. J. Clarke)는 『동양은 어떻게 서양을 계몽하였는가』라는 책에서 17, 18세기 동양의 불교와 유교가 어떻게 서양을 계몽하였는지에 대해 기술하고 있다. 즉, 동아시아의 고급종교문화가 서양인들의 삶에 대해 반성할 수 있는 계기를 마련했다고 주장하고 있다.

앞서 언급했듯이 중세가 가지고 있는 독특함은 단단히 잡혀 있는 신분질서이다. 그래서 모든 것이 철저하게 질서에 의해서 움직이고 있었다. 그래서 중세시대는 책에 기록된 대로 움직이는 안정성은 있었지만 그 안정성은 변화에 대한 의지를 약화시키는 쪽으로 흘러가기 마련이다. 그러나 중세가 중세로서만 머물러 있을 수는 없는 법이다. 그리고 근대가 있기 위해서는 바로 이러한 확고한 신분질서의 세계관을 깨야 한다. 그것을 깨뜨린 것이 바로 근대에서의 개인의 발견이다. 자유, 평등, 인권이라고 하는 근대의 가치관이 바로 이 중세를 깨뜨리고 근대로 넘어가는 중요한 요인들이었다.

6

앎은 힘: 인식론적 단계

1. 이미지로 보는 근대적 합리성
2. 근대에서의 개인의 발견
3. 인식론적 사고의 특징
4. 근대화의 과정: 네 번의 혁명
5. 근대의 기술

1 | 이미지로 보는 근대적 합리성

근대는 합리성의 시대이다. 첫 번째 이미지로 택한 것은 키리코의 〈그림 1〉 형이상학자 라고 하는 그림이다.[26] 앞에서 언급하였듯이 하느님은 천지의 창조주인데 이 우주자연을 기하학적으로 창조하였다. 이제 근대로 들어오면 창조주 하느님이 전면에 부각되는 것이 아니라 형이상학자, 과학자 등

그림 1 형이상학자

그림 2 근대세계의 도래

26) 출처 Heinrich Rombach, *Leben des Geistes*, Herder: Basel, 1977.

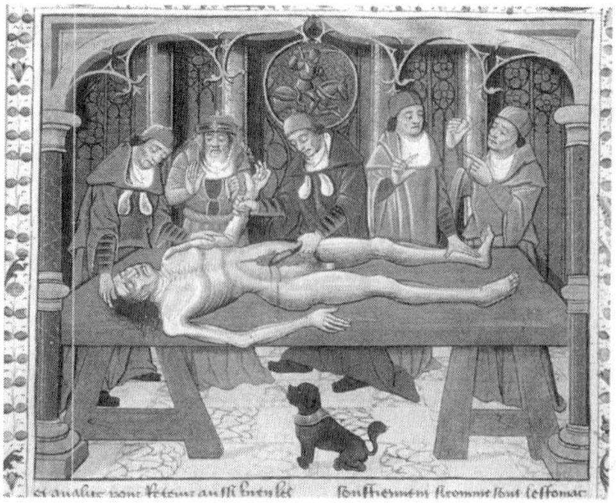

그림 3 실험 해부학

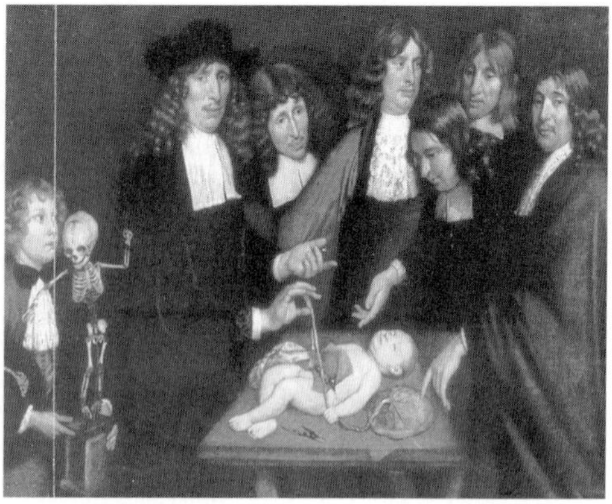

그림 4 해부학 실험

이 세상을 구성하는 자로서 역사의 전면에 나선다. '형이상학자' 는 주체의 시대를 예고하고 있다. 〈그림 2〉는 중세의 세계관에서 바깥을 내다보니 새로 도래한 바깥 세계는 기계로 돌아가고 있는 기계적인 세계관으로 비춰지고 있다.[27] 중세와 근대를 가늠하고 있는 것이 그림으로 표현되고 있다.

근대적 합리성의 대표적인 상징으로 〈그림 3〉, 〈그림 4〉를 들 수 있다.[28] 인간을 기계로 보기 시작한 기계적인 세계관에서 이 기계에 적용되는 것으로 인간도 예외가 아니다. 인간을 정교한 기계로 보고 수술에서 고장난 부분을 바꿔치기 하는 것처럼, 기계부품 갈듯이 그렇게 실험이 되고 해부가 된다. 이 부분에서 서양과 동양의 의학적인 관점의 차이가 분명하게 드러난다고 할 수 있다. 서양은 인간을 비롯한 모든 것을 기계로 보았기 때문에 해부학이 발달하고 이른바 수술이 발달할 수 있었다. 하지만 우리는 인간을 기계로 보지 않았기 때문에 진작부터 이러한 해부학이 있을 수가 없었다.

27) 출처 Heinrich Rombach, *Leben des Geistes*, Herder: Basel, 1977.

28) 출처 Richard van Duelmen 편, *Erfindung des Menschen*, Bohlau: Wien, 1998.

그림 5 어머니와 요람

그림 6 인권선언

〈그림 5〉는 어머니와 요람이라 하는 그림이다.[29] 여기서 우선 눈에 띄는 것은 평범한 시민들의 일상이 그림의 소재가 되고 있다는 점이다. 그 전에는 그림의 소재가 일상적인 삶 속에 드러나고 있는 평범한 사람들이 아니라 신화에서 차용된 신과 영웅들, 그리고 왕이나 성인들이었다. 근대는 이 부분에서도 새로운 시대를 알리고 있다. 꼬마가 문이 열려 밝은 빛이 들어오는 곳을 향하고 있는데 이것은 새로운 시대에로 향하는 젊은 세대를 상징하는 듯 보인다. 그럼 새로운 시대는 무슨 시대인가? 앞에서 주체의 시대라고 했는데, 이것이 그림에서는 원근법으로 드러난다. 화가가 어떤 한 시점에서 대상을 관찰하는데, 화가의 시각에 의해서 대상이 재구성되고 재정립되고 재창조 되는 것으로 보일 수 있다. 주체의 시각이 강조되는 것이 그림에서도 나타난다.

그런가 하면 다른 차원에서도 혁명적인 사건이 일어나는데, 종교개혁

29) 출처 Heinrich Rombach, *Leben des Geistes*, Herder: Basel, 1977.

(언어혁명), 르네상스와 계몽(의식혁명)이 일어나고 프랑스 대혁명(제도혁명)이 일어나 자유, 평등, 인권, 사회정의와 같은 가치 등이 근대적인 합리성의 결과로 등장한다. 〈그림 6〉은 이런 일련의 혁명을 상징하는 인권선언을 담은 이미지이다.[30]

"앎은 힘이다"라는 기치를 내세운 전문 과학자들과 상공인들을 통해서 기존의 신분질서가 무너지면서 새로운 신분질서가 생긴다. 〈그림 7〉은 영국의 왕립과학협회를 상징하는 그림이다.[31] 이 과학협회가 나라의 도움을 받아 태동하면서 모든 것을 과학화하기 시작하고 기술화하기 시작하는 시대에 돌입하게 된다. 이러한 과학과 기술화를 통해 〈그림 8〉에서 보는 것과 같이 새로운 노동계급이 등장하고 이제 새로운 산업혁명이 가능하게 되었다고 볼 수 있다.[32]

그림 7 영국왕립과학협회

그림 8 노동계급의 등장

30) 출처 Bernard Willms, *Philosophie, die uns angeht*, Guetersloh: Berlin, 1975.
31) 출처 Bernard Willms, *Philosophie, die uns angeht*, Guetersloh: Berlin, 1975.

이렇게 근대는 이성을 앞세우며 숨가쁘게 앞으로 치닫는다. 그러면서 차츰차츰 삶의 세계로부터 신을, 하느님을 몰아낸다. 이를 '세속화'라 하는데 세속화의 끝은 신의 죽음을 의미한다. 그래서 근대의 마지막 철학자 니체는 "신은 죽었다"고 외쳤다. 〈그림 9〉는 이것을 이야기하기 위한 이미지이다.[33] '신의 죽음'이 많은 사람의 입에 오르내리니까 '사신신학(死神神學)'이라고 하는 새로운 신학까지 등장하는데 그것이 의미하는 바는 독자 여러분이 스스로 음미해 보기 바란다.

그림 9 종교의 몰락

2 | 근대에서의 개인의 발견

근대에 해당되는 인식론적인 문화단계를 좀더 자세하게 살펴보도록 하자. 고대 중세를 한 마디로 자연의 발견, 신의 발견이라 하였는데, 그러면 근대는 어떤 특징이 있는가? 근대의 특징은 한 마디로 개인의 발견이라고 할 수 있다. 근대는 개인이 발견된 시대이다. 개인이 세상의 주인이 되어서

32) 출처 Bernard Willms, *Philosophie, die uns angeht*, Guetersloh: Berlin, 1975.
33) 출처 Heinrich Rombach, *Leben des Geistes*, Herder: Basel, 1977.

개인을 위한 가치관인 자유, 평등, 인권, 사회정의가 두루 통용되는 도덕적인 가치관으로 세상을 관장하게 된다.

영어의 '개인(Individual)' 이라고 하는 낱말은 라틴어 'individuum' 에서 유래한 말이다. 이 낱말은 전철 in과 몸말 dividuum이 합쳐져 만들어진 단어이다. dividuum은 '나뉜 것' 이라는 의미인데 거기에 부정형 전철 in이 붙어서 '나뉘지 않은 것' 이라는 뜻이다. 이 라틴어는 어디서 왔는가? 그것은 그리스어에서 왔다. 거기에 해당하는 그리스어는 atom이다. 그리스어의 a가 in에 해당되고, tom은 dividuum에 해당된다. 아톰은 나뉠 수 없는 마지막 최종요소라는 의미로 '원자' 라고 번역된다. 그런데 그것이 라틴문화권으로 가서는 '개인' 을 뜻하는 낱말로 변한다. 여기에서도 우리는 세계관의 차이를 확인할 수 있다.

그리스 시대에는 인간의 개체가 중심인 것이 아니라 모든 것이 실체이다. 그것들은 나름대로의 본질을 가지고 있고 커다란 위계질서 속에 자기의 자리를 잡고 있는 것으로 생각되었다. 그런데 근대에 들어오면 개체로서의 인간이 가장 중요한 존재로 등장한다. 신의 자리에 인간이 들어선다. 이제는 실체중심 세계관, 본질중심의 세계관이라고 했던 고대와 중세와는 다르게 근대에서는 세계관이 개체가 중심이 되는 주체중심의 세계관으로 바뀌게 된다. 여기서 중요한 것은 원자화가 되고 개체화가 된다는 점이다. 고대에서 원자화는 만물의 기본법칙과 최종요소를 찾으며 모든 것을 분해해나가는 탐구과정이다. 분해되는 것을 분해하며 마지막까지 분해되지 않는 요소를 찾아보니 그것이 원자였다. 이런 탐구방법을 학자들은 일종의 환원주의적인 방법이라 이름한다. 그리스인들은 최종적으로 찾아낸 원자를 가지고 우주자연 전체를 설명하려고 시도했다. 이 방식은 근대에 와서도 통용된다고 볼 수 있다. 근대에서는 이 밑바탕에 나뉠 수 없는 최종요소로 놓인 것이 고대 그리스에서처럼 원자가 아니라 개인으로서의 인간이라는 점이 다르다.

인간에게는 다양한 능력이 있는데 그 중에서도 인간의 인식능력이 가장 중요한 능력으로 간주된다. 인간이 세상을 어떻게 통찰하는가 또는 바라보는가(관찰하는가) 하는 인간의 인식능력을 다른 말로 이성, 지성이라고 한다. 고대와 중세에서 학문의 가장 기초가 되는 제일 학문은 자연학과 신학이었는데, 근대에 제일 학문, 제일 철학은 인간의 인식능력에 대한 학문인 인식론이다. 그래서 이 장의 제목을 인식론적 단계라고 이름하였다.

근대에 와서 개인이 발견되었다. 이 발견은 동아시아의 상황과는 차이가 있다. 동아시아에서는 개인이 발견되기까지 더 오랜 세월을 기다려야 했다. 서양의 문화문명이 들어온 뒤에 개인이 발견된 것이라 볼 수 있다. 우리는 사람을 하나의 개체로 보지 않는다. 우리에게는 '나' 라는 것이 앞

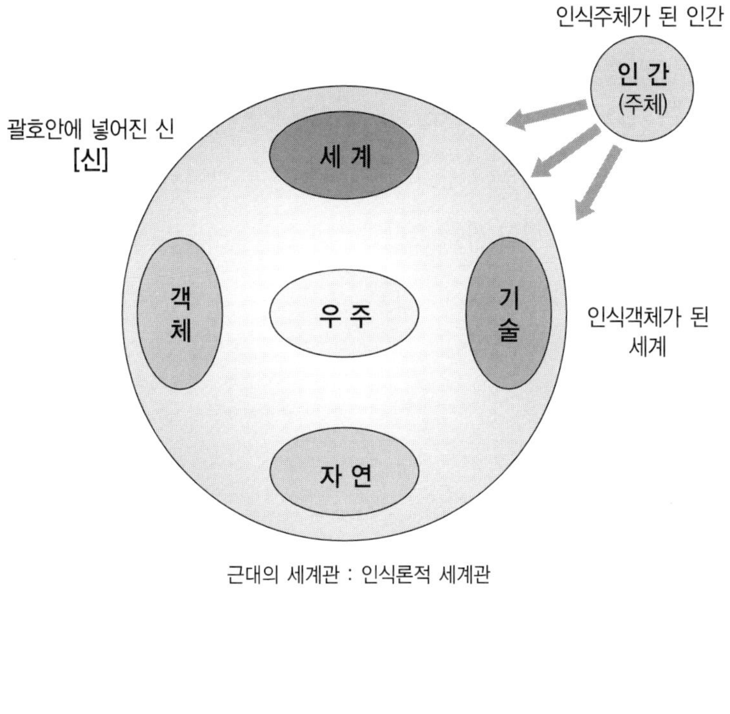

근대의 세계관 : 인식론적 세계관

서는 것이 아니라 '우리' 라는 것이 앞선다. 서양에서는 당연히 '내 남편', '내 마누라' 라고 하지만 우리는 '우리 남편', '우리 마누라' 라고 한다. 우리 사회는 '나' 를 내세우면 전체적인 분위기, 공동체적인 분위기를 흐리는 것처럼 생각해 눈총을 주기도 한다. 이와 같이 우리의 삶의 바탕에는 개체 중심적인 사고방식이 없다.

서양에서는 개인이 발견된 것이 근대의 시작이라 볼 수 있다. 개인은 알다시피 '나' 로 표현되는데, 철학적 용어로는 '자아' 라고 표현한다. 그래서 데카르트는 "나는 생각한다. 그러므로 존재한다" 라는 유명한 말을 남겼다. 나는 누구인가, 개체는 누구인가? 여기서의 개체, 나는 '생각하는 나', '사유하는 나' 였다. '나' 는 '육체를 가진 나' 가 아니라 순전히 '생각하는 나', '정신적인 나' 였던 것이다. '나' 가 칸트에 이르러서는 '행동하는 나', '행위하는 나' 가 된다. 사람들은 이제 '행위하는 나' 가 되었으니 행위하는 육체가 있을 것이고 그래서 '나' 에 사유나 정신만이 아니라 육체도 고려에 넣게 되었을 것이라 생각할지도 모른다. 그러나 이것은 오산이다. 아직도 육체의 흔적은 찾을 수 없다. 칸트의 행위는 도덕적인 행위를 뜻하기 때문이다. 근대에서는 몸이 발견되지 않는다. 현대에 와서 비로소 철학적으로 육체가 발견된다. 근대는 인간을 발견해냈는데 이 때의 인간은 '생각하는 나' 라고 하는 그야말로 보편적인 주체의 의미로서의 인간임을 명심해야 한다.

3 | 인식론적 사고의 특징

인식론적인 단계의 특징이 무엇인가? 앞에서 설명을 위해 끌어들였던 도표들을 상기해 보자. 도표에서 현실, 세계 전체를 원으로 표현했다. 원 안에 현실 또는 세계가 있다. 그 안에는 수많은 존재하는 것들이 있다. 존재하는 것들 한가운데 사람이 있다. 사람이 전체 현실을 대변하고 있다고 해서 대우주에 대해 인간을 소우주라 하였다. 이러한 현실을 창조한 신이라는 개념을 따로 떼어냈다. 그래서 현실을 창조한 제일 원인인 신을 현실과 분리하였다. 신이 현실을, 세계를 지배하고 관장하기 위해서 가끔씩 현실세계에 등장하여 기적을 행하는 것으로 생각된다. 이것이 고중세의 세계관이라 한다면 근대에는 인간이 현실세계의 원 바깥으로 나오게 된다. 바깥으로 나와서 사람 대 세계를 이룩한다. 사람을 주체라고 부르고 세계를 객체, 대상이라고 이름한다. 주체, 객체라고 하는 개념에는 인식을 전면에 내세우는 방법론이 그 밑바탕에 깔려 있다. 인식 주체, 인식 객체라는 의미가 바탕에 놓여 있다.

이렇게 근대로 오면 세계와 인간이 분리된다. 사람이 세계에 대해 모든 주도권을 갖게 되는데, 그 주도권의 밑바탕에는 인식, 앎이 있다. 그 전에는 세계를 지배하는 나름대로 우주적인 법칙이 있고, 인간의 이성은 우주 법칙을 통찰할 수 있다 했다. 이러한 통찰에서 중요한 것은 인간의 이성이 우주적인 법칙에 자신을 맞춰 나가야 한다는 점이다. 그리고 결국에는 신이 있어서 신이 이 모든 것을 통제한다고 생각했다. 그런데 근대로 들어오면서 기계적인 세계관이 도입되면서 신을 괄호 안에 넣기 시작한다. 이제 우주 자체가 하나의 정교한 기계로 생각되었다. 시계와 같은 정교한 기계 말이다.

시계에 대해 생각해 보기로 하자. 지은이가 초등학교 다닐 때 시계는 워낙 귀해서 집안에 하나 정도 있을까 했는데, 중학교 때까지만 해도 그러하였다. 고등학교 들어가면서 시계에 대한 수요와 공급이 늘어났다. 그 때만 해도 손목시계는 태엽을 감는 시계였다. 태엽을 감아놓으면 태엽이 풀리면서 바늘이 움직이도록 장치가 되어 있었다. 태엽을 한 번 감아놓으면 대략 24시간 정도 갔다. 하루가 지나면 태엽이 다 풀려서 시계가 멈추는데, 그러면 또 한 번 태엽을 감아서 가게 했다. 그러한 일을 매일같이 반복하였다.

그 다음 한 단계 발전된 시계가 등장한다. 시계 안에 진자가 들어있어 팔을 흔들고 다니면 진자가 왔다갔다 하면서 태엽을 감아주는 역할을 했다. 그래서 손목에 차고 다니는 동안에는 태엽이 감기기 때문에 시계가 멈추지 않고 잘 갔다. 그렇지만 손목에서 풀어놓은 채 오래 놔두면 시계가 멈춘다. 가게 하려면 시계를 계속 흔들어줘야 했다. 어쨌든 그렇게 감긴 태엽이 12시간은 갔기 때문에 잘 때 풀어놓았다 아침에 다시 차면 태엽을 감지 않고도 시계를 계속 활용할 수 있었다.

그 다음 단계의 시계는 요즘 많이 볼 수 있는 전자시계이다. 일종의 광물질에서 발산되는 진동을 배터리와 연결시켜서 계속해서 가도록 만든 시계이다. 그래서 이제는 배터리만 갈면 시계는 얼마든지 간다. 배터리 성능에 따라 1년 짜리 시계, 3년 짜리 시계, 5년 짜리 시계, 10년 짜리 시계가 등장한 셈이다. 좀더 완벽해지면 100년 짜리, 1000년 짜리 시계도 생길 것이다. 그러면 가장 완벽한 시계로 100만 년 짜리 시계도 나올 수 있을까? 아니면 더 완벽한 시계로 영원히 죽지 않고 가는 시계는 없을까?

이 시계의 메타포 상징을 창조주에게 적용해보자. 하느님이 우주라는 시계를 만들었는데, 초보 단계의 시계를 만들어서 하루에 한 번씩 태엽을 주기 위해 세상에 온다. 그게 바로 기적이다. 하느님이 세상의 일에 개입하면 그것이 우리에게는 기적이 되는 것이다. 그 전에는 시계태엽을 자주 주어야 했으니까 자주 기적을 행했다. 다음 단계로 가면 기적이 줄어들게 된다. 손을 흔드는 동안은 기적이 필요 없기 때문이다. 그 다음의 전자시계 단계에서 하느님은 세상에 1년에 한 번, 5년에 한 번, 아니면 100년에 한 번 오다가 100만 년에 한 번 오면 되었다. 그런데 만일 하느님이 이 우주라는 시계를 가장 완벽하게 만들었다면 그 시계는 영원히 갈 것이기 때문에 하느님이 개입할 필요가 없게 된다. 하느님 없이 영원히 굴러가는 시계, 그것이 근대인들이 생각한 우주, 자연이었다.

근대에 들어서서 이렇게 과학적으로 머리를 쓰니 하느님이 매번 세상의 일에 개입할 필요가 없다는 결론에 이르게 된 것이다. 그래서 차츰차츰 하느님을 세상으로부터 분리시키기 시작하는데, 이것이 바로 세속화의 과정인 것이다. 하느님을 괄호 안에 넣고 인간 자신이 인식주체로서 예전의 하느님의 자리에 등장하게 된다. 〈형이상학자〉라는 이미지를 택한 까닭도 이런 이유에서이다.

인식론적 사고의 특징을 몇 가지로 정리하여 보자.

내면화의 길 이성의 관심사가 외부세계에서 자아로 향하게 되면서 주체의 시대가 시작된다. 대상을 구성하고 세계를 형성하는 자아-주체[초월론적(선험적) 자아]에 매료된다. 자기 정체성을 확인하기 위해 노력한다. 〈나는 누구인가?〉 자아(인간) 중심의 시각이 주도적이 되고 정신과 물질이 명확하게 구분된다. 기계론적 세계관이 형성된다.

인간과 세계의 분리 인간과 세계는 서로 분명하게 구별된다. 인간은 '세계란 도대체 무엇인가' 라는 질문을 던진다. 주변에 있는 사물들의 본질, 자연법칙, 원인, 심지어 좀더 고차원적인 이념과 신의 본질을 묻는 것이다. 인간은 사태를 묘사하고 정의를 내리고 객관화한다. 하지만 세계(자연과 초자연)로부터 이렇게 거리를 두는 것은 인간 자신의 원, 즉 주체의 원을 스스로 닫는다는 말이다. 인간은 자신에 대해서도 그 자신이 도대체 무엇인지 묻게 된다. 그리하여 주체성을 발견하고 자신이 누구인지 확인한다.

원근법 자기 자신의 정체 확인은 바깥 세계를 보는 전망(원근법)을 터준다. 사람은 이제 신화적 자연 속에 있을 때처럼 무한하게 열려 있는 빈 자리가 아니라 자연 풍경을 대상으로 삼아 자신의 시야를 자연에 다시 반영할 수 있는 주체이며 화가이다. 벨리니(Bellini)나 레오나르도 다빈치의 그림을 통해 우리는 원근법의 등장을 볼 수 있다.

개인주의 또는 실체주의 개인주의적 관점에서 볼 때 사회는 고립된 인간들인 원자들의 총체로 묘사된다. 실체주의는 모든 것을 경직되게 만든다. 철학과 종교의 이론은 독단으로 고정되기 쉽고 국가조직과 도덕적 행위는 영원한 법칙에 얽매인다. 인간과 세계는 당시 수준의 과학에서 빌려온 공식에 의해 고정되어 버린다. 그리하여 더 이상 어떤 대안도 생각할 수 없을 정도로 사고와 행동이 굳어져 버린다. 기존의 해법에 어긋난 일은 허용되지 않고 창조적 진보를 모색해 보는 일도 저지당한다. 사람들은 한 번 발견된 진리에 마치 노예처럼 복종한다.

노동과 과학 이제 노동은 '운명' 이 아니라 '행동' 이 된다. 과학은 주변 세계에 대해 거리를 두고, 해부학과 생물학이 출현하게 되었으며, 인간은 과학을 통해 자신마저도 대상으로 만들 수 있게 되었다. 과학 및 과학기술과 노동이 서로 손을 잡게 되었다. 이제는 자연이 인간을 지배하는 것이 아니라 인간이 자연을 지배하게 되었다. 노동은 출산과정을 겪는 것이 아니라 생산품을 자동적으로 만들어내는 행위이다. 노동은 곧 생산하는 행위가 되었다.

모든 것의 대상화 그것은 지식화, 과학화, 기술화, 기계화, 산업화로의 길을 가게 만든다.

관찰과 실험 그리고 환원주의 관찰과 실험에 전적으로 의존하는 새로운 과학 탐구 방법이 등장한다. 여기서는 모든 것이 관측된 경험자료에 의거한 확실한 이론에로 환원된다. 객관성과 정밀성이 요구된다. 정확한 관찰을 위한 도구와 기계가 발달한다. 수량화와 요소화가 대세를 이룬다.

4 | 근대화의 과정: 네 번의 혁명

'근대화'는 여러분들도 많이 들어 본 개념일 것이다. 한국은 해방된 이후 끊임없이 '근대화'를 슬로건으로 내걸고 지금까지 매진해 왔다. 그런데 근대화를 서양화로 이해해서 서양을 흉내내는 것, 서양을 따라가는 것이라 생각해 왔다. 그러면 서양에서는 근대화가 어떻게 전개되어 왔는지, 서양의 근대화를 이루고 있는 근대성은 무엇인지 한 번 생각해 볼 필요가 있다. 아직도 우리는 우리의 근대성에 대해 진지하게 반성해 보지 못하였다. 서양에서의 근대성은 무엇이고, 근대성이 우리에게선 어떻게 펼쳐졌는지 반성해 보아야 한다는 말이다. 서양에서 근대화가 어떤 과정으로 전개되었고 그 가운데 가장 핵심이 되고 있는 사건들의 의미는 무엇인지 살펴보자.

서양의 근대화는 네 번의 혁명을 통해서 전개되었다. 네 번의 혁명은 대충 100년 단위로 일어났다. 첫 번째 혁명을 든다면 종교개혁이라고 할 수 있겠다. 두 번째는 계몽 또는 르네상스라는 의식혁명, 즉 문예부흥 또는 계몽주의에 해당되는 혁명이다. 세 번째는 프랑스 대혁명이라고 상징적으로 이야기되고 있는 일종의 제도혁명, 사회혁명이다. 네 번째는 이른바 산업혁명이라고 이야기되는 생산혁명이라 할 수 있겠다. 이렇게 네 번의 혁명이 대충 100년 단위로 일어났다고 볼 수 있다. 그야말로 서양의 근대화는 400년에 걸친 과정의 산물이라 할 수 있다.

(1) 종교개혁과 근대화의 시작: 언어혁명

종교개혁이라고 하면 알다시피 시점을 대략 1517년으로 잡는다. 마르틴 루터의 종교개혁 선언 비슷한 것이 1517년에 발표되었기 때문이다. 이 당시 종교개혁이라는 사건은 어떤 시대사적 의미를 가지는가? 종교개혁은 언어혁명이라는 의미를 가진다. 르네상스, 계몽주의는 의식혁명이다. 프랑스 대혁명은 제도혁명, 사회혁명이다. 산업혁명은 생산혁명이다. 우리는 이 모든 혁명을 가능하게 한 것이 언어혁명인 종교개혁이라는 사실을 명심해야 한다.

1999년에서 2000년으로 넘어올 당시 밀레니엄(새 천년)이 큰 화두로 등장하였는데, 그도 그럴 것이 기원 후 인류가 맞이하는 두 번째 새 천년인데 그것을 우리의 세기가 경험하고 있으니 흥분할 만하다. 이것이 시대사적으로 큰 의미를 가지기에 어느 유명한 잡지사에서 학자들을 대상으로 설문조사를 했다. 지난 1000년 동안 일어난 사건 중 최고의 사건은 무엇인지를 묻는 설문이었다. 가장 많은 학자들이 종교개혁이라고 대답했다. 많은 일반인들이 의아해했다. 그런데 가만히 생각해보자. 지난 1000년에서 가장 결정적으로 바뀐 것은 중세에서 근대로 넘어온 사건이다. 중세에서 근대로 넘어온 변화의 큰 의미는 종교적인 세계관이 근대의 합리적인 세계관으로 세계관이 바뀌었다는 것이고, 세계관이 바뀜으로 인해 신분질서도 달라지고 사람들이 생각하는 것도 달라지고 삶의 방식도 달라지게 되었다. 이 모든 변화의 기점을 마련한 것이 바로 종교개혁이라는 이야기이다.

종교개혁에서 마르틴 루터가 강조했던 것을 쉽게 풀이한다면 여태까지는 일반민중들은 하느님께 직접 기도를 드릴 수 없었다. 그 당시 교회는 하느님은 라틴어만 알아듣는다고 가르쳤는데, 민중들은 이 라틴어를 모르니 하느님과 소통할 수 없었던 것이다. 하느님은 독일어나 프랑스어, 영어나 이탈리아어를 모르기 때문에 그런 지방말로 기도를 드리면 알아듣지 못한다는 이야기이다. 그래서 일반민중들은 기도로써 하느님께 무언가를 부탁하려면 라틴어를 아는 성직자들에게 돈을 갖고 찾아가서 대신 기도해 달라고 부탁할 수밖에 없었다. 그리고 당시 중세에는 오직 한 권의 책이 있었는데 한 권의 책은 라틴어로 된 성서이다.

그 당시 성직자들과 학자들은 라틴어는 하느님의 말이라 생각했고 유일한 학문언어라고 간주하였다. 하느님의 말인 라틴어를 민족말이나 지방말로 번역하려는 사람들은 사탄의 자식으로 단죄하여 화형에 처하였다. 이렇게 제사언어, 통치언어, 학술언어를 성직자와 귀족들 그리고 지식인들이 통제하면서 모든 사람과 모든 분야를 자신들의 통제 아래 두었다. 이러한 무소불위의 권력을 가능케한 라틴어로부터의 해방은 그야말로 역사적인 상징적 의미를 띤다. 이제는 민중들이 성직자를 통하지 않고 직접 하느님께 기도를 드릴 수 있게 되었고 하느님의 말씀인 성서도 자신들의 지방말로 읽을 수 있게 되었다. 루터는 독일어로 성서를 번역해서 독일 민중들이 독일말로 하느님의 말씀을 알아듣고 하느님께 직접 기도드릴 수 있는 체제를 마련했다. 이것이 근대화가 지니는 무시무시한 상징이다. 탄탄했던 중세의 체계에 금이 가기 시작했다.

우리는 이러한 상황을 동아시아에도 옮겨서 적용해볼 수 있다. 동아시아의 중세도 경전의 말로 통하는 한문이 지배하고 있었다. 동아시아에서도 한문을 모르는 사람은 상놈, 천민으로 통해서 인간 이하의 대접을 받았다. 제사언어, 통치언어, 학술언어로써 한문만 허용되었고 한문을 아는 사람만이 지배계급에 속할 수 있었다. 따라서 동아시아에서의 근대화도 한문으로부터의 해방에서 비롯되었을 것이다. 그것은 중화적인 세계관으로부터의 해방을 뜻하고 그 동안 오랑캐말로 천시 받았던 민중들의 말로 경전을 읽고 하느님께 기도드릴 수 있게 되는 것을 말한다. 언어를 찾지 못하면 자신의 세상을 잃어버린다는 것이 종교개혁이 갖는 언어혁명의 메시지다.

예로부터 언어를 지배하는 사람이 세상을 지배했다. 그렇기 때문에 세상을 지배하려는 사람은 무엇보다도 먼저 언어를 독점하려고 했다. 인간을 '언어의 능력이 있는 생명체' 라고 규정한 정의가 올바르다는 것이 역사적으로 입증된다. 그리스 시대에는 그리스 말을 아는 사람만이 사람이었다. 그리스 말을 모르는 사람은 야만인, 동물로 취급받았다. 로마시대에도 라틴어를 아는 사람만이 사람이었고 나머지는 짐승이나 야만인으로 간주되었다. 동아시아에서도 마찬가지였다. 글을 아는 사람들이 전체 국민 중 고작 해봐야 5%였는데 그 사람들이 나머지 95%를 지배한 것이다. 언어를 독점하면 모든 것을 독점할 수 있다. 민중들에게 혀를 돌려주어 민중들로 하여금 사람으로서 살 수 있게 해준 혁명, 이것이 언어혁명으로서의 종교개혁이 가지는 역사적 의미이다.

이제 언어를 되찾은 사람들은 스스로 생각하게 된다. 이렇게 해서 열린 시대가 바로 계몽의 시대이다. 계몽의 제일 원칙은 무엇인가? "스스로 사유하라!" 이다. 유명한 라틴어로 표현한다면 "Sapere aude!" 이다. 'sapere' 는 잘 몰라도 여기에서 나온 지혜라는 라틴어 'Sapientia' 는 눈에 익을 것이다. 'aude' 는 '감히 무엇을 하라' 라는 의미이다. 낱말 그대로 풀어보면 "감히 생각해라!" "감히 네 머리를 써라!" 라는 뜻이다. 다시 말해 "용기를 내서 너 스스로 생각하라!" 는 것이 계몽의 원칙인 것이다. 그 전에는 자기 스스로 생각하지 않았다는 것이다. 여태까지는 이른바 지식인, 지도자, 성직자 등등이 민중을 대신해 생각해 주었다. 일반민중들은 생각할 필요가 없었다. 그저 하라는 대로 행동만 하면 되었다. 생각하는 것을 싫어하는 것은 주체의식, 주인의식을 버리는 것이다. 자기의 혀, 자기의 말을 찾은 사람은 차츰차츰 스스로 생각하게 된다.

칸트는 계몽과 관련지어 유명한 말을 하였다. "비틀거리더라도 네 두 발로 걸어라!"라고.

그러니까 계몽 이전에 미성년자 시대에는 보행기에 의지해서 걸었다. 보행기를 떼면 넘어질 것 같아서 못 떼고 있었는데 과감히 보행기를 떼어내고 넘어지더라도 네 두 다리로 서라는 것이 계몽의 원칙인 것이다. 언어혁명이 중요하다는 것은 라틴어에서 해방된 민족들이 가장 먼저 한 일을 보면 알 수 있다. 그 나라에서는 서양문화의 고대 중세의 유산들을 전부 자기 민족어로 번역하여 자국어로 생각하고 토론하고 자신들의 감정과 생각을 표현할 수 있도록 기반을 마련하였다. 이러한 노력을 바탕으로 해서 제일 먼저 나온 작품들이 문학서적들이다. 근대에 들어서면서 자국어로 발행되는 문학작품들이 봇물처럼 터져 나온다.

근대화가 제일 먼저 된 곳은 영국이다. 셰익스피어가 영어로 문학작품들을 발표하고 그 다음에 영어로 된 최초의 철학논문들이 영국에서 출판된다. 홉스, 버클리, 흄 등이 발표한 논문들이 그것이다. 영어로 논문을 쓰다 보니까 그 논문에서 바로 영국인들의 세계관이 드러나는 것이다. 그래서 사람들은 영국 철학자들이 쓴 논문을 가지고 '경험론'이라고 특징짓는다. 영국적인 세계관이 그 논문에서 드러나고 있는 것이다.

이탈리아나 프랑스로 오면, 이탈리아에서는 단테의 신곡이 이탈리아어로 쓰여지고, 프랑스에서는 라신이라든가 몰리에르 같은 사람이 자국어로 문학작품을 쓰기 시작한다. 그 다음에 데카르트라는 철학자가 프랑스말로 최초로 논문을 쓰기 시작하였다. 데카르트도 처음에는 〈성찰〉이라는 작품은 라틴어로 썼다. 그 다음 〈방법서설〉이라는 논문은 프랑스말로 쓴다. 그 뒤로 프랑스 철학자들이 프랑스말로 된 철학논문들을 발표하는데, 학자들은 그 논문의 특색을 '합리론' 이라고 명명한다. 그것은 프랑스말에 담긴 세계관이 합리론적이라고 하는 것이다.

독일은 이 모든 것이 늦었다. 독일은 독일말 자체가 독일의 정치체제에 의해서 별로 보호받지 못했기 때문에 늦게 발전하였다. 독일인들이 독일어 살리기를 위해 무지무지하게 노력한 결과 괴테와 쉴러 같은 위대한 문학작가들이 등장하고 철학자로서는 유명한 칸트가 등장한다. 칸트도 처음에는 박사학위 논문과 교수임용자격 논문 모두를 라틴어로 썼다. 그는 예순이 다 되어서 『순수이성비판』이라는 책을 독일어로 쓴다. 칸트 이후 독일의 철학자들이 독일어 논문을 쓰기 시작하고 이러한 독일 논문들의 특색을 학자들은 '관념론' 이라고 이름한다.

이처럼 철학이라고 하는 것은 그 언어 속에 담긴 세계관과 밀접한 관련이 있다. 그러기에 지은이는 오래 전부터 "이 땅에서 우리말로 철학하기"를 주창해 왔다. 더 나아가 "우리말로 학문하기" 운동을 펼쳐왔다. 우리 철학, 한국 철학은 우리말인 한글 속에 담겨 있다. 한문 속에 담겨 있는 것은 엄밀히 이야기해 한국 철학이 아니라는 것을 알아야 한다. 근대에서 라틴어로 쓰여진 것은 고대 중세의 인식의 틀을 아직 못 벗어난 것이듯이 우리도 마찬가지이다. 한문으로 쓰여진 것은 근대나 현대의 한국 철학이 될 수 없다. 이 모든 것은 철학뿐만 아니라 모든 문학작품과 일상적인 표현에서 언어가 가지고 있는 중요성을 지시하고 있다. 자기말로 자기 생각을 표현할 때 사람은 그 때 자기 생각의 주인이 되는 것이다. 일본 식민지 속국 시절을 생각해보면 알 수 있듯이 자기말로 자기를 표현하지 못하는 것은 주인이 아니라 노예이다.

(2) 뒤이은 세 번의 혁명: 의식혁명, 제도혁명, 생산혁명

종교개혁이라는 언어혁명 이후에 유럽에서는 '르네상스 운동' 과 '계몽주의 운동' 을 통한 '의식혁명' 이 일어나게 된다. 이전의 중세 가톨릭 세계는 그리스도교 교리에 어긋난 모든 것을 인정하지 않았는데, 이것이 달라지게 된다. 이제 르네상스 시대에 이르러 모든 방면에서 그리스도교적이 아닌 것들, 즉 인간의 제반근원에 관한 것들을 살려내려는 학문적인 관심과 노력이 대두하게 된다. 이제 지식인들은 성서적 근원이 아니라 인간적인 근원에로 거슬러 올라가려고 시도한다. 그 밑바탕에는 신적인, 교리적인 그리고 교회적인 것을 과감히 버리고 인간적인 것을 찾아내려는 열정이 불타오르고 있었다. 이렇게 르네상스 운동을 통하여 '스스로 사유함', 즉 더 이상 신적인 이성에 의존하지 않고 순전히 인간적인 이성으로 사유하려는 의지가 싹트게 되며, 그것은 계몽주의 운동으로 확산되기 시작한다.

이런 식으로 언어혁명과 의식혁명을 거치면서, 깨인 민중들이 들고일어나서 기존의 신분차별적인 제도에 항거하는 대대적인 시민혁명이 자연스레 뒤따르게 된다. 기존의 신분질서에 대한 대항으로 1789년 '프랑스 대혁명' 이 발발하게 된다. 이것은 근대국가를 형성하게 하는 중요한 사건이다. 즉 중세적 세습 신분질서가 깨짐으로 인해 자유민주주의가 시작될 수 있는 절대적인 계기가 마련된 셈이다. 이처럼 프랑스 대혁명으로 말미암아 자유민주주의가 시도되었고, 법 앞에서의 만민평등이 새로운 이념으로 부각되었으며, 새로운 계급인 부르주아지가 발흥하게 되었다. 그로부터 정치적인 제도와 주권을 둘러싼 투쟁이 벌어지게 되는데, 자유민주주의, 의회민주주의, 사회민주주의를 그 대표적인 것으로 들 수 있다.

그리고 마침내는 이러한 혁명들에 힘입어 과학과 기술의 발달로 생산방식의 혁명인 '산업혁명'이 일어나게 된다. 즉 기계화, 자동화, 정보화라는 생산방식의 혁명이 일어나게 되는데, 이는 과학과 기술의 발달에 따른 생산방식의 기계화, 산업화, 자동화의 추세로 이어진다. 이에 따라 새로운 계급인 노동자와 자본가가 대두하게 되며 사람들의 생활방식도 달라지게 된다. 그리하여 마침내는 자본주의 시장경제가 정치까지 좌지우지하는 핵심적인 키워드로 작용하게 된다. 자본주의 시장경제가 세계를 지배하게 되자 각국의 지도자들은 기술과 과학 그리고 경제를 하나로 아우르는 새로운 지배체계를 마련하느라 혈안이 되어 있다. 기술과 과학으로 무장한 자본일변도의 경제체제에 어떤 것도 대항할 수 없게 되어버렸다.

교리와 경전에 매이지 않고, 자신의 눈으로 세상을 보고 자신의 머리로 사유하고 자신의 글로 정리하며 세상을 끊임없이 창의적으로 해석하며 바꾸어온 근대화는, 서양에만 머무르지 않았다. 서양은 근대화를 기치로 내세우면서 발달된 기술문명을 무기로 삼아 계몽과 선교를 앞세워 다른 나라, 다른 문화권을 공략해 들어왔다. 마침내 20세기 말 서양의 근대화는 세계를 하나로 묶고 지구 전체를 하나의 생활권으로 만들어 지구촌 시대를 열어놓게 되었다.

5 | 근대의 기술

(1) 기술에 대한 인식의 변화

근대화에서 가장 중요한 요소는, 우주자연과 자신을 바라보는 인간의 시각이 변한 거기에 있다. 자연의 주인으로 자처하는 인간은 주체적인 시각으로 자연을 정복의 대상으로 삼아서 마구잡이로 뜯어 고치고 모든 것을 효율성과 유용성에 맞춰서 개발한다. 그래서 급기야는 기술혁명과 생산혁명을 일으킨다. 여기에서 우리는 이러한 기술혁명의 밑바탕에 깔려 있는 근대 서양인들의 기술에 대한 시각을 살펴보도록 하자.

앞에서 우리는 인간이 세 가지 앎에 의해서 이끌려진다고 설명하였다. 즉, 기술적인 앎, 실천적인 앎, 이론적인 앎에 의해 이끌려진다고 말이다. 학문에 의해서 세계관이 달라지고, 세계관에 의해서 가치관이 달라지고, 또 그에 따라 인간의 삶의 방식이 달라진다. 새로운 가치관인 자유, 평등, 인권, 사회정의 등이 등장하게 되는데 이에 발맞추어 다른 한 편에서는 기술에 대한 인식도 달라지게 된다.

서양에서는 기술에 대한 발전이 동양과는 다르게 전개된다. 근대의 상징이 되고 있는 발명품들로 종이, 화약, 나침반, 인쇄술을 이야기하는데, 이것들은 지식의 대중화, 글자의 보급, 계몽과 밀접하게 연관이 있다. 그리고 이 네 가지 발명품들은 다 동양에서 서양으로 간 것들이다. 동양이 사실은 기술에서 서양보다 앞섰던 것이다. 서양인들은 동양의 앞선 기술을 이른바 인식론적으로 변형시켜서, 예를 들어 폭죽으로 쓰이던 동양의 화약을 대포로 변형 발전시킨다. 계몽과 정복의 의지를 앞세워 대포로 바뀐 화약을 들고 서양인들은 아시아로 쳐들어와서 결국에는 아시아 국가들을 식민속국으로 만든다. 기술에 대한 인식의 차이가 뒤바뀐 상황을 만들었다고 할 수 있다.

르네상스 시대에 기술에 대한 인식을 바꿔놓게 만드는 몇 가지 달라진 상황으로 세 가지를 열거할 수 있다. 첫째로 수공업적 활동에 과학적 기초를 제공하려는 시도를 들 수 있다. 앞에서 언급하였듯이 서양에서는 기술을 앎 속에, 지식 속에 분류해 넣고 기술에 대한 학문이 가능하다는 것을 보여주었다. 이것이 근대에 와서 구현되었다고 볼 수 있다. 수공업적인 활동을 하면서 그 활동을 좀더 기능적으로 하기 위해서 그 과정을 과학적으로 조사하고 과학적인 연구성과를 적용해 보는 등 수공업과 관련된 과학적인 기반연구가 같이 이루어진다. 둘째, 누구나 다 이해할 수 있는 민족언어로 과학과 기술지식에 관한 글들을 많이 펴내어 기술의 대중화의 길이 열리기 시작한다. 서양에서는 기술이 동아시아처럼 특정 천민계급 또는 기껏해야 중인이 하는 그런 것이 아니었다. 서양인들은 기술을 모든 사람들이 살아가기 위해서는 반드시 습득해야 하는 것으로 여겼다. 그래서 지도자들은 모든 시민들이 이 기술에 쉽게 접근하도록 하기 위해서 민족언어인 자국어로 쓰여진 기술에 대한 책들을 많이 발간한다. 이렇게 그들은 시민들을 기술의 세계로 입문시키고 기술을 훈련시켜 기술에 대한 인식을 바꿔놓게 되었다. 셋째, 그 영향으로 실제생활과 과학적 사고방식을 결합해보려는 시도가 모색된다. 그리하여 기계의 발명과 활용이 확산되어

가며 그에 따라 기계가 점차 세계이해의 새로운 메타포로 등장하게 된다.

17세기는 당시의 대철학자들인 데카르트, 스피노자, 라이프니츠 등이 실제에 대한 분명하고 명확한 전체상을 얻기 위해 수학적인 모델을 활용해서 거대한 합리적 체계를 구축한 시기이다. 이들은 세계가 섬세하게 기능하는 정밀한 기계들로 짜여진 정확하게 작동하는 거대한 기계장치와 같다고 생각했다. 이러한 새로운 세계상은 자연에 대한 탐구에 새로운 장을 마련해 주었다. 프랜시스 베이컨(Francis Bacon)은 도구의 중요성, 기계의 중요성을 강조한다. 여태까지 기계론적 세계관에서는 흔히 정신과 물질을 이분법적으로 나눴는데, 베이컨은 여기에서 정신과 물질을 이어주고 있는 것을 도구로 보았고 기계로 보았다고 할 수 있다. 그는 작용하는 자연과 활동하는 인간의 연관을 다음과 같이 기술한다. "맨손으로도, 정신 하나만으로도 인간은 중요한 일을 성취하지 못한다. 도구와 보조수단에 의해 그 과제가 구현된다. 사람은 지성을 위해서뿐 아니라 손을 위해서도 그것들을 필요로 한다. 그리고 마치 도구들이 손의 운동을 일깨우고 이끌 듯이, 정신의 도구들은 지성을 받치고 보호해야 한다."(『새 기관』)

여기서 한 걸음 더 나아가 베이컨은 '앎은 힘' 이라고 주장하게 된다. 그는 자연의 산출과 수공업기술의 산출 사이에는 아무런 질적인 차이가 존재하지 않는다고 주장한다. "인간에게 앎과 할 수 있음은 하나인데, 그 이유는 원인에 대한 무지는 효과를 낳지 못하게 하기 때문이다. 자연은 순종에 의해서만 제어된다. 그러나 학문의 진정하고 정당한 목표는 인간의 삶을 새로운 발명과 수단으로써 풍요롭게 하는 것이다. 그런데 인간의 사물에 대한 지배는 단지 기능과 학문에 바탕을 두고 있다. 왜냐하면 우리는 우리가 자연에 복종할 때만 자연을 부릴 수 있기 때문이다."(『새 기관』) 이렇게 근대에는 기술에 대한 앎이 세상을 변화시키는 큰 힘으로 등장한다.

(2) 근대 후기의 기술에 대한 인식

근대 초기에 기술에 대한 인식이 근대 후기에 가면 그 규모가 훨씬 더 커지게 된다. 과학과 기술이 만나고 또 여기에 자본이 합세한다. 이렇게 되어서 근대 후기에는 기술과 관련하여 상승작용이 일어난다. 기술이 과학화되어 나가고 과학이 기술화되어 나가고, 과학화된 기술, 기술화된 과학이 자본을 등에 업고 대량생산의 형태를 갖추며 규모가 커져간다. 그리고 이러한 기술 + 자본에 국가들이 사활을 건다. 국가의 모든 경제를 동원하면서 기술과 과학을 생산현장, 산업현장에 투입하게 된다.

기술과 관련된 근대 후기의 특징적인 변화는 다음과 같이 종합 정리될 수 있다.

첫째, 근대 시민들은 경제적인 발전을 견실하게 다져나가 삶의 다양한 분야에서 자신감을 획득하게 된다. 그리고 이것은 종교적 영향력으로부터 벗어나려는 시도로 분출된다. 종교의 후견에서 자유롭게 된 기술과 과학은 생활세계를 합리화시키고 기술화시키는 데 앞장선다.

→ 생활세계의 합리화와 기술화

둘째, 경험적 합리주의의 징표 아래 실증주의가 확산되고 유용성과 효율성을 최고의 가치로 여기는 공리주의와 실용주의가 지식인들 사이에 만연된다. 자본의 적극적인 도움 속에 기술과 과학은 손을 맞잡게 된다. 그로 인해 '기술의 과학화' 가 이루어져 더욱 발달된 기계와 기구들이 발명되고 그것들은 '과학의 기술화' 를 도와서 과학의 이론들이 더욱 광범위하게 적용될 수 있도록 만든다.

→ 기술의 과학화와 과학의 기술화 → 실증주의, 공리주의, 실용주의의 확산

셋째, 기계의 발명이 노동자로부터 일자리를 빼앗아간다고 해서 불안감이 조성되기도 했지만, 기술이 노동자들을 해방할 것이라는 주장이 설득력을 얻게 된다. 기술이 인간의 삶을 향상시킬 것이라는 기술의 장점에 대한 확신이 대중들 속으로 파고들며 기술에 대한 긍정적 수용의 분위기를 마련해준다. 획기적인 발명과 발견에 의한 두드러진 과학과 기술의 발전과 기계화에 의한 대량생산으로 놀라보게 향상되어가는 생활세계의 변화는 대중들로 하여금 진보에 대한 믿음을 확신하게 해주었다.

→ 기술낙관주의 확산 → 진보에 대한 믿음

넷째, 새로운 동력원의 발명과 정밀한 기계에 의한 기계화로 가능하게 된 생산혁명은 산업혁명을 가능하게 해주었다.

→ 기계화에 의한 생산혁명

이와 같이 근대에서 일어난 다양한 인식에서의 변화들이, 즉 다양한 기술에 대한 인식, 지식에 대한 인식, 가치관에 대한 인식의 변화들이 세상을 완전히 바꿔놓아 중세와는 다른 세상으로 만들어놓았다. 종교개혁으로 시작된 근대화는 400년이라는 긴 세월을 거치면서 시민들이 주인이 되어 그들이 앞장 서서 자신들의 세계를 만들어가는 그러한 민주주의 사회로 발돋움하게 된다. 이 모든 것에서 우리는 '앎이 힘' 이라는 인식의 위력을 실감할 수 있다.

7

관계론적 단계의 정보문화

1. 이미지로 보는 정보화 시대의 특징
2. 몸의 발견과 상징[매체]
3. 사이버[인터넷] 시대의 〈사이보그〉?
4. 기능적[관계적] 사고
5. 기술문명의 시대

1 | 이미지로 보는 정보화 시대의 특징

정보화시대의 특징을 잘 나타내고 있는 이미지들을 선택해 보았다. 앞에서 설명했듯이 현대의 특징 중 하나는 몸의 발견, 즉 몸이 새로운 화두로 등장하는 그런 시대이다. 다시 말하면 이제 몸이 곧 나인 그런 시대인 것이다. 아래에 소개한 이미지는 독일 청소년의 날을 기념하는 포스터인데, 나체로 세상을 향해서 활짝 날아가고 있는 모습을 나타내고 있다.[34] 그 다음 이미지에는 다양한 얼굴들을 한 자리에 모아보았다.[35] '몸이 곧 나' 라

사진 1 독일청소년의 날 포스터

사진 2 다양한 얼굴들

34) 출처 Richard van Duelmen 편, *Erfindung des Menschen*, Bohlau: Wien, 1998.
35) 출처 Heinrich Rombach, *Leben des Geistes*, Herder: Basel, 1977.

그림 1 성업중인 성형외과

사진 3 헬스클럽

고 했을 때 가장 먼저 부각되는 것은 바로 얼굴이다. 그런데 왜 우리는 '얼굴' 이라고 할까? 우리말 얼굴에는 '얼의 골짜기' 라고 하는 숨은 뜻이 있다. 다시 말하면 얼굴은 '얼의 골짜기' 라는 뜻의 '얼 골' 에서 유래했다. 그래서 얼굴에는 그 사람의 인격이 드러난다고 이야기한다. 미국의 대통령 링컨(Abraham Lincoln)도 "나이 사십이 되면 자기 얼굴에 책임을 져야 한다"고 말했다. 이제 얼굴, 즉 몸이 한 사람의 모든 것을 대변하는 그런 시

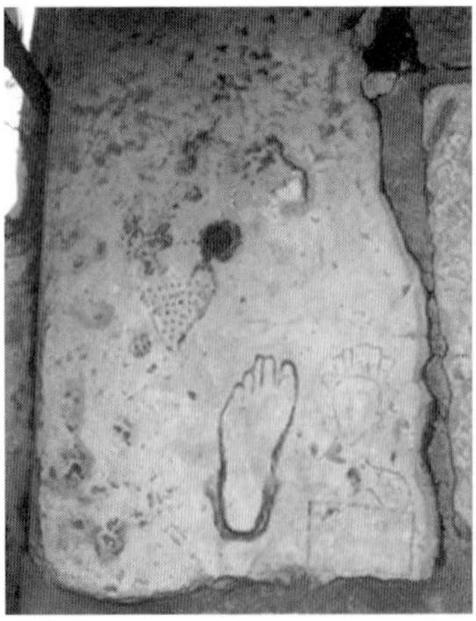
사진 4 터키의 목욕탕 이미지

사진 5 산속의 표지판

사진 6 9·11테러 사건

사진 7 문명의 충돌. 문화다원주의 시대

대가 되었다. 그래서 현대사회는 얼짱, 몸짱의 시대이다.

그런데 사실 '몸이 발견되었다' 라고 하는 차원에서 본다면 우리는 죽음의 차원도 우리의 현실로 받아들여야 한다. 죽음 역시 인간을 규정하는 본질적인 차원에 속하고 있다는 깨달음을 가져야 하는 것이다. 그러나 사람들은 그 반대로 죽음에 대해서는 잊어버리려고 한다. 죽음을 우리는 일상에서 몰아내고 마치 영원히 살듯이 그렇게 살고 있다. 그래서 우리 주변에서는 온통 몸과 관련된 산업들이 발전하고 있다. 성형수술은 말할 것도 없고 헬스클럽과 미용산업, 몸에 좋다는 보신산업 등에 모든 사람들의 관심이 쏠리고 있다. 사람들은 온통 몸에 관련된 이야기에 자기 자신을 빼앗기고 있다. 예전처럼 인격이 곧 나인 시대가 아닌 육체로서 모든 것을 말하려고 하는 시대의 비극을 우리는 같이 살펴보아야 한다.

위의 이미지는 현대의 특징과 관련된 이미지들이다. 현대의 특징 중 하나는 매체가 중심이 된 시대로서 기호와 상징, 이미지들이 곳곳에 널려 있다. 이미 터기 시대에도 목욕탕을 선전하는 이미지가 존재했었다고 한다. 그리고 어느 산 속에 걸려 있는 표지판에는 '아니온 듯 다녀가시옵소서'

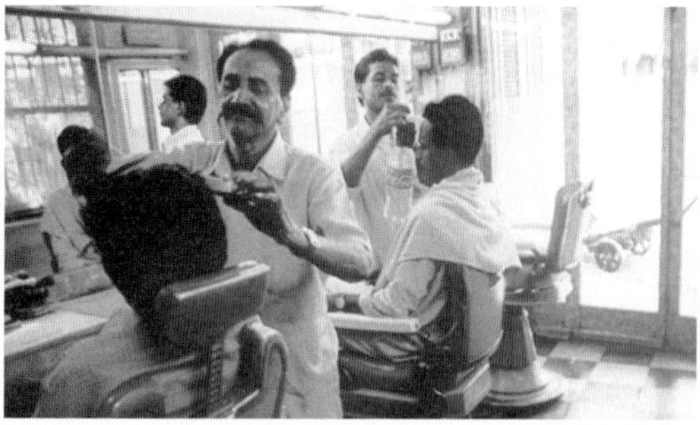

사진 8 코카콜라의 지구 점령, 문화전쟁

사진 9 해리포터 열풍. 굴뚝 없는 산업

라는 글자로 표현되었지만 이것 역시 상징이고 기호이다. 이렇듯 현대는 수많은 상징과 이미지로서 대변되는 시대이다.[36)]

또 다른 현대의 특징으로 문명의 충돌, 문화의 전쟁이라고 표현되는 어두운 측면을 꼽을 수 있다. 이를 잘 나타내고 있는 것이 바로 9·11 쌍둥이 빌딩 폭파사건과 그에 따른 테러와의 전쟁이다. 이라크전쟁으로 인해 학대당하고 있는 포로들, 그리고 포로학대에 대해 항의시위를 하고 있는 이미지를 〈사진 7〉에 소개해 보았다. 아직도 이 지구상에서 전쟁이 일어나고 있다는 사실은 우리의 비극임이 분명하다.

그 다음 이미지는 코카콜라에 의한 지구점령을 표현하는 이미지로서 일종의 문화전쟁을 상징적으로 나타내고 있다. '코카콜라이제이션' 이란 표현이 등장하였듯이 코카콜라는 전 세계 모든 나라에 침투해 세계인의 입맛을 변화시키고 있다. 그것은 코카콜라를 앞세운 서양문화, 미국문화의 확산이라고 볼 수 있다. 여기서 우리가 걱정해야 하는 것은 바로 문화의 획일화 현상이다. 정보화 시대에 세상을 놀라게 하고 있는 해리포터의 열풍, 그것뿐만이 아니라 거대자본으로 무장한 할리우드 영화들은 이미

36) 참조 김홍근, www.photoext.pe.kr

사진 10 사물은 장거리 통화 중[37)]

전 세계인들의 취향을 단 하나로 몰아가고 있다.

서양의 철학자 데리다(Derrida, Jacques)는 "사물은 장거리 통화 중이다"라는 이야기를 했다. 이것은 현대가 가지고 있는 관계론적인 특성을 잘 나타내는 말이다. 모든 것은 모든 것하고 연결이 되어 있다는 뜻이다. 우리식으로 이야기한다면 관계의 그물망 속에 놓여 있다는 말이다. 여기서 우리는 세상의 존재하는 모든 것은 관계의 그물망의 한 그물코를 이루고 있다고 말할 수 있다. 하나의 그물코는 관계의 그물망에서 비로소 제 역할을

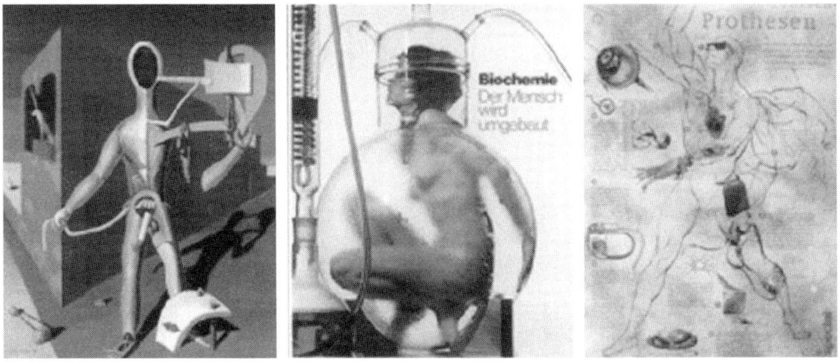

사진 11 경험의 확장[38)]

37) 출처 김홍근, www.photoext.pe.kr
38) 출처 Richad van Duelmen 편, *Erfindung des Menschen*, Bohlau:Wien, 1998.

사진 12 상징[기호]의 위력
기호를 소비한다. 명품 · 캐릭터

한다. 그리고 그 관계의 그물망에서 한 그물코는 전체 관계망을 축소해서 보여주고 있다. 이 이야기에서 가리키고 있듯이 현대는 관계가 새로운 화두로 등장하고 있는 시대임이 분명하다. 더 나아가 이제 매체, 상징, 관계, 의미 등 이 모든 것들이 서로서로 연관이 되고 있다고 볼 수 있다.

정보화 시대의 또 하나의 특징은 우리의 경험이 매우 크게 확장되고 있다는 사실이다. 이제 인간은 더 이상 신체적인 제약 속에 갇혀 있지 않고 신체와 기계의 결합으로 새로운 인류의 탄생을 예고하고 있다. 새로운 인류의 탄생, 그것을 우리는 사이보그라고 한다. 이제 사이보그의 가능성, 디지털 인간의 가능성이 열려 있는 것은 분명한 사실이지만, 그것이 과연 인류에게 축복인지, 인류가 그리로 가야 할지는 신중하게 고려해야 할 문제이다.

앞에서 이야기한 상징의 위력, 이미지의 위력은 매우 크다. 우리는 과거에 청바지를 구입할 때 청바지의 견고함, 튼튼함을 구매의 고려사항으로 삼았다. 그러나 요즘은 청바지를 살 때 더 이상 이런 요소가 크게 작용하지 못한다. 이제 청바지는 스타일과 브랜드로서 평가받는다. 사용한 것처럼 보이는 청바지를 구입하고 청바지의 브랜드가 구매에 가장 큰 영향을 미친다. 유용성, 기능성, 효율성이 근대의 상징, 근대의 화두였다고 한다면, 현대는 무언가 그것하고 다른 어떤 것, 무엇인가 자기 자신을 대중에서부터 차별화시켜 돋보이게 할 수 있는 어떤 것을 찾는 것이다. 어떻게 보면 이런 사실은 아이러니라고 할 수 있다. 대중의 시대에 대중과 거리를 두고 무엇인가 자기 자신을 돋보이게 하려고 하는 것이다. 그리고 이런 문화는 다시 한 번 생각해 보아야 할 문제점을 가지고 있기도 하다. 명품만을 고집하는 소비문화에 매료되어 소비에 의해서 조종당하고 있는 것은 아닌지 생각해 봐야 한다. 우리가 스스로 선택해서 구매한다고 생각하고 있지만 사실은 대중매체, 소비문화의 노리개는 아닌지 반성해보아야 한다.

2 | 몸의 발견과 상징[매체]

(1) 20세기 철학의 화두

이 장의 첫 번째 주제는 몸의 발견과 상징 그리고 매체이다. 고대와 중세에는 자연의 발견, 신의 발견이 있었고 그 때 철학에서의 중심적인 개념은 실체, 본질이었다. 실체와 본질, 본질과 속성, 이성과 지혜 등이 중요한 개념으로 등장했다. 이러한 개념들은 그 당시의 예술작품에서도 잘 표현되어 있다. 이 핵심개념인 실체(본질)와 속성이 근대로 오면서 주체와 객체(대상)로 바뀌게 된다. 고대와 중세에는 모든 것이 다 실체였다. 인간 역시 실체 중 하나였다. 이 실체라는 개념이 근대로 들어오면서 주체로 바뀐다. 인간만이 실체고 나머지 다른 모든 것은 객체(대상)가 되는 시대가 되었다. 이제 더 이상 실체의 시대가 아닌 주체(객체)의 시대가 된 것이다.

(2) 주체의 죽음

현대로 오면 주체의 시대가 마감되고 매체의 시대가 시작된다. 그런데 이 매체의 시대로 접어들기 위해서는 거쳐야 할 관문이 있는데, 그것은 바로 주체의 죽음이다. 이 때의 주체는 무엇보다도 인식주체를 의미한다. 인식주체에서 중요한 의미는 인식하는 내가 대상을 구성한다는 점이다. 더 나아가 인식하는 내가 세계를 만든다는 것이다. 고대와 중세에서는 내가 어떤 것을 인식한다는 것은 나와 자연사물이 서로 마주해서 관련을 주고받으며 자연사물의 있는 그대로를 관찰하고 그것을 그대로 받아들이는 것으로 생각되었다. 그래서 나는 수동적으로 자연사물이 자기 자신을 내보여주는 그대로 수용하여 받아들이기만 하면 된다. 그래서 고대와 중세에서 인식한다는 것은 바로 '받아들임' 이었다. 이 받아들임은 굉장히 수동적인 인식방식이었다.

그런데 근대에 와서 인식한다는 것은 더 이상 받아들이는 것이 아니다. 이제 대상을 인식한다는 것은 인식의 그물을 던져서 그 그물 속에 건져져 올라오는 것을 정리하는 것이 되었다. 인식의 그물에 걸려 올라오는 것이 곧 대상이었다. 인식의 그물은 인식의 범주이다. 칸트는 이러한 인식의 범주가 열두 개 있다고 이야기한다. 결국 인간의 머릿속에 있는 범주들이 세상이 어떤지를 벌써 구조적으로 결정짓고 있는 셈이다. 그래서 우리는 우리가 볼 수 있는 것만, 보려고 하는 것만 보는 셈이다. 이렇게 인식주체가 세상을 만들어가는 것이다. 그래서 대상을 구성하고 세계를 형성하는 그런 주체를 철학에서는 '선험적 주체' 또는 '초월론적 주체' 라고 이름한다. 이 선험적 주체, 초월론적 주체가 바로 세상을 만들어낸 당사자이다.

그런데 이제 현대에 들어서 세상을 만든 신의 자리를 대신하던 그 주체가 무너지기 시작했다. 그 주체라고 하는 것이 이 세상을 만든다고 큰소리 쳤는데, 가만히 들여다보니 그 주체 또한 사회에 의해서, 주변여건에 의해서 만들어지고 있었다. 그리고 그 주체는 정신과 의식이 아닌 몸으로 이루어진 유한한 존재임이 밝혀졌다. '유한하다' 는 것은 바로 끝이 있다는 말이다. 그리고 끝이 있다는 것은 바로 죽음이 있다는 말이기도 하다. 몸의 발견에서 우리는 두 가지를 잘 살펴봐야 한다.

(3) 절대적인 주체도 없고 보편타당한 [절대적인] 객관성도 없다

이제 정신의 차원, 인식의 차원 등만 중요한 것이 아니라 유한한 인간으로서의 그 모습이 중요한 것으로 부각되었다. 그렇게 되어 죽음이라고 하는 것이 하나의 화두로 등장하였다. 이제 인간은 죽을 수밖에 없는 존재로 규정된다. 정해진 시간을 자기 몸을 가지고 살 수밖에 없는 존재라는 의미가 부각된다. 몸의 발견에서 중요한 것은 이렇게 죽음에 대한 인식이 달라졌고 이제 죽음이 삶속에 들어왔다라고 하는 점이다. 지금까지는 인간을 규정할 때 '이성적 동물' 이라고 정의했다. 이 때 인간은 동물은 동물이되 이성을 가진 동물이라면서 이성을 강조하고 있었다. 그리고 인간이 육체적으로 죽음을 맞이하지만 그것은 이성으로서의 인간이 극복해야 할 어떤 모습으로 생각했다. 그래서 인간을 규정할 때 항상 이성, 정신, 영혼, 의식 등의 차원에서 보편적으로 이야기해서 인간이 마치 죽지 않을 듯이 그에 대해 논의하며 그렇게 살아왔다.

그런데 이제 현대에 와서 인간은 죽을 수밖에 없는 존재라고 대놓고 이야기하게 된다. 하이데거는 인간을 죽음을 향한 존재라고 정의했다. 지금까지 철학사에서 인간의 본질을 말하면서 정신, 의식, 영혼, 영원, 보편 등등 죽음 저편에 있는 것만을 강조했는데, 이것은 오히려 죽을 수밖에 없는 존재인 인간이 죽음을 피해가기 위해 동원한 자기기만 전술이라는 것이다. 이제 인간은 유한하고 개별적이고 구체적이고 죽음에로 단죄받은 그런 존재임을 고백하고 그런 사실을 순순히 받아들여야 한다는 것이다. 이렇게 생각이 변한 큰 이유 중에 하나는 세상이 바뀌었기 때문이다. 서양의 국가들은 이성을 앞세우며 세상의 모든 미개국가들을 그들의 식민속국으로 만들었다. 또한 그들끼리 이데올로기 전쟁을 일으키면서 제1차 세계대전과 제2차 세계대전을 치렀다. 가장 이성적이라고 주장하는 서양의 민족들이 종교가 다르고 민족이 다르다는 그 이유 하나만으로 그들을 죽이고 온갖 생체 실험을 자행했다. 가장 합리적이라는 이성이 사람을 죽이는 데 사용되었다. 이러한 결과 앞에서 사람들은 이성에 대해 환멸을 느꼈고 이제 서양적인 진리만이 유일한 진리가 아니라는 사실을 깨달았다. 이제 서양인들은 다른 문화권에 대해서도 귀를 기울여야 한다는 것을 알게 되었다.

(4) 현대는 매체의 시대

이렇게 현대에 들어와서는 절대적인 기준, 절대적인 진리, 절대적인 통찰이란 것은 존재하지 않는다. 왜냐하면 인간은 유한하며, 그래서 시대의 자식이고 그 주변 환경에 얽매일 수밖에 없기 때문이다. 그렇기 때문에 모든 진리라고 하는 것은 인간이 경험하는 그 경험의 지평에 의해서 제약을 받을 수밖에 없다. 그래서 진리가 하나밖에 없을 수도 있다. 그렇지만 하나의 진리를 경험한 사람들이 다 다르기 때문에 그 진리에 대한 표현이 다 다를 수밖에 없다. 태양은 하나지만 태양을 지칭하는 이름들은 민족마다 다르다. 그것이 바로 우리가 현대사회에서 언어를 통해 새롭게 보기 시작

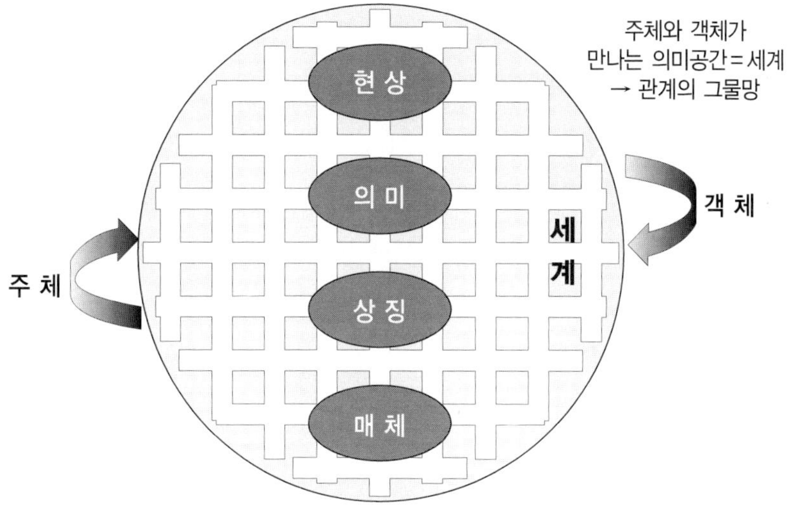

상징[기호]의 위력

한 것이다. 언어만큼 세계가 다르고 그 언어만큼 진리를 보는 시각이 다른 것은 아마도 당연한 일일 것이다.

그래서 인간은 육체적인 힘을 가지고 밀어붙이는 것은 이제 통할 수 없다는 사실을 알게 되었다. 이제 인간은 다른 모든 존재하는 것처럼 몸을 가지고 있는 하나의 매개물일 뿐이라는 사실을 인정해야 했다. 그리고 다른 모든 존재하는 것들은 다 매체라는 것 또한 알게 되었다. 그것을 데리다는 '텍스트 외에는 없다.' 라고 표현하였다. 모든 것이 다 텍스트이다. 그리고 요즘에 와서는 '정보 외에는 없다.' 라고 이야기한다. 이제 우리는 모든 것이 다 정보가 되는 그런 시대에 살고 있다.

이제는 절대적인 주체도 없고 절대적인 객체도 없다. 그리고 절대적인 객체와 주체가 없는 시대에 주체와 객체는 이미 관계의 그물망 속에서 서로 만나고 있다. 주체와 객체는 더 이상 닫혀져 있지 않고 이 모든 것들은 이미 소통을 하고 있다. "모든 것들은 모든 것에 대해서 장거리 통화중이다.” 이제 모든 것들은 관계의 그물망 속에 놓여 있다.

관계라고 하는 것이 이제 철학의 핵심화두가 되고 있다. 그런데 관계라고 하는 것은 동아시아 사회와 밀접한 연관을 가지고 있다. 실체, 주체, 객체, 이런 것은 서양적인 시각이라고 한다면, 관계, 이것은 동양적인 시각이라고 볼 수 있다. 이제 관계의 시대에 동양은 다시 한 번 새로운 안목으로 세상을 보고, 세상에 자기를 열고, 세상을 자기 자신의 세계관으로 포용할 수 있다. 이제 서양도 동양의 관심을 받게 되는 것이다.

3 | 사이버[인터넷] 시대의 〈사이보그〉?

(1) 사이버 시대

이러한 것들이 관계론적인 시대의 한 흐름이라고 본다면 현대의 다른 특징으로 우리는 기술문명으로 대변되고 있는 과학과 기술을 들 수 있다. 우리는 현대를 ‘사이버 시대’ 라고 이름하기도 한다. ‘사이버 시대’ 에서 ‘사이버(Cyber)’ 라는 말이 나오듯이 이제 ‘사이보그(Cyborg)’ 라고 하는 아주 중요한 말이 등장한다. ‘사이보그’ 는 ‘사이브(Cyb)’ + ‘오그(Org)’ 가 합성되어 만들어진 낱말이다. ‘사이버(Cyb-)’ 라는 단어는 ‘사이버네틱스(Cybernetics)’ 라는 낱말에서 오고 ‘오르그(Org)’ 는 ‘오르가니슴(Organism)’ 에서 온 것이다. 이 둘이 합쳐져서 ‘사이보그’ 가 되었다. 그리고 사이버는 ‘사이버 시대' 라고 할 때 이것에 대한 약칭이다. 이는 다양하게 번역될 수 있지만 일단 '자동제어장치' 라는 의미로 옮길 수 있다. 그리고 '오르가니슴' 은 유기체라고 번역할 수 있다. 기계와 유기체의 만남을 우리는 '사이보그' 라고 부르는 것이다. 그리고 '사이버 시대' 는 이 자동제어장치를 가진 기계가 인간의 통제를 벗어나 기계 스스로 자기 자신을 제어해 나가는 시대를 말한다.

일상생활에서 사이버 시대는 이미 현실화되어가고 있다. 우리는 대학에서 '사이버 강의' 를 듣고 있으며 '사이버 공간' 에서 친구를 만나고 있다. 이 사이버 공간은 가상현실의 공간이다. 이제 현대는 물질적인 공간을 벗어나 가상공간의 차원으로 진입했고 가상공간이 삶을 지배하는 시대가 되었다. 그리고 가상공간이 지배하는 시대는 상징, 이미지, 정보, 매체 등과 밀접하게 연관되어 있다. 이제 인간은 바로 이러한 가상공간의 시대가 열리는 새로운 시대가 눈앞에 펼쳐치는 것을 목도하고 있다. 새로운 시대에는 새로운 앎이 필요하다. 그리고 또 새로운 삶을 알아야 하는 것이 이제 우리의 과제이다. 사람이란 바로 삶을 아는 것이다. 이제 우리는 우리 시대의 새로운 삶과 앎을 알아내야 한다.

우리 시대는 사이버 시대, 인터넷 시대, 디지털 시대, 정보화 시대 등 다양한 시대로 불린다. 인류의 역사를 되돌아볼 때 각 시대는 그 시대의 특징에 부합하는 나름대로의 독특한 이름들을 갖고 있다. 얼마 전까지만 해도 우리는 우리의 시대를 원자력 시대라고 이름했다. 이 때 그러한 명명의 근본은 에너지였다. 그런데 지금 현대를 지칭하게 만드는 근본특징은, 현대를 지배하고 있는 근본요소는 에너지가 아니라 다른 차원이다. 그 다른 차원으로서 '사이버' 가 입에 오르내리고 있는 것이다. 이 '사이버' 는 우리말 '사이' 와도 굉장히 밀접하게 연관되어 있다. 지은이는 우리말 '사이' 를 핵심개념으로 언제나 강조하고 있다. 지은이의 홈페이지 주소는 '새몸' 인데, 이 '새몸' 은 '사이 몸' 이 줄어든 말이기도 한다. 그리고 항상 강조하듯이 현대는 몸의 시대이다. '사이사이' 가 강조되는 시대이다. 이 '사이' 를 통해서 지금 세상의 모든 것들이 연결되어 있고 서로 장거리 통화 중인 것을 알게 된다. 이를 알 수 있게 해주는 미디어(매체)의 핵심에는 인터넷이 놓여 있다.

(2) 인터넷 스승

우리는 인터넷을 통해 정보의 바다에서 세상의 모든 사물과 소통이 가능하다. 더 나아가 요즘은 인터넷 스승이라는 말이 등장할 정도로 사람들은 정보가 필요할 때 더 이상 도서관에 가지 않고 인터넷을 뒤진다. 이제는 인터넷 포털사이트(네이버, 구글, 엠파스 등)를 이용하여 검색을 하면 즉시 필요한 정보를 찾을 수 있다. 이제 누구를 찾아가서 필요한 지식을 묻던 시대는 지났다. 사람들은 인터넷이 스승으로 등장하고 인터넷이 선생으로 등장하는 시대에 살고 있다. 필요한 모든 지식을 정보라는 형태로 수요에 따라서 인터넷을 이용하여 즉각 제공받는 그런 시대에 살고 있는 것이다. 그렇기 때문에 이제 더 이상 지식의 시대라고 지칭하지 않고 정보의 시대라고 이야기한다. 지식의 시대에는 아직 그것이 참이냐 거짓이냐 하는 진위가 중요한 문제였지만 정보의 시대에는 그 진위가 그렇게 중요하지 않다. 이제는 그것의 효용성과 경제성만이 중요한 차원으로 부각되고 있다. 이에 따른 부작용도 심각하게 대두되고 있다. 우리는 얼마 전 한국 과학계의 큰 별이라고 존경받는 사람이 이런 정보조작, 지식조작에 휘말린 것을 알 수 있었다. 더군다나 정보의 조작은 쉽게 드러나지 않는다. 이런 정보의 조작에 모든 사람들이 쉽게 감쪽같이 넘어갈 수 있는 그런 시대에 살고 있는 것이다.

(3) 인터넷 만능

새롭게 등장한 사이버 시대의 상징인 인터넷의 위력이 대단하다는 것은 이미 우리가 경험으로 알고 있다. 이제는 E-Sports 라는 영역이 새로 생겨나기도 했다. 이런 인터넷의 새로운 영역인 E-Sports는 TV를 통해서 생중계되고 있기도 하다. 하루 종일 인터넷 서바이벌 게임에 빠져 사는 사람들로 인해 심각한 사회문제로 부각되기도 한다. 이제 인류는 이렇게 사이버 공간, 가상현실 공간에서만 살 수도 있는 그런 시대에 도달했다. 그래서 지은이는 헤겔의 말을 다시 한 번 떠올려 본다. "이성적인 것은 현실적이고 현실적인 것은 이성적이다."라고 헤겔은 이야기했다. 현실이라고 하는 것, 그것은 절대정신이 자기발전을 통해 지금까지 발전되어온 단계이기 때문에, 현실은 이성의 자기발전이라는 흔적을 가지고 있다. 그래서 현실은 이성적이고 이성적인 것은 또 현실로 구현되기 때문에 현실적이라고 이야기했다. 그런데 지금은 아마 헤겔의 이 말이 바뀌어야 할지도 모른다. "가상적인 것이 현실적이고 현실적인 것이 가상적이다."라고.

우리나라에서도 일어난 사건이지만 특히 미국에서 많이 일어나는 것이 총기난사 사건이다. 초등학교, 중고등학교, 대학교 등 사람들이 많이 모이는 곳에 총기를 들고 들어가 무차별 난사하는 사건이다. 그런데 이런 참혹한 사건을 저지른 사람들을 잘 살펴보면 이들 중 다수가 인터넷 게임에 중독이 되어 가상현실에서 살아온 것이 마치 현실인 줄 착각하고 가상현실 속에서 하던 것을 현실 속에서 실행해보는 그런 시도와 연관이 있다. 얼마 전 한국에서도 어떤 청소년이 자기 조카를 살해한 비슷한 사건이 있었다. 그 청소년이 조카를 살해한 이유는 죽으면 어떻게 되는지 알고 싶어서 그런 일을 저질렀다고 한다. 인터넷을 통해 가상현실에서는 그런 일들을 많이 하지만 그런 게임들을 현실에서 한다는 것은 있을 수 없는 일이다. 이렇게 가상과 현실이 뒤바뀐 시대, 뒤바뀔 수 있는 그런 위험한 시대에 우리는 살고 있다.

(4) 인간의 조작과 제작

꽤 오래 전에 어린아이들을 상대로 가장 존경하고 좋아하는 인물이 누구인가에 대해 조사한 적이 있었다. 그 때 이들이 가장 좋아하는 인물로 꼽은 것은 터미네이터, 로보캅 등이었다. 이렇듯 우리 청소년들에게 심어지고 있는 새로운 인간상은 바로 사이보그이다. 그런데 이미 독일의 철학자 마르틴 하이데거(Martin Heidegger)는 오래 전에 이렇게 이야기했다. "우리는 머지않아 인간을 만들 수 있게 됩니다. 순전히 사람들이 필요한 대로 손재주가 있는 것과 없는 것, 영리한 것 아니면 둔한 것으로 그렇게 유기체적 본질에서 구성할 수 있습니다. 그 때가 곧 올 것입니다. 이 기술적인 가능성들은 오늘날 벌써 있는 것입니다." 하이데거가 이야기한 대로 우리는 벌써 그런 시대에 살고 있다. 그것이 바로 앞에서 이야기 한 사이보그이다. 아직 여기까지 오지는 않았지만 영화 〈가타카〉는 자연적인 수정을 통해서 태어나는 인간은 거의 없고 모든 인간들이 인공적인 수정을 통해서 태어나는 세상을 이야기하고 있다. 우수한 정자와 난자를 조작해서 그렇게 인간을 만드는 세상이 온다고 영화는 경고하고 있다.

(5) 우리는 〈사이보그〉?

이제 사이보그의 시대는 더 이상 공상과학만화에나 나오는 시대가 아니다. 지은이 역시 이것과 무관하지 않다. 지은이는 심장이 좋지 않아 수술을 해야만 했다. 심장을 에워싸고 있는 관상동맥이 네 개가 있는데 그 중에 세 개가 막혀서 바이패스라는 수술을 해야만 했다. 그런데 다른 조사를 해보니 목으로 올라가는 동맥에도 문제가 있어서 스탠스를 동맥에 삽입해서 혈관을 넓혀야만 했다. 수술을 통해서 지은이의 몸 속에도 조그마한 이물질이 들어가 있는 것이다. 심장이 부정확하게 뛰는 사람들에게는 심장박동기라는 기계를 심장 옆에 달아놓기도 한다. 이제 소설에서나 보아온 사람 몸에 기계가 들어가는 일이 실제 다반사로 일어나고 있는 것이다. 어떤 과학자는 한 10년 뒤 우리의 팔에 생체 칩을 집어넣어서 우리의 경험을 확장시킬 수 있을 것이라고 예상하고 있다. 또는 기억을 몇 백 기가 증가시킬 수 있는 칩을 집어넣을 수도 있다고 말하기도 한다.

이런 정황들을 들여다보면 우리는 이미 사이보그의 시대에 들어와 있다고 볼 수 있다. 이제 우리는 이 사이보그라고 하는 새로운 인간유형의 시대에 대비해야 한다. 그래서 어떤 이들은 사이보그라고 하는 이 존재를 받아들여야 한다고 주장하며, 지금 우리의 시대를 '탈인간의 시대' 또는 '포스트휴먼시대' 라고 이야기하기도 한다. 이것이 성급한 이야기인지는 몰라도 탈인간, 포스트휴먼의 징후를 보여주고 있는 것은 이미 사방에서 다양하게 나타나고 있다. 여기서 우리는 이러한 현상들을 인류 진화의 한 단계로 받아들여야 하는지, 아니면 여전히 인간적인 것을 고수해야 하는지에 대해서 고민해야 한다. 그리고 그 고민의 가장 큰 몫은 아마 여러분들의 몫일 것이다.

4 | 기능적[관계적] 사고

(1) 기능과 관계

그럼 이제부터는 관계적 사고 또는 기능적 사고의 특징에 대해서 몇 가지 알아보도록 하자. 기능과 관계에서 독특한 것은 관계가 서로 얽혀져 있는 그물망과, 그 그물망이 만들어 내고 있는 전체의 구조들이 중요한 것으로 부각되고 있다는 점이다. 예를 들어 어떤 하나의 존재는 그것이 예전처럼 고립되어 실체로서 또는 객체로서 존재하는 것이 아니다. "사물은 서로 장거리 통화 중이다"라고 이야기하듯이 사물들은 알게 모르게 서로 간에 그리고 전체와 연결되어 있다는 것이다. 앞에서 이야기한 것을 기억하는가? 여러분들의 몸은 하늘을 모으고 있고 땅을 모으고 있으며 150억 년 우주 진화의 흔적을 담고 있다고 이야기한 것 말이다. 이 말은 다시 말해 우리의 몸이 우주 전체와 연결되어 있다는 말이다.

이처럼 관계적인 사고, 기능적인 사고는 바로 이 관계 속에서(전체적인 맥락 속에서) 내가 가지고 있는 기능, 내가 가지고 있는 역할이 무엇인가 하는 차원을 강조하고 있다. 바로 거기에서 이제 이른바 텍스트라는 말도 등장하는 것이다. 텍스트는 과연 무엇인가? 문장이 모여서 텍스트가 되고 문장은 낱말이 모여서 된 것이다. 거꾸로 낱말이 모여서 문장을 이루고 문장이 모여서 텍스트로 된다. 그런데 이 텍스트가 표현하고 나타내는 것은 결국 삶의 맥락이다. 이렇게 말과 문장, 텍스트, 그리고 콘텐츠와 역사, 문화, 이런 모든 것들이 얽혀져 있으며 거기에는 시간과 공간이 서로 어우러져 있다.

그래서 동아시아가 지금까지 그런 관계론적인 시각 속에서 살아왔다고 이야기되기도 한다. 그리고 앞서 '사이'가 중요하다고 언급했었는데 그것을 풀어서 이야기하면 다음과 같다. 즉, 서양에서는 인간을 '이성적 동물'이라고 규정을 했지만 동아시아에서는 그렇게 규정하지 않았다. 그러면 동아시아에서는 인간을 어떻게 규정하였는가? 지은이는 우리말에서는 인간을 '사이에 있음'으로 규정했다고 주장한다. 한자로 표현하면 인간(人間)은 '사이의 존재'이다. 그래서 '사이버'와 '사이'가 서로 연결이 되어 있다고 말했다. 그리고 이 '사이에 있음'은 일차적으로 보면 '빔-사이'다. 풀어 말하면 우리가 우리의 몸으로써 공간을 차지하고 있는 것, 삶의 공간을 베어나가는 것, 그것이 바로 '빔-사이[공간(空間)]'이다. 그리고 사람과 '사람 사이[인간(人間)]', 또는 '사물과 사물 사이'에도 '사이'가 있다. 즉, 살아가는 것은 혼자 살아가는 것이 아니라 다른 사물들과 끊임없이 관계를 맺으면서 살아가고 있는 것이다. 앞서 이야기한 것이 몸의 차원에서라면 이것은 마음의 차원에서 일어난다고 말할 수 있다. 앞의 것이 노동, 활동의 차원이라고 한다면 뒤의 것은 행위, 도덕적인 행위, 관계를 맺어나가는 관계의 차원이다. 그래서 사회, 국가 등이 여기서 형성된다고 볼 수 있다.

그 다음으로 '때 사이'가 있다. 인간은 때와 때를 잇고 있다. 사람과 사람 사이에서 소통이 말로 된다고 하면 때와 때 사이를 잇는 것은 글로 된다고 볼 수 있다. 말은 녹음기나 녹화기가 없을 때에는 말을 사용한 이후에는 전달이 되지 않았다. 그렇다면 때 사이를 잇는 것은 기억이라고 볼 수 있다. 기억과 생각과 반성과 지식과 역사와 학문과 과학이 바로 때 사이를 잇고 있는 것들이다. 우리가 지금 플라톤의 〈국가〉를 이야기하고 공자의 〈논어〉를 이야기하는데, 몸으로서의 플라톤은 죽었지만 플라톤의 〈국가〉가 아직까지 살아 있는 것은 때가 이어져 있기 때문이다. 바로 플라톤이 쓴 글이 남아 플라톤의 뜻이 오늘날의 우리에게도 전해지고 있는 것이다. 그 다음 마지막으로 '하늘과 땅 사이'를 들 수 있다. 인간은 하늘과 땅 사이에서 하늘과 땅을 이으며 살고 있다.

우리는 인간을 이런 식으로 사이에 있는 존재로 본다. 이 사이와 사이를 연결해 주고 그 사이로서 존재하는 것이다. 빔-사이를 잇고, 사람-사이를 잇고, 때-사이를 잇고, 하늘-땅-사이를 잇는 '사이에 있음'이라고 하는 존재를 사람이라고 생각했다. 바로 우리는 사이가 강조되고 사이버가 강조되는 그런 시대에 살고 있다. 그래서 우리는 이러한 전체적인 맥락 속에서, 사이가 서로 잇는 그런 맥락 속에서 세상을 봐야 한다. 이것을 인간의 능력과 관련짓는다면 빔-사이를 잇고 있는 인간의 능력을 감성이라고 볼 수 있고, 사람-사이를 잇고 있는 것을 지성이라고 볼 수 있고, 때-사이를 잇는 것이 이성이라고 볼 수 있고, 하늘-땅-사이를 잇는 것을 영성이라고 볼 수 있다.

그래서 우리는 사람을 이야기할 때도 순전히 빔-사이의 차원에서 몸의 차원에서의 사람을 이야기할 수도 있고, 사람-사이가 이어지고 있는 맘의 차원에서 사람을 이야기할 수도 있고, 때-사이를 잇는 (사람이 이루려고 하는) 뜻의 차원에서도 이야기할 수 있다. 그리고 하늘-땅-사이를 잇는 얼의 차원에서도 사람을 이야기할 수 있다. 몸의 차원에서 사람을 이야기할 때 우리는 '인체'라는 말을 쓴다. 이 인체는 해부가 가능하다. 맘의 차원에서 사람을 이야기할 때는 '인물'이 좋다고 한다. 뜻의 차원에서 이야기할 때는 '인격' 이라고 한다. 그 다음 얼의 차원에서는 '인명' 이라고 한다. 다시 말하면 우리말 속에 이미 우리가 이러한 사이에서 사람을 보는 그러한 시각의 흔적이 새겨져 있음을 확인할 수 있다.

이런 기능적 관계적 사고에서 중요한 것은 바로 전체 속에서 개체가 가지고 있는 나름대로의 자리, 지위, 위치 등이다. 어떻게 보면 객체는 없는 것이다. 전체 속에서 자기가 하고 있는 역할, 기능이 있는 것이다. 그래서 앞서 단계별로 언급했지만 신화적 사고는 인간과 세계를 서로 스며들어 있는 참여로 보았고, 존재론적인 차원에서는 객체를 마주하여 그 객체에 각인된 본질을 통찰하는 신적 이성의 길이 등장하였다. 인식론적인 사고에서는 모든 것에 의미를 부여함으로써 인간적으로 만드는 주체론적인 시각이 발달하였고, 이제 기능적인 사고에서는 인간과 세계의 상호관계가 전면에 부각된다. 여기서는 이제 관계가 가장 중요한 것으로 강조된다. 이제 모든 것은 모든 것에 열려있다.

(2) 실존적 태도의 클로즈업

현대를 사는 나는 나 스스로가 유한한 존재임을 알아야 하며, 태어남과 죽음으로 한계지어진 나의 삶을 나 스스로 살아나가야 한다. 바로 이것이 실존주의에서 강조하고 있는 핵심요소다. 실존적 결단은 과연 무엇인가? 그것은 내가 어떻게 살아야 할지를 내 스스로 결정하는 것이다. 고대, 중세에는 농부로 태어난 사람은 죽을 때까지 농부였다. 백정으로 태어난 사람은 죽을 때까지 백정으로 살아야 했다. 그 시대에는 신분이동이 불가능했고 모든 것이 운명론적으로 결정되었다. 그러나 이제 현대에 와서는 내가 무엇을 하며 어떤 사람으로 살아야 할지를 나 스스로 결정해야 한다. 이것이 사실 현대인을 압박하고 있는 가장 큰 고통이기도 하다. 지은이가 한국외국어대학교에서 강의를 한 지 벌써 25년이 되었다. 25년 동안 강의를 해오며 가장 먼저 내주는 과제물은 항상 같은 것이었다. 그 주제는, 살아오면서 지금까지 학생들을 괴롭힌 가장 큰 고민, 문제가 무엇이었는지를 적어내는 것이다. 그런데 이 25년 동안 학생들이 적어낸 고민거리는 시대에 따라 편차를 보였다. 1980년대 학생들의 고민은 사회정의, 민주화 같은 것이었다. 그런데 요즘 학생들이 적어내는 것을 보면 그 쪽에 관심을 두는 경우는 거의 없다. 대개의 경우 내가 어떻게 살아야 할지에 대한, 바로 나의 문제에 집중되는 경향이 강하다. 이것이 실존적인 문제이다. 자기의 삶을 자기가 주인이 되어 스스로 살아가야 하는 것, 실존에서 가장 중요한 것은 바로 이것이다. 내가 내 존재에 대해 결정을 내리는 것이 가장 중요하다.

(3) 상황윤리

이제 현대에 와서 윤리도 달라지고 있다. 그 전에는 나름대로의 확고한 가치관이 있었고 가치관에 따른 윤리가 존재했지만 이제는 상황이 급격하게 변했다. 지금 우리에게 생명복제라는 문제가 대두하고 있지만 예전에는 이런 것을 상상할 수조차 없었다. 그렇기 때문에 예전의 윤리를 가지고는 생명복제 문제를 어디에 방향을 맞추어 탐구해야 할지 알 수 없다. 그래서 우리는 달라진 상황에 맞추어 새로운 윤리를 만들어 나가야 한다. 그래서 요즘은 상황윤리라고 하는 분야가 윤리에서 중요한 위치를 차지하고 있다. 이것을 보면 가치관, 윤리의 문제도 영원히 지속되는 것이 아님을 알 수 있다. 상황이 달라지면 그에 맞추어 윤리도 달라진다.

(4) 의미물음과 경험의 재조직

관계의 시대에 중요한 것으로 대두되는 것 중에 하나가 의미물음이다. 앞에서 인간의 경험의 단계와 인류의 문화모형과는 맞물려 간다고 이야기했었다. 현대에서 중요한 물음 중의 하나는 바로 '왜'라고 하는 물음이다. 근대에서 중요한 것은 '어떻게' 였다. '어떻게'를 알게 되면 인간은 모든 것을 반복가능하게 만들 수 있었다. 즉, 대량생산을 해낼 수 있었다. 그래서 근대에는 생산, 제작들이 많이 발달했다. 그런데 이 생산, 제작한 것이 좋은 데 쓰이지 않아 심각한 부작용을 만들어냈다. 사람들은 좋은 머리로, 어떻게 하면 남을 괴롭힐 수 있을까? 어떻게 하면 많이 죽일 수 있을까?에 대해 궁리한다. 그래서 인류는 건물은 파괴하지 않고 사람만을 죽일 수 있는 중성자탄을 만들어내기도 했다. 이런 식으로 머리가 돌아간다고 하면 그것은 분명 문제가 있는 것이다.

이제는 '어떻게' 가 문제가 되는 것이 아니라 '왜' 가 문제가 된다. 과연 인류는 '왜' 그런 것을 만들어야 하는지가 중요한 물음으로 떠올랐다. 여러분들에게도 물음이 되는 것은 바로 그런 것이다. 왜 내가 살아 있는지, 무엇 때문에 살아야 하는지, 무엇을 위해 살아야 하는지가 바로 그런 물음들이다. 이러한 물음은 삶의 목적을 스스로 결단내리게 한다. 그리고 삶의 마지막 순간을, 죽음의 문턱을 경험해본 사람들은 이 '왜' 의 물음이 가지고 있는 중요성을 잘 안다. 지은이 역시 죽을 고비를 네 번 넘겼다. 그래서 요즘 지은이는 덤으로 주어진 목숨이라고 생각하고 내일 죽어도 부끄러움이 없는 그런 삶을 살려고 노력하고 있다. 한 번 죽음을 보는 순간 삶이 달라져야 한다는 것을 느낄 수 있다. 세상을 보는 눈이 달라지는 것이다. 이것이 바로 인간이 가지고 있는 현대에서의 독특한 물음이라고 할 수 있다.

이제 의미물음이 대두되고 있는 것이다. 이제는 자기 경험의 주인도 자기이다. 자기의 일상도 자기가 만들어 나가야 한다. 그래서 이제는 교육 자체도 바로 이렇게 자기의 삶의 목적에 맞춰서 자기의 경험을 새롭게 조직해나가는 방향으로 전개되어야 한다. 그래서 우리는 경험의 재조직이 중요하다는 사실을 알아야 한다.

(5) 기능적 연관 속의 현대 미술

이러한 사고방식에 따라서 예술도 많이 달라지고 있다. 건축에서 살펴보면 전에는 건물 자체가 우선 자체목적을 가지고 있는 것으로 생각했지만 이제는 건축이 가지고 있는 기능을 얼마만큼 효율적으로 보여 주느냐가 중요해졌다. 그리고 그 기능에 이제는 문화적인 옷을 덧입히고 있다. 그것이 바로 현대의 여러 가지 예술작품들이 보여주고 있는 독특함이라고 볼 수 있다. 미술에서도 이런 경향은 뚜렷하다. 예전에는 일상과 예술이 매우 뚜렷하게 구별되었다. 또 과학과 예술이 서로 뚜렷하게 구별되었다. 그런데 이제는 그런 경계가 모호해졌다. 이제는 일상에서 어떤 의미를 부여하느냐에 따라서 일상의 사물들도 예술품이 될 수 있다는 것을 많은 사례들이 보여주고 있다. 이런저런 현대 전시회를 가보면 예술이 그 전과 확실히 달라졌음을 알 수 있다. 예술은 우리 주변에서 흔히 발견될 수 있는 것들에 나름대로의 의미를 붙여 예술작품으로 창조해내고 있다는 것을 알 수 있다. 이러한 예술과 일상의 만남, 과학기술과 예술의 만남, 동과 서의 만남을 잘 나타내고 있는 작품으로 백남준 선생의 〈TV를 보는 부처〉를 들 수 있다. 백남준 선생은 이렇게도 이야기했다. "TV를 보다가 고장이 나면 여러분들은 어떻게 하느냐. 여러분들 중 대다수는 고장 난 TV를 들고 TV

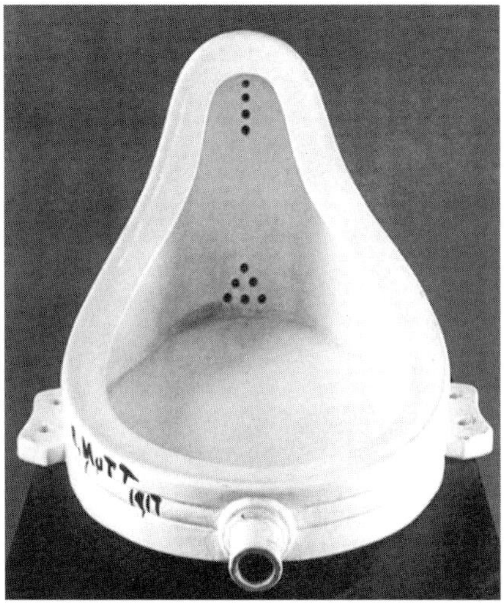

사진 13 뒤샹의 작품 〈샘〉

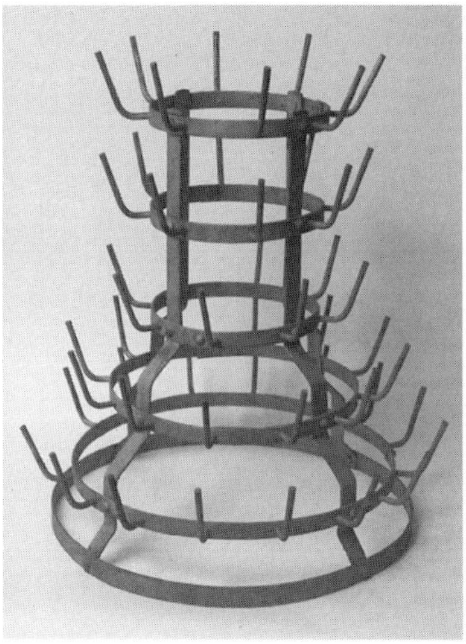

사진 14 뒤샹의 작품 〈bottle neck〉

를 고쳐주는 TV 수리점에 갈 것이다. 그렇지만 나는 그 고장 난 TV를 들고 작업장으로 가서 그것을 예술품으로 만든다."

이는 같은 대상을 어떤 시각으로 보고 거기에 어떤 의미를 부여하느냐에 따라 일상의 도구, 일상의 사물들이 예술이 되기도 한다는 것을 보여주고 있다. 그 대표적인 것이 뒤샹(Marcel Duchamp)의 작품들이다. 뒤샹의 대표적인 작품 중 하나는 바로 우리가 매일 사용하는 변기이다. 남자들이 소변을 보는 변기, 이것을 뒤샹은 〈샘〉이라고 이름을 붙여 전시하였다.[39] 백남준 선생이 고장 난 TV가 예술작품이 될 수 있다고 했듯이 뒤샹은 바로 이 변기가 예술작품이 될 수 있음을 보여주었다. 그리고 그 외 많은 작품들이 있지만 그 중 하나만 더 이야기한다면 바로 포도주잔 건조대이다.[40]

39) 출처 Janis Mink, *Marcel Duchamp 1887-1968. Kunst als Gegenkunst*, Benedikt Taschen Verlag: Koeln, 1994.
40) 출처 Janis Mink, *Marcel Duchamp 1887-1968. Kunst als Gegenkunst*, Benedikt Taschen Verlag: Koeln, 1994.

포도주잔 건조대는 삐져나온 걸이에 포도주잔을 걸어 말리는 기구이다. 이렇게 뒤샹은 우리가 일상생활에서 발견하는 매우 친숙한 사물을 이용해 작품을 만들었지만, 그것들에서 다른 의미를 보지 못한 사람들은 그 예술 작품이 던지는 메시지를 제대로 받아들일 수 없을 것이다. 이런 식으로 현대 미술에서는 독특한 일상과 예술의 만남이 일어나고 있다.

5 | 기술문명의 시대

이제 마지막으로 기술문명의 시대에 대해서 간략하게 이야기해 보도록 하자. 우리는 현대를 기술문명의 시대라고 한다. 앞서 살펴보았듯이 문화와 문명을 구분할 때 많은 사람들이 '문화' 하면 '정신문화', '문명' 하면 '기술문명' 식으로 짝을 짓는다. 그런데 현대가 기술문명이라고 하는 이유는 현대의 독특함이 기술에 의해서 통제된다는 거기에 있기 때문이다.

인간의 앎은 기술과 예술, 실천 그리고 이론, 이렇게 세 가지로 나눠볼 수 있다. 그리고 현대는 바로 이런 앎 중에서 기술이 모든 것을 주도하고 있는 시대이다. 그렇기 때문에 예술도 기술화되고, 실천도 기술화되고, 이론도 기술화되는 식으로 기술이 앎 자체를 이끌고 있다. 예전에는 기술을 도구라 해서 인간이 마음대로 부릴 수 있는 것쯤으로 생각했지만 이제는 기술이 자체목적이 되는 그런 시대인 셈이다. 기술이 자체목적이 되어 자기 생산성과 자기 운동성을 가지게 되면 우리는 이를 매트릭스(Matrix)라고 한다. 여기서 매트릭스는 '모태, 태반'이란 의미를 가지고 있다. 우리가 영화 〈매트릭스〉에서 주의 깊게 봐야 할 점은 인간이 기계의 에너지원으로 전락할 수가 있다는 경고성 메시지이다. 기계독재의 시대, 기계만능의 시대에 인간이 처할 수 있는 위험을 고발하고 있는 것이다. 이렇게 우리는 기술이 모든 것을 주도하는 시대에 살고 있다. 우리는 그것을 다른 말로 기술문명의 시대라고 한다.

이제 우리는 사이보그의 시대, 기술문명의 시대에 살고 있다. 여기서 우리는 다시 한 번 인간이란 무엇인가라는 질문을 심각하게 던져야 한다. 어떻게 보면 이 세계는 인간 없이 굴러갈 수 있다. 그렇지만 인간 없이 세계가 굴러가는 것을 보고만 있을 수는 없다. 과연 문제가 무엇인지 그 문제를 발견하여 해결하고 자연과 더불어 모든 사물들과 함께 사이를 나누면서, 사이를 이으면서, 생명존중을 하면서 살아가야 한다. 그래서 여러분들에게 제안하고자 하는 것은 〈블레이드 러너〉, 〈매트릭스〉, 〈애니 매트릭스〉, 〈A.I.〉, 〈아일랜드〉 등의 작품들을 다시 한 번 주의 깊게 감상하는 것이다. 우리는 이런 영화들이 던지는 메시지를 가슴에 새기면서 사이보그, 복제인간의 정체성의 문제에 대해서 고민해봐야 한다. 과연 이 영화에서 기계들의 행동이 반란인지, 인간의 미래는 어디로 가야 하는지, 그리고 거기서 죽음이라고 하는 것은 어떤 의미를 띠는지에 대해 다시 한번 생각해 보아야 한다. 이제 우리는 죽음을 외면할 수 없다. 죽음이 곧 우리의 몫이기 때문이다. 죽음이 곧 우리의 삶의 한 방식이기 때문이다. 이제 몸으로서의 우리들, 그 우리들에 관해서 다시 한 번 깊이 생각해 보아야 한다.

8

문화는 전략이다

1. 이미지로 보는 현대에서의 문화와 삶
2. 배움의 과정으로서의 문화
3. 문화와 창의성
4. 인간의 뇌와 소비문화
5. 채취, 경작, 생산, 소비

1 | 이미지로 보는 현대에서의 문화와 삶

우리는 근대화, 현대화 하면 으레 그것은 서양화라고 생각하고 있다. 그런데 사실은 자국의 문화를 독특하게 살리지 않는 근대화는 잘못된 서양화라는 것이 세계 곳곳에서 드러나고 있다. 그 대표적인 예가 아프리카 대륙이다. 아프리카는 일찍 식민속국이 되는 바람에 일찍부터 서양화되었다고 볼 수 있다. 그렇지만 자기의 문화적인 독특함을 잃어버리고 선진국의 언어를 통해 그들의 세계관으로 통일된 문화의 획일성이 아프리카로 하여금 그들의 두 다리로 서는 것을 어렵게 만들고 있다. 중국도 뒤늦게 자국의 문화적인 독특함을 앞세우며 근대화의 대열에 껴서 이제는 막강한 문화권으로 등장해 미국이 가장 두려운 적으로 적극 견제할 정도에 이르렀다.

문화가 현대인들, 특히 우리들의 삶에 미치고 있는 영향 몇 가지를 예로 들 수 있다. 그 중 하나로 화장실을 보자. 예전에 우리는 화장실은 그야말로 아주 필요한, 어쩔 수 없는 생리현상을 해결하기 위한, 마지못해 갈 수밖에 없는 그런 공간으로서 그 공간에 대해서 큰 치장을 안했다. 뿐만 아니라 뒷간은 멀수록 좋다고 해서 안방에서 멀리 떨어진 곳에 놨다(물론 인분이 채소를 위한 거름으로도 활용되었기 때문이기도 하다). 그러나 오늘날 화장실은 깔끔하게 치장되어 안방 옆에 자리를 잡고 있다. 여기서 우리는 문화적인 위력을 느낄 수 있다.

사진 1 문화의 우승열패[41]

사진 2 일상과 문화. 화장실 문화

사진 3 문화의 하이 터치. 기술 + 문화. 거인 어깨에 올라탄 난장이. 세계를 놀라게 한 한국의 첨단기술 상품과 문화상품. DMB 휴대전화와 드라마 〈겨울연가〉[42]

문화를 산업적인 측면에서 보면 일종의 하이터치라고 볼 수 있다. 첨단기술에 문화의 하이터치를 더하면 그 제품은 세계에 먹혀들어가는 고부가 가치의 문화명품으로 탈바꿈될 수 있다. 이제 대량생산의 시대는 지나갔고 첨단기술이 판을 치고 있지만, 첨단기술만 가지고는 현대인들의 문화적인 욕구를 채워줄 수 없다. 문화적인 욕구를 채우기 위해서는 순전히 기능만을 따져서는 안 되고 문화적인 차원을 고려에 넣어야 한다. 여기에 '거인 어깨에 올라탄 난장이'라는 표현을 쓴 것은 근대를 어떤 학자가 그렇게 표현한 데서

41) 출처 J. Cousteau u.a. 편, *Die letzten Abenteur dieser Erde*, Naturalis Verlag: Muenchen, 1981.

42) 출처 http://world.kbs.co.kr/arabic.event/winter/index.htm

사진 4 문화의 참살이 기능. 문화와 웰빙. 해외관광 열기[43]

사진 5 이데올로기의 종말

따온 것이다. 그 학자는 근대는 고대, 중세라고 하는 거인 위에 올라탄 난장이라고 말했다. 근대가 고대, 중세라고 하는 전통적인 문화의 힘이 없이는 가능하지 않았다는 것을 뜻한다. 우리도 마찬가지이다. 우리의 첨단기술에, 우리의 전통문화를 현대적으로 해석한 그런 문화적인 하이터치를 가미해서 세계에 내놓으면, 그 첨단기술은 더욱 빛을 보게 될 것이다.

요즘은 광고도 온통 사방에서 '웰빙(참살이)'을 외치고 있다. 15년 전, 20년 전만 해도 사람들은 영양가 많은 것, 칼로리 많은 것을 찾았다. 우유도 지방이 풍부한 것이 잘 팔렸는데 요즘은 어떠한가? 요즘은 오히려 칼로리가 적은 것, 지방이 적은 것만을 찾는다. 이것은 생존의 차원에서 한 단계 더 나아가 문화적인 삶을 염두에 두고 있음을 보여준다. 문화적인 삶에서 중요한 것은 나의 삶의 의미를 어디에 두는가, 나는 왜 사는가 하는 삶의 이상과 목적을 나 스스로 설정하는 데 있다. 이를 위해서는 기술만으로는 부족하고

43) 출처 Heinrich Rombach, *Leben des Geistes*, Herder: Basel, 1997

사진 6 문화의 놀이(풀이) 기능. 봄맞이 놀이마당. 남사당 놀이패

기술 플러스 알파가 요구되는데, 그것이 바로 문화적인 차원인 것이다.

예전의 우리 문화를 보면 놀이의 기능, 풀이의 기능을 많이 담당했다. 예전에는 어려운 삶 속에 약간의 숨을 쉴 수 있는 여유를 준 것이 그나마 몇 안 되는 축제와 놀이마당이었다. 그것을 우리는 '문화적 여유'라고 할 수 있다. 이제는 문화적인 여유가 삶의 큰 목적을 차지할 정도로 그 역할이 훨씬 커졌다. 그래서 문화의 기능을 더 깊이, 더 멀리 내다봐야 할 시점에 이르렀다. 특히 현대와 같이 기술의 위협이 항상 우리 주변을 도사리고 있는 현대에는 문화가 더 큰 역할을 할 수 있다고 본다.

일상생활 속에서 문화와 예술의 관계가 새롭게 생각되고 있다. 이제는 예술도 다양한 형태와 방식으로 우리의 일상에 영향을 끼치고 있다. 이제는 건축도 예술적인 차원에서 고려되고 있다. 순전히 기능만을 생각하는 것이 아니라 인간의 문화적인 삶을 생각하는 건축이 설계되고 있다. 여기에 클레와 승효상의 건축미학을 잠깐 소개했다. 독일에서는 클레가 생각하고 있는 도시의 미학, 도시의 건축이 건축학자들과의 협동작업 속에 실

사진 7 문화와 예술. 글레의 도시, 승효상의 건축[44]

제의 도시로 태어났다. 한국에서는 건축가 승효상이 신도시 '파주' 건설 기획에 자신의 건축미학을 도입시키고 있다.

그런가 하면 윤리의 차원에서도 문화적인 역할이 많이 강조되고 있다. 여기에서는 김지하 시인이 펼쳤던 〈세계생명문화포럼〉을 소개한다. 이 포럼에서는 생명에 대해서 새로운 접근을 해보자, 생명 문화를 일깨우자는 목적으로 전세계의 학자들과 실천가들이 모였다. 서양적인 생태적 세계관에서 한 단계 더 올라가는 생명을 존중하는 그런 문화를 실천하자는 것이 취지이다. 요즘은 자연과학과 생명공학이 우리의 일상을 지배하다시피 하고 있는데 거기에 문화과학이라고 하는 새로운 학문도 나서서 윤리적인 차원에서 새로운 역할을 제시해야 한다.

문화는 초월, 즉 종교와 밀접한 연관이 있다.[45] 숭산 스님은 현대에서 나름대로 매우 의미 있는 문화적인 역할을 이행하였다. 그는 현대인들로 하여금 내가 왜 사는가 하는 자신의 삶의 목적과 의미를 끊임없이 생각하

44) 출처 Heinrich Rombach, *Leben des Geistes*, Herder: Basel.1977

45) 출처 J. Cousteau u.a. 편, *Die letzten Abenteur dieser Erde*, Naturalis Verlag: Muenchen, 1981.

사진 8 문화와 윤리. 세계생명문화포럼

사진 9 문화와 초월(종교)46)

게 했다. 삶의 목적과 의미에는, 지금 여기서 이 몸뚱이로 사는 순전한 육체적인 차원뿐 아니라 좀더 정신적인 차원, 더 나아가서 초월적인 차원까지에도 뻗어 있다. 문화는 인간이 가지고 있는 이러한 초월적인 성격까지도 염두에 두어야 한다.

46) 출처 Heinrich Rombach, *Leben des Geistes*, Herder: Basel.1977.

2 | 배움의 과정으로서의 문화

'문화' 하면 가장 먼저 떠오르는 것이 무엇인가? 사찰, 고궁과 같은 문화유산, 박물관 등등일 것이다. 인간이 과거에 이룩해 놓은 완성물이 문화라는 생각이 지배적이다. 이것을 우리는 과거형, 명사형 문화라고 특징지을 수 있다. 그런데 이 장에서 이야기하려는 것은 문화의 그런 모습이 아닌 새로운 얼굴이다. 우리는 그것을 한 마디로 '문화는 전략' 이라고 표현했다. 이제 문화는 미래형이며 동사형으로 생각되어야 한다는 주장이다. 미래형이며 동사형으로 생각하는 것은 문화를 기획하고 디자인해야 한다는 전략적인 차원이 고려에 넣어져야 한다는 이야기이다. 문화는 인간의 삶과 뗄 수 없이 연관되어 있다. 지금 여기서 일어나고 있는 인간의 삶이라고 하는 것은 과거에 이루어졌던 것을 답습하는 것이 아니다. 우리는 과거보다 좀더 나은 삶을 살기 위해서 과거에 대해 반성하고 미래에는 어떤 삶을 택할지 고심한다. 이렇게 미래에 대한 이상을 세우고 그 이상을 실현해 나가기 위해서 현재의 삶을 어떻게 바꿔나가야 할지 여러모로 궁리한다. 우리는 이것을 여기서 전략적 차원이라고 이야기할 수 있다.

이러한 배경의 바탕에는 무엇이 있는가? 거기에는 '인간은 학습존재이다' 라는 본질적인 차원이 전제되어 있다. 인간은 배우는 존재이다. 배워서 끊임없이 자신을 — 요즘 말로 하면 — 업그레이드 시켜나간다. 동물도 배우는 존재이다. 서커스 같은 데 가서 보면 미련하다는 돼지도 어떤 기술을 익혀서 묘기를 부린다. 요즘은 개, 고양이까지 동원된다. 그러니까 일정한 훈련을 시키면 고양이나 개, 호랑이나 코끼리 같은 동물들도 일정한 행동 패턴을 배워서 익혀 기묘한 기술들로 보여준다. 그런데 문제는 동물들이 그렇게 배운 것이 그 다음 세대에게 전달이 안 된다는 것이다.

여기에 바로 인간과 동물의 차이가 있다. 그리고 그런 차이를 이루게 하는 가장 근본적인 차원은 상징사용, 따라서 결국은 문화와 관련되어 있다. 동물은 자연본성이란 것이 있고, 그것이 유전적으로 아주 천천히 바뀐다. 그런데 인간은 자연본성이라고 하는 속박에서부터 벗어날 수 있는 그 무엇을 갖고 있다. 유전적이고 생물학적인 테두리를 벗어나서 한 단계 더 올라갈 수 있는 능력이 있는데, 그것을 철학에서는 '인식론적' 특성이라고 이름한다. 그것을 우리는 우리식으로 표현해서 '문화적'이라고 말할 수 있다. 그래서 문화적으로 업그레이드시킬 수 있는 능력, 문화적으로 자연을 감싸고 독특하게 해석할 수 있는 능력, 그것이 바로 인간의 인간다운 독특함이다. 이것은 상징으로 이루어져 있고 상징의 가장 대표적인 것이 '언어'라고 앞에서 이야기하였다.

인간은 언어를 통해서 자기가 배운 것을 후손에게 전달할 수 있다. 언어에서도 말만 있는 언어는 그런 전달에 제한을 받을 수밖에 없다. 예전에 글자가 없는 시절에는 주로 구전을 통해서 어떤 말 잘하는 이야기꾼이 이야기를 연극이라든가 굿, 창, 판소리 같은 것을 통해서 대사나 가사 속에 내용을 담아서 후손들에게 전달해주었다. 그런데 글자가 발견되면서 이런 노력이 줄어들었다. 글자 속에 모든 것을 담아서 후손에게, 후손뿐만 아니라 100년 뒤의 사람에게 전달할 수 있게 되었다. 상징 중에서 가장 큰 비중을 차지하고 있는 것이 언어, 즉 말과 글자이기 때문에 우리말의 '문화(文

化)'가 의미하는 것도 '글월로 됨'인 것이다. 이렇게 인간은 끊임없이 배우고, 배운 것을 언어로 후손들에게 전달해주고, 이 전달된 것을 축적해 나가면서 지식의 양을 계속 늘려나갔다. 이것이 바로 인간의 인식론(문화)적 진화를 가능케 한 원동력인 셈이다.

인간은 동물이 하고 있는 생물학적인 진화의 단계에서 한 단계 더 높은 진화의 단계를 펼쳐 보이고 있는데, 우리는 그것을 사회 문화적 진화라고 볼 수 있다. 우리가 처음부터 태어나서 배우는 것은 사회 문화적인 습관과 에티켓, 종교적인 의식, 요리방법 등이며, 이 모든 것들은 사회 문화적으로 계속 전승되어 내려왔고 또 계속해서 전승되어 내려간다. 여러분들은 영화 〈타잔〉을 본 적이 있는가? 지은이가 자랄 때만 해도 타잔이 유행했었다. 타잔은 아주 어렸을 적에 밀림에 홀로 떨어져서 전혀 문화하고는 상관없이 자연 속에서 자랐다. 타잔은 그야말로 짐승과 다를 것이 없었다. 〈타잔〉이라는 영화는 이러한 타잔이 어느 문명인의 도움을 받아서 말을 배우고 그러면서 상징을 배워서 새로운 세계를 배워 나가는 과정을 그리고 있다. 문화를 접하기 이전에 타잔은 아직 문화적인 세계를 모르기 때문에 사실 인간이라고 하기도 어려울 정도이다. 더군다나 언어를 몰랐기 때문에 더욱 그렇다. 타잔은 생물학적인 유전만 전수받아 사회 문화적인 유전이 안 된 셈이다. 사회 문화적인 유전의 가능성이 그 속에 있지만 그것이 아직은 바깥으로 표출이 안 된 것이다.

그러면 사회 문화적인 유전을 어떻게 설명하는가? 이것이 앞으로 뇌와 관련지어 이야기되겠지만 그것은 문화와 상징이라고 하는 차원에서의 이야기라고 할 수 있다. 우리는 문화를 통해서, 언어를 통해서 자연을 언어 속에 잡아넣어서 자연에서부터 거리를 두고 자연에 대해서 좀더 자세하게 알고, 자연이 어떻게 돌아가는지를 알면서 자연을 우리한테 순응시킨다.

인간은 상징을 통해서 자연본성에서부터 한 단계 올라설 수 있다. 상징에서 대표적인 것이 언어지만, 언어뿐만 아니라 인간이 만들어내는 모든 소통수단, 전달수단들이 다 상징에 속한다. 그림, 조각, 몸짓, 춤 등등이 다 인간의 상징이다. 그리고 이러한 상징을 통해서 인간은 자연을 초월할 수 있는 것이다.

그래서 우리는 인간을 상징적인 동물이라고 특징짓기도 한다. 어쨌든 인간은 상징적인 존재로 있기 위해서 끊임없이 배워야 한다. 동물도 넓은 의미에서 학습존재라고 할 수 있겠지만 인간에서는 동물과 다르게 이 학습이 말과 글을 통해서 이루어진다. 인간은 앞 세대가 했던 것을 처음부터 다시 할 필요가 없다. 앞 세대가 쌓아놓은 토대에서 새롭게 시작할 수 있다. 동물은 유전된 것을 오랜 세대를 통해서 생물학적으로 개발, 진화해 나가야 하지만, 인간은 앞 세대가 쌓아놓은 토대 위에서 짧은 시간 안에 한 단계 더 나아갈 수 있다. 이것이 인간의 장점이다.

이렇게 문화 자체를 넓게 보아 배움의 과정이라 할 수 있다. 동물들은 살아가면서 먹을 것을 찾기 위해 많은 어려움을 겪는다. 인간도 마찬가지이다. 인간도 살아가면서 어려움을 느낀다. 인간이나 동물이나 살아가면서 똑같이 어려움을 느낀다. 그렇다면 여기서 인간과 동물의 차이는 무엇인가? 인간은 그 어려움에 대해서 생각을 해 본다. 이 어려움이 왜 생겼는지, 이 어려움을 어떻게 풀 수 있는지 등등을 생각한다. 이렇게 어려움은 인간에게 오면 문제로 바뀐다. 인간은 문제를 직면하면서 문제의식을 갖게 된다. 문제의식을 가지고 문제를 풀기 위해서 원인이 무엇인지 원인분석을 자세하게 하고, 그 다음에 원인을 어떻게 풀지 미래지향적인 해결책을 세운다. 이것이 인간이 가지고 있는 배움 속에서의 큰 틀이라고 볼 수 있다.

문화도 이러한 배움의 과정이라 볼 수가 있다. 이러한 배움의 과정에서 가장 중요한 것이 무엇인가? 앞에서 인간의 다양한 행동을 이끄는 세 가지 앎이라고 했다. 첫 번째 앎이 기술적인 또는 예술적인 앎이라고 했다. 도구를 만들어 사용해서 주변을 편리하게 만드는 기술적인 앎이다. 그 다음은 실천적인 앎이다. 그것은 남과 더불어 공동생활을 하면서 이른바 윤리도덕을 만들어내고 사회를 만들어내고 조직력을 키워서 군대도 만들고 국가까지 만들어 내는 앎이다. 그 다음에는 순수학문 같은 데서 볼 수 있는 이론적인 앎이다.

문화라고 하는 것은 이 세 가지 앎 전체를 아우르는 것이다. 기술과 예술 — 여기에는 모든 종류의 도구제작, 건축, 예술품 제작 등이 속한다 — 그리고 실천 — 여기에는 윤리도덕, 사회, 국가 등이 속하고 — 그리고 이론 — 여기에는 학문, 이성적인 차원이 속한다 — 을 아우른다. 문화를 크게 본다면 인간이 살아나가면서 자기 주변과 자연사물과, 그리고 다른 사람과 자기 자신과 관계를 맺는, 더 나아가 세계와 관계를 맺고 역사와 관계를 맺고, 이론과 관계를 맺는, 이런 관계맺음의 총체적인 방식과 양식이 모두 문화라고 할 수 있다. 과거에는 이러한 문화를 과거에 이루어 놓은 것에만 국한시켰는데, 이제 인간의 모든 관계맺음의 방식이 문화라고 한다면 바로 현재 우리가 관계 맺고 있는 방식도 문화에 넣어야 한다는 결론이 나온다. 그래서 문화는 더 이상 그것이 과거형이 아니라 미래형이고, 명사가 아니라 동사라고 말하고 있는 것이다.

그런데 우리는 이런 문화를 무엇을 가지고 하는가? 상징을 가지고 문화적 행위를 한다. 그러니까 많은 것을 한 관점으로 모아 통일을 시켜서 그 관점 아래에서 새롭게 세상을 보려고 시도하는 것이다. 그러면 기호와 상징은 어떻게 다른가? 기호는 기호가 표시하는 그것과 고정적인 관계가 있다. 예를 들어 연기가 난다 하면, 거기 불이 있다. 불과 연기. 연기라고 하는 기호는 불과 밀접한 고정적인 관계가 있다. 강아지에게 밥을 줄 때, 종소리를 먼저 치고 강아지가 왔을 때 밥을 준다고 하자. 이런 식으로 몇 번 밥을 주고 나면 나중에 강아지는 종소리만 들어도 침을 흘린다. 종소리가 강아지한테는 일종의 기호가 되는 것이다. 기호는 이렇게 그것이 지시하는 것과 뗄 수 없는 고정적인 관계가 있는데, 상징은 고정적인 관계가 아니다. 인간이 그 관계에 의미를 부여하는 것이다. 고정적인 차원을 벗어나서 자연적인 연관에 의미를 부여하는 것이다. 이것이 문화가 가지고 있는 새로운 차원이라고 할 수 있다.

3 | 문화와 창의성

이것을 이제 우리는 문화와 창의성이라는 주제 아래 이야기할 수 있다. 인간은 상징을 통해서 자연을, 주변세계를 새롭게 볼 수 있다. 상징은 새로운 시각을 열어주는 전망대역할을 한다. 상징은 배움의 과정을 담고 있다. 그러므로 상징을 통해 우리는 전망대에 오를 수 있다. 이집트의 상형문자, 클레의 그림, 그리고 수많은 표현물은 후대에게 무엇인가를, 때로는 죽음의 지평을 벗어난 메시지를 전해준다. 인간은 동물처럼 자연에 갇혀 있지 않고 오히려 자신이 표현하고자 하는 상징 속에 자연을 끌어들인다. 이것은 인간이 전망대를 세우고 시야를 넓힐 뿐만 아니라 때로는 시야 자체가 바뀔 수 있음을 뜻한다. 상황이 확대될 뿐만 아니라 완전히 다시 재구성될 수도 있다.

상징에서 또 하나 중요한 요소는 거기에 일종의 규칙이 있다는 점이다. 20세기 대표적인 철학자의 한 사람으로 루트비히 비트겐슈타인(Ludwig Wittgenstein)이 있다. 그는 우리의 언어, 말이 굉장히 중요하다는 것을 일깨워 준 사람이다. 이 사람이 한 말 중에 말놀이 규칙이라는 이야기가 있다. 말놀이 규칙, 그것을 다른 식으로 표현한다면 문법이라고 볼 수 있다. 독일어 '말놀이(Sprachspiel)' 를 어떤 사람은 '말장난' 으로 옮기기도 한다. 그렇게 되면 '철학은 말장난이다.' 가 된다. 사람들이 흔히 갖고 있는 철학에 대한 통념이 맞지 않는가 하고 기뻐할 사람도 있을지 모르겠다. 그러나 이것은 비트겐슈타인이 말하려는 의도를 완전히 잘못 알아들은 것이다.

장난은 무엇인가? '심심풀이 땅콩' 이라는 말이 있듯이 장난이란 심심한 차에 이것저것을 마음 내키는 대로 이렇게도 저렇게도 멋대로 해보는 것이다. 그런데 장난과는 달리 놀이에는 규칙이 있다. 말놀이에도 규칙이 있는 것이다. 그리고 삶에도 규칙이 있는 것이다. 말놀이에서 말놀이 규칙이 문법이듯이 삶에서의 규칙을 삶의 문법이라고 한다. 문화에도 규칙이 있고 그런 문법이 있는 것이다. 그런 차원에서 우리는 우리의 삶의 문법이 무엇이었는지 되돌아보아야 한다. 이렇게 알게 모르게 인간의 상징사용에는 규칙이 밑바탕에 깔려 있다.

상징은 인간의 행위와 인식, 표현에 적용되는 규칙을 보여준다(예, 교통규칙). 이 규칙은 단지 지성이나 인식과 관계할 뿐 아니라 인간의 행동 전체, 그의 희망과 소원 등 삶의 전체 형식과 관계한다. 이 규칙은 지속적으로 바뀔 수 있다. 상징은 단어 맞추기처럼 단지 지성적인 구성물이 아니다. 상징은 행동에 대한 지침이며 방향의 지표이고 변형을 위한 도구이다.

인간의 활동은 모두 일정한 규칙에 따라 발생한다. 기술적인 방법이나 국가의 정책, 예술적인 표현이나 과학적 추론 등 규칙이 개입되지 않은 활동은 존재하지 않는다. 규칙은 서로 다른 상징 사이에 상호관계의 맥락을 제공한다.

지은이가 1984년에 귀국했을 때는 고스톱열풍이 전국을 강타하고 있었다. 그래서 참 이해하기가 힘들었는데, 어쨌거나 화투놀이의 역사를 훑어보면 그것 또한 삶의 문법을 반영한 것임을 알 수 있다. 일반민중들의 생각이 반영된 것이다. 화투는 처음에 이른바 민화투로 시작했다. 거기에는 광은 20점이고, 뭐는 10점이고, 깃발로 돼 있는 것은 5점이고, 껍데기는 아무것도 아니고 하는 등의 규칙이 있다. 이것은 예전 봉건시대의 신분질서를 반영하고 있는 것이다. 그 다음 '육백치기'라는 화투놀이가 등장한다. 이 놀이에서는 봉건질서가 어지럽혀지고 있음이 표현된다. 그런데 '고스톱'으로 가면 사태가 확 달라진다. 여기에서는 지금까지 아무런 역할도 못하던 껍데기도 중요한 변수로 등장하게 된다.

화투놀이에 우리의 지나온 시대상이 반영되고 있는 것이다. 놀이에는 알게 모르게 서민들의 심정과 의식, 비판적인 생각들이 표출되고 있다. 민중들은 놀이의 규칙을 약간씩 바꿔가면서 놀이 속에서나마 밖으로 드러내놓을 수 없었던 속내를 표현했다. 예전에 사람들이 탈놀이라든가 탈춤을 통해서 비판적인 의식을 표현했듯이, 유신정권 속에서도 화투놀이를 통해 정권에 대한 비판의식을 간접적으로 표출했다.

규칙은 사회가 삶을 질서 있게 조직하기 위해서 만들어 놓은 것이다. 그런데 규칙이 영원할 수는 없다. 달라진 상황에서 삶이 달라지듯이 규칙도 바뀌어야 한다. 그렇기 때문에 시대마다 다른 세계관이 있고 가치관이 있는 것이다. 세계관과 가치관이 두루 통하는 패러다임이 되어서 한 시대를 풍미하다 상황이 달라지면 그 상황에 따라 어느 순간 패러다임도 바뀐다. 문화가 전략이라고 했을 때 우리가 생각해야 되는 것은, 바로 이러한 규칙으로서의 인간의 삶의 방식이 고정되어 있지 않다고 하는 것, 오히려 그것은 언젠가는 깨져야 된다고 하는 그 점이다. 문화의 선도자는 바로 이렇게 규칙을 깨는 사람이라고 할 수 있다.

사회와 문화에 커다란 변혁을 가져온 사람들은 상징(이 '노예'는 '자유인' 이다)을 통해 규칙조차 바꿀 수 있었다. 배움[학습]의 형식 가운데서 가장 근본적이고 철저한 것은 규칙체계 전체를 재구성하는 것이다. 이 일을 위해서는 창의성이 있어야 한다. 세계는 바뀌고 규칙도 끊임없이 수정되어야 한다. 꼭 같은 놀이규칙이 영원토록 타당할 수는 없다. 균형은 쉽게 깨질 수 있기 때문에 새로운 놀이규칙, 새로운 규칙체계를 고안해 내야 한다. 새로운 규칙은 창의성을 요구한다.

문화와 관련지어 창조성, 창의성을 크게 두 가지로 구별해 볼 수 있다. 하나는 아예 패러다임 자체를 바꿔버리는 창조성이다. 코페르니쿠스의 혁명처럼 지금까지 천동설이었던 것을 지동설로 바꾼다든지, 또는 아인슈타인의 경우처럼 세계를 새롭게 보는 완전히 다른 이론이 등장하게 된다. 이 경우는 세계관, 세계상 자체가 완전히 바뀌어 버리는 경우이다. 다른 하나는 기존의 규칙체계를 변형시키는 것이다. 서로 관련이 없는 두 개의 기존 규칙체계를 결합하는 일이다. 이것은 아무도 생각해보지 못한 결합이다(아르키메데스).

창조성은 고도의 학습형식이다. 기존의 체계에서 벗어날 수 있어야 하고 고정관념을 깨고 새롭게 볼 수 있어야 한다. 중요한 것은 규칙에 대해서 문제의식을 가져야 한다는 점이다. 규칙은 우리를 이끌기 위해서 만들어진 것이니까 거기에는 무조건 순응해야 한다고 생각해서는 안 된다. 규칙은 인간이 만든 것이고 이것이 시대와 민족에 따라 달라질 수 있다는 것을 염두에 두고, 미래를 내다보면서 규칙을 바꿔나가려고 하는 마음을 가질 수 있어야 한다. 학문을 하는 데나 사회생활에 적용되는 많은 규칙들은 대개 '자동화' 되어 있다. 그러므로 사람들은 거의 의식하지 못한 채 일정한 규칙을 따른다. 그런데 그 사실을 스스로 의식하자마자 이제 규칙은 표면 위에 떠올라 시야에 들어오게 된다. 이 때 사람들은 기존 규칙을 문제 삼을 수 있고, 기존 규칙을 문제 삼을 수 있을 때 비로소 전혀 다른 규칙체계를 모색해 볼 수 있는 가능성이 열린다. 이로써 사람들은 '창의성' 이라는 고도의 학습과정을 시작할 수 있는 발판을 마련하게 된 셈이다.

이것은 우리의 세계관의 변화를 되돌아보면 즉시 드러난다. 동아시아의 상황을 보자. 동아시아에서는 나름대로 유지해왔던 전통적인 세계관, 전통적인 삶의 규칙, 삶의 문법 등이 어느 날 갑자기 무너지고 서서히 서양 것으로 바뀌더니 지금은 완전히 서양의 세계관이 동아시아인 삶의 세계 곳곳에 침투해 있다. 그런데 세계의 많은 지성인들이 근대의 서양세계관에는 문제가 많다고 지적하고 나섰다. 예를 들어 미국의 저명한 미래학자 제러미 리프킨은 그의 최근 저서 『유러피언 드림』에서 근대화의 이상 모델인 아메리칸 드림을 근본적으로 비판하고 있다. 그 역시 그야말로 아메리칸 드림에 의해서 세계적인 학자가 된 사람인데, 이제 그가 아메리칸 드림에는 문제가 있다고 외치는 것이다. 그는 미래지향적으로 볼 때 모든 것을 아메리칸 드림에 맞추어 추진해나가면 인류 전체에 큰 파국이 올 수도 있다고 예언한다. 그는 지금 유럽에서 일어나고 있는 유러피언 드림에서 인류를 위한 미래의 대안을 찾아야 한다고 조언한다.

미래학은 일종의 문화전략이라고 볼 수 있다. 미국의 미래학자가 아메리칸 드림에는 문제가 있다고 하며 유러피언 드림을 제안하고 있다. 그런데 동아시아의 미래학자들은 무엇하고 있는가? 동아시아 나름의 대안을 내세워 '아시안 드림' 을 이야기할 수 있어야 하지 않는가? 환태평양 시대라고 하는 이 시점에 우리는 그것에 대해 심각하게 생각해 볼 때가 되었다. 한국의 미래학자들은 '코리안 드림' 도 생각해 봐야 한다. 그러기 위해서는 우리의 문화가, 아시안 또는 코리언이 가지고 있는 독특한 세계관이 무엇인지, 그리고 그것이 인류의 문제를 해결할 수 있는 전망을 가지고 있음을 보여주어야 한다.

상징은 전망이다. 문화도 전망이다. 그렇기 때문에 창의성이 필요한 것이다. 우리 한국 사람 가운데도 그런 창의성을 일궈나간 사람들을 많이 찾을 수 있다. 숭산 스님, 백남준, 윤이상, 김지하 시인, 건축가 승효상, 사진철학자 김아타 등이 그런 사람들이다. 이들은 각기 자신들의 분야에서 새로운 전망을 보여주었다.

문화는 창의적인 것이다. 여러분들도 규칙에만 얽매이지 않고 규칙에서 벗어날 수 있는 새로운 시각을 가져야 한다. 문화에서 중요한 것은 끼이다. 그런데 우리의 문화는 끼를 죽여 왔다. 유치원 다닐 때는 아이들이 전부 나름대로 끼를 가지고 있는데, 일단 초등학교에 들어가면 교육이라는 체계가 서서히 이런 끼를 죽이고 아이들을 말 잘 듣는 순둥이로 만들어 버린다. 문화적으로 큰 사람들은 교육체계에 의문을 제기하고 나름대로 계속 규칙의 언저리에 살면서 끼를 발산하여 문화적인 창조성을 발휘한 사람들이다.

4 | 인간의 뇌와 소비문화

지은이가 인간에서의 진화를 생물학적 진화의 차원이 아닌 인식론적 또는 문화적 진화로 설명하려고 하면 몇몇 과학자들은 이의를 제기한다. 요즘은 모든 것이 다 물리화학적으로 설명이 되고, 물리화학적으로 설명이 안 되는 것은 생물학적으로 다 설명이 되는데, 거기에 문화라고 하는 인위적인 무엇인가를 더 얹어놓는 순전히 인간중심적인 해석의 틀 아니냐고. 그래서 요즘은 인간의 뇌세포를 가지고 인간의 독특하다고 하는 정신적인 기능, 의식의 기능까지도 다 설명한다. 하물며 문화를 설명 못하랴 라고 이야기하는 사람들이 있다.

잠깐 그 문제를 살펴보자. 인간의 뇌는 1000억 개가 넘는 뇌세포로 이뤄져 있다고 한다. 사실 진화의 발달에서 뇌가 사실상 현재까지의 마지막 단계라 볼 수 있다. 뇌의 용량에 따라서 두뇌가 달라지고, 두뇌의 지능지수가 지금 이야기하는 문화의 역량을 가능하게 한다면, 그리고 두뇌가 물리화학적으로, 생화학적으로, 생리학적으로 설명된다고 하면, 정신이라든가 문화라든가 하는 것은 — 인식론적이나 문화적인 차원을 끌어들일 필요 없이 — 전체를 하나로, 물리화학적으로 다 설명할 수 있지 않는가? 그리고 이것이 과학적이지 않는가 하는 반론이다.

2002년 월드컵 때도 그렇고 2006년 독일 월드컵 때도 그랬지만, 거리

응원을 할 때, 사람들은 큰 광장에 모여 높은 건물에 설치되어 있는 큰 전광판에서 방영되고 있는 온갖 이미지들에 환호성을 지르며 열광을 했고 뜨거운 응원의 함성을 질렀다. 여기의 전광판을 가만히 보면 거기는 조그만 전구와 같은 노드라는 것들이 수만, 수십만, 수백만 개가 한데 집중되어 있다. 거기서 펼쳐지고 있는 영상, 음악 등 모든 것들이 이 조그마한 노드들의 물리화학적인 반응이라고 설명해 볼 수 있다. 노드들이 없으면, 전광판 자체가 있을 수 없기 때문이다. 그리고 그런 이미지나 영상을 표시할 수 없기 때문이다. 그렇지만 거기서 펼쳐지고 있는 이미지와 영상, 음악 등을 노드의 전기적 흐름이라고 설명할 때, 일정 부분 맞는 측면도 있지만 그것으로는 설명이 충분하지 못하다는 느낌이 들 것이다.

문화를 설명하는 것도 그렇고 인간의 정신을 설명하는 것도 그렇고, 거기에는 무엇인가 다층적인 차원이 있는데, 이런 다층적인 차원에서 제일 밑바닥에 있는 것으로 전체를 설명하려고 하면 나름대로 설명이 된 것 같지만 거기에는 무리한 비약이 내포되어 있다. 그래서 충분히 설명되었다고 볼 수 없다.

지금 문화를 이야기하면서 우리는 이 부분을 조금 생각해 봐야 되리라 본다. 인간의 뇌라고 하는 것을 볼 때 뇌에는 뇌세포가 있는데, 가만히 끝까지 파고 들어가 보니까 이것이 정신적인 기능까지 하더라는 주장이다. 정신현상을 밑에서부터 보니까 거기에 물질기능이 있다는 말이다. 물리화학적으로 전개가 되고 있는, 뇌세포가 가지고 있는 생화학적인 차원을 이야기할 수 있다. 그 다음 물질기능 외에 한 단계 업그레이드된 기능으로 생명기능을 이야기할 수 있다. 무기물질, 즉 원소, 원자, 분자 등에서부터 세포가 형성되었다. 박테리아, 바이러스, 원핵생물 등이 바로 그것이다. 그런 것들은 물질기능이 아닌, 생명기능을 하고 있다. 대사기능을 하며 태양 에너지를 받아들여서 그것을 다른 에너지로 바꿔서 에너지를 축적하여 끊임없이 무엇인가 다른 것으로 만들어나가고 있다.

이것은 단순히 물리화학적으로 설명될 수 없는 것이다. 물리화학적인 전개를 어떤 과학자는 생화학적인 것으로 설명하려고 하는데, 그러면 그것은 사실 화학적인 차원을 벗어나지 못한다. 그래서 그것을 생물학적인 전개로 볼 수 있다면, 생명의 기능을 이야기할 수 있어야 한다. 생명의 기능에서 생명체가 단세포동물에서부터 시작해서 인간의 두뇌에까지 발전되도록 하는 기능을 우리는 일종의 의식기능이라고 볼 수 있다. 생물에서 식물의 경우를 볼 경우 식물의 대사기능을 이야기할 수 있고 동물의 단계에서는 한 단계 업그레이드 된 지각기능을 말할 수 있다. 그 다음 한 단계 더 올라가서 정신기능까지를 폭넓게 생명의 기능으로 볼 수 있다.

문화현상을 설명할 때 우리는 생명체로서의 인간이 가지고 있는 다양한 차원들을 고려에 넣어야 할 것이다. 즉, 물질적인 차원, 생명적인 차원, 의식적인 차원, 정신적인 차원 등으로 말이다. 앞에서 뇌를 설명할 때 뇌가 1000억 개 가량의 세포로 이뤄졌다고 했을 때는 생명기능까지를 이야기하는 것이다. 뇌세포가 전류의 흐름으로 이런저런 기능을 가능하게 한다고 생화학적으로 설명하면 물질적인 차원에서 이야기가 펼쳐지고 있는 것이다. 그런데 뇌세포가 서로 만나서 무엇인가 새로운 것을 만들어내는 것, 뇌세포 1000억 개가 만나서 만들어지는 것을 연결이라고 볼 수 있다. 연결이 되고, 관계가 된다. 사실 전부 어느 차원에서든 간에 연결이 있고 관계가 있다. 연결 또는 관계가 물질차원에서 한 단계 더 올라가고 그래서 업그레이드시키는, 이른바 차원을 넘어서는 차원이동을 가능하게 하는 어떤 것이다. 예를 들어 물질의 기능에서 생명 기능을 하게끔 하는 것이 그것이다. 분자, 원자 등 이런 것들이 모여서 나름대로 연결망을 구성하고 조직하고 새로운 관계를 맺으면서 새로운 기능을 축적시켜 나가는 것이다. 그러면서 물질차원에서부터 한 차원 높은 기능의 차원으로 올라가는 것이다. 마찬가지로 뇌세포에서도 뇌세포가 모여서 연결관계를 맺고 조직을 하면서 일종의 의식기능으로 올라가면서 새로운 차원이동을 할 수 있다고 볼 수 있다. 그리고 한 단계 더 올라가서 정신기능까지 할 수 있다고 보는 것이다.

생명차원은 물질차원과 의식차원과 맞물려 있고, 의식차원은 생명차원과 정신차원과 맞물려 있으며, 서로 차원끼리 중층적인 구조를 이루고 있다고 할 수 있다. 이렇게 중층적인 것을 이루고 있으면 양 차원은 서로 직접적인 연관을 가지고 있지 않아도 된다. 뇌에 생화학적인 물리적인 기능이 없어지면 정신도 죽지 않느냐 라는 물음이 설명될 수 있다.

그런데 우리는 인간의 이러한 생물차원에서의 조직, 연결 등이 생물차원에서만 머무는 것이 아니라, 한 단계 높은 차원으로의 이동을 가능하게 한다는 것을 생각해봐야 한다. 여기서 논의되고 있는 과정을 방아쇠 메커니즘이라고 말한다. 방아쇠 메커니즘은 방아쇠를 당겨서 총을 쐈다고 했을 때, 총을 쏜 그것을 방아쇠를 당긴 물리적 반응, 화학적 반응으로만 설명하려고 하지 않는 착상에서 나왔다. 방아쇠 메커니즘으로 물질단계를 생명단계로 설명하려는 것이다. 사실 방아쇠를 당겼다고 했을 때는, 의도가 있는 것이고, 의도뿐만 아니라 총의 메커니즘을 모르면, 방아쇠마저도 당길 수 없는 것이다. 총을 길거리에 놔뒀을 때 지나가던 원숭이가 총을 만지다가 잘못 발사돼서 자기가 맞았다고 하면 그것은 그야말로 우발적인 사고이지 의도적인 것이 아니다. 그렇지만 인간의 행위, 관계맺음, 정신기능이라고 하는 것은 그런 우발적인 것이 아니다. 무엇인가 의도된 것이고 총이라고 하는 것이 가지고 있는 모든 메커니즘, 규칙을 알고 있는 것이다.

방아쇠 메카니즘은 물질적인 성격(신경세포 안에 일어나는 전기화학적 변화)을 지닌 운동을 통해서만 설명할 수는 없다. 일정한 '놀이 규칙', 일정한 '프로그래밍', 그리고 일정한 '조직 형태'를 볼 때 비로소 그 규칙 때문에 방아쇠 효과가 가능하다는 사실을 의식하게 된다. 뇌의 활동은 그 속에 있는 규칙을 통해서 비로소 특수한 효과를 가져올 수 있다. 규칙이란 물질적인 것이 아니라 손으로는 쥘 수 없는 하나의 형식이고 접속그물조직이다. 장기알이나 권총부속은 손으로 만져볼 수 있지만 장기 규칙이나 권총을 조작하는 일에 적용되는 규칙은 손으로 만져볼 수 없다. 눈과 귀를 통해 정보가 끊임없이 들어오면 뇌를 통해 다시 명령이 전달된다. 명령이 혀로 전달되면 말을 하게 되고, 근육으로 전달되면 움직이게 되고, 심장으로 전달되면 박동이 증가한다.

중층적인 구조를 염두에 두고 우리는 우리의 정신기능도 새로운 차원이라는 것을 인정하고 거기에 맞는 설명을 찾아야 한다. 그리고 문화전략도 이러한 차원에서 창의적인 행위로 보고, 창의적인 행위가 하위 차원의 것이 아니라 미래를 내다보고 기획할 수 있는 상위의 차원의 것임을 보아야 한다. 요즘 문화디자이너라는 말이 많이 유포되고 있는데 거기서 중요한 것은 기획이다. 어떻게 전체를 아울러서 새로운 가능성으로 도출해 내는가? 노드가 100만 개 있다. 그럼 그 백만 개를 조직하고 연결시켜서 새로운 차원으로 만들어 내는 것, 차원이동을 가능하게 하는 것, 이것이 문화전략에서 중요한 것이다.

구슬이 서 말이라도 꿰어야 보배라고 하지 않는가. 구슬이 서 말이 있어도 그것을 연결해줄 끈을 가지고 그것을 꿰어 작품으로 만들어내지 않으면 소용이 없다. 구슬과 구슬을 이어주는 끈, 그 끈이 창의성인 것이다. 우리의 문화, 5000년의 문화만을 자랑하고 있으면 안 된다. 문화라고 하는 구슬들을 여러분들이 창의성을 가지고, 여러분들이 생각하고 있는 그 끈에다가 꿰어서 그것을 하나의 문화적인 산물로 만들어내야 한다. 이것이 문화전략이 해야 될 일이고, 거기서 기획이 중요한 것을 볼 수가 있다.

5 | 채취, 경작, 생산, 소비

문화전략도 시대에 따라서 달라져 왔다. 즉, 변해왔다. 시대에 따라서 나름대로의 문화모형이 있다. 그리고 이 모형은 나름대로 그 시대를 산 사람들의 학습과정을 담고 있다. 우리는 그 학습과정이 나름의 패턴, 유형, 규칙을 반영하고 있다는 것을 볼 수가 있다. 지은이는 여기서 크게 네 가지 모형, 네 단계를 생각했다. 그것은 지금까지 우리가 살펴본 단계들이다. 신화적인 단계, 존재론적인 단계, 인식론적인 단계, 관계론적인 단계들이다. 이 네 단계에 맞는 인간의 독특한 문화전략의 유형을 우리는 채취, 경작, 생산, 소비라고 특징지을 수 있다.

사냥과 채취는 신화적인 단계에 해당되고, 목축과 경작은 존재론적인 단계에 해당되며, 그 다음 생산과 통상은 인식론적인 단계에 해당되고, 우리가 사는 현대는 소비와 관리라는 차원에서 이해할 수 있다. 여기에서도 개체발생은 종족발생을 반복한다는 원칙을 적용할 수 있다. 인간의 개체발생에서의 경험의 단계가 문화전략의 단계와도 맞물려 있다.

인간의 유아단계가 무엇이 있었다는 사실, 외부적인 사건에, 있었다는 사실에 놀라면서 거기에 반응하는 단계라고 한다면, 그 위 단계는 있었다라고 하는 사실을 남에게 설명하려고 노력하는 단계이다. 한 단계 더 올라가면 그 일어난 사건이 무엇인지, 내가 본 것이 무엇인지를 기술하려고 하는 그런 단계가 되는데, 이른바 존재론적인 단계이다. 체계적으로 짜여 있는 고대 중세가 여기에 해당된다. 이 단계에서는 모든 것이 가지고 있는 자기 자리, 즉 실체와 본질이 있는 것으로 생각된다. 맨 밑에 광물이 있고, 그 위에 식물이 있고, 그 위에 동물이 있고, 그 위에 인간이 있고, 그 위에 천사가 있고, 꼭대기에 하느님이 있다는 식으로 세계가 위계질서로 잘 짜여져 있는 것으로 설명된다.

이것이 인식론적인 단계로 가면 관심이 무엇에서부터 어떻게로 옮아간다. 어떻게 만들어졌는지, 어떻게 구성이 되었는지 알고 싶어한다. 어떻게를 알게 되면, 어떻게를 활용해서 그것을 반복가능하게 만들 수 있다. 반복가능하게 만들고, 재생 가능하게 만들고, 생산가능하게 만들고, 따라서 우리 마음대로 조작할 수 있게 만들 수 있다. 이것이 인식론적인 단계라고 할 수 있다. 우리가 어떻게를 알게 되면 제작을 하고 제작을 대량생산으로 가져갈 수 있는데, 이것이 어떻게 보면 19세기, 20세기 초까지의 단계라고 할 수 있다.

여기서 한 단계 더 올라가면 현대이다. 현대는 이 어떻게가 모든 분야로 확산되어 있다. 인간마저도 인간이 무엇인지를 알고, 인간이 어떻게 수정되어 태어나게 되었는지를 알게 되면 이 지식들을 활용해서 인간에 적용할 수 있게 된다. 인간의 탄생비밀을 알게 된 인간은 인간의 유전자를 조작해서 인간을 새로운 인간으로 만들어내려고 한다. 우리는 이제 인간마저도 만들 수 있는 세상에 살고 있는 것이다. 그런데 이 어떻게 단계에 머물러서는 안 된다. 이 어떻게의 단계가 한 차원 높은 단계로 가게 되는

데, 그것이 바로 왜라는 단계이다. 우리는 현대에 와서 왜 그런지, 왜 그래야 하는지를 묻는다. 그것이 무엇 때문에 그렇게 되었는지, 그것의 목적이 무엇인지, 내가 사는 이유가 무엇인지, 내가 존재하는 목적이 무엇인지, 한국이라는 국가가 존재하고 있는 이유가 무엇인지, 그것이 펼쳐나가고 있는 이상이 무엇인지를 묻는다. 이런 식의 미래지향적인 질문을 던지는 것, 나 자신의 존재근거를 묻는 것, 이것이 바로 마지막 단계, 지금 우리가 살고 있는 단계라고 볼 수 있다.

이제는 무엇에 매달리는 것도 아니고, 어떻게에 매달리는 것도 아니고, 왜 살아야 하는지를 알아야 한다. 왜 살아야 하는지를 알면서 사는 것이 문화인들이 찾아야 할 삶의 방식이라고 할 수 있다. 사방에서 '참살이'를 이야기하고 있다. 영어로 '웰빙(Wellbeing)'이라고 하는데, 여기에서도 중요한 것은 의미 있는 삶, 나만 잘 먹고 잘 사는 것이 아니라, 남과 더불어 평화롭게 잘 사는 삶, 문화적이고 예술적인 삶이다. 나 혼자만 누리는 것이 아니라 문화적이고 예술적인 차원에서 남과 더불어 함께 누리는 삶이 현대인들이 찾는 참살이 삶의 방식이다. 기술이 우리의 운명인 기술문명의 시대에 그 운명의 굴레를 조금 느슨하게 만들어서 우리에게 여유와 희망을 주는 그런 문화적인 삶을 갈구하게 되는 것이다. 우리는 우리가 사는 이유를 알 때 우리의 삶의 목적을 다시 세울 수 있고, 우리의 주변을 되돌아 볼 수 있다. 이것이 문화전략에서 중요한 요소다.

문화의 전략을 바꾼다는 것은 모든 것에 새로운 의미, 다른 뜻을 부여하게 된다는 것을 뜻한다. 문화전략에 변화가 일어난다고 해서 기존의 것이 모두 지워지거나 인간의 기본적인 욕구와 충동이 사라지는 것은 아니다. 인간에게는 그렇게 쉽게 바꿀 수 없는 생물학적인 힘이 있다. 경제적 물질적 요소는 어떤 문화에서도 중요한 역할을 하기 때문에 우리는 그것을 완전히 무시할 수 없다. 4단계의 학습과정으로 우리는 채취, 경작, 생산, 소비를 들 수 있다.

사냥과 채취 채취라는 말은 자연에 완전히 의존해서 생명을 지탱하는 것을 말한다. 인간은 마치 식물과 동물처럼 자연 속에서 찾아낸 것 덕분에 생명을 유지한다. 이것은 아마도 가장 원시적이고 원초적인 상황이었을 것이다. 인간은 생명을 유지할 수 있는 것이면 아무것이나 다 찾아내고 수집했다. 이 모든 것은 학습과정을 요구한다. 인간은 자신이 원한다고 해서 아무것이나 마음대로 할 수 있는 것은 아니기 때문이다. 인간이 채취하고 수집하는 식물과 동물은 성스럽고, 그렇기 때문에 그것은 숭배되어야만 했다. 또한 끝없이 호수의 물고기를 모두 잡아먹고 식물을 다 먹어치울 수는 없었다.

인간의 세 가지 자연적인 충동 첫째, 식욕 그리고 이것과 관련된 죽음에 대한 공포가 있고 둘째, 성욕 셋째, 지식욕(미지의 것을 알고자 하는 충동, 탐구욕)이 있다. 식욕과 성욕은 채취와 경작을 배우는 과정에서 가장 중요한 동기로 작용한다. 인간의 삶은 태어나서 죽을 때까지 생명을 유지하고 성관계를 맺으며 풍년을 기원하는 것으로 마치 다람쥐 쳇바퀴 돌 듯 그렇게 끊임없이 돌아간다. 신화적 상징, 종교적 의식, 다양한 표현양식, 사회적 관습 등은 대부분 이와 같은 원초적 동기에 관련된 것이다. 원초적 동기는 원래 자연의 힘이기는 하지만 인간을 통해 끊임없이 문화적으로 변형된다.

목축과 경작 인간이 어디엔가 정착하려면 농업과 목축업이 있어야 했고, 그렇게 하려면 상당한 지식과 기술이 필요했다.

생산과 통상 생산활동은 거의 사람의 손으로 이루어진다. 순전히 물질적인 것, 살아 있지 않은 사물을 재료로 삼아 어떤 새로운 것을 만들고자 하는 것이다. 처음에는 도구와 무기를 만들다가 점차 기계를 만들기 시작했고 결국 산업을 일으켜 놓았다. 이 단계에서는 자연이 연구대상이 되었다. 그래서 자연법칙을 알아내는 과학이 발전할 수 있었고 과학을 무기 삼아 기술이 동시에 발전할 수 있었다. 신화적 상징들은 과학저술로 대치되고 종교체험은 이론적 교리적 성격을 띠게 되었다. 이러한 학습과정 전체는 생산활동을 배우는 과정이었고 그 결과 현대 산업사회가 출현할 수 있었다.

소비와 관리[경영] 우리는 기능적 태도라는 새로운 시대로 이행하는 단계에 살고 있다. 세계의 3분의 1이 산업사회로 정착해 가고 있다. 합리적으로 자연을 이용하고 과학적인 방법으로 생산을 높이는 학습과정은 이제 전 세계에서 서서히 퍼지고 있다. 수세기에 걸친 노력으로 인해 농업과 공업 분야의 생산 효율성은 엄청나게 성장하였다. 하지만 선진산업국일수록 이제 제3의 과제, 즉 소비할 줄 알아야 한다는 문제에 부딪치게 되었다! 지금까지 억압된 성욕도 표면에 떠올라 공공영역에 등장하게 되었다. 그래서 '생산' 보다는 이제 성 자체의 쾌락적 가치를 중시하게 되었다. 이것은 소비사회의 분위기와 완전히 일치한다. 여기서도 물론 학습과정이 일어날 수밖에 없다. 올바르게 소비하는 법을 배우는 학습과정이 시작되어야 한다.

서비스 사회와 참살이[웰빙] 소비의 학습은 '서비스 사회' 로의 이행을 뜻한다. 다양한 종류의 서비스 제공은 생산을 강조하는 산업사회처럼 '무엇' 에 관심을 두기보다는 '어떻게' 에 관심을 두고 있다. 돈을 어떻게 쓸 것인가, 아이를 어떻게 기를 것인가, 여가를 어떻게 보낼 것인가에 관심이 쏠린다. 채취와 경작시대에는 좋은 신분이, 생산과 통상시대에는 돈을 잘 버는 것이 중요했지만 이제는 '잘 사는 것[복지]' 이 중요하게 되었다. 다른 사람들과 어떻게 잘 지낼 수 있을까?

9

20세기 초 서양문명의 충격과 한국사회의 혼란

1. 이미지로 보는 20세기 초 한국
2. 존재를 둘러싼 거인들의 싸움. 무너진 동아시아 세계관
3. 닫힌 세계에서 열린 세계로
4. 양반상놈에서 [자유]인민으로
5. 삼강오륜에서 문명개화로

1 | 이미지로 보는 20세기 초 한국

이 장에서는 '20세기 초 서양문명의 충격과 한국사회의 혼란' 에 대해서 다뤄볼 예정이다. 지금까지는 문화 전반과 문화의 유형, 문화발전의 단계, 문화의 구조와 특징 등 서양의 문화사 전반에 대해서 다루었다. 이 장부터는 지금까지의 내용을 염두에 두고 한국사회와 한국문화, 한국역사를 되돌아볼 예정이다. 그리고 한국문화의 어떤 면이 우리 문화의 특징과 구조와 유형으로 이야기될 수 있는지 알아보기 위해서 먼저 우리 문화 자체에 대해서 반성한 뒤, 우리 문화의 미래를 기획해보는 시간을 가져볼 예정이다.

사진 1 한국의 산하: 부산 금정산의 갈대와 고당봉

사진 2 '운명'의 작곡가 베토벤

이를 위해 한국의 문화적인 혁명, 생활혁명의 시작이라고 할 수 있는 20세기 초를 염두에 두고 20세기 초 한국의 산하에 대한 다양한 이미지와 그 한국산하를 덮쳐오는 서양문명의 운명적인 침투를 베토벤의 음악으로 알아보았다. 또한 지금 우리는 우리의 근대화과정을 되돌아봐야 할 필요가 있다. 사실 우리는 우리에게 근대성이 무엇인지 아직 잘 모른다. 또한 서양이 이야기하는 근대성과 우리가 체험한 근대성과는 많은 부분이 서로 다르다. 그러나 우리는 여전히 서양인들이 설명해 놓은 근대성을 그대로 가지고 마치 우리의 근대화인 것처럼 이야기하고 있다. 그것은 우리에게 비극이다. 우리는 이제 지난 100년을 되돌아보며 우리에게 근대성은 무엇이었는가를 솔직하고 진지하게 따져 물어보아야 한다.

이런 내용에 대해 다루고 있는 책들이 있다. 그 중 하나가 『서울에 딴스홀을 허하라』(현실문화연구, 1999)라는 책이다. 〈현대성의 형성〉이라는 부제를 달고 있는 이 책은 다양한 그림과 이미지, 각종 사진들을 많이 수록하고 있다. 이 책은 지난 150년간 한국의 근대화과정을 다양한 분야에서

사진 3 김진송 (현실문화연구, 1999)

사진 4 신명직 (현실문화연구, 2003)

사진 5 노형석 (생각의 나무, 2004)

보여주면서 어떤 점이 어떤 방식으로 급격하게 변했는지에 대해 기술하고 있다. 또한 지금까지 학문하는 사람들의 관심이 사상과 예술에 국한되어 있었다고 한다면, 이 책의 저자 김진송은 우리의 삶이 어떻게 변했는지에 대해 좀더 자세하게 보여주려고 한다. 다른 책 중 하나는 『모던 뽀이 – 경성을 거닐다』(현실문화연구, 2003)라고 하는 책이다. 이 책의 부제는 〈만문 만화로 보는 근대의 얼굴〉이다. 이 책의 지은이 신명직은 시대비평을 담고 있는 만문 만화가 보여주는 그 당시 사회상을 통해 일반인들의 의식을 파헤치고 있다. 모던 뽀이와 모던 걸은 근대화의 첨단을 걷던 젊은 층들을 일컫는 말이었다.

서양과의 만남을 좀더 학문적인 차원에서 다룬 책으로 『서양과 조선, 그 이문화 격투의 역사』라는 책이 있다. 이 책의 지은이 강재완은 일본에 거주하고 있는 재일교포 학자이다. 강재완은 이 책을 통해 서양과 조선이 만나면서 어떤 식의 대결양상을 보였고 최종적으로 그 충돌적인 만남이 어떻게 정리되었는지에 대해 이야기하고 있다. 그리고 우리가 반성해볼 점은 무엇인지를 다루고 있다. 그는 정치차원에서뿐만 아니라 서양의 학문과 문물이 한국에 들어올 적에 한국 지식인들과 정치인들의 반응이 어떠했는가에 초점을 맞추면서 글을 쓰고 있다.

『모던의 유혹, 모던의 눈물』은 약간은 도발적인 제목으로 화두를 잡은 책이다. 이 책은 근대가 우리에게 가지고 있는 그야말로 유혹적인 측면, 그리고 그것이 우리에게 흘리게 하는 눈물, 그 비극을 다루고 있다. 이 책은 많은 사진을 싣고 있다. 근대화에 관심이 있는 분들이 이 책을 살펴본다면 시각적으로 많은 도움을 얻을 것이다.

이미지로서 특히 강조하고 싶은 것은 바로 그 당시의 세계지도인 '곤여만국전도'이다. 한국에 최초의 세계지도는 약 15~16세기경 한국의 지

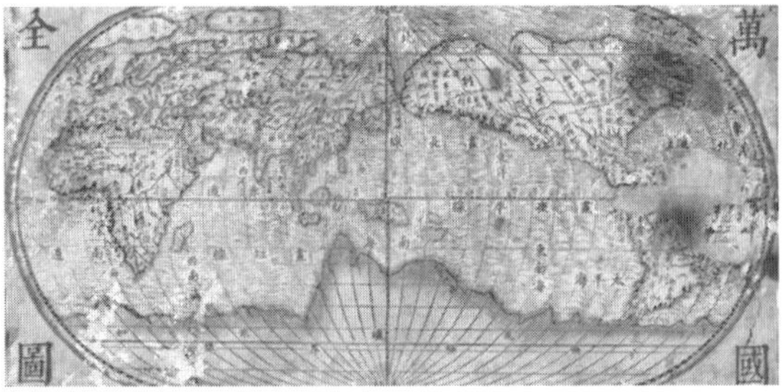

사진 6 곤여만국지도

식인들에게 전래되었다. 그 당시 한국의 지식인들은 세계지도를 보고서 매우 놀랐다. 왜냐하면 그 당시 그들이 알고 있는 지도는 중국에서 보내준 지도인데, 거기에는 중국이 가운데 위치하고 네 오랑캐가 주변부에 존재하는 것으로 그려져 있었다. 당시의 지식인들에게 세계 여러 나라가 나타나 있는 이 새로운 지도는 그야말로 충격이었다.

20세기 초 이제 조선은 외국의 식민지로 전락한다. 조선이 식민지가 되는 것을 막기 위해서 버둥거린 민중들의 혁명이 바로 동학혁명이다. 그리고 어떻게 보면 이 동학혁명은 우리말로 세상을 보려는 민중들의 세계관을 펼쳐 보이고자 했던 최초의 시민혁명이라고 볼 수도 있다. 그러나 동학혁명은 실패하고 말았고 동시에 우리말로 세상을 보려고 했던 시도도 물거품이 되고 말았다. 그 점을 되새기기 위해 동학혁명과 관련된 이미지를 아래에 나타내었다.

사진 7 동학농민운동

사진 8 철마의 모습

사진 9 이화학당의 모습

Copyright Doosan Encyber.
독립신문

사진 10 독립신문(창간호)

그 다음은 '철마는 악마다' 라고 하는 이미지이다. 이 땅에 처음으로 기차가 들어오면서 철로를 놓기 위해 전국산하를 파헤쳤다. 기차가 쇠로 된 철로 위를 쇠신을 신고 달릴 때 그 당시에 조선인들은 풍수지리상 이것이 조선의 맥을 끊는 것이라고 생각했다. 이 때문에 철로를 놓으면 며칠이 지나지 않아 누군가 와서 이것을 파헤쳤다. 이 당시 이렇게 철로설치를 방해한 사람을 붙잡아 감옥에 가뒀다는 기사를 흔히 볼 수 있었다고 한다. 이처럼 그 당시 우리들에게는 기차라는 것이 매우 생소했다. 그러나 지금은 KTX가 도입되어 서울과 부산을 두 시간만에 주파할 정도로 기차는 우리 삶의 일부가 되었다.

그 다음 이미지는 이화학당의 이미지이다. 이화학당은 여성들의 지위, 여성에 대한 시각이 근대에 이르러 완전히 달라짐을 상징적으로 보여주고 있다. 그 다음은 우리나라 최초의 근대 신문인 독립신문이다. 우리는 이 신문에 실린 사설들의 논조를 통해 우리가 어떤 험한 길을 헤쳐왔는지 알 수 있다.

사진 11 정동교회의 전경

사진 12 김대건 신부 동상의 모습

그 다음 그리스도교의 확산은 근대화를 앞당겼다. 특히 무엇보다도 이 세상에는 양반과 상놈이라는 고정된 반상의 신분질서가 있는 것이 아니라 하느님 앞에서 모두가 평등하다는 평등주의가 널리 퍼져나갔다. 그리고 그 다음 개화파들이 등장해서 뒤늦게나마 서양문명을 받아들이며 우리도 변해야 살 수 있다고 주장한다. 그렇지만 몇몇 사람이 주장한다고 해서 그렇게 쉽게 근대화가 이루어지는 것은 아니다. 주변 강대국들이 조선의 개화파가 생각하는 것처럼 그렇게 쉽게 조선의 근대화를 바라보고만 있지는 않을 것이 너무나 명백한 상황이었다. 고래싸움에 새우등 터지는 것처럼 그 당시에는 운명적으로 우리의 삶을 강대국에 맡겨야만 했다.

이제 그로부터 100년이 지나 새로운 1000년을 맞이한 지금 우리는 다시 한 번 그 때를 되돌아보며 새로운 1000년은 어떻게 우리 스스로 우리의 삶을 기획해 나가야 할지, 우리 문화를 디자인해 나가야 할지 같이 고민해야 할 것이다. 이것이 바로 이미지와 더불어서 여러분에게 던지려고 하는 메시지다. 그러면 이제 이 전체적인 사건을 되돌아보도록 하자.

2 | 존재를 둘러싼 거인들의 싸움. 무너진 동아시아 세계관

(1) '존재자 전체로의 침입사건'

이 전체적인 사건을 되돌아보면 서양의 기술문명보다 우리의 기술문명이 약해서 그렇게 된 것이 아니냐고 이야기할 수 있다. 그러나 좀더 깊은 차원으로 파고들어가 보면 눈에는 보이지 않는 커다란 혁명적인 사건들이 있었음을 확인할 수 있다. 그 혁명적인 사건 중의 하나가 세계관 또는 존재관이 바뀐 것이라고 말할 수 있다. 그리고 이것은 앞에서 이미 언급한 적이 있다. 인간이 인식론적인 진화를 할 수 있었던 것은 세계 전체에 대한 나름대로의 그림, 나름대로의 상, 나름대로의 이념을 가지기 시작했기 때문이다.

이념은 전체를 하나의 개념으로 파악하는 것이다. 철학에서는 이러한 대표적인 이념이 셋 있는 것으로 이야기되는데, 그것은 신, 세계 그리고 자아(나)이다. 여기서 자아(나)는 인식하는 주체를 전체로 잡은 이념이고, 세계는 객체 또는 대상을 전체로 잡은 이념이고, 그 다음 이 객체, 주체까지도 포함해서 그 전체를 모두 하나로 잡은 이념이 신이다.

여러분들이 알고 있듯이 이념은 그리스어로는 이데에(idee)이고 이 이데에는 이데아(idea)와 연관이 있다. 그래서 이렇게 전체를 하나로 잡는 이념을 만들어서 목표와 의미로 사람들에게 제공해 사람들을 오직 그 한곳으로 몰아가는 것을 이데올로기라고 한다. 이념이라고 하는 것은 전체를 파악하는 그림, 상, 개념이고 전체 대중을 일사분란하게 통제하여 한 가지 목적을 향해 나아가게 하는 데 정신적으로 활용되는 것이 바로 이데올로기이다. 우리도 얼마 전까지 반공을 국시로 생각하는 국가정책을 펼쳤는데, 이 때의 반공이 모든 사람들을 한곳으로 몰아서 통제하는 이데올로기로 작용했다. 나라 전체를 위한 목표점을 하나 정해놓고 모든 사람들이 아무런 물음 없이 따라오도록 하였는데, 여기서 우리는 이데올로기의 위력을 실감할 수 있었다. 이렇게 전체를 하나로 파악하는 것은 굉장히 중요한 일이다. 앞에서 설명했듯이 인간에게 인식론적인 진화를 가능하게 한 것이 바로 인간의 전체에 대한 관계맺음이기 때문이다.

(2) 존재의 지평

앞에서 지은이는 원을 그리고 그 원 안에 있는 것이 바로 존재자라고 언급했었다. 그리고 그 존재자의 전체 이것이 바로 세계라고 설명했다. 물론 그 안에는 사람들도 포함되어 있으며, 이 존재자의 전체를 창조한 창조주로서의 신은 이 원의 바깥에 놓았다. 인간은 삶을 살아가면서 전체를 파악하려는 노력을 끊임없이 시도한다. 왜냐하면 전체에 대해서 모르면 불안하기 때문이다. 인간은 자기 자신에 대해서, 전체에 대해서 알아야만 편하기 때문에, 끊임없이 전체를 해석하고 설명하려고 한다. 전체가 설명이 되고 해석이 되면 비로소 인간은 편안함을 느낀다. 그래서 인간은 살면서 끊임없이 전체에 대한 해석을 해 왔는데, 그것이 바로 일종의 세계관이라고 하는 전체에 대한 해석의 한 흐름이다. 다른 이념에 대해서도 똑같이 관(觀)자를 붙일 수 있다. 신관(神觀), 인간관(人間觀)이 그것이다. 이러한 전체적인 이념의 시각 또는 이념의 관점이 우리가 '어떻게 살아가느냐' 라고 하는 삶의 방식을 규정한다. 앞의 도표들에서 존재하는 것을 테두리 친 그 원을 철학에서는 지평이라고 한다. 있는 것을 테두리 친 것이기 때문에 존재를 '테두리 친 것' 이라고 해서 그것을 '존재의 지평' 이라고 부른다.

인간은 살면서 끊임없이 어떤 방식, 어떤 형태로건 전체와 관계를 맺는다. 이러한 전체와의 관계맺음을 다른 말로 표현해서 지은이는 '존재자 전체로의 침입사건' 이라고 이름하였다. 인간은 의식이 있고 정신이 있기 때문에 끊임없이 존재자 전체를 개념으로 파악하려고 한다. 인간은 존재자 전체를 어떤 형태로든 표현하려고 한다. 그것은 어떤 문화권에서건 다 시도되었다. 그래서 조선이 서양을 만나기 전에도 이러한 세계관, 신관, 인간관은 분명히 존재했었다. 그것이 바로 동아시아에서 동아시아인들이 주도해서 전개한 존재자 전체로의 침입사건이다. 그런데 이제 세계의 서로 다른 문화권들이 만나게 되면서 존재자 전체에 대한 시각(존재의 시각, 이데올로기)을 둘러싸고 보이지 않는 싸움이 시작되었다. 그것을 다른 말로 하면 '존재를 둘러싼 거인들의 싸움' 이라고 표현할 수 있다. 존재자 전체를 자신들의 시각으로 장악하기 위한 거인들의 싸움. 존재를 둘러싼 거인들의 싸움. 존재라고 하는 울타리를 치고 존재를 어떻게 이해하느냐에 따라서 인간관, 신관, 세계관이 달라지게 된다. 그래서 지은이는 바로 이러한 존재의 지평, 존재를 보는 시각이 모든 것을 바꾼다고 생각하며 존재의 시각을 다른 말로 '존재의 눈깔' 이라고 이름해보았다. 존재의 눈깔 ─ 존재를 보는 눈, 존재를 보는 시각 ─ . 그 눈의 빛깔, 눈의 갈래, 그 눈에 들어오는 모든 것.

(3) 존재를 둘러싼 거인들의 싸움

개개의 문화권의 역사를 보면 이 존재를 어떻게 해석하느냐를 둘러싸고 끊임없이 싸움이 일어났다. 이것을 서양과 동아시아로 나눠서 보기로 하자. 서양은 처음에는 물, 불, 흙, 공기, 원자로 시작해서 이데아, 실체, 본질, 주체, 정신, 의식, 의지 등등이 존재를 해석하는 개념틀(범주)로 등장한다. 존재의 시각, 존재의 개념이 이런 식으로 바뀌어 오면서 세계를 해석하는 근본범주, 틀이 된다. 동아시아에서는 이것이 어떤 식으로 전개되어 왔는가? 동아시아에서는 처음에는 천(天), 도(道), 이(理), 그 다음에 기(氣), 성(性), 심(心) 등등으로 존재의 해석을 둘러싼 거인들의 싸움이 펼쳐져 왔다. 동양과 서양이 심층적으로 만나기 전에는 각자의 문화권 안에서 나름대로 싸움을 전개해 왔다. 서양문명이 들어오기 전에는 주로 중국을 중심으로 그런 싸움이 벌어졌다.

그런데 이제 서양과 동양이 만나면서 이 두 문화권의 각기 다른 존재의 눈깔, 존재의 시각이 서로 충돌했다. 이런 동양과 서양의 문명충돌은 지금까지 세 번 있었다. 그 첫 번째 만남은 십자군 전쟁이다. 그 때는 동양이 모든 면에서 서양보다 앞서 있었다. 문화적인 면과 기술적인 면, 과학적인 면 등 모든 면에서 서양보다 앞서 있었다. 두 번째 만남은 이른바 콜럼버스의 신대륙 발견이라고 하는 1492년이다. 그 해를 기점으로 동양과 서양이 다시 만났다. 그 당시에도 모든 면에서 동양이 서양보다 앞서 있었다. 콜럼버스가 왜 인도와 중국을 찾아나섰는가? 동양에는 황금이 많다는 사실과 그 곳은 모든 문화가 앞서 있다고 하는 기행문에 힘을 얻어 많은 탐험가들이 그 이상의 나라 인도, 중국을 찾아나섰던 것이다. 또한 몇 번 이야기했듯이 근대를 이끈 서양 근대기술의 핵심이라고 하는 종이, 화약, 나침반, 인쇄술들은 모두 동아시아, 동양에서 발명한 것이다. 즉, 두 번째 만남까지도 동양이 서양을 모든 면에서 앞서고 있었던 것이다. 그리고 20세기 들어 세 번째 만남이 본격적으로 시작되기 전에 서양의 세계관이 동아시아를 점령하게 된다. 세 번째 만남은 제1차 세계대전과 제2차 세계대전을 통해서 시작된다. 지금 진행되고 있는 세 번째 만남에서 이제 더 이상 누가 주도권을 가졌는가는 중요한 사항이 못 된다. 어차피 이제는 지구라는 한 배를 탄 운명의 지구인들이기 때문이다. 이제는 동서양이 머리를 맞대고 보다 나은 지구 살림살이를 위해 각자가 전수받은 문화적 유산들을 최대한 활용하려고 노력해야 한다. 그것이 문화의 세기 문화 다양성이 가지는 의미이며 가치일 것이다.

이렇게 우리는 서양과의 첫 번째 만남, 두 번째 만남까지도 콧대가 높았었다. 그래서 동아시아에서는 서양을 오랑캐라고 불렀었다. 그러나 이제 세 번째 만남의 시대에 우리는 서로의 자존심, 서로의 콧대를 꺾고 그야말로 지구촌시대, 지구화시대에 서로를 인정하면서 상호 소통의 윤리를 새롭게 만들어 가야 한다. 이것이 바로 통합의 시대 지구촌 지식인들과 정치인들에게 주어진 과제이다. 어쨌든 지금 이 장에서 지은이가 말하고자 하는 것은 20세기 초 한국의 상황을 보았을 때 한국은 서양의 세계관, 서양의 존재관이 완전히 동아시아를 집어삼켜 동아시아를 통폐합시킨 후였다는 사실이다.

서양의 근대화에서 가장 중요한 점은 바로 각각의 민족들이 자기의 언어를 되찾은 것이다. 그리고 사실 우리의 근대화에서도 가장 중요한 것은 우리가 우리의 언어를 되찾는 것이다. 우리의 언어를 되찾기 위해서 일어난 혁명이 바로 동학혁명이다. 그러나 동학형명은 실패로 끝나고 말았다. 동학혁명이 실패로 끝난 뒤 지식인들은 과연 우리말을 살리기 위해서 얼마나 노력했는가? 우리말 안에 담겨져 있는 세계관, 존재의 시각, 존재의 눈깔을 해석하려고 얼마나 노력했는지 되돌아보면 정말 안타까울 뿐이다. 서양의 근대화에서 지식인과 정치인들이 앞장서서 제일 먼저 한 일은 자기들이 전수받은 고대 중세의 그리스, 라틴어로 된 고전들을 자기들의 자국어로 번역을 하고 자기들의 삶, 생활방식에 바탕한 문학작품들을 자국어로 표현하는 일이었다. 그런데 우리는 일본의 식민지가 되기 직전에야 비로소 처음으로 한글의 중요성을 깨달았다. 그 전에는 한문이 모든 것을 해결해줄 것이라 믿었다. 우리는 한문을 당연한 우리의 글로, 지식으로 생각하고 있었다. 그렇기 때문에 한문에 표현된 중국의 세계관과 중국의 가치관을 우리 것으로 생각하며 살아왔다. 이것이 돌이킬 수 없는 우리의 비극이었다.

3 | 닫힌 세계에서 열린 세계로

(1) 외국인의 눈에 비친 조선

이제 19세기 중반부터 20세기 초에 이르는 우리의 상황을 한 번 살펴보자. 19세기 중반부터 20세기 초에 이르는 기간에 은둔의 나라 조선에서는 조용하면서도 격렬하게 세계관, 인간관, 윤리관의 변혁이 일어나고 있었다. 지금까지 한반도에서 그토록 한꺼번에 세계관과 인간관, 윤리관 전체를 뒤흔들어놓는 근본적인 정신적 생활세계의 변화는 없었다. 그 당시 네덜란드의 학자 레드야드는 18세기까지 조선의 상황이 어떠했는지를 『조선에 온 네덜란드인』에서 이렇게 표현하고 있다.

“조선의 쇄국은 어떠한 외국인과의 관계도 피하려는 조선의 결심이 너무나도 확고하였다. 이 은둔지리적 심정에의 근저에는 한편으로는 조선이 중국과의 전통적인 조공관계에 만족하고 있다는 사실과 다른 한편으로는 외국인과의 접촉으로 인한 고통과 황폐의 기억이 깊이 뿌리내리고 있었다.”

레드야드는 조선이 왜 나라를 열려고 하지 않는지, 왜 계속 닫힌 채로 머물려고 하는지에 대한 전반적인 상황을 이야기하고 있다. 그리고 계속해서 이렇게 이야기한다.

“조선은 국경과 연안을 폐쇄하고 외국과의 접촉도 최소한으로 하여 청빈의 신앙을 의식적으로 계속해 나갔다. 실제로 조선의 문을 두들긴 외국인들에게 그들은 다음과 같이 대답했다. ‘우리는 아무것도 갖고 있지 않고 또 아무것도 필요하지 않습니다. 자 돌아가시오.’ 이러한 고립주의는 그런 태도가 실질적으로 종식된 1870년대까지 강행되었다. 조선은 세계에서 ‘서양에 문호’를 연 마지막 나라였다.”

위의 내용은 그 당시 우리의 상황을 보여주고 있다. 조선은 오직 중국 하나만 있으면 된다고 생각했던 것이다. 그런데 그런 중국이 오랑캐 나라인 영국에 의해 북경이 함락되는 수치를 당하는 것을 보며 조선은 달리 생각하기 시작했다. 이제 더 이상 중국과 중국적인 세계관, 중국적인 가치관을 따라서는 안 된다는 것을 깨닫고 그 때부터 거리를 두기 시작한다. 그때까지만 해도 지식인들은 역사도 마치 중국의 것이 우리의 역사인 것처럼 생각했다. 중국역사의 일부분이 우리의 역사라고 생각했던 것이다. 그리고 중국이 당하고 나서 그 다음에야 우리의 역사, 즉 국사에 대해서 새로운 인식을 가지게 된다. 그래서 우리의 역사에 대해서 되돌아보게 되고 반성을 하게 된다. 단군에 관한 이야기가 많이 나오기 시작하는 것도 그때부터다. 여태까지는 중국에 빌붙어서 모든 것을 해석하며 그들의 눈으로 우리의 역사도 보았을 뿐이었다.

1584년에 중국 광둥성에서 제작된 세계지도의 일종인 곤여만국전도가 조선에 전래되면서 당시 조선의 지식인들은 큰 충격을 받았다. 이 때의 이 지도는 서양 선교사들이 그래도 중국을 가운데 놓으려고 무척 노력을 했던 산물의 지도이다. 당시 서양의 선교사들은 중국을 공략하기 위해 중국에 대해서 연구를 하기 시작했다. 어떻게 하면 중국의 환심을 살 수 있을까? 어떻게 하면 중국의 관심을 끌 수 있을까? 서양의 선교사들이 중국의 관심을 끌기 위해 고심 끝에 생각해 낸 것이 바로 달력이다. 알다시피 조선은 해마다 연초에 중국으로부터 달력을 받아왔다. 그리고 또한 연호를 받아왔다. 1년이 어떻게 음력으로 되어 있고 그에 맞춰서 농사를 어떻게 지을지 등 그야말로 모든 것을 중국황제로부터 하사받았다. 그 지시에 따라 1년의 살림살이를 해나갔던 것이다. 그렇기 때문에 달력은 곧 권력이었다. 그런데 서양인들이 볼 적에 중국인들의 음력에 무엇인가 문제점이 있었다. 그 음력에 의해서는 일식이나 월식이 시차가 맞지 않고 약간 어긋났다. 서양 선교사는 그 점을 간파해내고 이를 이용해 중국을 설득시켰다. 그리고 중국은 서양의 선교사들을 고위직에 앉혀놓고 서양의 달력을 배웠다. 그리고 중국에서는 조선에 서양의 달력을 알려주지 않았고, 조선은 몰래 중국에 사람을 보내 서양의 달력을 배워야만 했다. 이렇게 중요시한 달력은 일종의 세계관의 한 표현이라고 볼 수 있다.

(2) 중국중심 세계관의 붕괴

서양의 세계관에서는 지구가 둥글고 하늘도 둥글다고 보았다. 하늘이라는 대원 속에 지구라는 소원이 있다고 표현했다. 이와는 다르게 중국의 세계관은 하늘은 둥글고 땅은 방형이라고 하는 천원지방설을 표방했다. 그런데 서양에 의해 중국의 이런 우주관이 뿌리째 뽑히게 되었다. 그리고 중국이 중앙에 있고 그 바깥으로 네 개의 오랑캐인 동이, 서융, 북적, 남만이 있다고 하는 존화비이(尊華卑夷) 사상 역시 흔들리게 되었다. 이것이 아무런 과학적인 근거가 없다는 것을 조선의 지식인들도 알게 되었다. 이렇게 서양을 알게 되면서 다른 나라, 다른 민족이 있고 그리고 그들 나름의 문화와 윤리도덕이 있다는 사실도 알게 된다. 그리고 서양 사람들이 들여온 자명종을 비롯한 여러 기계들을 접하게 되면서 서양의 과학기술이 무시할 수준이 아니라는 것을 깨닫게 된다. 그러나 그 때는 이미 너무 늦었다. 이미 서양의 함선이 우리 연안에 등장하여 공포사격을 하기 시작한 것이다. 이제 우리는 어쩔 수 없이 물리적으로 서양에 의해 제압당할 위기에 놓여 있는데, 설상가상으로 중국에는 전혀 기댈 수도 없어 스스로 결단을 내려야 할 최초의 순간과 맞닥뜨리게 된다. 이제는 쇄국을 포기하고 국토를 개방할 수밖에 없게 되었다. 국토를 개방한 후 서양의 문명이 물밀듯이 들어오면서 이제 한국은 모든 면에서 뒤흔들리게 된다. 이제 우리를 지탱해왔던 세계관, 인간관, 가치관, 윤리관들이 서양의 발달되었다고 생각하는 기술과학에 의해 전부 뿌리째 흔들리게 된다. 이것이 바로 20세기 초 우리의 상황이라고 볼 수 있다.

4 | 양반상놈에서 [자유]인민으로

(1) 낯선 타자로 덮쳐온 서양의 세계관

그렇다면 이제 이런 상황을 신분질서와 윤리도덕이라고 하는 차원에서 살펴보도록 하자. 근대성, 근대의 운명에서 서양과 한국은 다르다고 말했는데 그 부분에 대해서 살펴보도록 하자.

근대(近代), 모던(Modern), 모데르네(Moderne). 이것은 '새로운, 새 시대' 라는 뜻이다. 독일어에서는 이 근대에 해당하는 표현이 'Neuzeit' 이다. '새 시대' 라는 뜻이다. 새 시대를 한자로 근대(近代) 또는 근세(近世)라고 표현하기도 한다. 근대가 대충 16세기에 시작했다고 하면 17세기 후반에 이르러서 독일사람들은 이 때의 근대를 노이에레 차이트(Neuere Zeit)라고 표현한다. 즉 비교급을 이용해 표현한 것이다. 그 의미는 '더 새 시대' 라는 뜻이다. 새 시대에서 '새로운' 에 비교급을 쓴 '더 새 시대' 라고 표현한 것이다. 그리고 최근에는 최상급으로 써서 '노이에스테 차이트(Neueste Zeit)' 라고 표현한다. 그야말로 19세기의 최근세(最近世), '가장 새로운 시대' 를 지칭하는 말이다. 그렇다면 이제 우리가 사는 20세기 이후는 뭐라고 불러야 하는가? 그 시기는 독일어로 게겐바르트(Gegenwart)이다. 이것은 바로 현대라는 뜻이다. 다른 의미로는 현재라는 뜻이기도 하다.

서양의 학자들은 시간의 흐름에 따라 끊임없이 역사를 사건에 따라 등

급화시키고 분류하느라 몹시 고심했다. 과연 이 시대를 어떻게 특징짓고 거기에 어떤 칭호를 붙여야 하는가? 근대 서양에서는 각각의 세기를 시간적 차원에서 이름을 붙이며 구분하려고 노력하였다. 서양인들은 나이를 먹어가면서 그 시기에 따른 그들의 정체성을 확인해나간다고 볼 수 있다. 우리 식으로 이야기한다면 예를 들어 유치원에 다니고 초등학교, 중등학교, 고등학교를 거쳐 대학교까지 다닐 때의 내 사진을 훑어본다면 각각의 시절에 각기 특색 있는 모습으로 서로 다른 점이 존재한다는 것을 알 수 있을 것이다. 그럼에도 불구하고 그 때의 나는 지금의 나와 같다. 이런 차원에서 서양의 근대라고 하는 것은 서양인들이 자신들의 정체성을 시간이 꽤 흐른 시점에 다시 한 번 확인하면서 그 전의 자신들의 모습과 많이 다르기에 '새 시대(근대)' 라고 이름붙인 것이다. 어떻게 보면 중세라고 하는 초등학교 시절이 이제 근대에 오면서 사춘기에 접어드는 것과 같다. 그리고 근대를 거치면서 서양 사람들이 성숙하며 장년이 되어가는데, 그것이 바로 현대를 살고 있는 그들의 모습일 것이다. 이제 현대에 들어서서 인류는 아마 50대 초반에 들어섰다고 비유적으로 말할 수 있을 것이다.

여기서 지은이가 강조하려고 하는 것은 서양에서의 근대성이라고 하는 것은 시간의 성숙함과 관련이 있다는 점이다. 그렇다면 우리의 근대도 그러한가? 과연 우리의 근대가 나이 몇 살 더 먹은 사춘기에 조금 반항을 하다가 철이 들었고 그래서 이제 나이 든 현대로 넘어온 셈이 되는가? 아니다. 우리의 근대는 서양과는 분명히 다른 면이 있다. 우리는 근대라는 시기에 우리 자신을, 우리의 정체성을 지워버리고 새로운 정체성을 부여했다. 그래서 우리에게는 단순히 시간적인 축만의 근대가 아니다. 여기에는 공간적인 축이 같이 가고 있음에 유의해야 한다. 즉, 영역적인 축이 같이 가고 있는 것이다. 이른바 서양이라고 하는 다른 삶의 공간, 다른 세계관이 우리한테 강제로 이식된 것이다. 그래서 그냥 단순히 나이 한 살 더 먹은 것처럼 세기가 달라진 것이 아니라 우리에게는 낯선 가치관, 이질적인 세계관이 강제로 주어져서 우리의 정체성 자체가 완전히 변해버리게 된 것이다. 그래서 우리의 근대는 흔히 이식되고 착종된 근대이고, 변형되고 굴절된 근대라고 표현되기도 한다. 바로 이러한 표현들이 우리가 순탄한 근대화를 거친 것이 아니라 우리 자신을 완전히 바꾸어야 하는 시련의 시기를 거친 것을 나타내고 있다.

그런 근대화과정을 우리는 '양반상놈에서 자유인민으로' 라고 표현할 수 있다. 근대화가 시작되기 전, 우리는 그 당시의 인간관에 의해 왕족은 왕족으로 태어나고 양반은 양반으로 태어나고 중인은 중인으로 태어나고 상놈은 상놈으로 태어나는 신분질서를 벗어날 수 없는 것이라고 생각했다. 백정은 백정으로 태어나서 그 정해진 신분을 결코 벗어날 수 없다. 막말로 몇 번 죽었다 깨어나도 그 신분질서에서는 벗어날 수 없었다. 조선의 민중들은 그러한 신분질서를 운명적이고 숙명적으로 받아들이며 그 안에서 살아야 했다. 그런데 이제 다른 세계관이 들어오면서 사람은 신 앞에서 다 똑같다는 인간관을 접하게 된다. 양반과 귀족, 왕족 등의 신분질서가 있는 것이 아니라 인간은 태어나면서 누구나 다 똑같다는 사상이 들어온 것이다. 그 충격은 엄청났다. 양반들은 이를 막기 위해 온갖 수단을 다 동원하였다. 이를 막지 못하면 양반들만의 독특한 특권이 다 사라져 버리기 때문이었다. 반면에 거기에서 눈이 깨인 민중들은 민중이 시민이 되는, 민중들이 주인이 되는 그런 세계를 만들기 위해서 동학혁명을 일으켰다. 서양에서의 프랑스 대혁명 같은 시민혁명을 우리도 뒤늦게나마 일으켰다.

(2) 전혀 다른 인간관과 가치관의 도전

서양에서도 신분질서는 존재했었다. 거기에서도 근대화가 진행되면서 비로소 모든 사람들이 법 앞에서 평등하다고 하는 평등사상이 널리 확산되었다. 그런데 우리에게는 우리 스스로 만들어내지 못한 인간관과 가치관이 들어오기 시작한 것이다. 이런 새로운 세계관을 민중들에게 널리 퍼뜨린 것은 천주교였다. 천주교는 1984년에 200주년을 맞이하였으니 1784년경 이 땅에 들어온 것이다. 처음에 천주교가 들어왔을 때에 천주교인들은 많은 탄압을 받아야만 했다. 유학자들은 임금도 아비도 모르는 사학이라고 비난하며 위정척사론을 벌였었다. 천주교에 대한 박해로 인해 그 당시 몇만 명의 사람들이 죽어야만 했다. 그리고 그런 죽음 뒤로 서서히 기존의 세계관이 무너지기 시작했다. 기존의 나란 누구인가? 우리란 누구인가? 그 다음에는 세계란 무엇인가? 우리는 어떤 가치관을 추구해야 하는가? 라는 근본적인 물음들이 제기되기 시작한다.

(3) 개화파의 응전

19세기 말 이러한 시대적인 상황 속에 뭔가 달라져야 한다고 생각하며 달라지기를 주장하고 나선 한 부류의 지식인들, 지도자들이 있었는데 그 사람들이 바로 개화파이다. 그 개화파의 주역인 김옥균은 조선의 쇠퇴가 양반의 발호와 전횡에서 말미암는다고 판단하고 양반을 베어 없앨 것을 주장했다. 개화파의 한 사람인 박영호는 이렇게 글을 남겼다. "하늘이 인간을 세상에 나오게 함에 모든 이를 다 같게 하였으니, 그 타고난 것에는 움직일 수 없는 이치가 있다. 그 이치란 사람은 스스로 생명을 보존하고 자유를 구하며 행복을 바란다는 것이다." 여기에서 우리는 서양의 평등사상이 표현되어 있음을 알 수 있다. 과거에 서양 오랑캐 것이라 해서 무조건 배척만 했던 서양의 것이 조선의 지식인에 의해 배워야 할 것으로 선포되고 있는 것이다. 서양의 좋은 점, 서양의 이러한 평등사상, 진보사상 등을 배우고 활용해서 그것으로 우리가 사는 세상을 바꿀 수 있고 바꿔야 산다는 절박한 시대적인 사명을 느꼈던 것이다. 그 대표적인 인물이 바로 서재필이다.

(4) 서양사상의 수용

서재필은 〈독립신문〉에서 계몽의 정신으로 서양 근대사상의 좋은 점을 다른 사람들에게 알리고 그것에 맞춰서 우리의 삶을 변화시키려고 노력하였다. 그를 비롯한 이 땅의 지식인들은 서양사, 근대사의 주축인 진보주의, 법치주의, 천부인권설 등을 받아들이면서 그것을 일반인에게 알리려고 노력하기 시작한다. 1897년 10월 7일자 〈독립신문〉 논설에서 서재필은 다음과 같이 말한다. "인간이 자유로운 것은 이성을 가지고 있기 때문이라고 생각한다고 스피노자는 말하였으며, 자유로운 사람이란 그 자신을 가리키는 것이지 다른 사람을 가리키는 것은 아니라고 아리스토텔레스가 말하였다." 그는 스피노자의 범신론이나 아리스토텔레스의 형이상학과 같은 서양철학을 끌어들이며 자신의 주장을 뒷받침하고 있다.[47] 알게 모르게 서양의 사상이 세계관의 혼란을 비집고 조선의 지식인들에게 새로운 세계관 정립의 실마리를 제공하고 있다.

---

47) 참조 윤사순 · 이광래, 『우리사상 100년』, 현암사, 2001, 275/6.

(5) 기독교를 통한 새로운 가치관 확립시도

보이지 않게 존재를 둘러싼 거인들의 싸움이 펼쳐져 왔던 것이다. 이제 동아시아의 세계관과 존재관은 무너지기 시작하였다. 아니 이미 무너졌다. 이제 공공연하게 신문에서 서양의 사상을 받아들이고 그것에 맞춰서 우리 자신을 새롭게 봐야 하며 우리의 세계를 변혁시켜야 한다고 주장할 정도였기 때문이다. 천주교는 처음에 민중들에게 평등사상을 일깨우고 서민들로 하여금 다른 가치관과 다른 세계관, 다른 신관이 있음을 보여주었다. 그 파장은 컸고 민중들은 천주교와 그 교리에 목숨을 걸 각오가 되어 있음을 보여줬다. 20세기 초 조선인은 세계관의 붕괴, 나라 잃은 서러움, 자아정체성의 혼란, 전통 가치관의 전복, 지도자의 부재 속에 극도의 정신적·육체적 파국 속에 살아가고 있었다. 이러한 암울한 현실 속에서 새로움의 상징인 서양의 개신교는 새로운 희망으로 한 줄기 횃불과 같은 역할을 하였다. 개화를 주장하는 많은 지식인들은 기독교 신앙을 통해 새로운 가치관의 확립과 자아의 발견을 도모하려고 시도하였다. 유교윤리의 차별적 가치가 지배하던 일종의 닫힌 사회인 조선 사회에서 기독교가 내세우는 새로운 가치관은 하느님 앞에서는 누구나 평등하다는 사민평등(四民平等)의 윤리였다.[48]

48) 윤사순·이광래, 『우리사상 100년』, 현암사, 2001, 283.

5 | 삼강오륜에서 문명개화로

(1) 동도서기론

그렇다면 이제 제일 먼저 바꿔야 할 것은 과연 무엇인가? 인간관과 세계관을 바꾸고, 그 다음 거기에 맞추어 우리가 어떻게 살아야 할지를 생각하는 가치관을 바꿔야 했다. 이제는 우리의 전통적인 가치관인 삼강오륜이 도마에 오르게 된 것이다. 그 당시 서양문명을 대하면서 어떤 식으로 이 새로운 힘과 관계를 맺어야 할지에 대해서 지식인들은 많은 고민을 하였는데 이것을 문화전략이라고 볼 수 있다. 그리고 그 당시 문화전략 중 하나가 바로 동도서기론(東道西器論)이다. 동도서기, 즉 자아정체성과 정통 윤리도덕은 지키되 기술적인 차원, 즉 도구적인 차원에서의 편리함은 받아들이자는 생각이다. 기술발명과 발견 같은 것들은 받아들여서 우리의 생활을 윤택하게 하고 우리의 군사적인 힘을 강화시키자는 이야기이다. 동도서기론에서는 문화의 측면은 동양의 것을 변화하는 세계와 관계없이 고수하면서 기술, 기계, 제도 등은 서양의 것으로 바꾸자는 그런 내용이다. 이를 주장하는 대표적인 사람인 신기선의 주장에 따르면 윤리도덕을 내용으로 하는 도(道)는 동양의 것이 우월하고, 제도와 기물을 내용으로 하는 기(器)의 측면은 서양의 것이 우수하다. 그러므로 동양의 도는 지키고 서양의 기는 받아들여서 우리의 삶을 바꿔나가자고 이야기했다.

"대개 동양인[中土之人]은 형이상의 것에 밝기 때문에 그 도가 천하에 독존하고, 서양인들[西國之人]은 형이하의 것에 밝기 때문에 그 기가 천하에 무적이다. 동양의 도로써 서양의 기를 행한다면 온 세계를 평정하는 일도 대단한 것이 못된다. …… 진실로 우리의 도를 행할 수 있으면 저들의 기를 행하는 것도 마치 손바닥을 뒤집는 것같이 쉽다."[49)]

그 어려운 망국의 시절에도 이런 식으로 당당하게 이야기할 수 있었던 그 사람은 주체적이고 지조가 강하다고 말할 수도 있겠다. 그렇지만 다른 한편 지금 생각해 보면 어처구니가 없기도 하다. 서양의 기를 받아들이게 되면 그것과 더불어 서양의 도가 침투하고 알게 모르게 우리의 도가 조금씩 조금씩 무너져간다는 것은 주지의 사실이다. 정신만 멀쩡하게 가지고 있으면 호랑이에게 잡혀가도 문제없다고 생각하지만, 사실 우리 주변의 모든 것들, 생활의 모든 것들이 변해버리는데 정신만을 지킨다는 것은 불가능하다는 것을 알아야 한다. 이러한 동도서기적 생각은 동아시아 삼국이 거의 다 비슷하게 했다. 중체서용(中體西用), 화혼양재(和魂羊材) 등 표현은 다르지만 주장하는 내용은 비슷했다.

(2) 버려야 할 삼강오륜

이제 우리가 지켜야 한다고 생각했던 윤리도덕이 무너지기 시작했다. 신채호는 망국의 사상적 원인으로서 무엇보다도 먼저 유교의 자주정신을 망각한 의타성과 존화주의(尊華主義)를 지적했다. 그는 "존화주의를 위하여

49) 신기선, 『농정신편 서』, 안종수 편, 『농정신편』, 광인사, 1885년. 윤사순·이광래, 『우리 사상 100년』, 51쪽에서 다시 따옴.

조선이 존재하며, 삼강오륜을 위하여 민중이 존재하고" 있는 꼴이라고 혹평하였다. 이것은 앞뒤가 완전히 뒤바뀐 것이었다. 그 다음으로 그는 사람들을 '노예'로 만드는 유교도덕의 폐해를 지적하였다. 신채호는 당시 유교의 윤리 규범인 삼강오륜을 "이제는 붕괴되어야만 할 도덕"이라 하면서, 삼강오륜을 중심으로 한 윤리도덕은 "국가와 민족을 멸망하게 하는 도덕"이라고 단언하였다.[50] 이제 동도서기론은 흔적도 없이 사라져 버리고 이제는 서도서기가 되어버리다시피 한 것이다. 그러면 새로운 희망은 무엇이었을까? 새로운 희망, 그것은 개화문명이었다.

(3) 새로운 희망은 개화문명

개화파의 지식인에게 새로운 시대[근대]의 빛은 밀려오는 제국주의의 대포와 그들의 뒤켠에 든든하게 자리잡고 있는 그 어떤 힘으로 보였다. 때로 그 힘은 산업화를 선점한 자들의 경제력이기도 했고, 기계와 과학이라는 틀로 빚어진 군사력이기도 했으며, 그것을 바탕으로 한 세련되고 다듬어진 의례(儀禮)와 의식(衣食)이기도 했다. 이런 모든 힘을 사람들은 '개화문명'이라고 불렀다. 개화의 목적은 문명화된 개명천지의 세상으로 나아가는 것이었다. 그리고 그를 위한 식산흥업(殖産興業)의 기치는 문명된 사회를 만드는 것이었고, 그 철학적 중심이었던 개조는 삶을 예술화, 문명화하는 것이었다. 이들에게 근대는 곧 '문명'과 동의어였으며 문명은 그들의 삶이 어떤 식으로든 뒤바뀌어야 할 것을 강박증적으로 강요하는 근대성의 본질이었다.[51]

50) 참조 신채호, 『신채호 역사논설집』, 현대실학사, 1995, 361 이하. 윤사순·이광래, 『우리 사상 100년』, 현암사, 2001, 148이하.
51) 참조 김진송, 『서울에 딴스홀을 許하라』, 현실문화연구, 1999. 22/23.

다음의 글은 1919년 『서울』이라는 잡지 12월 호에 실린 글이다.

"이 문명진보한 세계에 아등(我等)은 엇더하뇨. 아등의 세계는 아즉 사막세계니라. 아등의 세계는 아즉 암흑세계니라. 아등은 아즉 문명진보의 세계에서 낙오되니라. 그럼으로 정신계(精神界)로나 물질계(物質界)로나 퇴보한 인민이요, 정신계로나 물질계로나 진보하여야 될 인민이니라."[52]

그 당시 우리는 우리 자신을 이렇게 생각했다. 우리는 이제 미개한 민족일 뿐이었다. 우리는 얼마 전까지도 서양을 오랑캐라고 했었다. 부모도 모르는 그런 오랑캐라고 생각했었다. 그런데 그로부터 얼마 지나지 않아 이제 반대로 우리가 오랑캐고 미개한 민족이라고 자책하는 지경에 이르렀다. 무엇이 이렇게 우리의 지식인들을 바꿔놓았는가?

그 당시 철학하는 사람들은 어떻게 생각을 했는가? 『철학개론』이라는 책을 쓴 한치진이라는 사람은 이렇게 말한다. "이 시대는 서양화한 시대다. 이런 고로 현대 동양인의 인생관은 곧 서양의 그것이다." 이제 철학자도 동양인의 인생관은 버리고 발달된 서양의 인생관을 받아들여야 한다고 이야기하고 있는 것이다.

52) 장도빈, 〈아등(我等)의 서광(曙光)〉, 『서울』1919년 12월호. 김진송, 『서울에 딴스홀을 許하라』, 31에서 다시 따옴.

(4) 문명개화만이 살 길이다

지금까지 조선인의 삶을 구석구석 통제하며 이끌어 왔던 삼강오륜이라는 유교의 가치관은 무너져 내리고 그 자리에 아무런 내용도 없는 무조건적인 정언명령이 떡 버티고 선다. 문명개화만이 살 길이다. 보다 나은 삶을 위한 문명개화가 이제 한국인의 삶을 위한 목적 자체로 변한다. 이렇게 20세기 초 조선인의 가치관의 공백을 서양의 기(器)라고 낮추보았던 문명이 차지하게 된다. 19세기 말에서 20세기 초에 한반도에서 일어난 이러한 세계관의 변혁은 어떤 의미에서건 이 땅의 주체인 지식인과 민중들이 함께 세기 말의 위기에 응전하여 일구어낸 필연적인 결과물이다.

그 당시 유행하던 말들인 개화, 개조, 신흥, 문명개화는 그 당시의 시대를 잘 반영하고 있다. 지은이가 여기서 지적하고 싶은 것은 과연 우리의 삼강오륜, 우리의 윤리도덕을 완전히 버렸으니 서양의 새로운 윤리도덕이 우리에게 왔는가? 그래서 자유, 인권, 평등, 사회정의를 기본으로 하는 가치관이 우리에게 정착되었는가 하는 물음이다. 그러나 사실 그것도 아니다. 자유를 이야기하고 진보를 이야기하지만 그것은 그냥 피상적으로 이야기하는 것이고, 실제적으로 이야기하는 것은 '문명개화만이 살길이다.'라는 주장이었다. 그런데 문명개화는 그것을 이루게 하는 내용이 있어야 되는데, 그 내용은 어디론가 다 빠져나가 버리고 깡통, 껍데기만을 주장하며 외치고 있는 꼴이다. 내용 없는 문명개화를 외치는 것에 심각한 문제가 있었다. 우리는 전통의 유교도덕은 던져버리고 그저 잘 먹고 잘 살면 된다는 잘못된, 그야말로 속물적인 실용주의를 따르고 있었다. 기회주의와 적당주의가 삶의 요령이 되어버렸다. 기회주의가 개인주의를 낳고 그 결과로 나라까지도 팔아버리는 비극까지도 불러오고 만다. 이것이 19세기 말부터 20세기 전반까지의 한국의 상황이다. 이런 절체절명의 위기상황에서 우리의 문화와 문명을 기획하는 지식인들과 지도자들이 어떻게 방향을 잡아 상황에 대처했는가 하는 것이 굉장히 중요한 문제이다. 그런데 그 사람들이 우왕좌왕하면서 제대로 방향을 잡지 못했기 때문에 우리는 끝없는 나락으로 떨어지고 만다. 그리고 35년이라고 하는 긴 식민지 시절을 겪어야만 했다. 그렇지만 그 뒤 해방을 통해 다시 한 번 기회를 잡았을 때, 그 때 우리는 이제 새롭게 도약을 꿈꾸게 된다.

10

한국의 근대화과정과 한글의 중요성

1 | 이미지로 보는 한국의 근대화과정

우리의 지난 100년을 돌아보면 격동의 세월이었다. 지난 100년은 우리 민족에게는 고통의 지옥을 거쳐 시련의 연옥을 지나 서서히 현실의 땅으로 들어오는 시기인 것 같다. 일제 식민지 치하를 거쳐서 해방이 되어 나라를 되찾지만 나라를 되찾은 지 얼마 되지 않아 두 국가로 갈라지고, 갈라진 두 국가가 지구상의 최대의 적으로 맞서면서 겨루고 그러다가 한국전쟁이 일어났다. 전쟁은 수습이 됐지만 전쟁이 남긴 상처는 매우 깊어 그 뒤 30~40년 동안 한국 사람의 삶을 고달프게 했다. 하지만 우리는 지금 국민소득 2만 달러 시대를 살고 있다.

서양에서도 보면, 영국, 독일, 프랑스 같은 곳에서의 과거에 대한 인식은 분명하다. 독일은 제1차 세계대전과 제2차 세계대전을 일으킨 전범국가인데 철저하게 자기 반성을 통해서 인류에 속죄하고 유럽국가에 기여하면서 예전의 전범국가라는 이미지를 씻어나가고 있다. 그러나 아시아에서는 그런 속죄행위가 일본을 중심으로 제대로 이루어지고 있지 않았다. 거기에는 전쟁 이후의 한국 정치인들, 지도자들의 행태도 무관하지 않다.

유럽에서는 전쟁이 끝나고 제일 먼저 하는 일이 바로 식민지 속국 시절에 점령국에 빌붙어서 잘 먹고 잘 산 사람들, 나라를 팔아먹고 나라를 어지럽힌 사람들부터 색출해서 과거를 청산하고 나라를 정화시키는 일인데 우리는 그것을 하지 못하였다. 오히려 그 당시 식민 속국에서 가장 잘나가던 사람들이 결국은 옷만 갈아입고 대한민국 건국이라고 하는 데 슬그머니 끼어들어서 지난 50년, 한국의 현대사를 다시 쓰지 못하도록 방해하였다. 이제 와서야 비로소 여러 각도에서 지난 역사를 반성하려고 시도하고 있다.

지난 근대성을 반성해보는 것이 필요하다. 어려운 시절을 겪고 우리는 지금 현재 새로운 갈림길에 놓여있다. 이런 사실을 염두에 두면서 우리의 근대화과정을 되돌아보도록 하자.

자료 1 제1차 만물박람회

자료 2 해방

자료 3 이념투쟁

자료 4 한국전쟁

자료 5 대한민국 수립

자료 6 한강의 기적. 경부고속도로

자료 7 4·19 혁명과 5·16 군사 쿠데타

자료 8 유신정권의 인권유린

자료 9 민주화 투쟁. 대규모 학생 시위, 광주민주화항쟁

자료 10 전태일 분신사건

자료 11 시민운동. 환경단체

자료 12 김수영, 함석헌, 김지하

자료 13 서울 올림픽

자료 14 2002 한일 월드컵과 붉은악마

2 | 민족과 국가의 상실 – 나[자아정체성]의 상실

(1) 한용운의 〈님의 침묵〉

이 당시의 민족의 아픔과 우리가 놓인 처절한 상황을 가장 잘 표현한 시는 한용운 선생의 〈님의 침묵〉일 것이다.

님은 갔습니다. 아아, 사랑하는 나의 님은 갔습니다.
푸른 산빛을 깨치고 단풍나무 숲을 향하여 난 작은 길을 걸어서 차마 떨치고 갔습니다.
황금의 꽃같이 굳고 빛나던 옛 맹세는 차디찬 티끌이 되어서 한숨의 미풍에 날려 갔습니다.
날카로운 첫 키스의 추억은 나의 운명의 지침을 돌려 놓고 뒤걸음 쳐서 사라졌습니다.
나는 향기로운 님의 말소리에 귀먹고 꽃다운 님의 얼굴에 눈멀었습니다.
사랑도 사람의 일이라 만날 때에 미리 떠날 것을 염려하고 경계하지 아니한 것은 아니지만, 이별은 뜻밖의 일이 되고 놀란 가슴은 새로운 슬픔에 터집니다.
그러나 이별은 쓸데 없는 눈물의 원천을 만들고 마는 것은, 스스로 사랑을 깨치는 것인 줄 아는 까닭에 걷잡을 수 없는 슬픔의 힘을 옮겨서 새 희망의 정수박이에 들어부었습니다.

우리는 만날 때에 떠날 것을 염려하는 것과 같이 떠날 때에 다시 만날 것을 믿습니다.

아아, 님은 갔지마는 나는 님을 보내지 아니하였습니다.

제 곡조를 못 이기는 사랑의 노래는 님의 침묵을 휩싸고 돕니다.

이 시는 식민지 치하 한국인의 심정을 가장 잘 대변하는 그 당시 시대의 정서를 표출하고 있는 시다. 시 또는 문학은 시대의 아픔을 표현한다 볼 수 있다. 더군다나 한용운 선생의 이 시는 우리 현대말로 쓰여진 최초의 시라고 할 정도로 그 전에는 이런 형식의 시가 없었다. 한용운 선생은 서양문물이 들어오는 것을 느끼면서 우리는 예전의 경전적인 사고방식에서 빨리 벗어나서 새로운 세계의 흐름에 맞춰나가야 한다고 외쳤다. 그리고 그 스스로 서양의 기술문명뿐 아니라 서양의 학문을 배우려고 무척 노력한 사람이다. 그러면서도 끊임없이 민족해방을 염원하면서 3.1운동을 주도한 인물이기도 하다.

여태까지 조선시대를 통틀어 서민은 국가가 있는지 없는지도 모르고 그냥 자기의 신분에 맞춰서 생존하면서 살아왔다. 그런데 그것이 조선 후기로 가면서 여러 여건으로 생존마저도 어려운 상황에 이르자 동학혁명이라고 하는 한국에서의 최초의 근대화 열망을 담은 민중들의 혁명이 일어난다. 그러나 민중들의 혁명은 관군과 일본군에 의해 좌절되고 우리의 최초의 근대화 혁명은 이렇게 물거품으로 끝난다. 한반도는 일본의 식민지로 넘어가게 되고 정치지도자를 잘못 만난 서민들은 망국의 슬픔을 경험하며 고통과 어두움의 긴 터널을 걷게 된다.

사르트르는 프랑스가 제2차 세계대전 당시 나치에 의해 파리를 비롯해서 프랑스 전체가 점령되어 나치 치하로 들어갔을 때 이렇게 이야기한다. 우리는 지금까지 자유를 누리면서 자유라는 것에 대해 의식하지 못했다고. 나치 치하의 프랑스인들은 가장 자유로웠다고. 왜냐하면 나치 치하에서 프랑스인들은 매번 결단하고 선택하는 순간 속에서 자유를 의식하고 행사했기 때문이라고. 나치에 동조할 것이냐, 아니면 나의 자유를 지키기 위해서 싸울 것이냐? 나치 점령 하에서 자유라고 하는 가치의 중요성을 깨달으면서 매 순간 선택의 기로에서 싸울 것인지 아니면 나의 자유를 팔아넘길 것인지 결단을 내려야 했다. 그야말로 자유인의 삶을 살았던 것이다. 그렇기 때문에 가장 뚜렷한 자유의 의식 속에서 산 순간들이었다.

한반도의 민초들도 비슷한 경험을 했다. 일본의 속국이 되기 전까지 일반 서민들에게는 나라라는 것이 크게 해주는 것도 없었기에 그 존재의 의미가 절실하지 않았다. 그들은 그저 매일매일의 삶을 어렵게 살아갈 뿐이었다. 그런데 나라를 잃고 나니까 이 나라라는 것이 자신의 정체성이라든가, 경제적인, 정치적인 차원에서 자기 자신의 삶을 규정하고 있다는 것을 알게 된다. 나라를 잃은 뒤 우리는 나라의 중요성을 알게 된 것이다.

(2) 남다른 민족의식: 무수한 외래침략 속의 생존전략[53)]

어쨌든 우리 한국의 역사, 조선의 역사, 그 이전의 역사를 보면, 우리는 그야말로 무수한 침략을 받으며 살아온 전형적인 피압박 민족이라 볼 수 있다. 함석헌 선생은 우리 민족을 고난의 민족이라 부르며, 세계평화제단에 바쳐진 평화의 제물, 다시 말해 세계사에서의 그리스도, 희생양으로 표현

53) 참조 최정호, 〈내가 잘 산다는 것과 나라가 잘 된다는 것〉, 『현대인의 시민윤리. 나와 우리』, 고려원, 1992, 204 이하.

한다. 그렇기 때문에 우리 민족 밑바탕의 정서 속에는 생존이라고 하는 것이 가장 중요한 삶의 지향점 비슷하게 작용하여 왔다. 우리는 수많은 '보릿고개' 를 넘어 살아남아 여기까지 왔다. 서민들은 그저 배부르고 등 따스우면 그것으로 만족하며 살았다. 우리의 생존의 윤리라고 하는 것은, 이승에 살면서 배부르고 등 따스운 편함을 받자는 정도의 순박하고 조촐한 삶의 욕심에 바탕하고 있다.

복사상과 생존의 윤리 한국인의 욕구의 밑바탕에 깔려 있는 복사상은 목숨을 내던질 수 있는, 그래서 결국 목숨을 앗아가는 어떤 '주의' , 어떤 '이념' 보다도 '목숨' 그 자체의 값어치를 더 무겁게 보고 있는 생명지상의 원리이다. 이러한 복사상의 원리는 우리 민족이 살아온 역사적 세계의 고달픈 상황을 설명해 주고 있을 뿐만 아니라 거기에는 또 그 나름대로의 윤리도 서 있다고 볼 수 있다. '살아남기 위한 의무' 에 따라 행동한다는 윤리, 곧 '생존의 윤리' 가 그것이다.

집안의 부귀영화가 최우선 어떻게 보면 국가를 잃기 전까지는 개인과 개인을 둘러싼 가족이 우리에게 최상의 가치처럼 여겨졌다. 우리나라 사람들은 내 목숨의 수, 내 집의 부, 내 가문의 귀, 내 자손의 부귀영화를 희구한 기복사상의 개인주의, 가족주의, 가문주의는 사사로운 이익 앞에 공변된 이익을 저버리고 겨레나 나라의 운명보다 나와 내 집안의 이해를 우선 지키기가 일쑤였다. 공선사후(公先私後)가 아니라 사선공후(私先公後)이다. 이처럼 나를 앞세워 나라를 잊어버리는, 심지어 나를 위해 나라를 저버리는 복사상이 극단으로 가면 망국의 사상으로 전락할 수 있다. 실제로 그것은 대한제국의 몰락을 초래하여 온 겨레에 망국의 설움을 안겨다 주었다. 그러다가 국가를 잃으면서 일부 사람들은 자포자기 속에 자기 자신 하나 건사하기 위해서 이런저런 상황에 자신을 맞춰나가야 하는 처지에 빠지게 되었다. 그래서 일부는 기회주의에 빠지고 적당주의에 빠지며 부유하게 된다. 어쨌든 나라를 잃은 한국인들은 방황을 하게 된다.

망국의 체험 망국의 체험이 나만을 생각하는 복사상에 전기를 가져왔다. 망국의 체험은 엄청난 체험이요, 보편적인 체험이었다. 한국이 일본제국주의의 식민지가 되었다는 것은 거창한 사회현상이었다. 3000만 명의 사람들이 이 망국의 운명을 조우하게 되었다. 그것은 보편적인 체험이었다. 있을 때는 한갓된 허구처럼, 하나의 추상적인 관념처럼 막연하게 저 멀리 아른거리고만 있었던 나라가, 빼앗겨 없어지고 보니 별안간에 가슴에 와 닿을 것만 같은, 가슴에 품어 안을 수 있을 것만 같은 뚜렷하고 단단한 실체로 확인되고 체득되었다.

3 | 표류하는 국가, 방황하는 한국인

(1) 남의 힘으로 얻은 해방: 주체의식의 결여[54)]

해방 1945년 8월 15일 일본제국주의가 연합국에 무조건 항복함으로써 우리나라는 35년이란 오랜 세월을 통해 온 겨레가 그토록 염원하고 바라던 민족해방을 맞이하였다. 우리가 나름대로 어떤 형태로든 간에 임시정부를 설립하고 독립군을 결성하고 해서 바깥에서 싸운 것도 있지만, 해방은 어느 순간 우리에게 하늘에서 선물처럼 벼락같이 내려졌다. 사실 일제 마지막 점령시기 이광수 선생 같은 문학인, 많은 의절한 지도자들이 느낀 것이 이것이다. 이대로 가다가는 해방이 어렵겠고 아주 오래 기다려야겠구나. 이렇게 해방이 힘든 상황에서도 해방을 대비하며 살아남아야 하니까 나름대로 이 사람들과 협력해서 우리가 문화적으로 얻을 것이 있으면 얻어 먼저 민족계몽부터 하자. 고민 끝에 내린 이런 생각 속에서 많은 지식인들이 1940년 이후 변절을 하게 된다. 그런데 45년 8월 15일 예기치 않은 해방이 들이닥쳤다.

준비가 안 된 해방이었다. 그러다 보니 해방이 되기는 했지만 경제적인 분야에서도 식민지 시대에 그나마 있었던 상거래 질서라든가 하는 것은 무너지고 그러한 공백을 통해서 약삭빠른 사람들이 재산을 모으는 그런 상황이 도래하게 된다. 일제의 억압을 벗어나 해방을 맞았지만, 이 해방의

54) 참조 서광조, 〈사회 및 경제생활 윤리〉, 『현대인의 시민윤리. 나와 우리』, 고려원, 1992, 79 이하.

기쁨은 그 동안의 경제, 사회문화 및 정신적 수탈로 인해 오래 지속될 수 없었다. 해방으로 인한 갑작스러운 인구증가는 식량수급에 있어 절대량의 부족현상을 초래하였고 공산품을 중심으로 한 생필품의 공급도 일본인의 철수로 인해 거의 생산중단상태에 빠지게 되어 생활을 더욱 어렵게 만들었다. 물가의 폭등과 암거래 성행, 매점매석. 신뢰와 정당성에 바탕을 두어 온 상거래와 경제의식은 점차 자취를 감추게 되었다.

남북분단 우리나라는 일본의 패망으로 해방의 기쁨과 남북분단이라는 비운을 동시에 맞이하였다. 북위 38도선을 군사분계선으로 정하고 북쪽에서는 소련이 밀고 들어와 공산주의를 기본바탕으로 하는 정치 및 경제체제를 구축하였고, 이에 반해 남쪽에서는 민주주의와 자본주의를 신봉하는 미군이 진주하여 군정을 실시하였다. 이렇게 남과 북에 상이한 정치이념을 추구하는 초강대국이 들어와 확고한 통치기반을 구축하면서 서로 대립관계에 돌입하게 되자 남북간의 교류가 완전히 두절되는 분단의 비극이 시작되었다. 이 때부터 부모형제 및 처자식이 남북으로 헤어지며 다시는 만나 볼 수 없게 되는 민족적 불운이 우리에게 몰아닥쳤다.

남과 북이 갈라지면서 이념에 의한 이념투쟁이 시작된다. 나라가 없는 망국의 설움 속에서 이제는 나라가 두 개가 되어버리는 어처구니없는 상황이 되었다. 없던 나라가 두 개가 되니까 숫자적으로 좋은 것일지는 몰라도 이 두 나라가 지상 최대의 적국으로 변해서 서로를 없애버리지 못해서 난리치는 아이러니한 상황, 그것이 우리의 비극이라 볼 수 있다. 어쨌든 이념에 의해 분단된 두 나라는 세계적인 이념인 자유민주주의와 사회주의 공산주의라고 하는 이념, 이데올로기에 의한 희생양이 되었다. 그 뒤에는 소련, 중공, 미국이 있고 우리는 양쪽 다 꼭두각시 형태로 이들의 이념투쟁의 도구가 되고 있는 셈이었다.

한국전쟁 6·25 한국전쟁은 막대한 경제적 피해와 생활의 극심한 어려움을 초래한 것과 더불어 모든 국민의 마음속 깊이 아픈 상처를 입혔다. 한국전쟁의 원인은 공산주의와 민주주의 간의 대립과 북한의 남침에 기인한다고 볼 수 있겠지만, 그 결과는 민족과 부모형제 간의 치열한 싸움이었다. 동란으로 인해 받은 마음과 정신적 상처는 좀처럼 아물지 않고 모든 사람들로 하여금 잔인한 성격과 무모한 생활자세를 갖도록 하여 우리의 경제생활에 나쁜 부작용을 초래하였다. 이러한 의식구조의 변화는 경제적 파괴로 파생된 생활의 고통을 더욱 심화시키면서 경제질서를 극도로 문란하게 만들었다. 도움을 주고받는 협조보다는 죽기 아니면 살기라는 전투적인 방법을 통해 삶을 유지하는 것이 오히려 당연한 일로 받아들여졌다.

한국전쟁의 상처 6·25 동란으로 인해 나타난 또 하나의 부작용을 보도록 하자. 남으로는 부산까지 북으로는 압록강까지 밀고 밀리는 전쟁 속에서 많은 사람들은 정치 및 경제적 이념과 체제를 달리하는 세상이 몇 번이고 뒤바뀌는 것을 체험하였다. 이렇게 세상이 번번이 바뀌는 가운데서 생명을 보존하기 위해서는 바뀔 때마다 그들의 지시에 순응하면서 요구사항을 완벽하게 이행하여야 했다. 마음과 생각이야 어떻든 간에 뱃속까지 내보이며 진실과 구별하기 어려울 정도로 거짓행동을 되풀이하여 순간순간을 모면해야 했다. 이렇게 속과 겉이 다른 기만적이고도 거짓된 행동을 이 당시의 사람들은 자연스럽게 받아들여 생활에서 꼭 필요한 하나의 방법으로 인식하기 시작하였다. 물론 이와 같은 여건 속에서는 법보다는 힘이 우세하였으며 도덕 또는 생활의 규범은 그 자리를 잃고 말았다. 이와 같은 기만, 거짓, 적당주의 및 눈속임을 당연시하는 생각은 점차로 실제생활에도 반영되기 시작했다.

(2) '잘 살아 보세' [생존의 열망]에 바탕한 경제지상주의[55)]

이런 상황에서 한국 사람들이 자기 정체성을 찾으면서 올곧게 살아나갔을 리가 없다. 식민지 치하, 해방 이후, 한국전쟁 그야말로 우리 자신을 제대로 반성하면서 우리 스스로가 주체가 되어서 우리가 누구이고 우리가 어디로 가야 하고 우리가 추구해야 할 가치가 무엇이고 하는 이런 것에 대해서 냉철하게 생각하고 분석하고 공부할 여유가 없었다. 우선은 먹고 사는 문제가 해결되어야 했다. 정치적인 어두움 속에서도 우선 살아남자 하는 생존의 윤리는 조선시대와 식민지 치하를 통해서 지도자 없는 이 땅의 민중들이 따라온 삶의 문법이었다. 우리말 '생명(生命)'의 의미가 '살라는 하늘의 명령(함석헌)', '웋일름[천명(天命)]을 따르는 몸사름(유영모)' 아니던가? 서민들, 민중들은 살라는 하늘의 명령을 가슴 속에 새기며 어두운 긴 시절을 견디어냈다. 그래서 이제 정치가 어떻든, 이념이 어쨌든 서민들은 잘 살고 봐야 한다는 '잘 살자' 하나를 목적으로 세워서 나름대로 어두운 시절을 견뎌내는 원칙으로 만들었다

잘 산다는 것 '잘 산다'는 것은 도대체 무슨 뜻일까? 우리의 일상어법에서 우리는 잘 사는 사람을 '복(福)'이 있는 사람, '복'을 누리고 있는 사람이라 한다. 우리는 나 자신에게나 남에게나 복을 받고 살기를 바라고 있

55) 참조 최정호, 〈내가 잘 산다는 것과 나라가 잘 된다는 것〉, 같은 책 175 이하.

다. 복받은 삶을 누려 보려는 한국 사람들의 소망은 우리들의 삶의 주변에 널리 퍼진 수많은 조형물들 속에서도 상징되고 있다. 복을 비는 마음에서 한국 사람은 계급이나 신분의 구별에 따라 다를 자가 없고 예나 지금이나, 또는 세상이 시끄러울 때나 조용할 때나 다를 것이 없다.

한국인의 복사상 한국 사람에게 있어서 '부귀에 다남에 장수'가 전통적으로 이어져 내려온 가장 보편적인 복의 표상이었다고 보면 틀림이 없다. 한국 사람들은 예나 지금이나 돈이 많고 높은 벼슬을 하고 자식을 많이 두고 오래오래 사는 것을 복으로 여겨 왔다는 이야기이며, 그것이 또한 한국 사람들에게 있어서는 '잘 산다'는 것의 가장 직접적인 의미, 1차적인 의미였다. 예전에 흔히 베갯모 등에 수를 놓았던 여섯 글자 '수부귀(壽, 富, 貴) 다남자(多男子)'가 곧 그것이다. 이렇게 한국인의 복사상에는 굉장히 운명적인 차원이 있다. 한국의 서민들에게 퍼져 있는 복사상에는 유교적 · 불교적 요소도 들어있지만 어떻게 보면 노장자적·무속적 차원들이 많이 있다.

돈 벌고 출세하자 수부귀 다남자를 바라는 한국 사람들의 오랜 기복전통은 뒤집어 놓고 보면 '요빈천(夭, 貧, 賤) 무자식(無子息)'의 박복함에서 벗어나려는 애틋한 바람에서 나온 것이라고 풀이할 수 있겠다. 잘 산다는 것이 복을 누리고 산다는 뜻으로 풀이되면 잘 산다는 것은 결국 보다 더 오래 살고 보다 더 돈을 벌고 보다 더 큰 벼슬을 하고 보다 더 자손들이 번창해서 대대로 부귀영화를 누린다는 것이 된다.

벼슬과 가문의 영광 '수'가 개인적인 복이라면 '귀'는 사회적인 복이라고 할 수 있다. 그러나 그러한 '귀' 의 개념도 결국은 '가문' 이라고 하는 또 다른 껍질 속에 갇혀 더 벗어나지를 못하고 만다. 수가 내 목숨의 복이요, 부가 내 가족의 복이라면 귀는 내 가문의 복이다. 이럴 경우 귀를 하겠다, 벼슬을 하겠다는 제1동기는 나라를 위해서라기보다 집안을 위해서이다. 극단적으로 이야기하면 나라를 위해서는 그릇된 짓을 해도 벼슬만 하면 가문의 족보를 위해서는 자랑이요 영광이 될 수가 있는 것이다. 족보가 따지는 것은 오직 어떤 벼슬을, 얼마나 높은 벼슬을 했느냐 하는 것뿐이다. 말하자면 국가가 아니라 가문을 위해서 벼슬을 바라던 전통사회에 있어서는 벼슬을 하고서도 '역사' 에 책임을 지기보다는 '가사(家史)' 의 영광에만 책임을 졌다고 볼 수 있다.

(3) 한국 근대화의 원동력[56)]

이러한 한국 사람들의 소박한 복사상, 그것을 이루기 위한 노력이 한국 근대화의 원동력이 됐다고 볼 수 있다. 물론 부작용도 있다. 근대화에서 가장 중요한 것은 이 시대의 주인이, 서양식으로 이야기하면 시민이 되는 것이고, 우리 식으로 이야기하면 민중이 되는 것이고 인민이 되는 것이고 서민이 되는 것이다. 사실 우리는 동학혁명을 통해서 그것을 이루려고 했는데 성공하지 못했다. 일본 식민지 치하에서 예전의 신분질서가 서서히 무너지기 시작한다. 이제는 일본에 잘 빌붙어서 돈 잘 버는 사람들이 예전 양반보다 훨씬 잘 살게 되었다.

해방 뒤 이제 더 이상 예전의 신분질서로 되돌아갈 수는 없었다. 민주

56) 참조 최정호, 〈내가 잘 산다는 것과 나라가 잘 된다는 것〉, 같은 책 206 이하.

국가를 수립해서 새로운 시민계급이 등장한다. 우리는 준비가 안 된 상태에서 이 모든 것이 이루어졌기 때문에 굉장히 혼란스러운 상황이 발생한다. 서양은 근대화과정을 통해서 왕권, 귀족이 무너지고 모든 사람들이 시민이라는 한 계급으로 평준화됐다 한다면, 우리는 서민 또는 민중으로의 평준화가 아니라 이상스럽게도 오히려 양반으로의 평준화 비슷한 현상이 일어난다. 이미 조선시대 말기부터 돈으로 양반지위를 사려는 사람들이 많이 생겨났다. 식민시대를 통해 이런 추세는 더욱 강해졌다.

서양은 시민계급으로 평준화가 되는데 오히려 우리는 근대화를 통해서 신분상승 욕구와 맞물려서 잘못된 신분상승 방향으로 나아간다. 양반 아니었던 사람이 양반인 척하게 된다. 양반인 척하려면 두 가지를 해야 하는데, 하나는 4대 조상을 모시며 제사를 지내는 것이다. 4대 조상을 모시기 위해서는 묘지를 잘 가꿔야 한다. 그래서 4대 조상을 모시기 위한 제사와 묘지 가꾸기가 아이러니하게도 한국 근대화과정에 펼쳐졌다. 그 때문에 전국의 산이 묘지가 되어가고 있었다. 양반행세를 위한 또 다른 하나는 한문을 아는 척해야 한다는 것이다. 서양 근대화는 자민족 언어가 예전의 라틴어를 대치해서 자민족 언어로 모든 것이 이루어지는 시대인데, 오히려 우리는 반대로 한문자랑을 해야만 자신의 신분에 걸맞는 것으로 생각하게 되었다. 이것이 잘못된 근대화의 생각이다.

한강의 기적 1960년대 이후 우리나라가 경제개발의 연대에 들어서면서 세계가 주목하게 된 고도성장의 '기적'을 이룩하는 과정에서도 복사상은 매우 큰 역할을 해왔다. 빈곤으로부터 도망치려는 부정의 에너지, 궁핍의 에너지에 충전된 복사상은 한국 사회의 근대화, 또는 한국 경제의 산업화를 위하여 특히 그의 초기 단계에서 적극적인 동기부여를 할 수 있었기 때문이다.

취업에의 욕망 일반적으로 발전론자들이 거론하고 있는 바와 같이 무릇 사회의 근대화, 산업화가 이뤄지기 위해서는 먼저 보다 잘 살아보겠다는 욕망, 그러기 위해서 보다 벌이가 좋은 일을 해야 되겠다는 욕망이 사회 성원 사이에 널리 확산되어 있어야 한다는 것이 출발의 전제가 된다. 이른바 '취업에의 욕망' 이 그것이다. 경제개발이 시동되기 위해서는 경제적인 부, 물질적인 부, 세속적인 부를 추구하는 욕망에 불이 붙어야 된다는 이야기이다.

교육에의 열망 한편 한 나라의 근대화·산업화가 이뤄지기 위해서는 일반적으로 발전론자들이 거론하고 있는 또 다른 전제가 있다. 아는 것은 힘, 그렇기에 배워야 되겠다. 가르쳐야 되겠다고 하는 소망이 사회성원 사이에 널리 확산되어 있어야 한다는 전제가 곧 그것이다. 이른바 '교육에의 열망' 이다. 경제개발이 진행되면 새로운 산업분야에 종사할 수 있는 지식과 기량을 습득한 '교육받은 인력' 수요가 크게 확대되기 마련이다. 따라서 그러한 수요에 호응하는 인력을 공급해 주기 위해서는 사람들의 배워야겠다는 욕망에 불을 붙여야 된다는 것이다.

입신양명주의 '사람의 새끼는 서울로, 마소의 새끼는 제주로' 또는 '돈 모아 줄 생각 말고 자식 글 가르쳐라' 는 속담을 낳은, 배워야 되겠다, 가르쳐야 되겠다는 한국 사람들의 교육열은 다만 그 기회를 못 얻고 있었을 뿐, 밖에서 누가 불을 붙여 주기 전에 이미 훨훨 타올라 있었다. 필요한 것은 오히려 그 뜨겁게 달아올라 있던 열망을 식혀 주기를 기다리는 일이었던 것이다. 그리고 그러한 교육에 대한 열망에 가장 강력한 동기를 부여하고 있었던 것이 공부해서 높은 자리를 얻어 '귀'를 누린다는 전통적인 복사상의 입신양명주의(立身揚名主義)였다.

이제 해방 이후 자기 능력에 의해서 높은 자리에 올라갈 수 있고 돈도 벌 수 있게 되었다. 신분이동의 수단으로 교육이 각광받게 되었다. 이렇게 우리는 복사상, 즉 경제적인 부를 쌓으려는 욕심과, 신분이동을 통해서 자기 자신의 지위를 높여보자는 교육의 열망, 그 둘을 근대화의 원동력으로 삼아서 한강의 기적을 이루었다고 볼 수 있다. 물론 그 밑바탕에는 가족주의와 입신양명주의가 깔려 있다. 그리고 이 두 가지가 또한 우리의 근대화의 그늘이기도 하다. 한국에서의 가족 간의 끈끈한 유대, 즉 가족주의를 긍정적으로 보려는 일련의 학자들이 있는가 하면 다른 편의 학자들은 이 가족주의 때문에 근대 시민사회로의 길이 장애받고 차단된다고 매우 부정적으로 생각한다.

이것이 한강의 기적을 통해서 경제적으로 어느 정도 살 수 있게 된 그 때까지의 모습이다.

(4) 민주화의 염원과 운동

〈교수신문〉사에서 학자들을 상대로 설문조사를 한 적이 있다. 지난 60년 지성인들에게 가장 큰 영향을 끼친 작품, 사상가, 인물 등을 알아보는 설문조사였다. 그 결과로 가장 주목을 받은 세 사람은 김수영, 함석헌, 김지하이었다. 여기서 드러나듯이 한국에서의 근대화, 그것과 관련된 민주화가 지난 60년 한국의 지성인들이 고민했던 가장 큰 과제였다. 1960년대, 1970년대의 암울한 시절을 살았던 사람들은 그 때의 분위기를 아직도 느낄 것이다. 이 땅에 과연 민주주의가 이루어질 수 있는가. 그런 시대적인 분위기를 김지하 시인의 〈타는 목마름으로〉에서 읽을 수 있다.

〈타는 목마름으로〉

신새벽 뒷골목에
네 이름을 쓴다 민주주의여
내 머리는 너를 잊은 지 너무도 너무도 오래
오직 한 가닥 있어
타는 가슴 속 목마름의 기억이
네 이름을 남몰래 쓴다 민주주의여

아직 동트지 않은 뒤골목의 어딘가
발자국 소리 호르락 소리 문 두드리는 소리
외마디 길고 긴 누군가의 비명 소리
신음 소리 통곡 소리 탄식 소리 그 속에 내 가슴팍 속에
깊이 깊이 새겨지는 네 이름 위에
네 이름의 외로운 눈부심 위에
살아오는 삶의 아픔
살아오는 저 푸르른 자유의 추억
되살아오는 끌려가던 벗들의 피묻은 얼굴
떨리는 손 떨리는 가슴
떨리는 치떨리는 노여움으로 나무판자에
백묵으로 서툰 솜씨로
쓴다.
숨죽여 흐느끼며
네 이름을 남몰래 쓴다.

타는 목마름으로
타는 목마름으로
민주주의여 만세.

왜 우리는 정치에서는 한 발 더 앞서나가지 못하는가? 이것은 요즘의 젊은이들도 여전히 던지고 있는 질문일 것이다. 경제가 어느 정도 나아져 먹고사는 문제는 나름대로 해결이 되었는데, 왜 정치는 구태의연한 힘의 논리에서 벗어나지 못하는가 하며 가슴 아파한 사람들이 많다. 지금 조금 나아졌다고 하지만 정치는 아직도 다른 분야에 비해 많이 뒤쳐져 있는 것이 사실이다. 아직도 정치인들은 보수적이고 그래서 미래지향적인 시각이 부족하다. 모든 면에서 정치인들은 아직 수준 이하이다.

4 | 해방 이후의 근대화과정 정리

서양에서의 근대화는 언어의 혁명으로 시작됐다. 종교개혁이라고 하는 언어혁명으로 시작해서 그 다음 이것이 르네상스, 계몽주의로 진전되면서 그것이 의식혁명을 주도하게 된다. 그 다음 자기 혀[언어]를 찾아서 자기 자신을 표현할 수 있고 자기 말로 생각할 수 있게 된 민중들이 하나가 돼서 자신들의 생활세계를 새롭게 바꾸어 나가려는 의지를 불태운다. 의지가 생긴 뒤에는 당연히 자기 주변의 부정부패와 부조리를 척결하려고 노력하게 된다. 이러한 민중들의 집단의지가 폭발적으로 밖으로 분출된 것이 프랑스 대혁명이다. 이것을 우리는 제도혁명이라 할 수 있다. 그 다음 이런 것들과 연관되어 과학과 기술이 발달하고 그 결과로 노동의 현장이 달라지게 된다. 산업혁명이라는 생산혁명이 일어난다.

이렇게 서양의 근대화는 네 번의 혁명에 의해서 전개되어 왔다. 그리고 그것은 종교개혁이 1517년, 산업혁명이 1900년 중반이라고 한다면 그야말로 400년에 걸친 긴 시간을 통해 이루어진 것이다. 이와 같은 혁명들의 밑바탕에는 자주, 자율, 자립이 깔려 있다. 근대의 시민들이 추구하고 있는 가치관은 자유, 평등, 인권, 사회정의라 할 수 있다. 이런 근대화를 통해 이룩된 현대사회를 떠받치고 있는 기본축이 무엇인가 했을 때, 학자들은 자유민주주의 정치체제, 자본주의 시장경제체계, 기술과 과학을 꼽는다.

서양의 근대화에서 가장 중요한 정신은 자주, 자율, 자립이다. 그리고 이것이 이루어지려면 먼저 언어를 찾아야 했다. 각각의 나라에서 민중들이 자기의 말을 찾고 자기의 뿌리를 찾고 자기의 세계를 찾아나가는 것이 근대화이다. 그래서 문학, 시, 역사 등이 중요한 관심분야로 부각된다. 그 다음에 철학에서 이런 것들을 반성하면서 나름대로의 민족의 독특한 철학이 형성되고, 아울러 세계관, 인간관, 가치관, 도덕관이 형성되면서 거기에 그 민족과 국가의 이상을 담으려고 시도하게 된다. 서양의 근대인들은 그 이상에 따라 꿈을 꾸며서 그 꿈을 실현시키려고 노력하였다.

인간만이 꿈을 꾸고 그 꿈에 의해서 현재를 바꿔 나가려고 노력을 한다. 그 꿈이라고 하는 것이 가치관이다. 서양에서 이런 식으로 혁명이 이뤄졌다고 한다면 그 밑바탕에는 시민이 주축이 되는, 사회주의 식으로 이야기 한다면 인민이 주축이 되는, 또는 민중이 주축이 되는 주체세력이 있었다. 이들은 예전과 같은 신분질서와 계급사회가 아니라 모든 사람들이

하고 싶은 일을 하며 사는 평등한 사회를 구현하려는 꿈을 꾸었다. 이런 정신으로 이들이 기존의 신분질서를 뒤집어엎었기 때문에 그 사건을 우리는 혁명이라고 부르는 것이다.

그러면 우리는 우리의 근대화과정에서 혁명이 있었는가? 우리는 동학혁명을 들 수 있고, 광주민주화항쟁을 들 수가 있고, 현대화 과정에서는 산발적이지만 4 · 19 혁명을 들 수 있다. 이런 투쟁과 항쟁들이 다 씨앗이 됐을지는 몰라도 혁명으로서는 성공하지 못했다. 우리는 먼저 경제 지상주의적인 차원에서 1960 · 1970년대 한강의 기적을 이룬다. 산업혁명, 생산혁명을 이루어서 먹고 살 만하니까 1970 · 1980년대 민주화 투쟁이 봇물을 이루며 사회 곳곳에서 터져 나온다. 거기에 광주항쟁도 포함이 된다. 그래서 대충 1980년대 중반이나 말쯤 되면 어느 정도 민주화가 이루어진다고 볼 수 있다. 그래서 문민정부가 들어서고 국민정부가 들어서고 참여정부가 들어선다. 학생들이 들고 일어나고 노동자들이 들고 일어나고 시민들이 들고 일어나고 해서 많은 제도적인 혁명을 이루었지만, 아직 문화시민의 의식이 형성되지 않아서 선진국의 대열에 못 끼고 있다고 사회학자들이 지적했다. 1990년대 들어 온갖 형태의 NGO가 등장하면서 시민운동이 확산 되고 뿌리 내린다. 그 다음 90년대 후반에 오면 다시 한 번 우리말을 둘러싸고 논쟁이 벌어진다. 국한문 혼용을 해야 된다느니, 한자 병용을 해야 된다느니, 영어 공용화를 추진해야 된다느니 하는 논쟁들이 그것이다. 여기에 지은이는 〈우리말로 철학하기〉, 〈우리말로 학문하기〉를 주장하면서 우리말의 중요성을 다시 한 번 강조했다.

서양에서는 언어혁명을 통해 민중들이 자신들의 혀를 찾고 난 다음에 그것을 바탕으로 해서 자주, 자율, 자립의 정신을 키우고 그 정신으로 다른 혁명들을 주도해나갔다. 혁명이라는 단어가 말하듯이 그것은 밑으로부터의 혁명이었다. 그런데 우리의 경우는 이런 식의 혁명이라기보다는 차라리 개혁이다. 즉, 위로부터의 개혁이라고 볼 수 있다. 그래서 생산혁명을 이룰 때에 약간의 독재가 있었던 것이고, 그 독재 속에 경제발전을 이루어 어느 정도 살 만큼 되어서 그 바탕 위에서 민주화 투쟁이 전개되었고 정치인들의 결단에 의해 대대적인 제도개혁이 일어난다.

서양 근대화에서 가장 중요했던 언어의 문제가 아직도 우리에게는 제대로 해결되지 않은 살 속의 가시이다. 우리말의 문제를 우리는 이제라도 철저히 근본부터 반성해 볼 필요가 있다.

5 | 근대화에서의 언어혁명의 중요성

언어와 관련된 10개의 명제를 소개하겠다. 이것은 언어와 관련해서 학계에서 주장되고 있는 중요한 주장들이고, 많은 학자들이 받아들이고 있는 명제들이다.

첫 번째로, '언어는 세계를 보는 눈이다'. 우리의 눈은 생물학적인 눈이 아니다. 우리의 눈은 문화적인 눈인데, 그 문화적인 눈, 사회문화적 유전인자가 있는 그 눈을 잘 살펴보면 거기에 무엇인가 원리와 규칙을 주고 있다. 다른 것이 아닌 바로 언어, 모국어가 규칙을 주고 있다. 그래서 우리의 눈은 언어로 짜여진 의미의 그물망이다. 어떤 것을 보는 순간 이미 그것을 지칭하는 이름이 나라마다 민족마다 다 다르다. 그럼 이름만 다른 것인가? 아니다. 그 이름이 따르는 언어의 규칙이 있는 것이다. 그것을 우리는 문법이라고 한다. 그럼 그 문법은 어디서 나왔는가? 그 문법은, 그 규칙은 삶에서 나온 것이다. 그리고 삶은 시간과 역사를 통해서 지금 여기까지 지속되어 온 것이다. 그렇기 때문에 바로 언어는 그 언어를 가진 민족이 세계를 보는 그 눈이다. 우리는 우리말을 통해서 우리의 주변세계를 보고 해석을 하고 있다. 동물은 생물학적인 눈으로 보기 때문에 생물학적인 유전에 의해서 전수되고 전달된 것으로 본다. 그러나 인간은 이미 태어나는 순간부터 사회적으로, 문화적으로 학습되고 있다. 그리고 이 학습은 언어를 통해서 이루어진다. 그래서 타잔의 경우를 생각해 볼 때, 타잔은 생물학적인 눈으로 세상을 보았다고 말할 수 있다.

두 번째로 언어는 민족의 기억이다. 우리의 언어 속에는 우리 민족의 지금까지의 삶의 흔적이 고스란히 담겨 있다. 그래서 철학에서의 개념의 해설이라고 하는 것은 결국은 말 속에 담겨 있는 기억을 더듬어 가면서 그 기억 속에 담겨져 있는 그 당시의 상상력이라든가 흔적들을 되살려서 오늘날에 맞추어 풀어보는 것이다. 그래서 그 언어가 어떠냐에 따라서 그 시대의 철학이 어떤지 정해지고 세계를 보는 관점도 달라지기 때문에, 철학자들은 그들이 속한 그 언어권의 독특한 철학적인 성향을 가지고 있는 것이다.

세 번째는 언어는 사고방식을 형성해주는 틀이다. 우리의 사고방식은 우리의 말을 통해서 그 기본틀이 형성된다. 우리는 우리말의 논리와 문법을 따른다. 그래서 한국 사람은 감성적이다, 합리적이지 못하다, 기분에 의해서 모든 것을 푼다라고 이야기될 때 이 모든 것은 벌써 우리말 속에 그렇게 논리와 문법으로 틀을 이루고 있는 것이다. 그래서 우리말 속에 그런 식의 표현이 많다는 것을 알 수 있다.

네 번째로 언어는 의식의 밑바탕을 이루는 무의식이다. 프랑스 현대 철학자인 라캉이 한 이야기이다. 무의식하면 흔히 의식의 저 밑바닥에 깔려 있는 말로는 표현될 수 없는 어떤 것으로 생각하는데 그렇지 않다는 것이다. 무의식은 바로 언어로 이루어진, 언어의 구조를 가진 것이다.

다섯 번째로 언어는 정서의 공감대이다. 언어, 말로 하는 언어뿐 아니라, 같은 언어를 쓰고 있는 사람들은 그 분위기만 봐도 서로를 이해한다. 같은 언어를 쓴다는 그것 자체가 공감대를 형성해서 같은 동질의식을 느끼게 한다.

여섯 번째로 언어는 자주와 자율의 바탕이다. 인간은 언어를 구사하는 만큼, 그리고 그 언어가 통하는 만큼 자기세계의 주인이 될 수 있다. 아주 오래 전에 본 영화인데 아마도 〈스탠리와 아이리스〉와 같은 제목의 영화였던 것 같다. 로버트 드니로가 주연으로 나오는 영화였다. 로버트 드니로가 기술에는 탁월한 소질을 갖고 있는데 글자를 해독할 줄 모르는 사람으로 나온다. 학교를 제대로 마치지 못해서 글을 읽을 줄 모른다. 글을 읽을 수가 없으면 살 수 있는 삶의 세계가 제한된다. 영화의 주인공은 버스 노선도를 읽을 수 없어서 버스를 타지 못하고 자전거를 타고 돌아다닌다. 결국 자전거의 반경이 그 사람의 생활반경이 되는 것이다. 이렇게 언어를 모르면 삶의 세계가 제한이 된다.

일곱 번째로 언어는 자유와 평등의 조건이다. 근대화의 시작에 민중들은 자기의 혀[언어]를 찾았다. 이제 그들은 다른 사람들과 똑같은 조건 속에서 평등하게 대화를 나눌 수 있게 된 것이다. 그래서 독일의 유명한 사회학자이며 철학자인 위르겐 하버마스는 지금 우리 시대에 가장 중요한 것은 억압 없는 대화라고 이야기한다. 억압 없는 대화상황을 만드는 것, 누구나 똑같이 대화의 상대자로 차별 없이 참석할 수 있는 상황을 만드는 것이 중요하다고 이야기한다.

여덟 번째로 언어는 학문을 위한 필수불가결의 존재이다.

아홉 번째로 언어는 사람 사이의 다리이다. 사람과 사람을 이어주는 것이 언어이다.

열 번째로, 마르틴 하이데거가 한 말인데, 언어는 존재의 집이다. 존재가 언어 속으로 오며, 인간은 언어 속에 거주하면서 존재의 소리를 듣는다.

이렇듯 근대화에서 가장 중요한 것이 언어이다. 그런데 우리는 과연 근대화, 근대화 하면서 얼마나 우리말을 사랑했는지 반성해 보아야 한다.

6 | 이 땅에서의 한글천대의 역사

서양에서의 근대화의 시작이 종교개혁, 언어혁명으로 일어났다고 했다. 연대로는 1517년이다. 그런데 사실 근대화의 씨앗이 이것보다 먼저 조선에서 일어났다고 할 수 있다. 왜냐하면 한글창제가 1443년에 일어났기 때문이다. 한글창제도 똑같이 백성들한테 혀를 돌려주는 사건이었다. 거기에도 민주성이 있었고 민족성이 있었고 평이성[민중성]이 있었다. 한글 창제의 취지를 보면 바로 이것이 근대화의 종교개혁이 전진해 가는 것과 같은 방향과 취지였음을 확인할 수 있다. 그런데 그것을 양반들이 반대했고 지식인들이 반대했다. 한글을 써서 언어에 의한 차별화가 없어지면 자기들의 특권이 사라지기 때문이었다. 더군다나 중국의 눈치를 봐야 하는 양반들로서는 그것이 있을 수 없는 일이었다. 그래서 세종대왕에게 끊임없이 항의해서 근대화의 씨앗이 피지 못하도록 막았다.

그래서 그 뒤로 300년을 기다려야지만 우리는 한글로 모든 것을 쓸 수 있다는 법이 제정된다. 20세기 후반에 들어와서도 우리말은 여전히 천대를 받는다. 그 천대의 역사를 중요한 조목조목 열거해보면 다음과 같다.

❶ 잊혀진 위대한 언어혁명가 세종대왕 → '세종대왕' 이라는 새 항성. '세종대왕의 해', '세종상' 을 선포해서 문맹퇴치의 공로를 기념하는 유네스코

❷ 조선인이기보다는 중화인이기를 바랐던 이 땅의 유학자들: 이퇴계, 이율곡. 그래서 그들은 한문으로만 글을 남겼다.

❸ 하나의 천(天), 하나의 리(理), 하나의 언어, 하나의 경전을 고집하는 주리주의자들의 사대주의. 그래서 그들은 경전의 주석가로 만족했다.

❹ 하나의 언어, 하나의 변할 수 없는 신분질서를 고집하는 철저한 양반주의자들. 그들에게서 정치혁명 또는 계급혁명을 기대할 수는 없었다.

❺ 명이 망했을 때 소중화를 자처하며 중화명맥유지 운동을 주도했던 한심한 조선의 유학자들

❻ 중국이 망하는 것을 보고서야 비로소 우리의 뿌리를, 우리의 역사를 중국과 분리시켜 생각하려 했던 철저한 사대주의자들

❼ 한글로 깨인 민중에 의한 혁명이 가시화되었지만 때가 너무 늦었다. 동학혁명의 실패

❽ 식민시대의 우리말 말살 정책

❾ 식민시대의 전략적 호의 → 국한문 혼용정책 → 한문의 족쇄에 채워 놓은 한글

❿ 해방 이후의 국한문 혼용론자들의 승리로 인한 한글의 퇴보. 그로 인한 식민성 심화

⓫ 학문을 하기에 부적절하다고 지식인들에게 천대받는 한글

⑫ 식민시대에 민족사랑, 나라사랑의 징표로서 우리말을 사랑했던 그 많은 시인들, 문인들의 주옥같은 우리말들이 망각의 늪에 빠짐

⑬ 외래어의 범람에 따른 우리말 고사의 위기

⑭ 컴퓨터 통신의 등장으로 일그러져 가는 우리말 사용

끝으로 함석헌 선생의 말을 들어보자.

> "우리말로 할 수 없는 종교·철학·예술·학문이 있다면 아무리 훌륭해도 그만 두시오. 그까짓 것 아니고도 살 수 있습니다. 우리 삶에서 글월[문화(文化)]이 돋아나오지, 공작의 깃 같은 남의 글월 가져다 아무리 붙였다기로 그것이 우리 것이 될 까닭이 없습니다." **-함석헌**[57)]

지금 우리는 온통 남의 것 가져다가 교육제도니 경제체제니 문학이니 문학 평론이니 그림이니 종교의례니 하고 있다. 이제라도 우리는 근대화의 주축인 자주, 자율, 자립의 정신으로 우리 것을 정립해야 될 것이다. 거기에는 우리의 말이 가장 중요함을 잊지 말아야 한다.

57) 함석헌, 〈우리 민족의 이상〉, 『함석헌 전집 1. 뜻으로 본 한국역사』, 한길사, 1993, 347.

11

21세기 한국문화의 르네상스, 그 가능성 읽기

1. 이미지로 보는 한국문화의 르네상스
2. 21세기 탈근대에서 지향하는 것들
3. 동도서기의 실현
4. 한국인의 가능성
5. 세계 속의 한국인
6. 우리의 눈, 우리의 말
7. 문화의 새 코드: 사이버와 광장
8. 사이버 세대가 여는 새로운 광장문화

1 | 이미지로 보는 한국문화의 르네상스

여기에서 여러분은 지금 21세기 한국문화의 새로운 면모를 세계에 널리 알리고 있는 다양한 인물들의 활동상들을 담은 사진과 이미지들을 본다. 세계문화유산에 등록이 된 것으로는 종묘와 수원화성 그리고 팔만대장경과 무형문화유산에 등재된 단오 등이 있다. 이제 우리문화는 세계에서 인정받고 있다.

기술의 차원에서도 한국은 세계적인 수준을 자랑하고 있다. 자동차, 강철, 선박, 배수로, 담수시설 등 예전에는 감히 생각하지도 못하던 분야에서 기술한국의 이미지를 세계에 떨치고 있다.

이 기술뿐만이 아니라 과학과 결합된 첨단기술에서도 한국은 세계 상위권을 휩쓸고 있다. 세계적인 인터넷 강국으로서 초고속 통신망의 분야

사진 1 팔만대장경

사진 2 단오

사진 3 수원화성

사진 4 세계최대크기의 선박엔진
두산중공업

에서 세계 1, 2위를 다투고 있고, 휴대전화와 와이브로, DMB 등 첨단기술의 발전과 함께 인터넷 동영상 등의 이동통신 분야에서도 세계를 선도해 나가고 있다.

이런 인터넷 문화의 밑바탕에는 한글의 위력이 있다. 우리는 한글의 편리함에 힘입어 문자메시지를 보내는 데에도 가장 빠른 전송속도를 내고 있다. 그리고 이러한 편리함과 과학성으로 인해서 세계에서 가장 문맹자

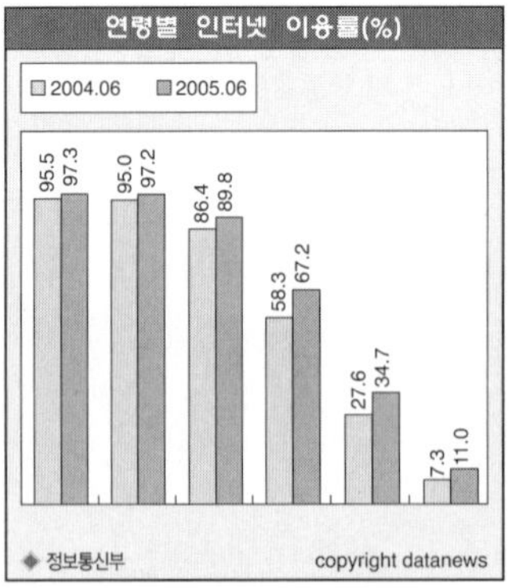

사진 5 인터넷 강국 :
세대별 인터넷 사용률

사진 6 한글의 위력 : 문맹자 최소, 휴대폰 엄지족,
댓글문화

사진 7 명성황후

사진 8 지하철1호선

가 적은 나라가 한국이다. 또한 혀를 되찾은 시민들이 자기 의견과 주장을 인터넷을 통해서 다른 사람들에게 알릴 수 있기 때문에 새로운 댓글문화라고 하는 것이 발전하고 있다. 지금까지는 방송과 인터넷이 일방통행이었는데 한국의 인터넷 문화가 이런 일방동행을 쌍방향 통행으로 바꿔나가며 통신과 소통문화에서 새로운 가능성을 열어보이고 있다. 붉은악마의 거리응원과 촛불집회가 그 사례라고 할 수 있다. 월드컵만이 아니라 광장의 문화를 선도하고 있는 것은 인터넷 세대, 젊은 세대라고 볼 수 있다.

이제 연극 분야에서도 한국이 가지고 있는 문화적인 역량을 많이 보여주고 있는데, '지하철 1호선', '명성황후', '지킬박사와 하이드' 등의 뮤지컬이 호평을 받고 있다. 여기서도 우리는 문화적인 끼를 마음껏 발휘하고 있음을 알 수 있다.

저 멀리 미국에서는 한인의 날 퍼레이드가 펼쳐진다. 이를 통해 문화다원주의 시대 문화소통의 실험장인 다민족 사회 미국에서 한국의 문화적인 독특함을 널리 알리고 있다. 그 다음 패션계에서는 이미 많은 한국인들이 굉장히 주도적인 역할을 하고 있다. 앙드레김뿐만 아니라 이영희, 이상봉 선생 등이 패션 한국을 선도하고 있다.

사진 9 미주한인의 날 행사

사진 10 앙드레김의 패션쇼

사진 11 광장의 문화 : 다양한 형태의 의견 표출, 촛불시위, 거리응원

그 다음 젊은 세대들이 인터넷으로 무장하고 새로운 광장문화를 열어 나가고 있다. 이들은 인터넷의 인간적인 새로운 가능성을 열어보이며 거기에서 새로운 방식으로 자기 표현과 자기 표출 방법을 실험하고 있다. 그로써 새로운 의사소통방식을 개진해나가고 있다.

지금 한국에서는 국제적인 문화행사들이 많이 유치되어 치러지고 있는데, 그 중에 성공한 대표적인 행사로 부산 국제영화제와 광주 비엔날레가 있다.

사람들은 이제 문화를 규정할 때 문화의 기술과 예술차원에 주목하며 그 융합과 조화의 가능성에 많은 관심을 둔다. 기술과 예술의 차원에서 한

사진 12 부산국제영화제

사진 13 광주 비엔날레

국은 이제 세계적인 문화의 대열에 합류할 준비가 되어 있다고 볼 수 있다. 기술과 예술뿐만이 아니라 한 걸음 더 나아가 학문과 과학 분야에서, 그리고 종국에는 우리의 인간관, 가치관 등이 탈근대 지구촌의 새로운 가능성을 열어 밝힐 수 있어야 한다. 그 가능성의 단초들을 이 장에서 살펴보도록 하자.

2 | 21세기 탈근대에서 지향하는 것들

우리는 21세기를 탈근대라고 이야기한다. 그런데 여기의 '탈근대' 에서 '탈' 을 어떻게 이해하느냐에 따라 의미의 방향이 많이 달라질 수 있다. 흔히 사용하는 탈근대는 '포스트모던(Postmodern)' 이라고 하는 서양말을 번역한 것이다. 탈근대에 대한 번역은 이것 외에도 몇 개 더 있었다. 시간이 흐르면서 번역용어들이 대충 정리되어 '탈근대' 가 일반적으로 통용되고 있다. 다른 용어로는 예를 들어 '근대 후기' 라는 옮긴말이 있다. 이것은 그저 단순히 시간적인 차원만을 이야기할 뿐이다. 그런데 '탈근대' 라는 말은, 그것이 가지고 있는 지향성을 볼 때, 근대를 벗어난다는 의미가 함축되어 있다. 그리고 근대를 벗어난다고 하는 것은 근대가 가지고 있는 어떤 어두운 면이 존재하고 있다는 것을 전제하고 있다는 말이다. 그렇다면 근대가 가지고 있는 어두운 측면이란 무엇인가? 그것은 지금까지 지은이가 서양문화에 대해서 이야기하면서 계속 언급했던 그런 측면들이다.

근대의 대표적인 독특함은 결국 '합리성' , '이성' 이다. 근대에 들어서서 합리성, 이성에 의해 '세계와 모든 것' 이 다 투명해진다. 그런데 사람들이 이렇게 투명해진 세계 속에서 행복해 하느냐는 완전히 다른 차원의 물음이다. 사람들은 이 투명해진 세계 속에서 왜 살아야 하는지 하는 삶의 의미를 찾지 못해 방황하다 스스로 목숨을 끊기까지 한다. 실존철학자 카뮈(Albert Camus)는 현대인들의 이런 투명한 삶의 모습을 공중전화박스 안에 있는 사람의 모습으로 표현했다. 어느 누군가가 공중전화박스 안에서 누구에게 전화를 하고 있다면 그 사람의 모습은 밖의 사람들에게 투명하게 다 보인다. 그런데 밖에서 보는 사람의 눈에는 안에서 전화를 하고 있는 사람의 온갖 몸짓, 표정들이 부조리하고 이상하게 보인다. 카뮈는 현대를 사는 우리의 상황이, 개인이 완전히 투명해져서 그 자신과 다른 사람들에게 모두 이상해 보이는 그런 부조리한 상태라고 서술하고 있다.

근대를 이끈 논리는 합리성이고, 이 합리성은 기능성, 효율성, 무한경쟁, 무한소비 등의 방식으로 전개되어 나가고 있다. 이런 합리화의 추세는 인간에게 끊임없이 소비와 욕망을 조장해서 쉼없이 물건을 만들어내게 하고 만들어낸 것을 다 소비하기도 전에 또 다른 물건을 만들어내 사람들에게 새로운 욕망을 심어준다. 이렇게 소비, 생산, 욕망의 순환고리 속에 버려지는 물건들이 넘쳐나 그것들을 버릴 쓰레기장을 찾는 것이 또 하나의 고민거리가 될 정도이다. 방사능 폐기물 같은 환경오염 물질을 묻을 곳을 찾아 이른바 선진국들은 못 사는 나라를 기웃거리며 그들 나라를 쓰레기 하치장으로 사용하려 한다. 이러한 아이러니 속에 빈부의 격차는 날로 심해져만 갔다. 이제 더 이상 근대의 논리, 합리성의 논리, 그것이 부추키는 무한경쟁으로는 인류가 살아가기 힘들다는 것을 서양의 지식인들도 깨닫게 되었다. 그렇기 때문에 이제 우리는 탈근대 사회에서 지향하는 것이 무엇인지를 한 번 살펴보아야 한다.

(1) 새로운 화두: 감성, 여성, 가상

흔히 탈근대는 '3F' 시대라고 한다. 그런데 아직은 많은 사람들이 이 '3F'가 무엇을 의미하는지 잘 모르고 있다. 3F와 탈근대를 연결시킬 고리를 찾지 못하기 때문이다. 그렇다면 우리가 생각할 수 있는 F에는 무엇이 있는가. 우선 신세대들이 좋아하는 'Feeling' 이 있고 그 다음에 'Female', 'Fiction' 등이 그것이다. 어떤 사람은 Fiction 대신 'Fashion' 을 넣기도 한다. Feeling, Female, Fiction은 과연 무엇을 의미하는가. 바로 '감성' 과 '여성' 과 '가상' 을 이야기한다. 그 중 '가상' 은 조금만 생각해보면 쉽게 알 수 있다. 바로 컴퓨터를 이용한 사이버 강의 등을 통해 가상의 현실에서 현실과 조금도 다르지 않은 수업활동을 할 수 있기 때문이다. 사이버 대학들이 넘쳐나고 있는 한국은 그야말로 탈근대의 첨단을 가고 있는 것이다.

또한 탈근대에서 중요하게 부각되는 것은 차가운 이성이 아닌, 부드러운 공감의 감성이다. 그래서 요즘은 이성중심의 논리성을 측정하는 IQ 대신 다른 것들이 많이 도입된다. 예를 들면 감정지수를 이야기하는 FQ와

도덕지수를 이야기하는 EQ 등이 그것이다. 이제는 인간을 이성에 의해서만 규정하는 이성적인 동물뿐만이 아니라 감성적인 동물로도 보고 싶어하는 것이다. 이성이 인간의 인간다움이라는 것을 가장 잘 보여준다고 했을 때 이 때의 모델과 표본이 되는 것은 남성이었다. 이성중심의 서양이 그리고 특히 근대의 서양이 곧 남성중심의 사회였던 것은 우연이 아니다. 서양의 신화로 이야기하면 제우스와 아폴론 신이 주도하는 시대이며 사회였다. 그런데 이성에 반기를 드는 흐름들이 근대의 말기에 감지되는데, 포스트모던의 선구자라는 니체에게서 그렇다. 그는 축제와 술의 신 디오니소스를 부활시킨다. 이 외에도 도둑과 전령의 신 헤르메스가 특히 탈근대의 신으로 급부상하고 있다. 그런데 이제 그런 차원을 지나서 제우스 이전으로 올라가보자는 이야기도 여기저기서 들려온다. 그 이전 여성신이 세계를 지배했었을 때 오히려 세계가 평화롭게 더 잘 살 수 있었던 것 아니냐는 이야기이다. 감성으로서 여성이 세상을 돌보았기 때문이다. 여성과 감성이 생명하고 같이 어우러지는 것을 상상하는 것이다. 이것이 바로 감성과 여성 그리고 가상으로 이야기되고 있는 탈근대의 독특함이다.

그렇다면 근대를 나타내는 대표적인 낱말들은 무엇인가. 근대에서는 흔히 '3S'를 이야기했다. 3S에는 지금 우리가 열광하고 있는 'Sports', 'Screen', 그리고 'Speed'가 있다. 어떤 사람들은 Speed 대신에 'Sex'를 넣기도 한다. 그렇지만 근대는 한 마디로 속도의 시대라고 말할 수 있다. 더욱 더 빨리 가려고 하는 속도경쟁이 모든 분야에서 경쟁적으로 벌어졌다. 스크린은 동영상의 출현과 함께 현대인들의 문화생활을 주도한 영화관을 가리킨다. 스포츠는 더 이상의 설명이 필요 없을 것이다. 스크린과 스포츠는 많은 대중들을 끌어들이는 대중에 대한 호소력을 가지고 있다. 대중들의 입맛을 동원하고 있고 그것이 근대가 가지고 있는 특징이라고 할 수 있다. 기능적·효율적인 대량생산을 통해 모든 사람들에게 나눠주고, 모든 사람들이 똑같은 취미와 열광 속에 일탈을 즐기도록 해준다. 여기에는 일종의 전체주의적인 요소가 그 밑바탕에 깔려 있다.

(2) 종교적 · 예술적 · 도덕적 현실에 대한 각성

탈근대에서는 많은 사람들이 함께 휘몰려 다니는 상황에서 한 걸음 물러나서 자기만의 조그만 방, 밀실로 들어간다. 이상이 화두로 본 근대와 탈근대의 차이점이다. 이러한 화두도 분명 시대적인 추세를 반영하고 있다. 지은이는 21세기 탈근대에서 지향하는 것을 크게 셋으로 보고 있다. 그 하나는 종교적 · 예술적 · 도덕적 현실에 대한 각성이다. 근대는 이성이 주도했고, 그래서 이성적 현실을 선호했다. 이성적으로 설명할 수 있는 현실, 그것이 구현되고 있는 과학과 기술의 세계가 그 특징이다. 그런데 근대의 후기인 20세기에 오면서 바로 이 이성에 이끌려진다는 세상이 제1차 세계대전을 일으켰고 곧 이어 제2차 세계대전을 일으켰다. 인간의 이성이라고 하는 것은 마치 다른 인간을 어떻게 효율적으로 죽일 수 있는가에 골몰하는 것처럼 보인다. 이런 상황에 대한 비판이 커지면서 지식인들은 이성이 아닌 것에 대해서 관심을 갖기 시작했다.

그렇다면 이성이 아닌 것에는 어떤 것들이 있는가. 광기, 폭력, 섹스 등이 있다. 그래서 20세기 후반 포스트모더니즘이 처음 시작되었을 때 광기의 역사, 섹스의 역사, 폭력의 역사에 관한 연구가 많이 이루어졌다. 여태까지 학자들은 인간을 이성적인 동물로 보았기 때문에 폭력과 광기와 섹스는 인간적인 것에서 제외시켰던 것이다. 그렇지만 그들은 이제 인간에게는 이성에서 벗어난 그러한 면모들이 있고 이것이 인간의 본모습의 하나라는 사실을 인지하게 된다. 어쨌든 인간은 이성적인 면모만이 아니라 다른 면모도 가지고 있다는 것을 알게 되었다. 그리고 그런 다른 면모가 중요하게 작용하는 곳이 종교적 · 도덕적 · 예술적 차원이라고 하는 것도 알기 시작했다.

(3) 보이는 것이 전부가 아니다

그 다음으로 보이는 것이 전부가 아니라고 하는 이 점을 탈근대에서는 깊이 깨닫게 된다. 근대에서는 이성, 이성이 파악하고 있는 현실, 이성이 보고 있는 존재하는 것들, 결론적으로 이성과 그가 파악하는 존재하는 것들만이 있고 이성의 힘을 벗어나는 것은 무(無)이고 그런 것은 존재하지 않는 것으로 간주되었다. 이성적으로 파악될 수 있는 존재자만 있고 그 외의 것은 다 무(無)이고 무(無)는 없다.

그래서 지은이는 서양철학의 역사를 '무(無) 제거의 역사' 라고 특징짓기도 한다. 다시 말해 이성으로 파악할 수 없는 것은 없는 것이니까 그 없는 것에 대해서는 말하지 말아야 한다는 식으로 없는 것에 대해서 말하지 못하게 만들어 무를 논의의 대상에서 제거해 버린 역사라는 말이다. 그러면 이런 식으로 없는 것으로 제거되어 버린 것들에는 어떤 것이 속하는가? 그 안에는 무엇보다도 신, 하느님이 들어가고 성스러움이 포함되고 형이상학적인 것도 들어가고, 종교도 윤리도 들어가고, 나중에는 예술도 들어간다.

(4) 없음에 대한 감수성과 능력: 감성과 영성

이런 식으로 있음의 관점, 존재의 관점으로만 세상을 본다면 우리는 많은 것을 잃어버릴 수밖에 없다. 그렇기 때문에 없는 것, 없음, 무(無)·공(空)·허(虛)에 대한 인간의 능력과 감수성을 일깨워야 한다. 이러한 없음에 대한 능력 또는 감수성에서는 서양 사람보다 동양 사람이 더 뛰어났다. 특히 한국 사람이 더 뛰어났다. 그래서 21세기에 한국인들의 능력에 기대를 걸어볼 수 있다. 우리는 없음에 대한 감수성과 능력으로 감성과 영성을 들 수 있다. 이제 이 감성과 영성이 주도하는 그러한 세계가 되어 가고 있다. 21세기에 와서 감성과 영성의 차원에서 세계적으로 인정받는 한국인들이 많은 것은 결코 우연이 아니다.

서양은 이성 중심적 추세로 발달되어 왔고 그래서 서양 사람들에게는 무엇보다도 이성적인 능력이 극도로 잘 발달되었다. 이에 비해 동양 사람들, 특히 한국 사람들은 어쩌면 이성적인 능력이 서양 사람만큼 잘 발달하지 못했다. 우리의 지난 반만년의 역사 그리고 근대화가 시작된 지난 100년의 역사 속에서 우리는 서양 사람처럼 그렇게 합리적이 된 적이 한 번도 없었다. 서양의 합리성을 배우자고 지금 사방팔방에서 경제적·정치적·종교적인 투명을 이야기하지만, 우리는 여전히 부정부패에 시달리고 있다. 바로 이성적인 차원에서 본다면 한국은 모든 면에서 실패작이라 할 수 있다. 그러나 이제 인류가 이성이 아닌 다른 차원을 찾으며 그래서 감성적·영성적인 차원을 찾아야 하는 시대에 들어서고 있기 때문에, 한국 사람들이 서양 사람들이 갖지 못한 새로운 능력으로 인류사회에 기여할 수 있는 시대가 왔다고 말할 수 있다.

3 | 동도서기의 실현

(1) 동도서기는 아직도 유효한가

21세기 초 한국의 상황은 동도서기(東道西器)를 생각나게 한 시기였다. 강압에 못 이겨 서양에 마지막으로 문호를 연 조선 땅의 한 지식인은 1885년 동도서기론을 주장하며 이렇게 말했다. "대개 동양인[中土之人]은 형이상의 것에 밝기 때문에 그 도(道)가 천하에 독존하고, 서양인들[西國之人]은 형이하의 것에 밝기 때문에 그 기(器)가 천하에 무적이다. 동양의 도로써 서양의 기를 행한다면 온 세계를 평정하는 일도 대단한 것이 못된다."(신기선, 『농정신편』) 그로부터 120년이 지난 지금 이 동도서기론이 빛을 보는 것은 아닌가 생각하게 한다.

(2) 첨단과학과 기술

세계에서 가장 작은 나노전자소자가 국내 연구진에 의해 개발됐다. 과학계는 2015년 이후 세계 반도체 시장을 이 나노전자소자가 주도할 것으로 전망한다. 삼성전자는 세계 최초로 8기가 급 플래시메모리를 개발해서 반도체 부분 세계1위를 11년째 고수했다. 21세기 첨단기술과학의 꽃이라고 하는 생명공학과 반도체분야에서 한국의 과학자와 기업이 세계가 인정하는 최정상에 올랐다. 그뿐인가. 한국은 초고속 인터넷 가입자 수에서 세계 1위이며, 인터넷 이용자수에서는 3위, 인터넷 쇼핑 이용률에서 2위를 기록해 인터넷 강국임을 입증하고 있다. 근대화 초기 한국은 모든 부분에서 꼴찌였지만 21세기 초 한국은 정보화를 선도하는 디지털 강국으로 세계에 우뚝 섰다. 서양의 기(器)를 배우고 닦은 결과 이제 그 종주국인 서양마저도 능가하게 된 것이다.

(3) 서도서기?

그러면 동양의 도는 어떻게 되었는가? 과연 우리는 우리의 형이상(形而上)이라 할 수 있는 세계관, 인간관, 가치관을 갈고 다듬으며 지켜 왔는가? 지금 우리 사회를 이끌고 있는 자유민주주의, 기술과 과학, 자본주의 시장체제는 서양에서 유래한 것이고, 우리가 한목소리로 추구하고 있는 자유, 평등, 인권, 사회정의도 서양의 가치관이다. 그러면 도구로 받아들여 사용하던 서양의 기술문명이 알게 모르게 우리의 정신도 변화시켜 우리의 도(道)를 서양의 도(道)로 바꾸어버린 것 아닌가? 그래서 결국은 서도서기(西道西器)가 되어버린 것은 아닌가?

(4) 문화의 도(道)와 문화콘텐츠

지금까지는 자연과학이 발달하고 그것이 기술분야로 이어져 나가고 그 다음에 생명과학이 발달해서 생명공학으로 이어져 나갔다. 이제는 문화의 시대에 문화학, 문화과학이 발달해야 한다. 그리고 문화과학의 한가운데에 문화콘텐츠가 있다. 동도서기에서의 도(道)의 분야에서도 한국은 주목할 만한 관심을 끌고 있다. 그 몇 가지 사례를 살펴보도록 하자.

한국의 불교 얼마 전 숭산 스님의 영결식과 다비식에 미국·유럽 출신의 제자스님 500여 명이 참석했다. 숭산 스님의 미국인 제자 현각 스님은 미국인들의 불교에 대한 관심이 대단하다고 전해주고 있다. 미국에서는 1000만여 명이 불교에 관심을 갖고 있고 600만여 명이 이런저런 불교의 의례에 참여하고 있다고 한다. 물질문명에 환멸을 느낀 현대 서양인이 정신적인 공허감을 채우기 위해 동아시아의 도에 관심을 갖는다는 것이다. 이렇게 되면 동도서기는 우리를 지칭하기 위한 용어가 아니라 현대 서양인들의 생활태도를 나타내는 표현으로 바뀌어 사용되어야 할 정도이다.

한국의 정신분석학[정신치료] 이런 현상을 지은이는 종교의 차원에서뿐 아니라 학문의 세계에서도 발견하고 우리 자신도 모르고 있던 우리의 잠재력에 놀랐다. 얼마 전 서울에서 한국정신치료학회가 주관한 〈도정신치료(道精神治療)와 서양정신치료 국제포럼〉이 열렸다. 이 포럼은 한국의 도정신치료에 관심을 가진 서양의 정신분석학자들이 자신들이 연구한 도정신치료에 대해 발표하는 자리였다. 여기에서는 〈도와 현대 서양 정신분석 제 학파의 비교〉, 〈도와 현존재 그리고 마음: 그 이론과 치료적 의미〉 등의 논문들이 발표되고 도정신치료의 사례발표와 토론이 있었다. 그야말로 동아시아의 도가 서양인의 정신[심리]치료에 획기적인 도움이 될 수 있음을 보여준 마당이었다.

한국의 생명문화 2003년 12월에는 전 세계의 유명한 생명·환경운동관련 학자, 예술가, 활동가 100여 명이 21세기 지구의 핵심현안인 생명과 환경문제를 논하기 위해 수원에서 개최된 〈세계생명문화포럼〉에 모였다. 지금까지 근대화를 주도해온 경쟁의 논리가 확산시켜나가고 있는 생명파괴의 현장을 목도하면서 늦기 전에 지혜를 짜내어 살림의 문화를 펼쳐야 한다는 공감대가 지식인들을 한자리에 모이게 했다. 생명을 존중하며 천지인 합일사상을 삶의 지혜로 실천하며 살아온 한국인의 생활철학이 위기에 처한 지구를 구할 수 있는 대안으로 관심을 끌었다. 이 땅의 살림지기인 농민들의 생명사상이 죽임의 문명이 판을 치는 현대에 새로운 삶의 문법과 학문[생명학]으로 자리매김될 수 있는 가능성이 논의되었다.

새로운 정신성의 시대 이미 토인비는 오래 전에 21세기는 새로운 정신성의 시대가 될 것이라고 이야기했다. 서양은 물질문명의 발전으로 지금까지 잘 살아왔는데, 이 물질문명을 이끌어나갈 정신적인 원리가 없다. 21세기는 바로 이 정신적인 원리를 찾아서 인류가 공존하고 화합하는 그런 시대로 만들어야 한다고 토인비는 강조했다. 많은 학자들이 21세기는 새로운 정신성의 시대, 새로운 종교성의 시대, 새로운 영성의 시대라고 이야기한다.

우리는 세계가 하나인 지구촌 시대를 살고 있다. 이제 더 이상 동서양의 구별과 차별은 의미가 없다. 우리는 인류의 역사와 문화 속에 간직되어 온 모든 지혜를 짜내어 66억 명의 인류가 지구상의 모든 생명체와 더불어 평화롭게 살아갈 수 있는 공생과 상생의 원리를 찾아내야 한다. 그러기 위해서 우리는 이제라도 밖으로만 향했던 우리의 시야를 우리 안으로 돌려 위기의 지구와 인류를 구할 수 있는 한국인의 지혜로는 어떤 것이 있는지 면밀히 살펴보아야 한다. 현각 스님은 '한국은 잘 차린 종교밥상' 이라고 말한다. 새로운 정신성, 종교성, 영성이 요구된다는 현시대가 바로 한국인의 삶의 지혜를 절실하게 필요로 하는 시대일 것이다.

4 | 한국인의 가능성

(1) 한국축구의 고질병

이제 21세기 우리 안에서 발견할 수 있는 잠재력을 점검해보기 위해서 우리 자신에 대해서 다시 한 번 되돌아보도록 하자. 우리의 가능성을 2002년 월드컵 4강 신화를 예로 해서 살펴보자. 그 때는 정말 아무도 감히 생각하지 못했다. 한국이 월드컵 4강에 들게 되리라는 사실을. 많은 사람들이 그저 월드컵 경기에서 딱 한 경기만이라도 이겨달라고 염원했다. 그 동안 우리는 매번 국제경기를 보면서 한국선수단이 가지고 있는, 한국선수가 가지고 있는 고질병을 지켜봐야만 했다. "스피드는 있지만 체력이 약하다. 조직력은 있지만 개인 기본기가 부족하다. 게임메이커가 없으며 골 응집력 · 결정력을 가진 골잡이가 없다. 골을 먼저 먹어야 죽기 살기로 뛴다. 전체적인 분위기가 살아야 똘똘 뭉친다. 약한 팀에 강하고 강한 팀에 약하다. 이겨본 팀에 강하고 진 적이 있는 팀에 약하다. 집에서만 잘 싸우고 나가서는 실력을 제대로 발휘하지 못한다." 이것이 그 당시 우리 자신에 대해서 가지고 있는, 또 남들이 우리를 지켜보는 평이었다. 그래서 이러한 문제들에 대한 대책이 없이는 절대로 월드컵 4강은 커녕, 월드컵에서 한 게임도 이겨보기 힘든 상황이었다.

그런데 이것이 깨졌다. 월드컵 4강을 달성해 낸 것이었다. 그 당시 외국

기자들은 한국팀이 가지고 있는 대표적인 특색을 스피드와 체력이라고 했다. 예전에는 한국은 체력에서 서양 사람들의 체구, 그 사람들이 고기 먹고 다진 힘을 도저히 당해낼 수 없다고 했는데, 한국팀이 서양 사람들도 놀란 체력을 보여준 것이었다. 그런데 그러한 한국팀의 체력은 그 당시 히딩크 감독이 체력 단력 프로그램을 만들어서 그 프로그램에 따라 철저하게 단련시켜 얻은 결과였다. 그래서 지금 여기서 우리가 배워야 할 것은 우리의 잠재력을 우리 자신이 너무 과소평가하고 있다는 사실이다. 지은이는 항상 이렇게 강조하며 이야기한다. "인간은 그가 그 자신에 기대하고 요구하는 그 가능성으로 존재한다." 즉 그가 그 자신에게 무엇을 기대하는가 하는 그 가능성을 그 자신이 설정해서 발견, 계발하지 않는다면 어느 다른 누구도 그것을 대신 발견해 줄 수 없다는 말이다. 그 자신이 못한다고 이야기하고 주저앉아 버리고 만다면 거기서는 다른 어떤 것이 나올 수 없다. 이런 식으로 이제 우리는 우리 자신을 새롭게 봐야 한다. 우리 자신에 대한 시각을 바꿔야 한다. 이것이 이제 우리가 우리 자신에게 부과해야 할 과제다.

(2) 어느 기업인의 권고

어느 무역인은 이렇게 권고한다.[58] "하늘의 때를 읽을 수 있어야 하고 우리가 처한 지리경제적 위치를 제대로 알아내어 능동적으로 생산적으로 대처해야 한다." 현재 우리가 처한 세계사적인 상황을 염두에 두고 우리의 역사와 문화를 되돌아보며 새롭게 해석해야 한다. 그래서 우리의 장점과

58) 참조 김재철, 『지도를 거꾸로 보면 한국인의 미래가 보인다』, 김영사, 2000.

단점이 어디에 있는지를 올바로 파악하여 미래를 위한 정신자세 가다듬기와 몸만들기를 시작해야 한다.

어느 외국 기업인의 다음과 같은 말은 우리에게 시사하는 바가 많다.

"역사적으로 볼 때 한국이 처한 주변환경은 언제나 위험하고 적대적이어서 한국인들에겐 외부로부터의 자극을 탐탁지 않게 여기는 정서가 싹터 왔다. 19세기 말 조선왕조가 서양열강의 틈바구니에서 '은둔왕국(hermit kingdom)'이 되었던 것도 이런 외부세계에 대한 불신에서 비롯된 것으로 생각된다. 하지만 한국은 이제 개방을 통한 외부세계와의 접촉이 서로에게 이롭다는 사실을 깨달아야 한다. 한국이 꿈꾸고 있는 '아시아 허브국가'의 성공여부도 과거 '은둔왕국'의 유산을 얼마나 떨쳐버리느냐에 달려 있다고 본다."[59]

그래서 이제 이 기업인의 눈으로 볼 때 우리에게는 두 가지 가능성이 있다. 도래하는 환태평양 시대의 주도국으로서 동북아시아의 정치, 경제, 문화를 주도해 나가는 새로운 역사의 주역이 될 것인가, 아니면 계속 선진국의 하청국가로서 남의 이념과 문화를 조립하고 재포장해서 팔아넘기는 중개상으로 남아 있을 것인가. 이 두 가지의 길이 있다. 기업에서는 끊임없이 새로운 것에 투자하면서 새로운 역사의 주인이 되려고 노력하고 있다.

우리는 이것이 기업뿐만이 아니라 모든 분야에서 다 그렇다고 볼 수 있다. 학문에서 이러한 노력은 더욱 더 중요하다. 학문, 특히 철학의 분야에서 본다면 우리는 계속 남의 이념과 문화를 조립하고 재포장해서 팔아넘기는 중개상으로 남아 있다. 그렇기 때문에 철학계에서는 자조 섞인 말을 하기도 한다. 서양에서 공부한 사람은 서양의 철학을 떼어다 판다고 해서

59) 예룬 라머스, 『한국일보』의 "한국시론" 2002년 7월 20일자.

'수입상' 이라고 하고, 국내에서 또는 동아시아에서 동아시아 철학이나 한국 철학을 배워서 가르치는 사람은 '고물상' 이라고 한다. 수입상과 고물상만 있으면 미래에 대한 희망이 없다. 역사의 주역이 되려고 한다면 우리가 놓여 있는 주변정세를 알고 세계가 어떤 방향으로 가고 있는지, 지금 우리가 사는 시대가 어떤 시대인지를 알아야 한다. 그것을 먼저 알고 나서 그 다음에 과연 우리가 거기에 대처해 나갈 수 있는지 우리의 대처능력과 잠재력을 점검해 보아야 한다.

5 | 세계 속의 한국인

세계 속에서 한국의 영성과 예술성을 널리 알리고 있는 사람들을 찾아보자. 종교계, 영성계에서는 숭산 스님을 들 수 있다. 그 다음 비디오 아티스트 창시자 백남준 선생이 있다. 이런 분들은 벌써 탈근대 한국인의 감성과 영성을 보여주면서 세계적으로 인정을 받게 된 사람들이다. 그 다음으로 민중신학자 안병무 선생을 들 수 있다. 지은이는 1980년대 후반 충격적인 소식을 들었다. 독일의 유명한 대학, 독일에서도 가장 오래된 대학의 하나인 하이델베르크 대학 신학대학원에 어느 독일학생이 박사학위 논문을 제출하였는데, 그 논문제목이 놀랍게도 "민중신학자 안병무"였다. 이것이 지은이에게는 그야말로 충격적인 사건이었다. 지은이 역시 독일에서 공부하였기 때문에 이 일의 의미를 알고 있다. 도대체 독일 전체를 통틀어 지금까지 독일학생이 — 한국학을 하는 학생은 제외하고 — 한국의 사상가를 주제로 학위논문을 썼다는 것은 들어본 적이 없다. 그것은 유럽 전체를 놓고 볼 때에도 비슷하다. 1960·1970년대 한국 사람들이 유럽에 가서 쉽게 학위를 받기 위해서 한국과 관련된 주제, 예들 들어 〈한국 삼국시대의 법제연구〉와 비슷한 주제로 법학학위를 받는다든가, 또는 〈한국에서의 춘향전 연구와 리얼리즘〉 식으로 해서 독문학 박사학위를 받기는 했지만, 독일학생이 한국의 생존 신학자를 가지고 박사학위 논문을 쓴 그것은 대단한 사건이었다. 그 정도로 신학에서 한국 신학, 한국의 민중신학이 무엇인가 던지는 메시지가 있다는 것을 입증한 셈이다.

또한 음악에서는 윤이상 선생이 있다. 윤이상 선생은 유럽에서는 음표의 혁명을 일으켰다고 평가를 받는데 정작 한국에서는 잘 알려져 있지 않다. 그 다음 국악에서는 황병기 선생이 가야금 곡과 연주로 한국적인 면을 현대화시켜서 선(禪)음악, 영성적인 음악, 사람의 마음을 안정시키는 그런 음악으로 세계적인 호평을 받고 있다. 그 다음 미술분야에서는 이응로 화백과 김영희 선생 같은 분들이 있다. 이응로 화백은 프랑스가 인정하고 있는 세계적인 예술가이지만 그분도 동베를린 사건 때문에 살아계실 동안은 한국에 들어오지 못했다. 김영희 선생은 〈아이를 잘 만드는 여자〉, 〈뮌헨의 노란 민들레〉 등의 책으로 널리 알려진 화가인데 닥종이 인형으로 유명한 사람이다. 그분은 현재 독일에서 가장 한국적인 예술가라는 칭호를 받을 정도로 인정받고 있다.

패션계에도 세계적인 한국인이 많지만 이영희 선생을 대표적으로 간략하게 살펴보자. 그는 어머니한테서 한복을 짓는 것을 배워 처음에는 전통한복을 만들다가 나름대로 여러 가지를 시도한 끝에 전통한복의 불편한 점을 개선하고 한복의 아름다운 색과 선으로 새로운 형태의 옷을 만들기 시작한다. 그는 그 옷을 가지고 패션의 본거지인 파리로 가서 크게 성공하였다. 그들은 그 때까지는 보지도 못하였던 소재인 우리의 한산모시나 비단을 가지고 한복의 선과 아름다운 색을 바탕으로 만든 옷들을 보고 놀라움을 금치 못하였다고 한다. 서양의 패션 역사를 보면, 이제 그들은 보여줄 수 있는 것은 거의 다 보여주었을 성싶었다. 새로운 소재들을 끊임없이 개발하지만 그들의 관심과 호기심을 끌기에는 너무나 구태의연했다. 그러기에 그들이 지금까지 본 적이 없던 한국적인 소재, 그것도 자연친화적인 소재와 더구나 충격적이다 싶은 형태, 맵시, 색상들에 감탄할 수밖에 없었다. 이와 같이 한국적인 것을 어떻게 세계인이 공감할 수 있는 보편적인 표현매체로 제시할 수 있는가가 우리들이 고민해서 풀어야 할 과제이다.

문학계에서는 김지하 시인이 〈세계생명문화포럼〉을 개최하면서 생명에 대한 논의에 불을 붙이면서 한국적인 생명사상을 전 세계에 알리려 노력하고 있다. 박노해 시인은 '나눔의 세계화'를 표방하며 세계의 화약고라는 중동에 한국적인 나눔의 정신을 전파하고 있다. 그 외에도 가수 비와 보아, 김덕수의 사물놀이, 난타 등등 지금 세계 속에서 한국문화를 알리면서 한국문화의 새로운 가능성을 열어보이고 있는 사람들이 많이 있다. 이제 그들이 어떤 방식으로 한국문화의 독특함을 표현하여 세계인의 공감대를 얻고 있는지 이론적으로 연구해야 할 시점에 이르렀다. 그것은 젊은 세대의 과제이며 사명이다.

6 | 우리의 눈, 우리의 말

(1) 이론과 사유의 식민지현상

사실 지금 학문계에서 가장 우려할 사항은 — 철학계에는 수입상과 고물상만 있다고 했듯이 — 학문의 주체가 없다고 하는 사실이다. 그러니까 공부를 하는 지식 중개인은 많지만 그 학문을 우리의 삶과 연계시키며 주체적인 방식으로 우리의 삶을 위한 이론으로 만들어내는 사람은 없다. 다만 끊임없이 우리의 생활세계는 외면하고 남의 현실에서 만들어진 이론을 떼어다 한국현실에 도입하는 사람들만 있다. 대표적인 분야가 바로 교육계이다. 교육계에서는 미국에서 공부하고 돌아온 사람들이 온통 미국의 교육이론을 가지고 계속 온갖 실험을 하고 있다. 그래서 교육의 실패는 미국이론의 실패이다. 미국의 이론이 한국적인 교육상황에 맞지 않는데, 억지로 적용시키다 보니까 학생들이 그야말로 '리트머스 시험지' 처럼 실험대상이 되고 있는 실정이다. 이제 우리는 우리의 현실에서 길어낸, 우리의 삶에 맞는 이론을 스스로 만들어나가야 한다.

우리말 속에는 우리의 세계, 문화, 삶이 깃들여 있다. 남의 말, 남의 이론이 난무하는 우리의 생활세계는 외국의 식민지나 다름없다. 함석헌 선생은 생전에 "생각하는 백성이라야 산다"는 말을 입에 달고 사셨다. 선생은 다음과 같이 한국 사람을 질타하였다.

> "한국 사람은 심각성이 부족하다. 들이파지 못한다는 말이다. 생각하는 힘이 모자란다는 말이다. 깊은 사색이 없다. 현상 뒤에 실재를 붙잡으려고, 무상(無常) 밑에 영원을 찾으려고 잡다(雜多) 사이에 하나인 뜻을 얻으려고 들이파는, 캄캄한 깊음의 혼돈을 타고 앉은 알을 품는 암탉처럼 들여다보고 있는, 운동하는, 생각하는 얼이 모자란다. 그래 시(詩) 없는 민족이요, 철학 없는 국민이요, 종교 없는 민중이다. 이것이 큰 잘못이다."[60]

우리의 현실을 스스로 타개해 나갈 이론도 없는 그런 민족이라는 말이다. 우리의 현실을 고민하고 우리가 부대끼는 삶의 문제를 스스로 풀려고 노력하여야 함석헌 선생이 말한 생각하는 백성일 것이다. 우리의 현실, 우리의 삶 속에서 길어낸 이론으로 우리의 삶을 풍요롭게 만들 때 함석헌 선생이 말하는 생각하는 백성이 될 것이다.

(2) 시 속의 세계관

우리만의 독특한 시각이 담겨 있는 우리말 표현이 어디서 어떻게 드러나고 있는지 예를 들어보자. 김지하 시인의 〈눈물〉을 보자.[61]

〈눈 물〉

가만 있으면
몸에

60) 참조 함석헌, 『뜻으로 본 한국역사』(함석헌 전집 제1권), 한길사, 1993, 94쪽 이하.
61) 참조 김지하, 『중심의 괴로움』, 솔, 1994.

물이 솟는다

흰 물은 눈이 되어
하늘에 걸린다

울며 걷던
철둑길도 비치고
어둑한 감옥
붉은 탄식

나 죽은 뒤에 남을
자식들 고된
인생도 비친다

슬픈 것은
먹고 또 먹고
죽이고 또 죽여
지구를 깡그리 부시고 있는
지금 여기
나

시커먼 몰골

눈에 자욱히
눈물되어 비치는 것.

지은이는 이 시속에 우리 나름의 세계관이 표현되어 있다고 본다. 제목이 '눈물' 이다. 눈물은 눈의 물이고 물의 눈이다. 우리의 몸속에서 솟아나는 하얀 물. 그것은 그야말로 우리의 몸이 하늘과 땅 사이를 잇는 그 사이에 있듯이, 우리 몸에서 난, 눈에서 난 눈의 물은 이제 물의 눈이 되어 하늘과 땅 가운데 걸려서 하늘을 비치고 땅을 비쳐서 삼라만상 모든 것을 비친다. 그것이 무엇을 비치는가. 그야말로 아픔을 비친다. 그런데 처음에는 바로 그 눈물을 쏟고 있는 그 사람의 아픈 현실과 아픈 과거를 비친다. 울며 건넌 철둑 길, 어둑한 감옥, 붉은 탄식 등의 추억, 아픔, 괴로움 그리고 나 죽은 뒤에 남을 자식들의 고된 인생 등이 비친다. 그렇지만 이것이 좀 더 나아가면 무엇이 되는가? 지금 여기서 이야기하고 있듯이, "슬픈 것은 먹고 또 먹고 죽이고 또 죽여 지구를 깡그리 부수고 있는 지금 여기 나", 바로 현대인의 모습이다. 그러니까 가장 슬픈 것, 그것은 지금 우리에게 먹을 것이 넘쳐나는 데도, 역사 이래 지금처럼 먹을 것이 풍부한 적이 없었는 데도, 아이러니하게도 역사 이래 또한 지금처럼 굶어 죽는 사람이 많은 적도 없다는 사실이다. 끊임없이 죽고 죽이는 나. 남을 죽여야만 내가 산다고 하는 죽임의 논리. 그런 삶의 논리 속에, 무한경쟁 속에 살고 있는 현대인. 그런 현대인의 모습을 김지하 시인은 비판하고 있는 것이다. 이런 잘못된 세계관에 우리의 생명 중심적 세계관을 대안으로 제시할 수 있다. 그런 세계관 속에서 이제 우리는 인간이 어떠한 모습이어야 되고 어떠한 가치를 지향해야 할지를 생각해보자고 시는 암시하고 있다. 바로 그것은 우리가 우리말 속에 전수받은 우리의 삶의 문법이다.

문화에서 가장 핵심적으로 중요한 것이 무엇인가. 지은이는 지금까지 계속 강조하며 언급했다. 문화는 그 의미상 일차적으로 '글로 됨' 이다. 문화에서 가장 중요한 것은 말이고 글이다. 우리 문화의 세계화에서 가장 중요한 것은 우리 문화가 담고 있는 세계관, 가치관, 인간관이다. 그리고 우리말이 담고 있는 이상(理想), 그 이상이 탈근대에 어떤 식으로 해결책을 제시할 수 있는 대안이 될 수 있는지 반성해봐야 한다. 그래서 어떻게 보면 가장 크고 중요한 것은 세계관, 인간관, 가치관이다. 그러한 것을 생각해보고 그 다음에 구체적으로 기술, 예술, 지식, 실천에서 어떠한 방식으로 실현해나가야 할지를 생각해 보아야 한다. 그럴 경우 바로 여러분들이 세계 속의 한국인이 될 수 있을 것이다.

7 | 문화의 새 코드: 사이버와 광장

(1) 신바람의 한국인

지금부터는 21세기의 새로운 아이콘이라고 일컬어지는 신세대가 펼치는 새로운 문화의 가능성에 대해 살펴보자. 지은이는 여러분들이 펼쳐 보이고 있는 새로운 문화코드를 사이버와 광장이라는 두 가지 코드로 요약해 보았다. 그리고 바로 여기에 어떻게 보면 21세기 우리의 운명이 달려 있다고 볼 수 있다. 많은 사람들이 놀라고 있듯이 2002년 월드컵에서는 새로운 유형의 한국인의 모습이 선을 보였다. 그 동안에 우리가 가지고 있었던 부정적인 이미지에는 노사갈등, 여야대립, 이념투쟁, 빈부격차 심화, 기회주의, 한탕주의 등이 있다. 지은이 역시 어려운 시절을 살았다. 유학 가서 13년을 이국땅에 살면서 돈이 없어서 한 번도 한국에 들어올 수 없었다. 들어와서는 최루가스 터지는 교정을 보며 이것이 언제 바뀌나 하며 절망의 한숨을 내쉬었다. 그래도 이제 뭔가 조금씩 계속 바뀌어나가고 있구나 하며 거기에 한 가닥 희망을 두었다. 그럼에도 불구하고 정치판은 도무지 바뀌지 않아 절망감이 깊어갔다.

그런데 이런 것들이 신바람의 한국인들로 이야기될 수 있는 젊은 세대들에 의해 조금씩 긍정적으로 바뀌어나가는 것을 느낄 수 있었다. 이것이 바로 2002월드컵에서 보여준 새로운 광장의 문화라고 할 수 있다. 광장의 반대말은 밀실이다. 지은이의 세대는 최인훈의 〈광장〉을 읽으면서 자랐다. 최인훈은 그의 책 〈광장〉에서 광장과 밀실을 대비시켰는데, 지은이는 1980년대 1990년대에 우리 주변에 우후죽순처럼 늘어나고 있는 밀실들을 보면서 많은 걱정을 했다. 노래방으로 시작해서 휴게실, 전화방 등 온통 이른바 '방'문화가 지배하는데, 이 '방'문화는 폐쇄된 공간에 기계 하나 들여다 놓고 저 혼자서 자기만의 즐거움을 탐닉하는 그런 구조이다. 이와는 달리 광장은 남들과 소통하며 같이 연대감과 유대감을 다지며 우리의 삶을 바꾸어 나가기 위한 논의와 대화를 펼쳐나가는 열린 마당이다. 그런데 이것이 이제 1980년대 후반 1990년대로 오면서 완전히 밀실로 바뀌는 것이었다.

이렇게 광장의 문화가 폐쇄된 공간으로 바뀌는 것을 보면서 지은이는 깊은 우려 속에 빠졌다. 그런데 이상하게도 이 밀실 속에 갇혀서 인터넷에만 의존해 개인주의적으로 조급하게 살아간다고 하는 신세대들이 바로 이 밀실공간을 나름대로의 광장으로 바꾸기 시작하는 것을 보았다. 그것이 바로 어떻게 보면 '사이버광장'이다. 사이버광장이면서 또 동시에 열린 광장이다. 이어령 선생이 이야기하듯이 디지털광장이면서 또 아날로그 광장이다. 이제 그야말로 디지로그 광장을 통해서 새로운 문화를 펼쳐나가며 새로운 정치의 가능성을 보여주고 있는 것, 그것이 바로 신세대가 펼쳐 보이고 있는 새로운 광장문화라고 할 수 있다.

(2) 성숙한 시민문화

그래서 이제는 시위도 달라져야 한다고 이야기하고 있다. 최소한 시위에서 폭력은 없어져야 한다. 시위하는 사람도 폭력을 하지 말고 시위를 진압하는 경찰들도 폭력행사를 하지 않으며 평화로운 시위문화를 정착시켜야 한다. 이것이 바로 성숙한 문화시민의 모습이다. 지은이는 유럽에서 13년 동안 살면서 유럽 사람들이 길거리에서 싸우는 것을 보지 못했다. 멱살을 잡고 주먹질하는 것을 보지 못했다. 고작해야 욕설을 하면서 가슴으로 미는 것 정도를 봤을 뿐이지 싸움은 보지 못했다. 그런데 귀국을 하자마자, 사방팔방에서 보이는 것은 온통 싸우는 모습뿐이었다. 더군다나 시위현장에서는 최루가스가 터지고 자갈이 오가고 보도블록 깨진 것들이 날아다니는 등 온통 폭력이 난무하였다. 그것이 지은이가 1984년 귀국했을 때의 모습이다. 20년이 넘게 지난 지금도 일부 시위에서는 그런 모습을 볼 수 있기는 하지만 이제 그것도 차츰 달라져 가고 있다. 그 달라져 가는 문화를 주도하고 있는 것이 월드컵 때 보여준 문화시민의 성숙함이라고 할 수 있다. 그래서 요즘의 촛불시위를 비롯한 다양한 형태의 항의시위를 보면, 자기 의견을 내세우면서 그 의견을 폭력적인 방법으로 달성하려고 하지 않고, 시위현장을 일종의 문화적인 이벤트와 행사장으로 만들어 서로의 의견을 주고받는 소통의 마당으로 만들고 있다. 이러한 문화적인 표출방법을 통해서 많은 사람들이 항의 자체를 놀이화시키고 놀이를 통해 항의의사 표시를 하는 일련의 행위패턴이 바로 성숙한 시민의 모습이다. 그리고 바로 그 한가운데 신세대 청소년들이 있다. 이런 사이버 청소년이 있다고 하는 것이 21세기 우리문화의 가능성이다.

(3) 광장의 의미: 근대 시민사회의 상징

여기서 광장의 의미를 살펴보면, 광장이라고 하는 것은 근대 시민사회의 상징이다. 중세와 근대의 상징은 서로 다르다. 일단 서양의 어디를 가든지 도시에 가면 거기에는 항상 한가운데 교회가 있고 그 옆에 시청이 있다. 역시 교회는 서양의 역사적인 흔적이다. 중세를 거쳐서 근대로 오고 중세의 상징인 교회 또는 성당, 그 다음 근대의 상징인 시청건물이 나란히 공존하고 있다. 그렇다면 중세의 상징인 교회에는 무엇이 있는가. 바로 그곳에는 종이 있다. 그리고 그 종은 사람들에게 계속해서 시간을 알려준다. 예를 들어 벨기에에서는 종소리가 매번 15분 단위로 울린다. 그리고 그 종소리가 조금씩 다르다. 그래서 그 종소리를 듣고 시간을 확인할 수 있다. 예전에 종소리를 통해서 시간을 알렸던 것을 알 수 있다. 그런데 종을 통해 알렸던 그 시간은 열려 있는 시간이다. 지금처럼 촌각을 다투는 시간이 아니었다. 그렇지만 근대로 들어오면 시간의 의미가 달라진다. 근대로 들어오면서 시간은 시청으로 옮아갔다. 한국의 시청도 그랬듯이 그 시청에는 시계탑이 있는 것이 보통이었다. 그리고 그 시계탑은 종소리로 울리는 아날로그의 상징이 아니라 숫자로 표시되어 분초를 알려주는 시계였다. 이제 근대는 분초를 다투는 정확한 시간에 맞춰서 사는 그런 사회로 바뀌어간다.

그런데 바로 이 시청 앞에 광장이 있다. 시청 앞에 있는 광장은 근대 시민들이 모여서 시사적인 이야기를 나누는 그런 시장이면서 또 의견을 나누는 광장의 역할을 같이하고 있었다. '광장' 이라는 말은 '아고라(Agora)' 라고 하는 말에서 유래했는데, 이 아고라는 대화와 토론의 마당이라는 의미이다. 그래서 이 근대의 공간인 광장이라고 하는 것은 열린 공간이며 일치된 의견을 찾기 위해서 격론을 벌이는 곳이다. 그러나 종국에는 모두를 위해 합의된 의견이 도출되어야 하는 곳이다. 이견과 갈등 속에 말로 설전을 벌인 곳이기는 하지만 그것이 보다 나은 살림살이, 평화로운 더불어 사는 삶을 위한 한 과정이기에 시민들은 큰 뜻을 위해 사사로운 개인의 이익을 포기해야 한다. 그렇게 도출된 공통의견을 확인하며 그 큰 뜻을 다지는 화합과 결의의 장소가 광장이다.

광장은 또한 자립과 자주를 확인하는 유세의 마당이다. 외부의 공격으로 시민들의 삶의 터전인 국가나 시가 위험에 처할 때 시민들은 결사항전의 뜻을 온 천하에 과시하기 위해 광장으로 모인다. 일체감을 확인하고 흔들리지 않는 유대감과 결속을 대외에 천명하기 위해 시민들은 광장에 모여 자립과 자주의 굳은 의지를 더욱 탄탄하게 다진다. 광장은 또한 축제의 마당이다. 함께 노력하여 얻은 결과를 그 노력의 주역인 모든 시민들이 다 함께 공유하며 즐거워해야 한다. 서로의 아픔과 슬픔, 기쁨과 환희를 나누면서 축제와 놀이 속에 인간은 더욱 끈끈한 연대감을 만들어나갈 수 있다. 인간은 놀이 속에 마음을 열고 상대방을 받아들이며 서로 더욱 가까워진다. 열린 공간은 당연히 축제의 놀이공간으로 바뀌어야 한다.

(4) 우리의 광장문화

그런데 우리의 광장문화는 어떠했는가. 근대 한국의 광장문화는 유신시기를 거치면서 이데올로기를 퍼뜨리는 선전의 장으로 전락하였다. 광장이 자기가 가지고 있는 이데올로기적인 요소를 남들에게 과시하는 유세의 장으로 악용되어 왔다. 이 때문에 많은 사람들이 어느 정도 민주화가 진전되고 나름대로 개인의 삶을 유지할 만한 지금 이제는 축제를 위해서 광장에 모이라고 해도 잘 모이지 않는다. 어떻게 보면 문민정부가 들어오고 국민의 정부가 들어오고 참여정부가 들어서면서 민주화의 진전과 더불어 광장문화가 조금씩 쇠퇴하였다. 물론 거기에서 다양한 의견을 표출하는 시위도 있지만 대개는 자의에 의한 모임이 아니었다. 그리고 동원된 사람들이 아니라면 소수의 사람만이 모이는 광장으로 차츰 바뀌어 가기 시작했다.

그런데 이런 추세가 확 바뀌기 시작한 것이 2002년 월드컵 때부터이다. 이데올로기적이거나 경제적, 또는 정치적 이슈로 모이라고 할 때는 사람들이 모이지 않았는데, 월드컵이라고 하는 큰 행사에는 몇십 만 명의 사람들이 모인 것이다. 우리는 여기서 여러 가지 면을 생각해봐야 한다. 이제 이데올로기의 시대는 끝났다. 어떤 이데올로기를 가지고 시민들, 젊은 세대를 강압적으로 이끌어가는 그런 시대는 끝이 났다. 이제는 시민들이 모두 성숙해서 자기 나름대로의 의견을 가지고 있다. 어느 한쪽으로 미리 방향을 잡고 그 방향에 맞춰 전부 다 박수치고 헤어지는 그런 식의 모임에는 이제 시민들이 아예 오지 않는 것이다. 이제는 자기가 생각하고 있는 것, 자기가 좋아하고 있는 것을 남을 의식하지 않고 펼칠 수 있는 그런 개성표현의 자리를 중요시한다. 비록 많은 사람들이 모이지만 그런 개성표현들이 전제되고 보장되는 그런 모임에 사람들이 참여한다.

그것은 결국 놀이와 연결이 되는 것이다. 이제 문화는 놀이문화의 성격을 가질 때 비로소 제 의미를 찾게 된다. 예를 들어 미군의 장갑차에 의해 한국의 젊은 소녀들이 죽었을 때 그 문제는 심각했지만, 이 심각한 문제를 이벤트화시켜서 성숙한 시민들이 할 수 있는 방식으로 항의를 하였다. 이런 식으로 새로운 광장문화는 놀이와 항의를 접목시켜서 새로운 형태로 만들어내고 있다. 그리고 바로 그것이 젊은 신세대들이 보여주고 있는 항의문화라고 볼 수가 있다. 이러한 모습이 새로운 시대, 사이버 시대의 행동방식이라고 할 수 있다.

이제 이러한 새로운 시대의 행동방식과 사이버 광장을 통해서 정치적인 개혁마저도 가능해졌다. 독재정치, 군인정치, 우민화정치, 3김정치 등으로 국민들로부터 외면을 당하던 철옹성의 정치판에도 새 바람이 불어닥치고 있다. 후보경선을 앞세우며 출발한 대통령 후보선출이 급기야는 모든 시민들로 하여금 민주정치의 참맛을 알게 하였다. 시민들은 자신의 참여로 세상을 바꿀 수 있음을 확인하고 스스로 놀라워하였다. 제16대 대통령 선거 때 아무도 예측하지 못했던 대통령 후보의 대통령 당선으로 인해 전근대적이었던 정치풍토가 변하기 시작했고 그에 따라 사회 전체가 새로운 변화의 국면을 맞이하게 되었다. 정치대상이기만 했던 국민들이 주체적 국민으로서 자신감을 회복하게 된 사건이었다. 이런 젊은 세대들이 개혁의 의지를 가지고 있다고 한다면 앞으로 정치뿐만 아니라 모든 분야에서 사회를 바꿔나갈 수 있다. 그래서 우리는 사이버 세대가 여는 새로운 세상을 주의 깊게 살펴봐야 한다.

8 | 사이버 세대가 여는 새로운 광장문화

기성세대는 온통 컴퓨터와 인터넷, 전자게임에 빠져서 다른 것에는 전혀 관심을 보이지 않는 '사이버 세대'에게 못마땅한 회의의 눈초리를 보내왔다. 귀에 이어폰을 끼고 자기 방에 틀어박혀 온종일 컴퓨터 앞에서 소일을 하는 이들 신세대는 기성세대의 눈에는 너무 이기적이고 즉흥적이고 감각적이다. 자기들만의 사적 공간[밀실]으로 도망가듯 물러나 앉아서 기성세대의 정치와 관행에 냉소적인 반응을 보이며 오로지 자신들이 좋아하는 일에만 관심을 보인다.

그런데 이렇게 소극적이고 만사에 무관심적이고 무기력해 보이기만 하던 사이버 세대들이 해방 이후 기성세대들이 성취해내려고 버둥거렸지만 실패했던 정치풍토개혁을 이루어내고 있다. 신세대는 요란한 외마디 자기 주장만이 난무하며 최루탄과 화염병, 경찰봉과 돌멩이가 피를 부르던 광장을 노래와 춤, 패션쇼와 놀이가 어우러지는 축제의 한마당으로 바꾸어 놓고 있다. 자신들의 반대의사를 표시하기 위해서 화염병과 돌멩이 대신에 촛불과 풍선을 들고 손에 손을 맞잡고 거리와 광장을 메운다.

우리는 컴퓨터 방 속에 숨어살던 사이버 세대들이 광장으로 나오기 위해 터 있는 골목에 주목해야 한다. 그들이 마련하고 있는 새로운 대화의 방식에 유의해야 한다. 그들이 열어보이고 있는 새로운 가능성의 세계에 관심을 가져야 한다. 첨단기기 앞에 서기만 하면 주눅이 들어 작아지는 기성세대는 첨단기술을 밥먹듯이 다루는 신세대의 도움으로 과학과 기술이 펼쳐보이는 새로운 세상을 함께 준비해나가야 한다.

지은이는 사이버 세대들로부터 우리가 배울 수 있는 몇 가지 시사점들을 다음과 같이 끄집어낸다.

(1) 기술의 인간적 가능성

우선, 기술이 열어보이는 인간적 가능성을 알아보고 자기 것으로 만들 줄 아는 능력을 키워나가야 한다. 자신을 내보일 수 있는 표현의 공간, 필요한 지식을 습득할 수 있는 앎의 공간, 자신의 다양한 가능성을 찾아볼 수 있는 정보의 공간, 같은 생각과 취미를 갖고 있는 동료들을 만나서 유대감을 확인할 수 있는 만남의 공간, 자신의 의견을 펼칠 수 있는 주장의 공간, 자신의 억울함을 호소할 수 있는 항의의 공간 등 우리는 사이버 공간이 펼쳐보이는 가능성을 외면해서는 안 된다. 거기에 시민과 개인으로서의 우리의 새로운 가능성이 열려 있기 때문이다. 이러한 것은 과거에 광장, 마당이 했던 그 모든 것을 총괄하면서도 또 그것을 한 차원 더 진화시켜서 새로운 가능성으로 만들고 있다. 기술을 최대한으로 활용하고 디지털을 최대한 활용해서 아날로그의 삶의 방식까지도 바꿔나가고 있는 그런 가능성을 열고 있는 것이다.

(2) 억압 없는 의사소통의 방법

한국의 기성세대들은 나이 한두 살 차이로 굉장히 신경을 곤두세운다. 만나면 먼저 나이가 몇 살인지 물어본다. 여자들은 나이가 한 살이라도 더 많으면 언니라고 하고 남자들은 형님이라고 하며, 존댓말과 반말을 통해 대화의 주도권을 잡으려 한다. 그렇지만 신세대들의 댓글을 통해 유통되고 있는 대화 속에는 이러한 억압과 우열과 선후가 없다. 동등한 위치에서의 대화와 토론을 중요시 한다. 이제는 내용을 보고 설득력을 보고 중요성을 보고서 합리적으로 판단하고 있는 것이다. 우리는 이러한 장점을 교육 · 정치 · 문화차원에서 적극적으로 활용해 간다면 우리의 고질병인 잘못된 권위의식이 사라질 수 있을 것이라고 본다. 근대화가 되었다고 하면서도 동등한 위치에서 대화와 토론을 하기보다는 나이와 직업, 신분과 지위를 이용해서 억압적인 대화상황을 만들어 상대방보다 나은 위치에 서려는 권위적인 잘못된 생각을 떨쳐버려야 한다.

(3) 개성표출의 다양한 통로

그 다음은 개성표출의 다양한 통로로서의 사이버 공간이다. 인간은 표현의 존재이기 때문에 표현을 하지 못하면 자기만의 독특한 삶을 실현할 수가 없다. 인간은 이제 빵[밥]만으로는 살 수 없다. 살아가는 삶의 의미가 있어야 한다. 자기의 삶의 의미를 스스로 설정하고 자기가 택한 삶의 다양한 형태를 다양한 방식으로 표현하려고 노력한다. 그리고 그것을 남들이 보고 인정해주기를 바라는 표현의 시대를 우리는 살고 있는 것이다. 이러한 시대에 중요한 것은 각자 자기가 가지고 있는 생각과 의견, 이상(理想)을 펼쳐 보이는 것이다. 그런데 신세대들이 사이버 공간을 최대한 활용해서 시민 각자가 자기의 개성과 특성을 만천하에 표현하면서 놀이와 축제의 마당으로 삼을 수 있는 그러한 새로운 가능성을 열어 보이고 있다. 이것은 전 세계의 젊은 세대들도 눈여겨보면서 부러워하고 있는 사안이다. 우리의 신세대들이 펼쳐 보이고 있는 새로운 사이버 광장문화를 우리는 배워야 할 것이다. 이 광장문화가 가지고 있는 가능성, 그것이 가지고 있는 함축, 그것이 가지고 있는 역사적인 의미 등을 이론화시키고 체계화시켜서 정치, 경제, 사회, 문화, 교육에서의 발전을 위해 응용해야 한다.

이 땅의 사이버 세대가 펼쳐 보이는 새로운 광장문화는 탈근대가 추구하는 지구촌의 세계문화로 도약할 수 있다. 탈근대의 현대인들도 이렇게 외치고 있기 때문이다. "나에게 한 뼘의 광장과 한 마리의 벗을 달라."[62] 우리 시대에는 아직도 광장이 필요하다. 우리는 친구 없이, 대화의 상대 없이는 살아갈 수 없다. 아무리 모든 사람들이 밀실에 갇혀 있다 하더라도 그 밀실 속에서도 우리는 친구가 필요하고 대화의 상대가 필요하다.

62) 최인훈, 『광장』, 최인훈전집 1, 문학과지성사, 1976[1994], 179.

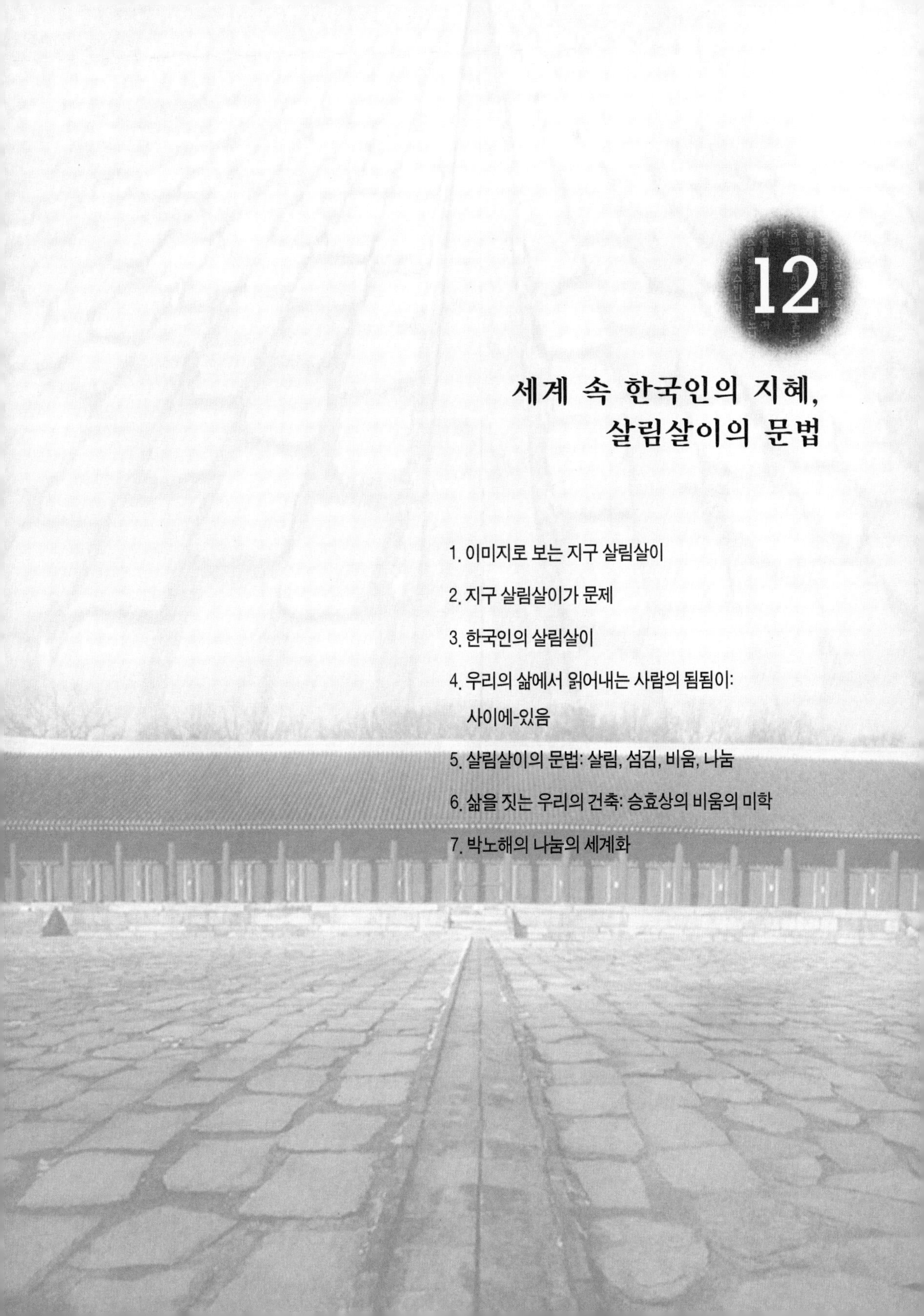

12

세계 속 한국인의 지혜, 살림살이의 문법

1 | 이미지로 보는 지구 살림살이

지구의 생명을 걱정하는 시대가 되었다. 그래서 이미지도 지구 살림살이와 관련된 것을 뽑아보았다. 첫 번째 이미지는 〈우주에서 본 지구〉이다. 지은이는 현대, 즉 우리가 사는 21세기를 '지구생명시대' 라고 이름하기를 좋아한다. 우주에서 지구를 볼 때 인간들이 임의로 그은 국경선이라는 것은 보이지 않는다. 지구 위에서 사는 모든 사람들은 국경을 넘어 지구라고 하는 하나의 공동운명체를 이루는 지구인이다. 이제는 민족, 이념, 인종을 떠나서 모든 사람들이 하나의 지구를 살리기 위해서 함께 노력해야 한다. 또 사람만 똘똘 뭉쳐서 자기들만 잘 살자고 하면 안 된다. 지구에 있는 모든 생명체가 함께 같이 살아나갈 수 있는 길을 모색해야 한다. 그래서 그 다음의 이미지로 지구의 허파라고 할 수 있는 브라질 아마존 밀림지대를 골랐다. 지구 안에 있는 밀림지대는 어느 특정 나라의 소유물이 아니다. 그야말로 지구 전체의 생명줄, 숨줄, 숨쉬는 숨길이라는 것을 우리는 인식해야 한다.

그 다음 이미지들로는 생태계를 파괴하는 사진들을 실었다. 오존층을 파괴하고 지구 온난화를 일으키는 요인들을 막기 위해 모든 정치인들과 학자들이 공동으로 노력해야 한다.

자료 1 우주에서 본 지구,
우주에 하나뿐인 녹색행성

자료 2 지구의 허파,
브라질 아마존의 밀림지대

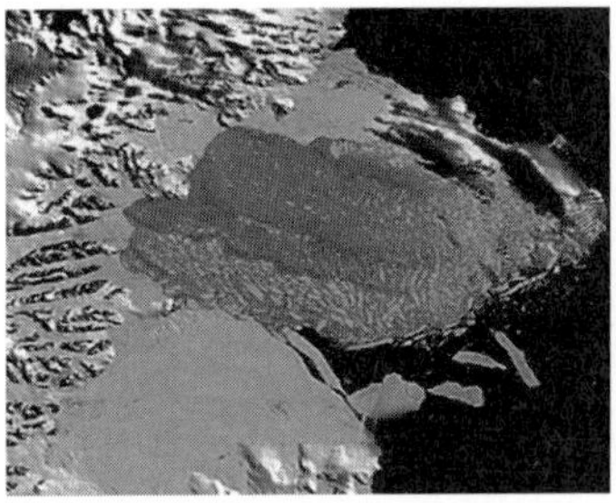

자료 3 파괴되는 밀림지대. 오존층 파괴. 지구 온난화현상. 개발에 의한 생태계 파괴

그 다음 만해 한용운 선생의 상을 실었다. 한용운 선생은 지금으로부터 100여 년 전 서양의 문화와 문물이 들어닥칠 때, 그 시대를 사는 한국의 지식인으로서 어떻게 대처해야 하는가 라는 문제로 심각하게 고민했다. 그는 서양의 근대주의와 자유주의에 우리는 무엇으로 맞서야 하는가 라고 물음을 던지며, 그 답으로 평등주의와 구세주의를 내세웠다. 사람들이 평등하고 모든 생명체가 평등한 속에 모든 생명체들이 지구 전체와 함께 구원을 받아야 된다는 이야기이다. 만해가 100년 전에 한 이야기인데, 이 말은 100년이 지난 지금 큰 공감을 얻는 주장이다.

예전 한국인의 초가집을 보면, 거기에서 우리는 한국인의 삶의 문법의

한 면모를 확인할 수 있다. 그것을 도법자연(道法自然)의 건축이라고 할 수 있다. 한국인의 살림살이가 자연 속에서 생명을 존중하고 생명을 사랑하는 살림살이였음을 보여준다. 〈사진 2〉에 보이는 초가집 지붕의 선이 그 뒤 산봉우리의 형태를 따르고 있다. "도(道)는 스스로 그러한 자연을 따른다(道法自然)" 고 생각한 것이다.

사진 1 만해 한용운

또 다른 이미지는 한국인의 주거문화를 보여주는 사진이다. 승효상 선생은 자신의 건축철학을 '비움의 미학' 이라고 표현한다. 한국인의 주거문화 속에서 우리는 '비움 속의 살림' 을 확인할 수 있다. 우리가 흔히 보는 예전의 한옥집은 이러했다. 승효상 선생은 이러한 한국인의 지혜를 오늘날 다시 살려 현대적인 건축기법에 활용하고 있다.

한국인의 살림살이 문법을 한 마디로 살림, 섬김, 비움, 나눔이라고 요약할 수 있다. 나눔의 지혜를 펼치고 있는 사람은 많다. 그 중의 한 사람이 〈나눔문화연구소〉를 설립하여 나눔의 세계화를 설파하고 있는 박노해 시인이다. 불교계에서는 오래 전부터 나눔을 실천교리로 전파하고 있다. 모든 생명체가 생명의 그물망으로 서로 연결되어 있음을 실천으로 보여주는 인드라의 그물망 공동체가 있다. 외국인들이 잊지 못할 한국에서의 체험으로 꼽는 발우공양에도 비움과 나눔의 정신이 담겨 있다.

그 외에도 생활 속에 나눔의 정신을 실천하고 있는 사람으로 '밥퍼' 운동을 전개하는 최일도 목사를 들 수 있다. 이 운동은 가진 사람들이 자신의 먹을 것을 조금 줄여서 굶주린 사람들에게 나눠주는 나눔을 생활화하는 삶을 산다면 지구의 모든 사람들이 평화롭게 살 수 있음을 보여준다.

사진 2 도법자연의 건축

사진 3 승효상의 수백당

사진 4 나눔문화연구소

사진 5 수목장

장기기증과 시신기증을 생활화하여 떠날 때에도 다 비우고 떠나는, 장례문화의 하나로 수목장을 들 수 있다. 인간이 자기 자신의 욕심을 좀 줄여서 못사는 사람을 조금만 더 생각하고 그 다음 지구의 다른 생명체도 생각해서 다른 생명체와 공생하며 상생의 삶을 살려는 마음가짐을 다져야 할 때이다.

2 | 지구 살림살이가 문제

지구 살림살이에 대해 이야기를 시작하기 위해 니체와 한용운 선생의 말을 인용해 보겠다. 니체라는 독일의 철학자는 흔히 근대의 마지막 사상가라고 이야기된다. 니체가 1900년에 죽었기 때문이기도 하지만, 니체가 대변하는 사상이 근대의 종말을 알리는 사상이었기 때문이다. "작은 정치의 시대는 이미 지나갔다. 다음 세기에는 지구의 지배를 둘러싼 투쟁, 큰 정치로의 강압이 일어날 것이다."[63] 그는 이미 120년 전쯤 지구의 시대가 올 것을 예견했다. 그 다음 한용운 선생은 100여년 전 이렇게 말했다. "경전에 이르기를 '지금의 세상에 살면서 옛적의 도(道)로 돌아가면 재앙이 반드시 그 몸에 미친다' 했다."[64] 즉, 달라지는 세상의 흐름에 맞춰서 변할 생각은 안 하고 옛것을 다시 끄집어내 적용하려고만 하면 그 화가 몸에 미칠 것이라는 경고이다. 한용운 선생이 살았던 시대 세상은 무섭게 변하는데 그것은 아랑곳하지 않고 유교, 불교, 도교의 전통적인 도만을 고집하다 보니까 그냥 쇄국일변으로만 치달았다. 그래서 결국 서양의 발달된 문화가 들어오면서 동아시아의 도를 쓰러뜨렸다. 이제 동서양이 하나가 돼서 새로운 현대에 맞는 도를 찾아야 된다는 것을 강조한 것이라고 볼 수 있다.

63) 참조 F. Nietzsche, *Werke in drei Bänden*, Band 2, S. 672.
64) 한용운, 『조선불교유신론(朝鮮佛敎維新論)』, 이원섭 옮김, 운주사, 1992, 119.

(1) 지구촌 시대의 위험: 경제와 생태의 문제

현대를 지칭하는 여러 말이 있는데 그 중 하나가 '지구생명시대'이다. 흔히 현대를 지칭하는 말로 탈근대를 든다. '탈근대'는 근대를 벗어나야 된다는 뜻이다. 그런가 하면 일군의 학자들은 현대를 근대와의 연속선상에서 생각해서 '제2 근대'라고 이름한다. 제1 근대와는 다른 근대라는 것이다. 그러면 무엇이 다른가? 제1 근대는 개인을 중요시하고 그래서 개인의 기본권을 강조하는 자유, 평등, 인권, 사회정의 등과 같은 가치관이 펼쳐진 세계였다고 볼 수 있다. 이제 그것으로는 한계에 이른 시대가 바로 우리가 사는 현대라는 것이다.

제1 근대적 사고방식은 인간중심, 이성중심이다. 능력 있는 사람들 중심, 서양인 중심, 남성 중심 등이 근대의 특징이다. 주로 합리성과 효율성, 기능성을 따지다 보니 능력 있는 사람만 잘 사는 것이다. 그래서 지구의 인구를 100으로 잡는다면 그 중 10%만 잘 살고 맨 밑바닥 10%는 굶어 죽고, 나머지 60~70%는 이 10% 안에 들려고 아등바등거리다가 삶을 허송해 버리는 그런 시대가 되는 것이다. 근대의 가치관을 가지고는 현대를 살아갈 수 없다는 것이 많은 사상가들의 이야기이다. 현대의 문제를 어떻게 풀어나가야 하느냐? 이것이 모든 지성인들이 가지고 있는 숙제인데, 그 숙제를 풀기 위해서 우리가 염두에 두어야 할 가장 큰 문제는 인구문제와 땅문제이다. 이 둘은 서로 뗄 수 없는 관계이다. 인류가 제한된 지구 위에서 함께 더불어 살아가야 하는 경제적인 문제와, 이 지구를 보존 가능한 것으로 만들어 인류가 지구에서 삶을 이어나가는 것뿐만 아니라 지구상의 모든 다른 생명체들과 더불어 살아가야 하는 생태학의 문제는 서로 밀접하게 연관되어 있다.

(2) 경제학과 생태[환경]학의 조화

인구문제! 지금 지구상의 인구가 66억 정도라고 한다. 인간을 생물학적 차원에서 고찰할 때, 지구상에서의 가장 적정한 인구수는 400만 명이라고 한다. 400만 명을 백배 이상 넘어서서 66억이 되었다는 것 자체가 지구의 문제를 단적으로 지시하고 있는 셈이다. 그래서 니체는 인간을 지구상에 아무 쓸모없는 병원체라고 말했다. 그리고 땅문제는 더 이상의 설명이 필요 없는 지구 자체의 문제라고 할 수 있다.

이 두 문제를 해결하기 위해 학자들은 흔히 생태문제와 경제문제의 관점에서 접근한다. 우리가 풀어야 할 것은 경제문제와 생태문제를 얼마만큼 순조롭게 조화시켜 나가느냐 하는 데 있다고 한다. 그리고 이것은 어떤 특정 국가에 국한된 문제가 아니고 지구 전체의 문제이기에 국제정치를 하는 사람들이 머리를 맞대고 고민해야 할 문제이다. 단순한 국제정치가 아니라 지구의 생명을 생각하는 대승적인 차원의 지구 살림살이가 되어야 하는 것이다.

인간의 환경문제는 자연계의 생태의 문제가 되고 그것은 더 나아가 생명의 문제가 된다. 그리고 생명의 문제는 나 하나의 생명, 낱생명의 문제가 아니고 인간이라는 종생명의 문제만도 아니다. 인간과 더불어 사는 모든 생명체가 다 연관되는 지구생명의 문제이다. 과학자들은 생명의 다양성이 지구생명이 유지되고 있는 조건이라고 말한다. 그래서 지구생명의 지속가능성을 위해서도 생명의 다양성은 유지돼야 한다고 주장한다.

66억 명의 인구로서 지구 자체를 위험한 상태로 몰고온 자칭 만물의 영장인 인간이 지구생명을 위해, 생명의 다양성을 보존하기 위해 노력해야 한다는 말이다. 인간의 삶을 위한 경제를 발전시키되 생태계를 고려에 넣어야 한다. 경제와 생태의 조화가 문제해결의 방향을 가리키고 있다고 학자들은 생각한다. '경제'라는 말은 영어로 'economy'라고 하고, '생태학'은 영어로 'ecology'라고 한다. 그런데 가만히 들여다보면 이 두 낱말 모두에 'eco-'가 들어 있다. 이 'eco'를 어원적으로 살펴보면 그것은 그리스어 'οικος(오이코스, oikos)'에서 유래한다. 이 그리스 말의 본래 의미는 '집, 주거, 거주'라는 뜻이다. 그렇기 때문에 'economy'를 순수 우리말로 하면 '경제'가 아니라 차라리 '살림살이'이다. 그리고 'ecology'도 순수 우리말로 옮긴다면 '살림살이' 또는 '살림살이학'이 된다.

한국의 예전의 살림살이에서는 경제의 문제와 환경[생태]의 문제가 충돌하지 않았다. 지금 서양의 세계관이 주도하는 현대에서는 이것이 충돌하기 때문에 근본적으로 문제가 발생하는 것이다. 경제가 발전을 하면 할수록 그만큼 더 생태계가 파괴된다. 피할 수 없는 모순의 관계. 그래서 어떻게 하면 이 충돌을 피할까 하는 것이 문제가 되고 있다. 이 문제를 해결하기 위해 우리는 서양의 학자들과 함께 한국인의 살림살이 문법을 새롭게 다시 들여다보아야 한다.

제1 근대에는 인간이 중심이 되고 개인이 중심이 돼서 개인의 소유를 보존하고 사유 재산권을 지키기 위한 가치관으로 자유, 평등, 인권, 사회정의 등이 등장했다. 그것을 지키기 위해서 국가가 생기고 국가의 권력이 생겼다. 국가는 개인들의 자유로운 재산축적을 위해 상거래를 보장하고 그러기 위해 시장이라는 경제체제를 고안해낸다. 제1 근대의 한가운데에는 개인이 있고 그를 위해 국가라는 정치체제와 시장이라는 경제체제가 두 축으로 버티고 있는 셈이다. 그리고 반복해서 말한다면 근대에서 가장 큰 문제는 모든 것이 이성중심, 인간중심, 남성중심, 서양중심으로 이루어진다는 거기에 있다.

(3) 인간중심의 세계관과 무한경쟁

21세기 인류는 무조건적인 서양화, 근대화에 따른 부작용, 폐해, 그늘을 최소화하려고 노력해야 한다. 생존, 경쟁, 개발, 진보, 편리의 이름으로 펼쳐진 근대화에는 빛과 그늘이 있다. 지구상의 10% 또는 20%의 인류가 나머지 80%의 인류의 희생 위에서 자신들만의 호화로운 생활을 유지하고 있다. 그 밑바탕에는 서양중심의 자연관, 세계관이 깔려 있다. 이른바 적자생존, 자연도태의 법칙에 근거한 무한경쟁이다. 이러한 원칙에 의한 적대적인 경쟁의 방식으로 인해 죽음의 문화가 확산되어 가고 있다.

우리는 우리의 삶의 방식을, 세계와 자연을 보는 눈을 바꾸어야 한다. 그렇지 않으면 인류에게 희망은 없다. 이제는 정복자의 눈으로 세계를 보던 시각을 바꾸어 피정복자, 피압박자의 눈으로 세계를 보는 법을 배워야 한다. 이제 남성적 세계관에서 여성적 세계관으로 바꾸어야 한다. 그 동안 남성적 세계관 아래에서 지배, 통치, 억압, 질서, 법이 모든 것 위에 군림해 왔다고 한다면 이제는 억압받는 사람, 가난한 사람, 약한 사람들의 시각에서 섬김, 비움, 나눔, 겸손, 낮춤의 세계관으로 돌아서야 한다. 그러면 인류의 문제는 해결될 수 있을 것이다.

이제는 서양의 세계관에서 탈피해서 새로운 세계관을 찾아나가야 한다는 것이 현대 지식인들과 학자들이 던지고 있는 메시지이며 경고이다. 이런 미래학자 중 유명한 한 사람을 든다면 제러미 리프킨이라는 학자다. 이 사람은 널리 읽힌 유명한 책도 많이 발표했다. 그 중 『엔트로피』, 『노동의 종말』, 『소유의 종말』 등을 들 수 있다. 최근 이 사람이 발표한 문제작으로 『유러피안 드림』이 있다. '유러피안 드림', '유럽인의 꿈!' 지금 제러미 리프킨은 21세기 인간이 지향해야 할 목표점으로 유럽연합을 만들어가는 유럽인들의 꿈을 제안하고 있는 것이다.

이 책의 부제는 〈아메리칸 드림의 몰락과 세계의 미래〉이다. 아메리칸 드림은 무엇인가? 그것은 한 마디로 근대의 최정점이며 근대화의 화신이다. 근대의 계몽정신을 그대로 이어가 완벽하게 구현하기 위해 노력한 것이 아메리칸 드림인데, 이것이 21세기에는 먹혀들어갈 수 없다는 것이 리프킨이 제시하는 진단이다. 미국에서도 더 이상 그것은 안 먹혀들어간다. 이제 온 인류가 힘을 합쳐 새롭게 먹고 살 수 있는 길을 찾아야 하는데, 그것이 바로 유럽인들이 유럽연합을 통해 만들어 나가는 생명중심의 세계관이라는 이야기이다. 생명중심 세계관의 지향점을 잘 살펴보면 그것은 우리의 오랜 생활방식이었고 가치관이었다. 그것은 유러피안의 드림에 앞서 사실 코리안 드림이었다. 이제라도 우리는 코리안 드림을 학문적으로 체계적으로 이론화시키고 서양의 지식인들을 설득시켜 세계에 알리려고 노력해야 한다.

3 | 한국인의 살림살이

(1) 생명존중의 천지인 합일의 삶

이제 이러한 문제의식을 가지고 한국인의 살림살이를 살펴보도록 하자.

한국인들의 삶의 방식의 특징 중 하나는 천지인(天地人) 합일의 삶이었다. 그것은 천지인, 즉 하늘과 땅 그리고 인간이 하나로 조화를 이루고 있는 삶, 하늘과 땅을 잇는 인간의 역할이 돋보인 삶, 하늘과 땅 사이에 있는 모든 생명체들과 생명의 교감을 나누며 살아온 삶을 말한다. 천지인 합일의 삶 속에서 우리 선조들은 자연을 우리가 따라야 할 법 또는 도리로 알았다. 노자 도덕경(25장)에 "사람은 땅을 따르고, 땅은 하늘을 따르고, 하늘은 도를 따르고, 도는 자연(스스로 그러함)을 따른다"고 하였다. 한국인들은 자연과 더불어 그 속에서 자연과 하나가 되어 살았다. 자연을 개발이나 정복의 대상으로 보지 않고 우리가 따라야 할 도리로 보았다.

서양의 창세기(1장 28절)에서는 땅을 정복하여라, 다스려라 라는 식으로 땅에 대해 관계 맺는 방식을 정복과 지배로 일관한다. 서양에서 땅의 지배권을 인간에게 준 것으로 생각했다면 동아시아의 우리들은 땅을 정복의 대상이 아닌 본받음의 대상으로 삼았다. 제러미 리프킨은 유러피안 드림을 이야기하면서 유럽인들이 자연을 대하는 방법을 바꿨음을 지적한다. 창세기를 새롭게 해석했다고 소개하면서 이제 인간은 더 이상 자연의 지배자가 아니라 '자연의 관리인' 이라고 말한다. 이제는 정복, 지배의 태도가 아니라 보살피고 돌보는 관리정신으로 자연을 대해야 한다는 말이다. 우리는 애초부터 그런 정신 속에서 살아왔다. 우리는 인간이 자연에 대해서 가져야 할 태도를 한 마디로 '살림지기'로 표현했다. 살림살이를 하는 사람, 살림을 천직으로 알고 생활하는 사람이 살림지기이다. 살림지기 정신은 관리정신보다 훨씬 더 근원적이고 더 뿌리가 깊은 것이다. 우리는 새삼 관리정신을 들먹일 필요가 없다. 우리는 애초부터 살림지기 정신으로 살아온 것이다. 그 정신을 오늘날 되새기면 된다.

(2) 우리말 '생명'의 의미

이제 '생명(生命)'이라고 하는 개념 자체를 생각해보자. life(영어), das Leben(독일어), la vie(불어), vita(라틴어), zoe, bios(그리스어) 등 유럽어에서 생명을 지칭하는 말들이다. 이 말들은 대개 생물학적인 차원에서의 뜻을 담고 있다. 생명력이라고 하는 뜻, 개별 생명체가 자기의 삶을 꾸려나가는 뜻을 간직하고 있다.

우리말 '생명' 이라는 말에는 생물학적인 차원 외에 또 다른 것이 있는데 바로 형이상학적인 차원이다. 함석헌 선생은 '생명' 을 '살라는 하늘의 명령' 이라고 풀이한다. 함석헌 선생의 스승인 유영모 선생은 '생명' 을 '웋일름을 따르는 몸사름' 이라고 표현한다. '웋일름' 은 위에서 우리에게 내려주는 명령, 곧 천명(天命)이다. '몸사름' 은 자기의 몸을 태우는 것을 말한다. '위[하늘]에서 일러주는 바에 따라 나의 몸을 불살라 태우는 것' 이 생명이라는 이야기이다. 나의 몸을 태워서 인류라는 생명체를 돌리고 지구라는 생명체를 돌리고 우주라는 생명체를 돌린다는 깊은 의미가 깔려 있다. 사실 따지고 보면 모든 생명체가 자기 몸을 태워 우주적 생명사건에 동참하고 있는 것이다.

하늘과 땅의 큰 덕으로 하늘과 땅 사이에 나서 살아가고 있는 모든 것이 생명이다. 살아 있는 모든 것, 살아 있게 하고 있는 모든 것은 하늘의 명을 받은 '생명' 들로서 하늘과 땅의 숨돌이와 피돌이에 참여하고 있다. 인간은 모든 '생명체' 에서 하늘의 뜻을 읽을 수 있어야 하며 그 신비로운 생명의 사건에 '사이 존재' 로서 책임감을 갖고 동참해야 한다. 그런데 인간만이 자기만 잘 살자고 자기를 태우지 않고 다른 것만을 태우려고 하는 데 문제가 있는 것이다.

(3) 자연에서 배우는 일상의 생명[자연]존중

한국은 국토의 2/3 정도가 산으로 되어 있다. 산은 우리에게 커다란 의미를 갖고 있고 많은 혜택을 주고 있다. 우리의 선조들은 산에 오른다, 등산한다는 말을 사용하지 않고 입산(入山), 즉 산에 든다 라고 하였다. 그리고 산에 들 때에는 작은 용기를 갖고 다니며 생리작용을 해결할 정도로 산과 산에 있는 모든 것들에 대해 경외하는 마음과 조심스러운 마음을 가졌다. 우리는 자연을 물체의 관점에서 보지 않고 생명의 관점에서 보았으며, 자연을 생명의 교감을 느낄 수 있는 대상으로 보았다.

우리는 꽃에도 화품(花品)이 있고 동물에도 도덕이 있다고 생각했다. 송죽은 절개, 모란과 작약은 부귀, 진달래와 개나리는 분명한 거취가 그 화품이라고 여겼다. 벌과 개미에게는 군신의 의가 있고, 원앙새에게는 부부의 정이 있고, 기러기에게는 장유의 서가 있다고 생각했다. 이렇게 꽃, 나무, 동물들뿐만 아니라 무심한 물에서도 자연의 도리를 배웠다. 특히 물이 가지고 있는 세척력을 비유적으로 생각해 물을 정신적인 세척제로 생각했다.

우리 선조들은 감나무의 감을 다 따지 않고 까치밥으로 남겨 놓았으며, 봄에 꿩이 좋아하는 꿩의 먹이인 꿩밥이라는 산나물을 뜯을 때, 그 나물을 뜯으면서 꿩을 위해 콩을 묻어주어 꿩이 먹을 수 있도록 하였다고 한다. 그렇게 하지 않으면 아이가 태어날 때 언청이로 태어난다고 딸들에게 가르쳤다고 한다. 이와 같이 자신만을 위하는 것이 아니라 동물과 더불어 함께 살아가려고 노력하였다.

4 | 우리의 삶에서 읽어내는 사람의 됨됨이: 사이에-있음

(1) 인간에 대한 새로운 규정: 사이에 있는 존재

우리는 우리말 속에 간직되어온 생명의 형이상학적인 의미를 오늘날 새롭게 배워야 한다. 우리에게는 형이상학적인 차원에서의 이러한 생명관과 자연관과 짝을 이루는 인간관이 있는데 지은이는 그 인간관을 소개하고자 한다. 탈근대 또는 제2 근대라는 오늘날 새롭게 찾아야 하는 새로운 가치관이 무엇인지를 알아보도록 하자. 한국인의 삶 속에 전통과 문화를 통해서 각인되어온 인간관이 무엇인지를 살펴보기로 한다. 우리의 문화, 우리말에서는 사람을 어떻게 규정하고 있는가? 사람에 대해서 어떻게 생각했는가? 그러한 인간관으로부터 어떠한 가치관을 끄집어낼 수 있는가? 이것이 여기서 우리가 다루려는 주제들이다.

하이데거는 전통적인 인간에 대한 규정이 특정한 전제 아래에서 내려졌다고 새롭게 인간을 규정해야 한다고 주장하면서 인간을 '세계-안에-있음' 이라고 규정한다. 우리의 문화, 우리말에서는 인간을 어떻게 규정했나? 지은이는 이 문제에 대해 나름대로 오래 고심을 하고 생각해오다가 다석 유영모 선생으로부터 단초를 얻어 인간을 '사이에-있음' 으로 풀이해보았다. 그래서 '사람의 됨됨이는 사이에-있음' 이라는 제목을 달았다. 그런데 여기서 사람이 그 사이에서 사이를 잇고 있는 사이는 4차원의 사이이다. 첫 번째 차원이 빔-사이, 두 번째 차원이 사람-사이, 세 번째 차원이 때-사이, 네 번째 차원이 하늘땅-사이이다. 여러분이 익숙한 한자로 표현한다면, 빔-사이는 공간(空間)이고, 사람-사이는 인간(人間)이고, 때-사이는 시간(時間)이고, 하늘땅-사이는 천지간(天地間)이다. '사이에-있음'이라는 의미도 사이에서 사이로서 사이를 이어주고 있음을 의미한다.

빔-사이에-있음 인간은 〈빔-사이〉에 존재한다. 애초부터 인간의 빔-사이는 삶의 공간으로서, 인간이 비워[베어]내가며 닦아 가는 삶의 텃밭이다. 빔-사이에 있는 인간이 빔-사이에서 빔-사이를 이으며 관계맺고 있는 가장 전형적인 행위는 〈노동〉이다. 노동이라는 말이 너무 거칠다면 활동이라고도 할 수 있다. 이 노동활동은 도구, 기술, 예술, 제작, 생산, 거주라는 방식으로 전개된다. 빔-사이를 존재하는 인간의 중심축은 〈몸나〉라고 할 수 있다. 몸으로서의 나가 모든 것을 활용해서 땅이라는 공간을 일구어 나간다. 이 몸나가 경험해 나가는 차원은 감각적, 미학적 차원이며 그 주된 방식은 제작이라는 형태를 띤다. 몸나가 살기 위해 쉬는 숨을 〈목숨〉이라 이름한다. 빔-사이를 존재해 나가기 위한 필요한 덕목은 〈나눔〉이다.

사람-사이에-있음 인간은 〈사람-사이〉에 존재한다. 사람-사이를 잇는 가장 전형적인 행위는 〈말〉이며, 사람 사이의 전형적인 관계맺음의 방식은 〈실천〉이다. 말이 사람과 사람 사이의 다리 역할을 한다. 그리고 사람 사이에서 이뤄지고 있는 것들을 우리는 보통 실천이라고 한다. 사람 사이의 실천이 습관으로 굳어지고 관습으로 굳어지고 그래서 그렇게 생긴 것이 윤리이고 도덕이다. 그리고 이것이 사회, 국가의 차원으로 확대되어 나아간다. 사람-사이를 존재함인 실천 행위는 윤리적인 행위, 만남, 인격적인 체험 같은 것인데, 그것을 통해 사람-사이의 이음이 가능해진다. 그것이 인간의 사람-사이에 있음이 사이를 두면서 사이를 나누며, 사이를 이으면서 사이를 존재하는 관계맺음의 방식이다. 사람-사이에 있음을 이어나가는 중심축을 우리는 〈맘나〉라고 이름할 수 있다. 맘나는 마음씀이다. 사람-사이에 생명의 숨을 불어 넣어주는 숨은 말의 숨으로서 〈말숨〉이다. 사람-사이의 간격을 없애려는 것이 평등이며, 여기에서는 각자가 자신으로 서 있음을 인정하고 받아들이는 〈섬김〉이 중요한 덕목으로 부각된다. 사람-사이에 있음이 무너지게 되면 도덕과 윤리가 설 땅을 잃게 된다.

때-사이에-있음 사람은 〈때-사이〉에 존재한다. 기억이 과거의 것에 주로 머물고 있기 때문에 우리는 때-사이의 가장 전형적인 행위를 〈생각〉이라고 이름하며 거기에서 반성적인 측면을 부각시킨다. 때-사이는 역사, 학문, 지평, 엄격한 의미의 역사의식이 생겨나는 곳이다. 인간은 삶의 순간에서 과거, 현재, 미래를 살아나가는 순간적인 존재이기 때문에 전체를 내다볼 수 있다. 하루살이에게 내일이란 없다. 동물은 생존적인 시간만을 몸으로 살다가 죽을 뿐이다. 그러나 인간은 앞을 내다보고 뒤를 되돌아 볼 수 있는 유일한 존재자이다. 역사의 발견은 바로 때-사이의 발견이라 할 수 있다. 인간은 때-사이를 잇기 위해 글을 발견한다. 인간은 글을 통해 자신의 뜻이 후대에까지 전달되도록 노력한다. 그래서 때-사이를 잇는 사람의 중심축은 〈뜻나〉이다. 여기 '뜻나'에서는 〈주체〉의 의미가 부각된다. 주체로서의 나는 몸나와 맘나가 사라진 뒤에도 계속 빔-사이와 때-사이를 이을 나를 걱정해야 한다. 공자의 뜻나는 『논어』에 그의 뜻이 담겨 있기에 오늘날까지 우리에게 전해져 이어지고 있다. 이렇듯 때-사이를 이어주는 생명의 숨은 〈글숨〉이다. 때-사이를 존재해야 하는 모든 존재자가 지켜야 할 가장 중요한 원칙이자 덕목은 〈비움〉이다.

하늘땅-사이에-있음 사람은 천지간(天地間), 〈하늘땅-사이〉에 존재한다. 여기에서 하늘은 천체적 · 우주적 하늘이기보다는 신적인 하늘이라 할 수 있다. 인간은 우주적인 하늘-땅-사이에 있음을 책임져야 할 뿐 아니라 하느님과 인간의 사이도 책임을 져야 한다. 사람은 〈기도〉, 감사, 초월, 성스러움, 신, 종교 등의 차원에서 보이지 않는 성스러운 힘과 관계를 맺는다. 얼로서의 나인 〈얼나〉가 나의 참 모습이고 이 얼나가 모든 것을 아우르면서 우주(하늘)와 하나가 될 수 있다. 모든 것을 아우름은, 하느님과 하느님이 만들어놓은 이 우주가 하나가 될 때 이루어진다. 바로 이 하나로 아우러진 일치된 우주생명의 숨을 쉬는 것이 〈얼숨〉이다. 또는 우주의 숨이라 해서 〈우숨〉이라고도 한다. 우숨이 우주와 조화가 되어, 우주와 하나가 되어 쉬는 숨이기에 그 우숨을 또한 참된 숨이라는 의미로 〈참숨〉이라 이름하기도 한다. '염화미소'라고 하는 석가와 제자 사이의 이야기가 있다. 석가가 꽃 하나를 들고 있을 적에 제자 하나가 빙긋이 웃었다고 한다. 바로 얼로써 서로 통한 것이다. 그래서 얼숨은 우숨이고 웃음이다. 인간만이 웃을 수 있는데 인간이 살라는 하늘의 뜻을 알 수 있기 때문이다. 하늘과 땅-사이에 존재하는 모든 것은 우주생명에 동참하고 있기에 여기에서 가장 중요한 원칙과 덕목은 서로 함께 더불어 살아나가는 삶으로서의 〈살림〉이다.

사이에-있음을 이렇게 네 차원으로 얘기할 경우 '나'라는 것도 이러한 네 차원으로 설명될 수 있다. 몸으로서의 나, 맘[마음]으로서의 나, 뜻으로서의 나, 얼로서의 나. 그리고 인간의 능력도 차원에 따라 강조점이 달라진다고 할 수 있다. 몸 나는 주로 감성의 차원에 활동하고, 사람-사이는 지성의 차원이고, 때-사이는 뜻을 알아내는 역할이기에 이성의 차원이고, 하늘땅-사이는 영성의 차원이다.

우리는 빔-사이에서 나누면서 살아야 한다. 사람 사이에서는 섬기면서 살아야 한다. 다른 사람이 홀로 서도록 돌봐주면서 그 사람에 있는 한얼, 하느님을 알아보고 서로서로 도우면서 섬기면서 살아야 한다. 때-사이를 이으면서 사는 인간은 자기 때가 다 한 것을 알면 비우고 떠날 줄 알아야 한다. 죽으면서도 비우지 않고 버둥거리면서 자기 몸을 남기려고 미이라를 만들고 진시황처럼 온갖 조각들로 무덤 속을 치장한다면 그것은 자연의 뜻을 거스르는 것이다. 하늘땅-사이에 살면서 사람은 자기가 주인인 척 다른 생명체를 마음대로 처분할 수 있다고 생각하면 안 된다. 모든 생명체가 저마다 자신의 몸을 불살라 우주 생명의 수레바퀴를 돌리고 있음을 깨달아야 한다. 지구 위의 모든 생명체는 하늘땅-사이에서 서로 살리면서 공생과 상생의 삶을 꾸려나가야 한다. 이렇게 우리는 우리말이 간직하고 있는 사람의 됨됨이로부터 나눔, 섬김, 비움, 살림이라는 가치관을 끄집어 낼 수 있다.

(2) 관계론적 · 그물망적 사고방식

인간은 이렇듯 사이에 있는 '사이존재'이다. 인간은 바로 사이를 살고, 사이를 나누고, 사이를 살리고, 사이를 이으며 사이로서 존재해야 하는 사이존재이다. 사이가 무엇인가? 사이는 관계를 떠나서는 생각할 수 없는 것이다. 어떤 그물망을 떠나서는 생각할 수 없는 것이다. 전체를 염두에 두지 않으면 생각할 수 없는 것이다. 우리는 한국민족을 '한민족'이라고 한다. 거기에서 '한'은 세 가지의 근본 의미갈래를 가지고 있다. 첫째, '한'이라는 것은 '전체, 크다'를 의미한다. 둘째, '한'은 하나하나의 개체, 낱낱을 뜻한다. 그러니 전체로서의 '한'과, 낱낱으로서의 '한'이 있는 것이다. 셋째, 그 다음의 의미로 '가운데, 관계'라는 의미를 갖는다. '한복판, 한가운데'라고 이야기 하듯이 바로 관계의 핵심을 이야기할 때 '한'이라는 말을 쓴다.

이렇게 우리말 '사람', '한' 속에는 관계론적이고 전인류적이고 그물망적인 사고방식이 들어 있다. 여기에 서양 사람들이 보지 못한 새로운 면, 새로운 차원이 있는 것이다. 서양에서도 요즘 존재를 보는 눈, 자연을 보는 눈을 그전과 같은 원자적 시각에서 관계적 시각으로 바꾸고 있다. 한국사람들은 애초부터 따로 떨어진 개체를 보지 않고 그것이 어떤 관계의 그물망 속에서 자신의 자리를 차지하고 있는지를 보려고 노력했다. 개인으로서의 내가 있는 것이 아니고 오직 관계 속에서 내가 아들이고 아버지이고 남편이고 교원으로서 있는 것이다.

"우리는 모두 알고 있다. 한 가족이 혈연으로 이어지듯 삼라만상이 모두 연결되어 있다는 것을 …… 지구에서 벌어지는 모든 일은 지구의 딸과 아들들에게도 그대로 닥친다. 인간들이 생명의 그물을 짜는 것이 아니다. 인간이란 단지 그 그물 속의 한 올일 뿐. 그 그물에 가하는 모든 일은 스스로에게 향한 것이다." (인디안 추장 테드 페리의 말)

제러미 리프킨이라든가, 『생명의 그물』이라는 책을 쓴 카프라라든가 또는 다른 많은 학자들이 이제 21세기 탈근대 우리가 찾아야 할 사고방식은 제1 근대에서 판을 쳤던 환원론적이고 분석적인 사고방식이 아닌, 전인류적이고 그물망적이고 관계론적이고 네트워크적 사고방식이어야 한다고 한다. 그런데 우리는 진작부터 그렇게 살아왔다. 그러나 우리는 그것을 이론화시키고 학문화시키고 과학화시켜서 체계 있게 만들어놓지 못했다. 그것이 이론과 학문으로 실제적 삶 속에 어떤 식으로 되먹임되어 어떤 식으로 개선돼 나가야 할지에 대해서 제대로 연구하지 못했다. 리프킨은 『유러피안 드림』에서 이런 말을 한다. 아시아 사고방식에 이러한 것들이 이미 있었다. 그렇지만 아시아 사람들의 그러한 사고방식은 아직 근대를 거친 전인류적이고 관계론적인 것이 아니다. 자연과 통째로 하나가 된, 분리되지 않은 원시적인 차원에서 전인류적이며 관계론적인 것이라고 지적한다. 그러기 때문에 그 사고방식을 근본적인 수정 없이 오늘날 그대로 적용할 수는 없다고 말한다. 그래서 유럽인들이 생각하고 있는 자연과의 재통합이 인류의 희망이라고 이야기한다. 여기서도 우리는 제러미 리프킨의 그런 생각을 받아들일 건 받아들이고 반성할 것은 반성하면서 그 사람이 잘못 생각하고 있는 것에 논쟁적으로 대응할 수 있어야 한다. 그것이 바로 우리가 해야 할 일이다.

5 | 살림살이의 문법: 살림, 섬김, 비움, 나눔

(1) 삶, 살아 있음 그리고 살림

우리의 살림살이로부터 살림, 섬김, 비움, 나눔이라는 가치관이 나올 수 있다. 앞에서 지은이는 경제와 생태학의 조화가 현재 인류가 당면하고 있는 가장 큰 문제라고 했다. 그 둘을 어떻게 조화롭게 같이 갈 수 있게 만드는가 하는 것이 현대인들이 풀어야 할 삶의 숙제라 한다면 우리는 한 번 한국인의 삶의 문법에 주목해야 한다. 왜냐하면 한국인들은 이 둘을 삶 속에 아무런 충돌 없이 조화롭게 풀어오면서 살아왔기 때문이다.

우리말의 〈살림살이〉에는 살리는, 다시 말해 죽지 않도록 감싸주고 보살피는 삶의 방식을 가장 중요한 생활자세로 본 우리 선인들의 삶의 철학이 배어 있다. 〈살리다〉는 사역동사로서 '살게 하다', 달리 말해 '죽지 않도록 하다'를 뜻한다. '살다'와 '살리다'에는 근본적인 차이가 있다. '살다'는 자동사로서 '목숨을 지니고 있다', '없어지거나 사라지지 않고 있다'를 뜻한다. 이와는 다르게 '살리다'는 그냥 살고 있는 것이 아니라 살아 있음과 독특한 관계를 맺고 있음을 부각시킨다. 살아 있음의 상태를 바람직한 가치로서 인정하고 받아들여 살아 있는 것이 그 살아 있음을 유지하고 보존할 수 있도록 배려하고 보살피는 것을 의미한다. 사람은 다른 살아 있는 것들과 마찬가지로 살아 있는 것이기는 하지만 그냥 살아 있는 것이 아니라 모든 살아 있는 것의 〈살아 있음〉에 관여하고 있는 존재이다.

(2) 삶을 앎: 사람

삶은 사름 우리말의 '살다' 는 목숨을 지니고 있는 생물이 목숨을 유지하려고 움직이는 모든 동작을 다 지칭하는 낱말이면서 그 어원을 추적해 들어가면 생명의 에너지를 불살라 가는 전 과정을 뜻한다. 살아 있는 모든 것은 부여받은 생명의 에너지를 불사르다가 마치 촛불이 꺼져버리듯이 그렇게 사라져버린다.

사람은 삶을 앎(삶앎) 인간은 단순히 자신의 생명력을 사르기만 하는 존재가 아니다. 다른 생명체와는 다른 빼어난 능력을 부여받았다. 그것은 살림을 아는 능력이다. 즉, 삶을 이해하는 능력, 삶이 어떻게 전개되는지, 어떻게 살면 좀더 나은 삶을 살 수 있는지 그래서 잘될 수 있는지, 잘된 사람, 참사람이 될 수 있는지 등등의 살아가는 법을 아는 존재로서 살릴 수도 있고 죽일 수도 있는 삶의 법칙을 아는 존재이다. 사람이라는 말속에는 이렇게 삶을 안다는 의미가 간직되어 있다. 다시 말해 '삶 + 앎' 이 합쳐진 것이 '사람' 이다. 인간만이 삶을 알고 삶을 살리고 그래서 모든 생명체를 책임질 수 있는 특별한 살림의 역할을 떠맡은 존재이다. 살림살이가 바로 사람의 본질인 것이다.

(3) 생명의 원칙: 비움과 나눔 그리고 섬김

있음이 아닌 살아 있음 이렇듯 우리 한국인은 존재하는 모든 것에서 고정된 〈있음〉을 본 것이 아니라 모든 것이 끊임없이 변화하며 되어 가는 〈살아 있음〉을 보았다. 살아 있음은 정지된 채로 있는 것이 아니라 끊임없이 움직이는 것이며 〈되어 가는〉 것이다. 모름지기 생명체는 그러한 생명의 흐름에 보조를 맞추어 잘 되어 가야 하며 살림을 생활화 해야 하는 사람은 더욱 말할 것이 없다.

되어 감 속의 없어짐 그래서 우리는 그렇게 생명의 원칙을 잘 따르는 사람을 〈된 사람〉이라 부르고 그렇지 못한 사람을 〈못된 사람〉이라고 부른다. 우주적 생명사건에 동참하며 잘 되어 가는 생명체는 자신을 고집하지도 공간에 집착하지도 시간에 매달리지도 않는다. 오로지 하늘과 땅 사이에 자신을 내맡기며 되어 감[변화]의 원칙을 따른다. 이 〈되어 감〉의 원칙에서 우리가 주목해야 할 것은 〈비움〉이며 없어짐이며 사라짐이다. 되어 감에서 우주 현상의 본질적인 차원을 감지했을 때 거기에서 부각될 수 있는 근본개념은 〈있음[존재]〉이 아니라 〈없음[無, 空]〉이다.

한얼을 섬김 우리는 변화하는 모든 것에서, 특히 살아 움직이는 모든 것에서 하늘의 명인 얼을 알아보고 그것들이 그것들로서 따로 서서 사이를 나누면서 그것들의 되어 감이 잘 전개되도록 도와야 한다. 그렇게 존재하는 모든 것을 그것으로서 서도록 도우면서 우리는 없이 계신 한얼을 섬기는 것이다. 〈섬김〉이란 존재하는 모든 것들이 나서 그 자신으로 서서 우주적 생명의 전개과정에 편입되도록 관여하는 것이며 그렇게 하여 존재하는 모든 것 속에 살아 숨쉬고 있는 〈한얼〉을 알아보고 모시는 것이다.

나누고 비우며 우주적 살림살이에 동참 '산다'는 것은 큰 눈으로 멀리 볼 때 자신을 살라 버리고 없애 버려 우주적 생명의 얼에 동참하는 것임을, 그렇게 자신을 가르고 나누어 우주적 생명을 살리는 것임을 알 수 있다. 〈나누다〉는 나서 갈라져 나가고 또 나서 갈라져 나가는 식으로 끊임없이 자신을 가르고 나누어 생명의 전개과정에 동참하는 사이를 나누는 살림살이의 대원칙이다. 새롭게 나서 그 자신으로 서서 자신의 고유한 생명을 펼쳐나갈 수 있도록 생명을 나눠 갖는 것이 곧 〈나눔〉이다. 갈라지지 않기를 고집하는 사람은 생명의 질서, 생명의 흐름, 숨돌이와 피돌이를 막는 자이다. 자신을 나누어 갖기를 거부하는 사람은, 자기를 비우기를 거부하는 사람은 생명의 반역자들이다. 이렇게 〈비움〉과 〈나눔〉은 우주적 살림살이의 대원칙이다.

비움과 영성 나눔의 맨 마지막 단계에는 〈비움〉이 있다. 서양에서는 자라고 채우며 자신을 채우기 위해 끊임없이 욕구하며 자신의 생존을 보존하기 위해서는 남을 짓밟고 다스리고 죽여야 하는 차원에 강조점을 두었다. 이와는 다르게 한국인들은 사람이란 종국에는 자신을 비워 우주의 텅빔 속에 자신을 던져 새로운 생명에게 자신을 준다고 생각했다. 궁극적으로 우리에게는 비움이 중요했다. 한국인의 영성은 우주의 텅빔 또는 하느님의 없이 계심에서 그 없음을 본받아 나 자신을 나누어서 비우는 삶의 방식에 그 핵심이 있다.

우리 한국인의 삶의 길라잡이였던 불전은 우리가 취해야 할 살림살이의 태도를 이렇게 설하고 있다.

"꽃의 아름다움과 색깔, 그리고 향기를 전혀 해치지 않은 채 그 꽃가루만을 따가는 저 벌처럼 그렇게 잠깬 이는 이 세상을 살아가야 한다."
(『법구경』제4장 49절)

"모든 흙과 물은 다 나의 옛몸이고 모든 불과 바람은 다 나의 진실한 본체이다. 그러므로 항상 방생을 하고 세세생생 생명을 받아 항상 머무르는 법으로 다른 사람도 방생하게 해야 한다. 만일 세상 사람이 축생을 죽이고자 하는 것을 보았을 때는 마땅히 방편을 써서 구호해 괴로움을 풀어주어야 한다." (『大正藏』 제24책)[65]

우리는 하늘과 땅 사이에 있는 모든 존재를 '돌보고 보살펴야' 할 '사이-존재' 이다.

6 | 삶을 짓는 우리의 건축: 승효상의 비움의 미학

한국인의 살림살이 문법을 오늘날 다시 살리고 있는 이들에 대해 살펴보도록 하자. 승효상 선생은 자신의 건축미학을 '비움의 미학' 이라고 지칭한다. 박노해 시인은 나눔의 세계화를 표방하며 〈나눔문화 연구소〉를 설립하였다. 최일도 목사는 없는 사람들과 밥을 같이 나눠먹는 〈밥퍼〉 운동

65) 참조 고영섭, 〈불교의 생태관. 연기와 자비의 생태학〉, 『생태문제와 인문학적 상상력』, 나남출판, 1999, 159에서 다시 따옴.

을 벌이고 있다. 〈세계생명문화포럼〉을 주관하고 있는 김지하 시인은 자신의 생명운동의 표어를 '살림과 모심' 으로 내세우고 있다. 이렇게 우리의 예전의 살림살이의 미덕, 가치관을 오늘날 새롭게 살리면서 그것을 탈근대의 새로운 가치관으로 만들려는 노력들이 많이 있다. 제러미 리프킨 등 서양의 여러 학자들도 근대의 가치관인 자유, 평등, 인권, 사회정의로는 부족하다는 것을 지적하며, 좀더 다른 생명의 가치관이 요구된다고 말한다. 전인류적이고 관계론적이고 그물망적이고 네트워크적이고 포괄적이고 남의 고통에 대해서 공감할 줄 아는 등등의 새로운 가치관들이 여기저기서 많이 제시되고 있다.

우리도 우리의 삶을 되돌아보면서 우리 삶 속에서 어떤 것을 오늘날 새롭게 되새겨서 새로운 삶의 학문으로 만들 수 있는지 꼼꼼히 살펴보아야 한다. 지은이는 그것을 〈생명학〉이라는 이름으로 부르고 있다. 이러한 '생명학' 을 나름대로 실천하고 있는 사람으로서 승효상 선생을 들 수 있다.

생명의 소통성 승효상 선생은 건축이 가지고 있는 삶과의 밀접한 연관성을 이야기한다.

생명과의 소통, 그러한 소통성을 중요시한다. 그야말로 건축은 생명이 소통하는 것이고, 삶에 자리를 마련하는 것이다. 인간이 거기서 바로 삶을 살아나가는 것이다. 승효상은 건축에 대한 우리 선조들의 생각을 재음미하며 건축이 갖는 삶과의 밀접한 연관과 의미를 다시 발견해내어 기술 또는 예술의 차원에서 보는 좁은 시야를 벗어나서 생명의 소통성을 볼 수 있어야 한다고 말한다. 그는 한 마디로 건축이 사람의 삶을 바꾼다고 말한다. 인간이 건축을 만들지만 그 건축이 다시 인간을 만든다. 그래서 좋은 건축은 좋은 삶을 만들고 나쁜 건축은 나쁜 삶을 만들 수밖에 없다.

삶을 지음 건축에 대한 더 정확한 우리말은 '짓다' 이다. 집은 만들어 세우는 것이 아니라 짓는 것이다. 밥을 지을 때도 농사를 지을 때도 옷을 지을 때도 시를 짓는 데도 우리는 짓는다고 한다. 이처럼 우리는 가장 기본적인 것을 짓는다고 표현한다. 밥먹는 것부터 시작해서 집 짓는 것, 예술의 모든 차원이 다 짓는다 라는 의미를 가지고 있다. 여기서는 결국 삶이 펼쳐지는 공간을 마련해 주는 것이 중요하다고 볼 수 있다. 밥을 짓고 농사를 짓고 시를 짓고 옷을 짓듯이 집은 단순히 구조물을 만들고 세우는 것이 아니라, 집은 지어서 만드는 것이다. 짓는다는 뜻은 무엇인가. 어떤 재료를 가지고 생각과 뜻과 마음을 통하여 전혀 다른 결과로 변화시켜 나타내는 것이다. 물리적 행위가 아니라면 집을 짓는다는 뜻은 무엇인가? 바로 삶의 시스템을 만드는 것이다. 즉, 사는 방법을 만드는 것이 건축이라는 뜻이다.

삶의 가치 확인 승효상은 건축은 집을 짓는 것으로 끝나지 않는다고 말한다. 오히려 집은 하부구조일 뿐이고 그 집 속에 담기는 우리들의 삶이 이제 비로소 그 집과 더불어 건축이 되는 것이다. 우리의 삶을 짓는다는 것이, 건축의 보다 분명한 뜻이라는 말이다. 그렇다면 이러한 좋은 건축의 목표는 무엇일까. 당연히 우리 인간의 삶의 가치에 대한 확인이다. 우리들

사진 6 료안지

사진 7 종묘

의 선함과 진실됨과 아름다움을 날마다 새롭게 발견하게 하는 건축이 참으로 좋은 건축임에 틀림이 없다.

비움의 미학 현대건축에서 '빈 공간', '비움' 이 중요한 화두로 떠오르고 있다. 서양의 건축가들이 비움의 실체로 인용하는 일본의 료안지의 마당을 보자. 비어 있지만 아무도 들어갈 수 없고 어떤 것도 움직여질 수 없으며 마치 투명한 얼음덩이로 가득 차 있는 듯한 료안지의 마당은 공간의 물질성을 극명하게 보여 주는 좋은 사례이다. 무거운 고요와 정적에 휘감긴 그 마당은 비움의 아름다움을 극적으로 만나게 한다.

마당의 비움 그러나 그 비움은 냉동된 비움이며 오래 전에 이미 결정된 것이고 어떤 의미에서는 우리의 일상에서 죽어 있는 것이다. 그에 비해 우리의 옛집에 만들어진 '마당' 은 우리의 일상에 존재하는 살아 있는 비움이며 항상 그 형상과 기능이 결정되지 않았지만 그 불확정성이 긴장을 조성하며 창조적이고도 특별한 기억을 만들게 한다. 그 다음 종묘에서 볼 수 있는 비움을 한국적인 비움으로 소개할 수 있다. 이 마당에서는 인간의 사이에-있음의 네 가지 차원이 동시에 전개되고 있다. 무엇보다도 하늘땅-사이에서 벌어지는 살림과 섬김과 비움이 표본적으로 벌어지고 있다.

빈자의 미학 승효상은 달동네에서 아름다운 공동성과 민주주의를 본다. 달동네에서는 모두가 비슷하고 동등하게 살아간다. 달동네는 못 살기 때문에 아직 많은 것을 공용으로 해결해야 한다. 길은 통행로가 아니라 모여서 놀기도 하고, 물을 저장하기도 하고, 빨래도 널고, 발표나 집회를 하기도 하는 공동의 장소이다. 달동네는 개인사유의 영역은 적고 공공의 영역은 극대화했다. 우리가 쓸모없이 버린 공간은 도시와 소통할 수 있는 비움의 공간이 된다. 막연히 비워두고 그 곳만 쳐다보게 하는 얼어붙은 비움이 아니라, 버려져 있지만 소통하는 공간으로 건축화하는 것이 좋은 건축이다. 승효상은 아름다운 공동성을 만드는 것이 자신의 건축이 지향하는 것이라고 말한다.

7 | 박노해의 나눔의 세계화

박노해 시인도 바로 나눔이라고 하는 것이 생명현상에서 가장 근본적인 것이라고 강조한다. 나눔과 성장이라는 시에도 이러한 것이 드러나 있다.

〈나눔과 성장〉

……
나뉘어야 자라는 새싹들

그렇습니다 나누어야 성장합니다
커지려면 나누어야 합니다
새싹도 나무도 나뉘어야 자라납니다
사람 몸도 세포가 나뉘어야 성장합니다
커진다는 것, 성장한다는 것은 자기를 나눈다는 것입니다

그것이 모든 생명체의 본성입니다
커나가는 조직은 정보와 지식, 비전과 자유와 책임을 잘 나누어
함께 공유하는 만큼 멈춤 없는 성장을 할 수 있는 것입니다

……

언 흙을 뚫고 치열한 숨결로 자라나는 새싹들을 바라보며,
나눔으로 빛나는 작고 여린 얼굴들을 묵묵히 들여다보며,
내 안에서, 세상에서, 나눔으로 자라나는 푸른 희망 하나하나를
뜨겁게 지켜봅니다
고개 들어 해동청(解冬靑) 하늘 바라보는 눈빛 시려옵니다.[66]

박노해 시인은 이렇게 나눔과 성장을 이야기하고 있다. 그의 말대로 잘 생각해보면 모든 자라는 것은 나눠는 것이다. 나눠고 결국엔 또 자기 자신을 비우고 사라져야 한다. 나눔과 비움. 이것은 그야말로 우주의 대원칙이다. 나누려고 하지 않는 자, 자기 자신을 비워내지 않으려고 하는 자들은 어떻게 보면 지구생명의 반역자라고 할 수 있다.

나눔을 몸으로 실천하고 간 우리 시대의 위대한 성인 한 사람이 있다. 그는 나눔에 대해서 공감이 가는 유명한 말도 남겼다. 20세기 성녀라고 추앙받는 마더 데레사이다. 마더 데레사는 "나눔 없이 평화 없다"는 유명한 말을 했다. 지금 이 지구상에 평화가 없는 것, 전쟁이 끊이지 않고, 테러가 판을 치는 것. 그것은 결국 나누려는 마음이 없기 때문이라는 것이다. 지금 먹을 것이 없어서 제3세계 못사는 나라의 어린이들이 죽는 것이 아니다. 잘사는 사람은 너무 많이 먹어서 살찐 것을 어떡할지를 몰라 '살과의 전쟁' 이라는 말을 할 정도가 아닌가. 너무 많이 먹는 것을 약간 덜어서 조금씩 나눠주기만 해도 지금 지구상에서 1년에도 몇 천만 명씩 죽어가고

66) 참조 박노해, 『사람만이 희망이다』, 해냄, 1998, 65 이하.

있는 어린이를 살릴 수 있다. 나누려는 마음. 그것이 없기 때문에 평화가 없다는 것이다.

이미 오래 전에 도스토예프스키가 말했다. 음식이 없어서 굶어죽는 것이 아니라 나누려는 마음이 없기 때문에 굶어죽는 사람이 있는 것이라고. 나누려는 마음. 그것은 경제적인 논리 가지고는 안 되는 것이다. 여기에서는 인간의 됨됨이에 호소해야 하는데, 됨됨이의 어떤 부분에 호소해야 하는가? 바로 영성적인 부분이다. 이 영성적인 부분을 우리는 오늘날 새롭게 살려야 된다. 탈근대라고 했을 적에 이 새로운 시대를 흔히들 감성적인 차원에서만 생각하는 경향이 있다. 그런데 감성의 차원이 아니라 영성의 차원으로 한 차원 더 올라가야 한다. 그래서 자기 자신을 억제해서 내가 가진 것을 나누어 주고, 내가 있던 자리를 비우고 사라질 줄 아는 영성적인 삶을 실천해서 지구생명을 더 풍요롭게 살찌게 만들 수 있는 마음의 자세가 살림살이의 자세이다. 우리 선조도 그렇게 살아왔다. 새로운 정신성의 시대, 새로운 영성의 시대에 우리가 필요로 하는 부분이 바로 거기에 있다.

박노해 시인은 〈용서받지 못한 자〉라는 시를 지어서 생태의 문제, 환경의 문제, 생명의 문제가 얼마나 심각한지를 생각하게 한다.

〈용서받지 못한 자〉

문맹(文盲)은
동정받아 마땅하고

컴맹(com盲)은
도움받아 마땅하나

환맹(環盲)은
지탄받아 마땅합니다

인간의 미래를 파괴하는 자
아이들의 미래를 훔쳐다 쓰는 자
오늘을 풍요롭고 편리하게 살기 위해
자신의 발 밑을 허무는 자는 결코 용서받지 못합니다

여기서 환맹(環盲)은 환경문제에는 눈이 먼 사람, 내 몸을 살리는, 내 큰 몸인 자연과 농사에는 무지한 사람이라고 박노해 시인은 토를 달고 있다. 이처럼 생명에 무지한 사람은 바로 미래의 생명을 당겨다 쓰고 있는 것이다. 생명의 반역자들이다.

13

세계 속의 한국 문화

1 | 이미지로 보는 세계 속의 한국 문화

이 장에서는 세계 속의 한국 문화에 대해서 알아보도록 한다. 보통 우리는 문화콘텐츠라고 하면 흔히 영화나 광고 또는 드라마 등을 주로 떠올린다. 그러나 이는 문화의 일부분에 지나지 않는다. 그렇다면 문화란 과연 무엇인지 다시 한 번 생각해 보아야 한다. '문화'는 말 그대로 한다면 '글로 됨' 이라는 의미를 가지고 있다. 문화에서 중요한 것이 바로 우리말, 우리 글임을 시사하는 대목이다. 우리말과 글에 담긴 민족의 얼이 형태를 빌려 표현될 때 그것이 다양한 양식과 방식의 문화로 나타나게 되는 것이다. 그 중에 대표적인 것이 텍스트이다. 텍스트 외에도 상징, 기호, 다양한 예술품 등이 있다. 중요한 것은 바로 우리가 우리의 집단 무의식 속에 전수받은 민족의 얼을 어떤 문제의식을 가지고 어떻게 텍스트나 상징, 기호, 형상으로 만들어서 표현해내는가이다. 그리고 여기서 그것을 다루는 사람들의 주체적인 문제의식이 중요하다. 이제 우리는 세계 속의 한국 문화를 다루면서 우리의 전통문화와 얼을 세계인들의 문화 입맛에 맞게 표현하여 세계인이 인정한 몇몇 문화인들을 살펴보자. 한국의 문화적 특수성을 세계 입맛에 맞추어 보편적인 호소력을 갖도록 만든 이 문화인들은 인류의 문화발전에 공헌한 사람들이다. 그들에게서 무엇을 배울 수 있는지, 그리고 그것을 어떻게 이론화하고 체계화하여 한국 문화 확산에 활용할 수 있

사진 1 故 윤이상

사진 2 황병기

을지 고찰해보자.

세계 속의 한국 문화에서 거론될 많은 한국 문화인들이 있겠지만 한국적인 인간관과 세계관, 가치관을 밑바탕에 담고 그것을 예술적 형상으로 표현한 사람들을 논의의 상대로 삼았다. 지구촌시대, 문화의 세기에 다른 문화권의 사람들에게 호소력을 가지고 공감대를 만드는 데 성공한 문화인들을 주로 다루려고 한다. 그래서 먼저 故 윤이상 선생에 대해서 생각해보았고 황병기 선생의 국악에 대해서 이야기하려고 한다. 황병기 선생의 〈비

그림 1 김기창의 귀로

그림 2 김기창의 청록산수

사진 3 한복 디자이너 이영희

사진 4 디자이너 이영희 씨의 옷을 입은 가수 이정현

단길〉에서 그는 가야금을 통해 신라시대의 영화로운 기억을 떠올리며 과거 1000년 전에 신라가 그랬듯이 지구촌 시대에 우리가 무엇을 할 수 있는지 생각하게 만들고 있다.

〈그림 1〉은 김기창 화백의 작품이다. 그는 자기의 화법을 바보화법이라고 하면서 색다른 차원의 그림을 보여주었다. 그의 그림에는 우리 민족이 가지고 있는 자연중심적인 세계관이 깃들어 있다. 김기창 화백의 산수화를 보면 그 안에서 사람을 식별해내기가 쉽지 않을 정도로 사람은 눈에 띄지 않는다. 그렇지만 서양의 그림에는 사람이 항상 가운데 있다. 사람을 중심으로 하여 사람의 역동성을 표현했기 때문이다. 그렇지만 우리에게 사람은 자연 속의 사람이기에 자연이 중심이 되며 인간은 단지 스쳐지나가는 하나의 점에 불과할 뿐이다. 이런 점이 바로 우리의 세계관을 반영하는 것이라고 볼 수 있다. 패션계에서 한국을 알리는 사람으로 이영희 선생이 있다. 이영희 선생은 "바람을 가르는 옷, 한복"을 세계에 알리며 '한복' 이라는 우리말 자체를 영어화시킨 사람이다. 그 전에는 한복을 '코리안 기모노' 라고 불렀다고 한다. 이영희 선생은 패션쇼를 통해 한복이라는

사진 5 김덕수의 사물놀이

사진 6 난타

옷을 세계에 알렸고 자기 자신을 한복 디자이너라고 부르며 한복의 세계화에 앞장섰다. 과연 이영희 선생이 한복의 어떤 특징을 활용해 세계화에 성공했는지, 어떤 방법적인 전략을 구사했는지 한 번 곰곰이 생각해 보아야 할 부분이다.

우리의 전통 풍물을 사물놀이로 변형해서 세계인들을 놀라게 하며 한국의 혼을 알린 김덕수의 〈사물놀이〉가 있다. 그리고 이 사물놀이를 다시 변형시켜서 〈난타〉로 만들어 전세계인의 가슴을 두드린 문화적 사건도 있었다.

사진 7 제3의 맛: 발효음식 김치

사진 8 제3의 맛: 된장

사진 9 임권택의 〈서편제〉와 〈취화선〉

그런가 하면 "제3의 맛"이라는 발효음식, 김치와 된장 등이 이제 세계인들의 입맛을 사로잡고 있다. 특히 김치는 세계 5대 음식으로 뽑힐 만큼 세계인들의 사랑을 받고 있다. 지은이가 유학생활을 할 때만 해도 한국인이 김치를 먹고 나가서 서양인들을 만나면 김치냄새 난다고 인상을 찌푸렸다. 그래서 서양인을 만나러 갈 때는 김치를 먹지 않고 나갔을 정도였다. 그런데 이제는 이 김치가 세계인들의 건강을 책임질 미래의 건강식품으로 널리 소개되고 있다. 우리 음식에 담겨져 있는 독특함을 우리는 보고 배워야 되리라.

영화계에서도 한국 영화가 세계 속에 우뚝 서기 시작했다. 임권택 감독의 〈서편제〉, 〈취화선〉은 영화를 통해서 한국의 전통음악과 그림을 미학적인 차원에서 세계 사람들에게 널리 알린 작품이다. 임권택 감독은 이런 한국적인 영화를 통해 문화의 상대성과 다양성을 알리면서 서양인들에게 깊은 감동을 줬다. 이와 다르게 김기덕 감독의 〈봄 여름 가을 겨울 그리고 봄〉이라는 작품은 한국인의 삶 속에 은근하고 은은하게 배어 있는 자연에 대한 태도, 삶에 대한 태도, 죽음에 대한 태도를 보여주며 많은 사람들이 공감하게 만들었다. 자연과 삶과 죽음. 이것은 누구나 다 살아가면서 어쩔

사진 10 김기덕 감독: 봄 여름 가을 겨울 그리고 봄

사진 11 박찬욱 감독: 올드보이

수 없이 경험하는 그런 사건들인데, 그런 사건들에 동아시아의 한국 사람들은 어떻게 다가가는지, 어떻게 그것을 경험하는지 보여주며 세계인들을 감동시켰다. 박찬욱 감독의 〈올드보이〉라는 작품은 복수라고 하는 주제를 놓고 한국인의 심성의 독특함을 잘 묘사하고 있다. 한국인의 심성이 어떤 면에서 다른 문화권과 어떻게 다른지를 보여주어 새롭게 주목받고 있다.

다음의 이미지는 굿의 현재와 일상화, 놀이화라는 차원을 나타내고 있는 사진이다. 이것은 〈세계생명문화포럼〉에서 개막극으로 보여준 새물맞이 굿의 한 장면이다. 이제는 많은 문화행사에 굿이 언제나 등장하여 굿이 연극화, 예술화되었고 일반화되었음을 보여준다.

그 다음 마지막으로 〈도(道) 정신치료〉라고 하는 한국의 독특한 정신치료법이 세계 사람들의 마음을 고치고 있다는 설명을 하기 위해서 다음의 이미지를 가져왔다. 2004년에 서울에서 〈도 정신치료와 서양정신 치료 국제 포럼〉이라는 행사가 열렸다. 정신치료에 대한 국제 심포지움이 열린 것인데 주제는 '한국에서 많이 활용되고 있는 도(道) 정신치료는 무엇인

사진 12 새물맞이 굿: 굿의 현대화, 일상화

사진 13 심우도: 잃어버린 나를 찾아서

가?'였다. 세계의 석학들이 한국의 정신치료를 주제로 삼아서 학술토론을 한 것이다. 그런데 이 도 정신치료의 밑바탕에는 '심우도(尋牛圖)'가 있다. 잃어버린 소[나]를 찾기 위해 나서는 선수행의 과정이 바로 '도 정신치료'의 밑바탕에 깔려 있다. 지금까지 서양에서의 정신치료라고 하는 것은 치료의 주체인 의사와 치료의 대상인 환자가 만나 의사가 환자의 정신적인 상흔, 정신적인 갈등을 치료해주는 것이었다. 그런데 도 정신치료에서는 의사와 환자가 똑같은 주체로서, 같은 보살로 일대 일로 만나서 서로서로가 인격수행, 삶의 선수행을 하도록 도와주는 차원에서 전개된다. 정신치료 자체를 잃어버린 나를 찾는 과정으로 보는 것이다. 최근에 와서 서양의 정신치료의 방향도 그런 쪽으로 가고 있었기 때문에 앞선 우리의 정신치료를 보고 놀랐다고 한다. 여기서 우리는 정신치료, 마음치료에 한국적인 치료방식이 통하고 있음을 확인하는데, 그것은 곧 한국적인 삶의 문법이 통용될 수 있음을 말해준다.

다음은 현대인들이 가장 관심 있어 하는 생명과 평화의 문제이다. 현

사진 14 세계생명문화포럼

재 지구상에서의 가장 큰 문제는 생명과 평화의 문제이다. 이 생명과 평화의 문제를 광범위하게 논의하기 위해 〈세계생명문화포럼〉이 2003년부터 한국에서 계속 열려왔다. 세계의 석학들과 활동가들이 모여 생명과 평화의 문제를 다각도에서 진지하게 논의하였다. 이 포럼의 시작을 굿으로 열었다.

이렇게 이미지를 통해 한국의 다양한 문화들이 현재 세계인들에게 얼마만큼 호소력을 가지고 그 사람들의 관심을 끌고 있는지를 간단하게 소개했다. 여기 제한된 지면에서 그 외의 다른 세계 속의 한국 문화인들을 다 다룰 수는 없다. 그것은 이제 여러분들이 맡아서 완성시켜야 할 몫이며 과제다. 지은이는 여러분들 스스로 관심 있는 주제를 택해서 나름대로 문화콘텐츠를 기획해보라고 권하고 싶다. 그를 위해 여기서는 그저 일종의 시각, 일종의 단초 또는 실마리를 제공하려고 한다. 여러분들은 이런 단초와 시각을 가지고 나름대로 관심을 갖는 주제를 여러분들의 관심과 문제의식에 맞추어 재구성해서 문화콘텐츠 기획에 활용하기 바란다.

2 | 동아시아 태평양 문화의 비전 〈한류〉

(1) 한류의 성공원인

이 장에서 다루는 '세계 속의 한국 문화'의 한가운데는 '한류'가 있다. 한류에 대해서는 그 동안 매우 많은 논의가 있었다. 정부차원에서도 다양한 지원을 했고 세계적으로도 한류에 대해 나름대로 평가가 내려지고 있다. 어느 한 신문을 보면 〈뉴욕 타임스〉에 실린 기사를 소개하면서, "서양문화, 동양식으로 흘러. 한류, 아시아 열광시켰다."라고 보도하고 있다. 이제 세계적 신문인 뉴욕 타임스도 한류의 위력을 어느 정도 인정하고 있는 것이다. 그런가 하면 어느 신문에서는 한류가 홍콩의 느와르처럼 반짝 인기일 가능성이 있다고 나름대로 경종을 울리는 기사를 싣고 있다. 이 기사는 한류가 배용준, 원빈이나 비 등으로 대표되는 스타중심으로 나가면, 예전의 홍콩영화가 그 스타들의 인기가 식으면서 바로 죽어버렸듯이, 그렇게 한류 열풍도 식어버릴 수 있다고 경종을 하고 있다. 그러기 때문에 우리는 한류의 근본 자체를 깊이 생각해 봐야 한다. 그래서 지은이는 여기서 한류의 성공 원인과 한류의 미래적인 가능성 두 가지를 간략하게 다루어보기로 한다.

지금 한류는 중국, 일본, 동남아시아, 더 나아가 중동과 미국에서도 다양하게 전개되고 있다. [여기서는 임계순 선생이 쓴 〈동아시아 태평양 문화의 비전 한류〉라는 글에서 한류의 성공 원인으로서 중국 전공자들의 분석을 소개한 글을 자료로 삼아 이야기를 전개해 보려고 한다. 참조 임계순, 〈동아시아 태평양문화의 비전, '韓流'〉, 『동아시아 문예부흥과 생명평화』(세계생명문화포럼_경기2005 자료집).] 여기서는 우선 한국의 우수한 융합문화를 성공요인으로 꼽는다. 다양한 문화를 융합시키는 한국 사람들의 능력이 한국의 대중문화를 만들었고 그 대중문화가 바로 아시아, 특히 중국 사람들을 열광시킨다고 분석한 것이다.

(2) 우수한 융합문화, 한국 대중문화

한국음식 중에 서양 사람들이 가장 좋아하는 것은 비빔밥이다. 어떻게 보면 한류의 밑바탕에도 '비빔밥'이 있다고 볼 수 있다. 다양한 문화요소, 즉 한국의 다양한 전통문화, 유교적이고 불교적이고 도교적이고 또는 무속적인 문화에 서양의 기독교문화까지 더해서 이것들을 비빔밥의 나물처럼 잘 섞어 우리의 고유한 고추장을 얹어 잘 비벼내는 것이 바로 한류인 것이다. 이것이 바로 한국 문화의 독특함이라고 이야기할 수 있다. 이것은 우리의 민족적인 유래를 봐도 알 수 있다. 우리는 다양한 문화를 소화·흡수시키고 그것을 우리 것으로 만들면서 살아왔다. 그래서 어떤 학자는 단군신화를 그런 방향으로 해석한다. 천(天, 하늘)을 토템으로 하는 종족이 곰을 토템으로 하는 종족과 결합해서 호랑이를 토템으로 하는 종족을 복속시키고 고조선을 건설한 것을 신화한 것이라고. 어쨌든 우리 민족적인 특성 중의 하나는 '이것이냐, 저것이냐'라는 양자택일이 아니라 너도 살고 나도 사는 상생과 융합의 살림살이의 문화이다. 이러한 문화융합의 능력을 우리는 우리의 역사에서 끊임없이 확인할 수 있다.

이런 융합의 문화는 중국과 비교해 보면 더욱 크게 드러난다. 우리말과 중국말의 차이가 분명히 드러나는 부분은 중국어는 일단 중국화 시키지 않으면 외국어가 유통이 될 수 없다는 사실이다. 코카콜라를 '가구가락(可口可樂)' 으로, 펩시콜라를 '백사가락(百事可樂)' 으로 바꿔서 쓰는 것처럼 중국은 외국어를 반드시 중국화시켜서 사용한다.

중국은 일단 무엇이 들어오면 중국화시켜야 중국에서 통용될 수 있다. 텔레비전은 '전시(電視)'가 되고 컴퓨터는 '전뇌(電腦)' 가 되는 것이다. 이처럼 중국에서는 어떤 것이 중국문화권으로 들어오면 그것을 죽여가지고 자기 것으로 만드는 그런 식의 태도가 바로 중국의 민족적인 특성이라고 볼 수 있다. 거기에는 그야말로 양자택일만이 있는 것이다. 이런 이유로 중국은 주체성이 아주 강하다. 그래서 마르크스주의도 중국에 오면 마오주의로 변해 버린다.

그런데 한국은 사정이 좀 다르다. 우리말은 들어오는 것을 몽땅 다 살린다. 그래서 우리는 아직도 텔레비전은 '텔레비전' 이라고 하고 컴퓨터는 '컴퓨터' 라고 한다. 어떻게 보면 이것은 우리에게 문제일 수도 있다. 주체성이 없어질 수 있기 때문이다. 그러나 우리말에 들어 있는 서로 살리는 상생의 움직임은 일종의 포용력, 통합능력이다. 그리고 이것이 타 문화권을 자기 것으로 만들어 타 문화권에 대해 우월함을 가지고 다른 문화를 지배하던, 경쟁과 지배의 논리가 통하던 근대시대에는 이런 통합능력이 약자들의 태도로 비쳐졌다. 그래서 우리는 계속 압박만 당하던 피지배자 신분일 수밖에 없었다. 그렇지만 지금은 피지배자의 눈으로 다른 사람들과 함께 공존할 수 있는 그런 삶의 문법을 찾아야 하는 시대이다. 지구촌 시대 바로 우리가 이 많은 문화권을 융합하면서 상생의 살림살이를 현대의 삶의 원칙으로 제시할 수 있다. 바로 한류에서 그 점이 통용되고 있는 셈이다.

(3) 한국 대중문화와 다른 문화와의 상통성

그렇다면 이 융합문화 속에는 무엇이 있는가. 결국은 다른 많은 문화를 융합시켰기 때문에 다른 문화와의 소통성과 상통성(相通性)이 있다. 그래서 정서의 공감대와 문화적 유대를 같이 할 수 있다는 것이 바로 우리만이 가지고 있는 독특한 점이라고 할 수 있다. 그리고 우리문화가 가지고 있는 독특한 것 중에 정(情)과 한(恨)에 신바람을 실을 수 있는 것이다. 그래서 지은이는 삼신할매 신화를 자주 끌어들인다. 우리의 드라마 속에서는 할머니의 역할이 굉장히 중요하다. 그런데 이러한 모습은 아버지의 부권이 절대적인 서양이나 중국 같은 곳에서는 굉장히 낯설다. 그 문화권에서는 할머니의 역할이 거의 없다. 그런데 우리에게는 할머니의 역할이 굉장히 중요하다. 아버지도 할머니 앞에서는 꼼짝을 하지 못한다. 우리의 사극을 보면 그런 모습을 자주 볼 수 있다. 바로 이 할머니가 가지고 있는 가족에서의 독특한 역할이 있다. 그것은 바로 갈등을 해결하는 역할이다. 갈등을 당한 사람이 복수를 해서 새로운 세상을 만들어 나간다는 그런 식의 구도가 아니라 대립하는 측들의 이야기를 귀담아 들어 그 둘을 중재하여 갈등을 화해시켜 조화로운 새로운 상태를 만들어나가는 식의 구도로 전개된다. 이것이 우리의 독특한 정과 한의 구조라고 볼 수 있다. 그래서 우리의 한은 원한이 하니라 미운정, 고운정으로 얽히고설킨 것이기에 한풀이로서 해결되어야 하는 것이다. 한풀이를 한 사람들은 신바람 속에 새로운 마음으로 삶을 시작할 수 있다. 이러한 한국의 서민들의 마음과 중국 또는 동아시아의 서민들의 마음이 정서적 공감대를 형성하고 문화적 유대로 표출되고 있는 것이 한류라고 할 수 있다.

(4) 뛰어난 작품, 우수한 제작과 연출기술

그러나 한류의 성공요인에는 문화융합만 있는 것이 아니라 뛰어난 작품성, 우수한 제작진과 연출기술의 밑받침이 있다. 이런 것들이 다 함께 어우러져 나름대로 기본적인 기술차원에서 기본 인프라스트럭처를 갖추었기 때문에 가능한 것이다. 한국 대중문화 중 드라마가 동아시아인들에게 인기가 있는 이유는 아기자기한 사건전개, 다양한 잔재미가 있는 소재, 치밀한 구성, 산뜻한 이미지, 그리고 역동성에서 오는 신선함이라 한다.[67] 한국대중가요가 중국청소년을 열광하게 하는 이유는 감정표현이 솔직하고 시원스럽기 때문이라고 한다.

한류를 이끌어 낸 주역들을 살펴보면 굴곡이 있는 이야기, 재미있는 대사에 자연스럽게 전개되는 사건, 거기에 시대감을 잃지 않는 드라마를 창작해내는 작가가 있다. 그에 덧붙여 풍경화와 같은 아름다운 경관과 세련된 의상을 선택할 줄 아는 탁월한 안목을 가진 연출가가 있고, 수려한 용모에 자연스럽고 생동감이 있으며 개성이 있는 연기력을 발휘하는 배우가 있다. 거기에 또한 눈과 귀를 사로잡는 화려한 댄스와 아름다운 노래를 부르는 가수 및 연주자들이 있다. 이들이 있었기에 한류는 가능했다.

지금 우리는 기술적인 차원에서도 세계첨단을 달리고 있기 때문에 이제는 바로 이러한 첨단기술에 문화의 하이터치를 해야 하는 것이다. 그래서 한국의 문화는 이제 '거인 어깨 위에 올라탄 난장이' 라고 표현될 수도

67) 『亞洲週刊』, 2001. 6. 18~6. 24, p.27.

있다. 우리는 이제 우리가 가지고 있는 이런 다양한 문화통합적인 역량을 가지고 기술이라는 거인의 어깨 위에 올라서 세계의 문화를 함께 만들어 나가는 문화전략을 마련해야 한다.

3 | 한류의 미래적 전망

이제 한류의 미래적인 전망에 대해서 간략하게 살펴보자(여기에서는 구연상 박사가 발표한 '한류의 근원과 미래, 문화자치성 — 한류연구의 방향' 이라는 글 중에서 미래적인 전망에 해당되는 부분을 다룬다. 참조 구연상, 〈한류의 근원과 미래. 문화자치성/한류연구의 방향〉, 『한류의 미학적 근원과 발전 방향』(세계생명문화포럼_경기2005 특별세미나 자료집). 우선 중요한 것은 지금 우리는 문화다원주의 시대, 문화상대주의 시대를 살고 있다고 하는 점이다. 문화절대주의가 아니다. 서양의 문화가 절대적인 위력을 구가하던 시대도 지났고 중국문화가 절대적인 패권을 가지던 시대도 지났다. 이제는 다양한 문화들이 나름대로 독특함을 인정받으며 이른바 다름 속의 같음, 차이 속의 동일함을 같이 추구해나가는 그런 시대이다. 이 때 중요한 것은 바로 차이를 존중하는 문화다원주의의 자세이다. 나름대로 차이와 다름을 인정하며 그 위에서 평등을 이야기하고 자유를 이야기하고 합리성을 이야기해야 한다는 것이다.

그렇게 볼 적에 이제 우리의 한류도 차이의 다양성에 바탕을 둔 아시아의 문화를 지향해야 한다고 말할 수 있다. 이제 순전히 한국적인 것만을 가지고는 한류가 한계에 부딪칠 수밖에 없기 때문에 우리가 가지고 있는 문화융합의 능력을 가지고 아시아 문화를 선도해야 한다. 거기에는 문화적·역사적인 배경만이 아니라 세계사적인 시각을 같이 아울러야 함을 잊지 말아야 한다. 아시아 문화권에서는 아시아 문화가 가지고 있는 연대, 유대, 공감 등이 있기 때문에 우리는 그것을 염두에 두고 그 바탕 위에서 새로운 문화를 창출해 나가려는 다각적인 시도를 강구해야 한다. 이를 위해서는 대중성을 갖춰야 하고 또한 신세대 취향에 맞춰야 한다. 앞으로의 문화를 주도하는 세대, 새로운 문화적인 흐름을 일궈 나가고 만들어 나가는 사람들이 신세대이기 때문에, 그 신세대들이 무엇을 원하는지, 어떻게 세상을 다르게 보는지 등을 고려해서 한류의 흐름을 유지해 나가도록 해야 한다.

그 다음은 문화의 입맛과 욕망과 표현의 개성에 주목해야 한다. 이렇게 표현을 했지만 결국 문화라고 하는 것은 일종의 맛이고 또 멋이다. 맛이 한참 길들여지면 그것이 멋이 되는 것이다. 이 맛과 멋이 결국 문화에서도 통용이 된다고 볼 수 있다. 인간은 나름대로 다 자기 맛을 찾고 자기의 멋을 찾는다. 그리고 거기에 맞춰서 자기 자신을 표현하려고 하는 경향이 있다. 한류는 그것을 누리는 사람들의 '문화입맛' 에 맞아야 할 뿐 아니라, 그 변덕스러움도 충족시켜 주어야 한다. 아시아는 한류를 통해 '외재적 근대화' 의 한 모델을 경험한다. 표현 없는 곳에 욕구는 좌초된다. 표현은 욕망을 부르고 부추겨진 욕망은 표현의 변화와 변동을 토한다. 아시아의 문화적 거울로서의 한류는 이러한 방식으로 '복합정체성'을 실현시켜 감으로써 그 시대적 역할을 다할 수 있다. 이 때 '한류의 역풍' 조차 한류 속으로 편입되어야 한다. 복합정체성이란 덩치를 불려간다는 것만을 뜻하지 않고, '새롭고 또 새로워진다는 것(生生之)' 을 뜻한다. 이는 상품의 측면에서는 천편일률적으로 똑같은 제품이나 서비스 대신 개인의 취향이나 관심사에 맞춘 맞춤형 문화상품과 서비스의 개발을 뜻한다.

다음은 문화의 자치성을 생각해야 한다. 우리는 계속 문화의 우승열패라고 해서 우월한 문화가 살아남고 열등한 문화는 죽는다고 이야기하며 자기 문화의 우수함을 자랑하려고만 한다. 그러나 이렇게 하면 한류가 외면 받을 수 있다. 그래서 우리는 한국문화가 아시아 문화에서 나름대로 통합적인 시각과 통합적인 형상을 가지고 호소력을 갖게 하려고 노력을 하더라도, 각 문화권이 가지고 있는 문화의 주체성을 인정하고 그 주체성에 맞게 맞춤형으로 문화를 펼쳐나가도록 노력해야 한다.

모든 문제의 핵은 사람이다. 문화의 자치성을 염두에 둘 때 한류의 미래는 그것을 제작하고 향유할 주체들의 지속적 출현에 달려 있다. 이들은 한류의 문화상품을 통해 문화의 향연에 젖어든다. 라디오 생존비법을 들어보자. 청취자 참여라는 발상전환, 즉 '공적 공간의 사적 참여 유도'는 한류의 방향성을 잘 말해 준다. 한류참여를 통해 한국적 가치와 동시에 아시아적 보편가치를 접할 수 있도록 해 줄 뿐 아니라 '자기 욕망의 아바타'도 지속적으로 키워갈 수 있도록 해 주는 것, 즉 한류의 주체로 성장시켜 주는 것, 그것이 곧 한류의 생명력이 되어야 한다.

4 | 한국인의 삶과 사물놀이

문화라고 하는 것은 굉장히 포괄적인 것이다. 그것은 넓게는 세계관에서부터 시작해서 인간관, 이를테면 가치관에 이른다. 더 구체적으로 인간이 살아가는 방식, 취미, 여가생활까지 모두 아우른다. 그렇기 때문에 문화의 나무만을 보고 나무에만 심취해서는 곤란하다. 이 나무가 만들어내고 있는 전체적인 주변 분위기(숲), 이 숲이 갖고 있는 다른 숲과의 관계 등 이 모든 것들을 전체적으로 볼 줄 알아야 한다. 그래야만 한류가 가지고 있는 가능성과 잠재력을 보고 그것을 창조적으로 만들어나갈 수 있다.

그 대표적인 예가 사물놀이이다. 사물놀이는 꽹과리, 장고, 북, 징, 이 네 가지 전통 타악기로 연주하는 합주형태를 말한다. 그럼 사물놀이가 그 전부터 있었는가. 아니다. 사물놀이가 처음 시작된 것은 1987년 2월 김덕수와 3명의 남사당 후예들이 전통풍물의 음악적인 소재를 실내무대에 맞게 재편성하여 발표한 때부터이다. 그리고 그 명칭을 '사물놀이'라고 한 것이다. 여기에서 우리는 전통과 현대의 만남을 확인할 수 있다. 사물놀이는 풍물놀이에서 기인한 것이다. 농촌에서 농번기에 농사의 고됨을 잊으며 신바람 속에 농사일을 하기 위해 다양한 농악이 개발되었는데 그 농악이 곧 풍물놀이다.

이 풍물놀이는 꽹과리, 장고, 북, 징 이외에 나발 등의 악기를 써서 동네의 모든 의례 — 삶과 죽음 혼례 — 에 동원되어 놀이와 연회를 포함해서 공동체의 삶을 이루어나갔다. 그야말로 전통적인 두레 공동체에서 나왔다고 볼 수 있다. 그리고 여기에는 또 나름대로의 한국인의 독특한 세계관이 깔려 있다. '천지인(天地人) 삼재사상(三才思想)' 이 그것이다. '인간은 사이에 있음이다' 라고 했을 때 하늘과 땅 사이에서 그 사이를 이으며 사는 천지인 삼재사상이 한국인의 살림살이 속에 들어 있다. 사물놀이도 따지고 보면 바로 이 천지인 사상을 바탕에 깔고 있다. 이 4개의 악기를 인간이 연주하면 이 악기들로부터 진동이 서로 어우러지고 화합하여 하늘과 땅이 만나 응답하는 '소리의 공간' 을 이루게 된다. 이것은 '천지인(天地人)' 의 3재사상을 받들어온 우리 선조들이 남겨놓은 소리의 유산 중에서 가장 귀중한 것이다.

예전에는 '풍물, 농악' 하면 아주 구태의연하고 시대에 뒤지고 하루빨리 버려야 하는 것으로 생각하였다. 사물놀이가 등장하는 1970년대는 이제 우리의 전통문화에 대해서 새롭게 생각하고 살려야 된다고 해서 일종의 한국화 운동이 조금씩 빛을 보던 때이다. 그래서 그나마 음악 하는 사람들이 모여서 사물놀이라고 하는 것을 만들 수 있었던 것이다. 여기서 우리는 전통이 시대에 뒤졌다고 해서 그냥 버려서는 안 되고, 바로 이 전통을 시대에 맞게 되살려내야 하는 것이 오늘날 우리들이 맡아야 할 사명이며 몫임을 깨달아야 한다. 그것이 바로 문화전략이다. 전통과 역사가 없이는 지금의 내가 있을 수 없다는 주체의식이 문화전략을 전개해나가는 안목이 되어야 한다. 한류를 이야기할 때도 이 전통과 현재를 어떻게 새롭게 조화시켜 나가야 할지에 대해서 고민해야 한다. 전통문화의 창조적 계승의 차원에서 우리의 문화를 되돌아보면서 세계인의 입맛에 맞는 그런 문화의 창출을 시도해야 한다. 이것이 바로 사물놀이에서 보여주고 있는 문화적 전략의 한 면모라고 볼 수 있다.

5 | 세계를 두드린 '난타'

다음의 사례는 세계를 두드린 '난타' 이다. '난타(亂打)' 는 권투의 난타전처럼 '마구 두드린다' 는 뜻이다. '난타' 는 사물놀이 리듬을 소재로 드라마화한 작품으로서 한국 최초의 Non-Verbal Performance(아무런 대사 없이 리듬과 비트로만 구성된 장르)이다. 한국의 사물놀이를 서양식 공연양식에 접목한 이 작품은 대형 주방을 무대로 해서 네 명의 요리사가 등장하여 결혼피로연을 위한 요리를 만드는 과정에서 각종 주방기구, 즉 냄비, 프라이팬, 접시 등을 가지고 사물놀이를 연주하는 내용으로 구성되어 있다. 사물놀이는 전통음악을 나름대로 현대화시킨 것인데 이 현대화된 사물놀이를 재구성해서 세계인들의 입맛에 맞게 드라마화한 면이 난타가 성공한 이유라고 볼 수가 있다.

난타의 전체적인 구성은 사물놀이의 리듬이 갖고 있는 원시적 폭발력을 제대로 표현해 낼 수 있도록 힘과 속도감에 주안점을 두고 있다. 난타의 성공요인 중에 하나는 말이 필요 없는 그런 연극, 뮤지컬(Non-Verbal Performance)이기 때문이기도 하다. 말을 사용하면 그 말을 설명하고 말의 의미를 알리려고 노력을 해야 하는데, 난타의 경우는 이것은 그냥 소리, 퍼포먼스, 동작 등만 가지고서도 벌써 충분히 흥을 돋구어 관객들의 재미를 유발할 수 있었다. 한국의 전통 사물놀이를 주방이라고 하는 친근한 소재에 담아서 인간적이고 드라마적인 요소들을 가미시켜서 서양 사람들의 공감대를 얻어낼 수 있었다. 여기서 우리가 볼 수 있는 것은, 대사가 없어 언어의 장벽을 파괴할 수 있었고 여태까지 관심을 두지 않았던 전통리듬을 주축으로 삼아 거기에 드라마적인 요소를 가미했다는 것이다. 그리고 이것을 연극이 가지고 있는 일방향성을 탈피해서 온 관중들을 참여시켜 쌍방향의 연극이 되도록 한 것이 또한 난타의 독특한 점이라고 볼 수 있다. 이렇게 우리는 난타가 세계적으로 성공할 수 있었던 다양한 면모를 볼 수 있다. 이러한 특징들이 한류에서도 새롭게 창의적으로 활용되어야 할 요소들이다.

6 | 황병기의 음악세계

그 다음에 소개할 사람은 황병기 선생이다. 앞서 황병기 선생의 〈비단길〉을 소개한 적이 있다. 황병기 선생은 음악의 장르에서 새로운 것을 시도해서 현재 세계적으로 인정받는 한국을 대표하는 음악가로 활동하고 있다. 황병기 선생은 그야말로 우리가 가지고 있었던 전통음악에 대한 선입견과 고정관념을 과감하게 깨버렸다. 남자가 가야금을 탄다는 그 자체가 금기시되었던 시대였기 때문에 황병기 선생은 집안의 반대가 너무 심해서 처음에는 집의 의견을 듣고 서울대 법대에 입학한다. 그러나 가야금에 대한 관심을 버리지 못해서 계속해서 가야금 연주훈련을 했다고 한다. 그런데 황병기 선생은 가야금 연주를 하면서 가야금 연주를 위한 음악 곡이 옛날 것 외에는 없는 것을 몹시 아쉬워했다. 현대에 맞는 곡이 하나도 없었던 것이다. 그래서 그 스스로 현대인들을 위한 가야금 곡을 작곡하기 시작했다. 이것이 바로 황병기 선생이 '저지른' 획기적인 사건이다. 그 전의 전통음악은 예부터 이어져오는 곡을 그냥 연주하는 것이 전부였다. 황병기 선생에 의해 처음으로 전통음악을 새롭게 해석해서 현대인들의 음악감각에 맞게 표현하려는 시도가 이루어진 것이다. 그래서 황병기 선생은 전통음악에 대한 새로운 해석에 큰 길을 연 획기적인 사람이라고 볼 수가 있다.

이제 우리는 음악뿐만이 아니라 다양한 분야에서 전통을 재해석하려고 시도한다. 오늘날 우리는 어떤 방법으로 한국의 전통문화들을 현대의 한국에 맞게 새롭게 재탄생시켜야 할지 고민하고 있다. 전통문화를 새롭게 한국화시키면서 더 나아가 어떻게 하면 한국적인 것을 보편적인 차원에서 세계에 알리느냐는 문제도 또한 함께 고민하기 시작하였다. 그 한가운데 황병기 선생이 있었던 셈이다. 외국의 음악가들이 보기에 예전 전통음악 외에는 한국적인 것이 없었다. 이 시절에 이 황병기 선생이 작곡하고 연주한 새로운 버전의 가야금 곡은 굉장히 신선했으며 한국적인 정서를 물씬 풍겼다. 그래서 한국음악을 소개할 때는 황병기 선생의 가야금 곡을 제일 먼저 떠올릴 정도였다. 특히 요즘 서양음악에서의 새로운 흐름 중 하나가 명상음악이며 음악을 통한 치료라는 장르까지 생기고 있지 않는가. 그 전에는 재즈, 록, 비트 등의 활동적인 음악이 주류를 이루었는데 이제 자기 자신을 되돌아보게 하는 동양적인 선(禪)수련과 요가 등이 번져나가기 시작하면서 선음악과 명상음악이 널리 퍼지기 시작했다.

황병기 선생은 이미 오래 전부터 명상음악으로서 제격인 그런 곡을 작곡하고 연주하여 왔다. 이런 황병기 선생이 그의 인생 후반기로 가면 새로운 시도를 하게 된다. 〈미궁〉이라고 하는 새로운 음악을 통해서 새로운 시도를 하는데, 바로 이러한 점이 끊임없이 새로운 문제의식을 가지고 음악을 해석하는 그의 독특한 창의정신이다. 그는 계속해서 고정관념을 깨 나가고 있다. 이것이 아마 예술인들이 가지고 있는 예술인들의 자유라고 볼 수 있다. 이처럼 이제 우리도 젊은 발상의 전환을 해야 된다. 이렇게 황병기 선생이 한국음악에서 새로운 길을 개척했다고 한다면, 백남준 선생님은 예술계와 미술계에서 서양 사람들이 가지고 있는 예술과 미술에 대한 선입견, 고정관념을 완전히 깬 사람이다. 이렇게 예술계는 기존의 규칙을 그저 단순히 따라가기만 해서는 안 된다. 새로운 규칙을 만들어 나가야 한다. 그것이 예술인의 창의성이다.

7 | 바람을 가르는 옷, 이영희의 세계적 패션

이러한 새로운 규칙을 만들어나간 사람 중의 한 사람이 바로 한복 디자이너로 잘 알려져 있는 이영희 선생이다. 이영희 선생은 세계에 한국의 한복을 알리기 위해서 자신이 가지고 있는 모든 것을 투자한 사람이다. 가지고 있는 것을 모두 가지고 뉴욕, 파리에 가서 아무런 지원도 없이 순전히 시대적인 사명감만을 가지고 일을 시작했다. 이러한 희생과 노력이 결국 빛을 봐서 이제 한복이라고 하는 것이 서양 사람들의 입에 오르내리기 시작하였다. 결국 이영희 선생도 우리가 가지고 있는 이 독특한 의상을 어떻게 오늘날 되살리느냐는 문제를 가지고 고심하였다. 그런데 미지의 나라 한국의 옷 한

복이 외국인들에게는 모든 점에서 새로운 것이었다. 소재와 형태와 색감 등 그야말로 모든 면에서 새로웠다. 개성미를 부각시키는 것이 패션의 생명이라고 한다면, 그 새로운 역동성을 살리는 것이 패션의 생명이라고 한다면, 바로 그 사람들이 전혀 몰랐던 한국의 의상은 충분히 놀라움의 소재가 될 수 있었다. 이영희 선생은 바로 그 점을 알고 파고 든 것이다. 그래서 이제 한국의 색, 선, 형, 정신 이런 것을 다 모아서 그 사람들에게 기술보다는 정성을 보여주고 변함없는 신념으로 한복이라는 것을 알리게 되었다.

여기서 이영희 선생이 어떻게 성공하게 되었는지 분석해 본다면 선생은 한복의 소재와 형태미가 갖는 생동감을 표현하고 있다고 할 수 있다. 한복에는 한복만이 가지고 있는 고유한 형태미와 소재가 있다. 그 당시 서양 사람들에게 모시와 무명은 본 적이 없는 새로운 소재였다. 언젠가 지은이는 여름방학 때 시간을 내어 그림과 박물관 공부를 하려고 마음먹고 파리에 간 적이 있다. 그 때는 여름이었기 때문에 지은이는 모시로 만든 한복을 입고 박물관에 갔다. 그 때 많은 사람들이 박물관 구경은 하지 않고 지은이를 구경하는 진풍경이 벌어졌다. 서양 사람들이 볼 때 지은이의 옷은 형태도 이상하고 감도 이상하고 하니까 와서 만져보아도 되느냐고 물어보고는 이게 무슨 옷감이냐며 신기해했다.

이처럼 이영희 선생은 서양에는 없는 한복의 소재와 형태를 가지고 생동감을 극대화시켜 표현했다. 그리고 또한 옷을 입는 방법의 변화를 통해서 한복미의 극대화를 시도했다. 예를 들어 예전에 우리의 여인네들이 입었던 속치마 하나를 위로 들쳐 올려 입혀서 패션 장에 내보냈다. 많은 사람들의 눈에 그 복장은 여태까지 본 적이 없는 파격적인 것이었다. 그런 식으로 어떻게 입느냐 하는 입는 방식을 통해서 새로운 점이 발견될 수 있다는 점을 보여주었다. 그리고 색채와 소재를 통해 내재적인 한국 복식의 아름다움을 표현하기 위해 그는 끊임없이 천연소재를 쓰면서 새로운 색깔을 찾아내려고 무척 노력했다. 패션계에서 새로운 색깔 찾기는 쉬임 없이 시도되고 있다. 그는 전통적인 염색방법을 통해서 새로운 색을 찾아나갔고 그 다음에 한국 복식의 주된 소재인 노단과 연단, 공단, 명주 등에 동양적인 화려함을 표현하려고 노력했다. 이런 식으로 그는 전통적인 것과 현대적인 것을 융합시켜서 전통미를 활용한 현대적인 디자인을 만들어나갔다. 이것이 이영희 선생이 세계 속의 한국 디자이너로 성공한 요인이라고 할 수 있다.

8 | 세계인의 마음을 움직인다: 도(道) 정신치료

지금부터 다룰 내용은 앞에서 소개한 도(道) 정신치료에 관한 것이다. 서양의 정신치료라고 하는 것은 보통 프로이트로부터 시작된 것으로 이야기된다. 프로이트는 인간의 무의식과 잠재의식의 차원을 발견한 것으로 널리 알려져 있다. 의식과 무의식 그리고 잠재의식, 자아와 본능 그리고 초자아 등 이러한 인간의 정신구조가 제대로 조화롭게 발달하지 못하면 인간은 정체성의 혼란을 겪게 된다. 이 정체성의 혼란이 마음의 병인데, 이 마음의 병이 육체의 병으로 나타나서 육체의 어딘가가 아프다고 한다. 그렇기 때문에 육체적인 병의 원인이 마음의 병이고, 마음의 병의 원인이 무의식과 의식, 자아정체성의 문제라면 이것을 어떻게 풀어나가야 하는지가 정신치료 의사들이 치료를 하는 데 주안점을 둘 사안이다.

그런데 현대에 이르러 이 정신치료라고 하는 것이 순전히 정신의 한 부분의 문제가 아니라 결국은 '나는 누구인가' 라고 하는 '나' 의 문제이고, 더 나아가서 인간이란 누구인가, 내가 생각하는 인간, 내가 무엇이 되어야 하는가라고 하는 그런 문제와 뗄 수 없음이 부각된다. 그리고 결국 '나' 라고 하는 것은 나 혼자의 차원에서 대답될 수 있는 것이 아니라 내가 속해 있는 관계의 그물망 속에서 내가 나임을 알 수 있다는 점이 주목받게 된다. 바로 정신치료에서도 이런 부분들이 강조되면서 이제 서양의 정신치료에 한계가 있다는 것을 서양인들 스스로 깨닫게 된다. 이제 서양에서 프로이트의 정신치료는 더 이상 보편적인 정신치료가 아니게 되었다. 한국의 '도(道) 정신치료' 는 유럽 또는 국제 정신치료 학회에 약 10년 전부터 한국의 도 정신치료 선생들의 끊임없는 노력으로 알려지게 되었다. 몇 년 전부터는 '국제정신치료학회' 의 한 분과인 '동양 도 정신치료학회' 에 가장 많은 사람들이 몰릴 정도로 인기를 끌고 있다. 이제 우리는 세계인의 마음까지도 우리의 세계관, 우리의 철학, 우리의 삶의 방식으로 고칠 수 있음을 알 수 있게 되었다.

지금까지 우리는 다양한 차원에서 우리 문화의 독특함을 세계 속에 알려서 세계인들의 공감을 얻어 우리 문화를 세계에 떨치고 있는 사람들을 살펴보았다. 우리는 세계 속의 한국문화, 지금 인류문화에 한국문화의 얼을 심으면서 인류문화를 다양하게 다채롭게 꾸며나가고 있는 한국 문화인으로는 어떤 사람들이 있는지, 그 사람들이 펴나가고 있는 문화전략은 무엇인지 고찰해보았다. 앞으로의 주역은 여러분들이다. 여러분들은 선배들의 다양한 행보를 보고나서 스스로 어떤 길을 어떻게 개척해 나가야 할지 궁리하고 새로운 길을 개발해 나가리라고 본다.

■ 날마당에

우리가 살고 있는 탈근대의 시대는 정보화 시대로서 디지털 시대이며 사이버 시대이기도 하다. 근대문화의 축을 이루고 있었던 것은 문자와 텍스트, 그리고 그것을 읽고 해독해내는 시각이다. 탈근대를 외치고 있는 현대의 많은 지성인들은 이제 이러한 문화의 패턴이 바뀌었다고 주장한다. 문자 또는 텍스트의 시대는 끝났고, 영상 또는 전자문화의 시대가 도래했으며 따라서 시각이 각광받던 때도 지나갔다고 말한다. 이제는 오감 전체를 다 활용하는 체험이 주요 화두로 등장하며 삶에서도 다른 사람들과 함께 느끼는 공감대가 중요덕목으로 부각된다. 지식과 논리를 앞세워 다른 사람을 계몽하던 시대는 지나갔다. 내가 알아듣지 못하는 지식은 의미가 없고 내가 수긍하지 못하는 주장은 받아들일 수 없다. 이제는 철저하게 모든 분야에서 일방향 통행이 아닌 쌍방향 통행의 소통이 전제되어야 한다.

지은이는 이런 문화사적 분위기를 감지하고 새로운 글쓰기를 시도해보았다. 강의에서는 쌍방향 통행의 소통도 시도할 수 있었지만 강의록인 책은 태생적으로 텍스트의 틀에 갇힐 수밖에 없음을 통감한다. 어쨌든 읽으미의 입장에서 내용을 읽고 따라오는 데 어려움이 없도록 나름대로 최선을 다했다. 텍스트의 딱딱함은 이미지의 부드러움으로 감싸안으려 시도했다. 각 장을 진행시키기에 앞서 먼저 그 장에서 다룰 주제를 이미지로 소개하여 전체적인 내용을 맛보기로 대하며 미리 마음과 머리를 준비시켰다. 어려운 개념들은 되도록 쉬운 우리말로 설명하려고 애썼고 주변의 사례를 동원해서 이해하기 쉽도록 안내하였다. 글의 흐름도 논리적인 전개보다는 설명적인 풀어헤침으로 이끌어나갔다.

이 책은 지은이가 한국외국어대학교에서 2006년부터 〈콘텐츠와 문화철학〉이라는 강좌명으로 학부학생들을 위해 개설한 강의를 텍스트로 만든 것이다. 지은이는 이 강좌를 사이버 강의로도 만들었다. 강의를 듣는 수강생 두 사람이 사이버 강의를 풀어서 글로 옮겼고, 그렇게 텍스트화한 글들을 지은이가 새로 손을 보며 다듬었다. 그리고 대학원생이 읽으미의 입장에서 전체 내용을 보며 의견을 냈고 지은이는 그것을 반영해 최종 원고를 완성했다.

강의록은 나름대로의 장점과 단점을 지니고 있다. 장점이라면 설명의 방식으로 전개되기 때문에 전반적으로 쉽게 읽힐 수 있다는 점이다. 지은이의 입장에서 보자면 처음부터 꽉 짜인 틀에서 완성된 체계를 전제하고 자신의 주장을 변론하는 식으로 글을 펼쳐가지 않아도 되기에 편한 면이 있다. 이것이 바로 강의록의 단점이기도 하다. 어떻게 보면 전체의 주제도 완결되지 않았고 각 장의 내용도 완성되지 않았다. 그냥 지은이의 이해의 한도 안에서 주제가 설명되고 문제가 제기된다. 읽으미는 꼭 지은이의 문제제기와 주장에 공조할 필요는 없다. 수긍되고 이해되는 부분만을 자기 것으로 삼으면 된다. 부족한 것은 읽으미들이 앞으로의 공부와 연구를 통해서 보완해나가면 된다.

언젠가 한국문화콘텐츠진흥원 관계자들의 설명을 들으니 콘텐츠 또는 문화콘텐츠와 관련된 학과가 전국에 450개는 된다고 한다. 방송과 통신 분야까지 여기에 포함시키면 900여 개가 된다고 한다. 지금도 많은 기존의 학과들이 콘텐츠 또는 문화콘텐츠 관련 학과로 변신하고 있다. 콘텐츠웨어 시대라는 말이 실감날 정도이다. 그런데 이렇게 많은 젊은 학도들의 관심을 끌고 있는 문화콘텐츠 학을 소개할 책은 거의 전무한 형편이다. 그래서 지은이는 역량이 되지 않음을 알면서도 한국외국어대학에 이 학과를 개설한 책임을 통감하기에 철학책인지 문화학책인지 경계가 분명치 않은 이 책을 펴내기로 결심하였다. 이 분야에 관심을 갖는 분들에게 이 보잘것없는 강의록이 이야깃거리가 된다면 지은이로서는 큰 영광일 것이다.

앞에서도 말했듯이 이 강의록을 만들기 위해 많은 사람들의 도움을 받았다. 고생고생하며 사이버 강의를 받아써서 텍스트로 만든 사람이 있었기에 지은이는 감히 이런 강의록을 낼 엄두를 낼 수 있었다. 이 귀찮은 일을 기꺼이 맡아서 해준 권봉관 군과 임현희 양에게 이 자리를 빌려 고마움을 표한다. 그리고 초고 전체를 꼼꼼하게 읽으며 이미지를 정리하고 책의 흐름이 매끄럽도록 만들어준 문화콘텐츠학과 대학원생 박범준 군에게도 감사의 마음을 전한다. 척박한 출판환경임에도 문화콘텐츠학의 보급을 위해 발벗고나서 이 분야의 좋은 책들을 내시는 북코리아 출판사의 이찬규 대표님에게도 감사한다.

끝으로 먼저 세상을 떠나 저 하늘에서 지은이를 지켜보고 있을 안사람 홍종현(소피아)에게 이 책을 바친다. 평생 지은이의 뒷바라지를 하며 그늘에서 자신을 희생한 안사람이 없었다면 지은이는 아무런 학문적 성취를 이룰 수 없었을 것이다. 저 세상에 가서도 지은이의 생명을 애원하고 있는지, 지은이는 죽을 고비를 넘기고 살아나서 처음으로 이 책을 세상에 내놓는다. 이 또한 안사람의 은덕이다. 뒤늦게나마 마음 속의 고마움을 저 하늘로 띄운다.

2009년 2월

충북 괴산 사은리에서 지은이

■ 참고문헌

〈국내서적〉

강재언, 『서양과 조선. 그 이문화 격투의 역사』, 이규수 옮김, 학고재, 1998.

강준만, 『한국인 코드』, 인물과사상사, 2007.

강현구 외, 『문화콘텐츠와 인문학적 상상력』, 글누림, 2005.

강현두 편, 『현대사회와 대중문화』, 나남출판, 2005.

고영섭, 〈불교의 생태관. 연기와 자비의 생태학〉, 『생태문제와 인문학적 상상력』, 나남출판, 1999.

고혜경, 『선녀는 왜 나무꾼을 떠났을까』, 한겨레출판사, 2006.

교수신문, 『우리 시대의 美를 논한다』, 성균관대출판부, 2006.

국립현대미술관, 『근대를 보는 눈. 한국근대미술: 유화』, 삶과꿈, 1997.

국제한국학회 편, 『한국문화와 한국인』, 사계절, 1998.

권영필 외, 『한국의 美를 다시 읽는다』, 돌베개, 2005.

김경자, 『21가지 테마로 보는 우리미술』, 다른세상, 2001.

김광언, 『한국의 집지킴이』, 다락방, 2000.

김누리 편, 『현대 문화 이해의 키워드』, 이학사, 2007.

김만수, 『문화콘텐츠 유형론』, 글누림, 2006.

김문환, 『지역문화발전론』, 문예, 1998.

김미경, 『대한민국 대표 브랜드 한글』, 자우출판사, 2006.

김상환 편, 『매체의 철학』, 나남출판, 1998.

김열규, 『한국의 문화코드 열다섯 가지』, 금호문화, 1998.

______, 『한국인의 자서전』, 웅진지식하우스, 2006.

김영순 외, 『문화, 미디어로 소통하기』, 논형, 2004.
______, 『인문학과 문화콘텐츠』, 다홀미디어, 2006.
김영조, 『맛깔스런 우리문화 속풀이 31가지』, 이지출판, 2008.
김원제 외, 『문화콘텐츠 블루 오션』 커뮤니케이션북스, 2005.
김용석, 『문화적인 것과 인간적인 것』, 푸른숲, 2000.
김윤식 외, 『우리 문학 100년』, 현암사, 2001.
김융희, 『예술, 세계와의 주술적 소통』, 책세상, 2005.
김인식 편역, 『이미지와 글쓰기: 롤랑바르트의 이미지론』, 세계사, 1998.
김종길 · 김문조, 『디지털 한국 사회의 이해』, 집문당, 2006.
김준길, 『세계문화산책』, 인시, 1995.
김재철, 『지도를 거꾸로 보면 한국인의 미래가 보인다』, 김영사, 2000.
김지하, 『중심의 괴로움』, 솔, 1994.
______, 『흰그늘의 미학을 찾아서』, 실천문학사, 2005.
김진송, 『서울에 딴스홀을 許하라. 현대성의 형성』, 현실문화연구, 1999.
김채수, 『21세기 문화이론 - 과정학』, 교보문고, 1996.
남영신 엮음, 『국어사전』, 성안당, 1999.
노형석, 『모던의 유혹, 모던의 눈물. 근대 한국을 거닐다』, 생각의 나무, 2004.
매체철학연구회(펴냄), 『대체철학의 이해』, 인간사랑, 2005.
문동석, 『문화로 보는 우리 역사』, 상상박물관, 2008.
미디어문화교육연구회 편, 『문화콘텐츠학의 탄생』, 다홀미디어, 2005.
박노해, 『사람만이 희망이다』, 해냄, 1998.
박동환, 『동양의 논리는 어디에 있는가』, 고려원 1993.
박성봉 편, 『대중예술의 이론들. 대중예술 비평을 위하여』, 동연, 2000.
박영욱, 『매체, 매체예술 그리고 철학』, 향연, 2008.
박이문, 『문명의 위기와 문화의 전환』, 민음사, 1996.
박명진 외(편역), 『문화, 일상, 대중. 문화에 관한 8개의 탐구』, 한나래, 1996.
반성완 편, 『발터 벤야민의 문예 이론』, 민음사, 1983.
백승국, 『문화기호학과 문화콘텐츠』, 다홀미디어, 2004.

백원담, 『동아시아의 문화선택 한류』, 펜타그램, 2005.

백종현, 〈문화(文化)란 무엇인가〉, 『우리말 철학사전 1. 과학 · 인간 · 존재』, 우리사상연구소 편, 지식산업사, 2001, 39~62.

소홍렬, 『문화적 자연주의』, 소나무, 1996.

소홍렬 편, 『문화와 사상』, 이화여대출판부, 1993.

승효상, 『지혜의 도시/지혜의 건축』, 서울포럼, 1999.

______, 『건축, 사유의 기호』, 돌베개, 2004.

신승환 외, 『근대의 끝에서 다시 읽는 문화』, 지허, 2006.

신응철, 『문화철학과 문화비평』, 철학과 현실사, 2003.

______, 『철학으로 보는 문화』, 살림, 2004.

신채호, 『신채호 역사논설집』, 현대실학사, 1995.

심상민, 『미디어는 콘텐츠다』, 김영사, 2002.

안휘준 외, 『한국의 미, 최고의 예술품을 찾아서』(전2권), 돌베개, 2007.

양건열, 『비판적 대중문화론』, 현대미학사, 1997.

오광수, 『21인의 한국 현대미술가를 찾아서』, 시공사, 2003.

오광수 · 서성록, 『우리 미술 100년』, 현암사, 2001.

오주석, 『옛 그림 읽기의 즐거움』, 솔, 1999.

유승호, 『디지털 시대와 문화 콘텐츠』, 전자신문사, 2002.

______, 『디지털 시대의 영상과 문화』, 미술문화, 2006.

윤난지, 『현대미술의 풍경』, 예경, 2000.

윤범모, 『한국근대미술. 시대정신과 정체성의 탐구』, 한길아트, 2000.

윤사순 · 이광래, 『우리 사상 100년』, 현암사, 2001.

윤상인 외, 『일본 문화의 힘』, 동아시아, 2006.

윤신향, 『윤이상. 경계선상의 음악』, 한길사, 2005.

윤재근, 『문화전쟁. 한국문화 현실, 이대로는 미래가 없다』, 둥지, 1996.

원용진, 『대중 문화의 패러다임』, 한나래, 1996.

이강수 편, 『대중문화와 문화산업론』, 나남출판, 1998.

이거룡 외, 『몸 또는 욕망의 사다리』, 한길사, 1999.

이기상, 『철학노트』, 까치, 2002.
______, 『서양철학의 수용과 한국철학의 모색』, 지식산업사, 2002.
______, 『하이데거의 존재사건학. 존재진리의 발생사건과 인간의 응답』, 서광사, 2003.
______, 『이 땅에서 우리말로 철학하기』, 살림, 2003.
______, 『다석과 함께 여는 우리말 철학』, 지식산업사, 2003.
______, 『존재와 시간. 인간은 죽음을 향한 존재』, 살림, 2006.
이동연, 『아시아 문화연구를 상상하기』, 그린비, 2006.
이상훈, 『디지털 기술과 문화콘텐츠 산업』, 진한도서, 2003.
이성희, 『동양명화감상』, 니케, 2007.
이어령, 『신한국인』, 문학사상사, 1989.
______, 『삼국유사 이야기』, 서정시학, 2006.
______, 『디지로그』, 생각의 나무, 2006.
이영철 외(편역), 『21세기 문화 미리 보기』, 시각과 언어, 1996.
이용우, 『백남준. 그 치열한 삶과 예술』, 열음사, 2006.
이주헌, 『20세기 한국의 인물화』, 도서출판 재원, 1996.
______, 『내 마음 속의 그림』, 학고재, 2000.
이화형, 『한국문화의 힘, 휴머니즘』, 국학자료원, 2004.
______, 『한민족의 생활. 하늘에다 베틀 놓고 별을 잡아 무늬 놓고』, 월인, 2007.
______, 『한민족의 꿈. 나아가 널리 인간을 이롭게 하라』, 월인, 2007.
인문콘텐츠학회, 『문화콘텐츠 입문』, 북코리아, 2006.
임두빈, 『고흐보다 소중한 우리미술가 33』, 가람기획, 2008.
임영방, 『미술이 걸어온 길』, 학고재, 2003.
전경수, 『문화시대의 문화학』, 일지사, 2000.
전방지 · 심상민, 『문화콘텐츠와 창의성』, 글누림, 2005.
정민, 『18세기 조선 지식인의 발견』, 휴머니스트, 2007.
정준영, 『텔레비전 보기 — 시청에서 비평으로』, 책세상, 2002.
정형민 · 김영식, 『조선후기의 기술도(技術圖)』, 서울대출판부, 2007.

조관연, 『시각콘텐츠 들여다보기』, 다홀미디어, 2006.
조광제, 『쉬르필로소피아: 인간을 넘어선 영화예술』, 동녘, 2000.
조용진, 『얼굴, 한국인의 낯』, 사계절, 2000.
조용훈, 『문화기호학으로 읽는 문학과 그림』, 효형출판, 2004.
조한혜정 외, 『'한류' 와 아시아의 대중문화』, 연세대출판부, 2006.
주강현, 『우리 문화의 수수께끼』, 한겨레신문사, 1996.
진중권, 『호모 코레아니쿠스』, 웅진지식하우스, 2007.
철학아카데미(펴냄), 『철학, 예술을 읽다』, 동녘, 2006.
최봉영, 『한국문화의 성격』, 사계절, 1997.
______, 『본과 보기 문화이론』, 지식산업사, 2002.
최연구, 『문화콘텐츠란 무엇인가』, 살림, 2006.
최완수, 『겸재를 따라가는 금강산 여행』, 대원사, 1999.
최인훈, 『광장』, 최인훈전집 1, 문학과지성사, 1976[1994], 179.
최정호 · 서광조 외, 『현대인의 시민윤리. 나와 우리』, 고려원, 1992.
최준식, 『한국미, 그 자유분방함의 미학』, 효형출판, 2000.
최혜실 편, 『디지털 시대의 문화 예술』, 문학과지성사, 2003.
한국사회이론학회(편), 『인터넷과 우리 사회』, 2000.
한국철학사상연구회 편, 『문화와 철학』, 동녘, 2000.
한국철학회 편, 『문화철학』, 철학과 현실사 1995.
______, 『문화의 진보에 대한 철학적 성찰』, 철학과 현실사, 1998.
한국철학사상연구회 편, 『문화와 철학』, 동녘, 1999.
한국현상학회 편, 『문화와 생활세계』, 철학과 현실사, 1998.
한림과학원 편, 『정보사회, 그 문화와 윤리』, 1998.
한명회 외, 『우리 국악 100년』, 현암사, 2001.
한용운, 『조선불교유신론(朝鮮佛敎維新論)』, 이원섭 옮김, 운주사, 1992.
함석헌, 『뜻으로 본 한국역사』(함석헌 전집 제1권), 한길사, 1993.
______, 〈우리 민족의 이상〉, 『함석헌 전집 1. 뜻으로 본 한국역사』, 한길사, 1993.
홍성욱, 『하이브리드 세상읽기』, 안그라픽스, 2003.

〈외국서적〉

갠즈, H., 『대중문화와 고급문화』, 강현두 역, 나남출판, 1998.

고들리에, 모라스, 『인류학은 서구의 학문인가?』, 아카넷, 2003.

곰브리치, E.H., 『서양미술사』, 최민 옮김, 열화당, 1990.

그로스버그, 로렌스, 〈문화연구: 그 이름이 의미하는 것〉, 『현대사상』(제4호), 민음사, 1997.

기어츠, C., 『문화의 해석』, 문옥표 옮김, 까치, 1998.

길더, 조지, 『텔레코즘』, 박홍식 옮김, 청림출판, 2004.

네그로폰테, 니콜라스, 『디지털이다』, 백욱인 옮김, 커뮤니케이션북스, 2006.

뉘닝, 베라 외, 『현대 문화학의 컨셉들』, 장진원 외 옮김, 유로, 2006.

니들먼, 제이콥, 〈순수한 물적 위기는 존재하지 않는다〉, 『21세기 예측』, 클라우스 슈밥 엮음, 장대환 감역, 매일경제신문사, 1996.

니스벳, 리차드 E., 『생각의 지도』, 최인철 옮김, 김영사, 2004.

단토, 아서, 『예술의 종말 이후』, 이성훈 · 김광우 옮김, 미술문화, 2006.

______, 『철학하는 예술』, 미술문화, 2007.

데리다, J., 『그라마톨로지』, 김성도 역, 민음사, 1996.

데커, 에디트, 『백남준. 비디오 예술의 미학과 기술을 찾아서』, 김정용 옮김, 궁리, 2006.

뒤바, 필립, 『사진적 행위』, 사진마실, 이경률 옮김, 2005.

들뢰즈, G., 『감각의 논리』, 하태환 옮김, 민음사, 1995.

들뢰즈, 질 · 가타리, 펠릭스, 『천 개의 고원. 자본주의와 분열증 2』, 김재인 옮김, 새물결, 2001.

뚜웨이밍, 『문명들의 대화』, 김태성 옮김, 휴머니스트, 2006.

라이트, 도널드, 『진보의 함정』, 김해식 옮김, 이론과실천, 2006.

라코트, 쉬잔 엠 드, 『들뢰즈: 철학과 영화』, 이지영 옮김, 열화당, 2004.

란트만, M., 『철학적 인간학』, 진교훈 역, 경문사, 1977.

레이, 폴 · 앤더슨, 셰리 루스, 『세상을 바꾸는 문화 창조자들』, 한스컨텐츠, 2006.

로넌, 콜린 A., 『세계과학문명사』(전2권), 김동광 · 권복규 옮김, 한길사, 1999.

로티, R., 『우연성, 아이러니, 연대성』, 김동식, 이유선 역, 민음사, 1996.

롬바흐, H., 『아폴론적 세계와 헤르메스적 세계』, 전동진 옮김, 서광사, 2001.
르벨, 장-프랑수와 · 리카르, 마티유, 『승려와 철학자』, 이용철 옮김, 창작시대, 1999.
리오타르, J-F., 『포스트모던의 조건』, 유정완 외 역 , 민음사, 1992.
리치, 에드먼드, 『성서의 구조 인류학』, 신인철 옮김, 한길사, 1996.
리프킨, 제레미, 『유러피언 드림. 아메리칸 드림의 몰락과 세계의 미래』, 이원기 옮김, 민음사, 2005.
______, 『바이오테크 시대 (The Biotech Century)』, 전영택 · 전병기 옮김, 민음사, 1999.
______, 『소유의 종말 (The Age of Access)』, 이희재 옮김, 민음사, 2000.
린튼, 랄프, 『문화와 인성』, 전경수 옮김, 현음사, 1992.
매크래켄, 그랜트, 『문화와 소비』, 이상률 옮김, 문예, 1996.
맥루한, M., 『미디어의 이해』, 이한우 · 김성기 역, 민음사, 2002.
______, 『미디어의 이해 - 인간의 확장』, 박정규 역, 커뮤니케이션북스, 1997.
______, 『구텐베르크 은하계 — 활자인간의 형성』, 임상원 역, 커뮤니케이션북스, 2001.
몬딘, 바티스타, 『전환기의 새로운 문화 모색』, 이재룡 옮김, 가톨릭출판사, 2002.
무어, 제리, 『인류학의 거장들』, 김우영 옮김, 한길사, 2007.
밀너, 앤드류, 『우리시대 문화이론』, 이승렬 옮김, 한뜻, 1996.
바르니에, 쟝-피에르, 『문화의 세계화』, 주형일 옮김, 한울, 1999.
바르트, R., 『신화론』, 정현 역, 현대미학사, 1995.
바따이유, 죠르쥬, 『에로티즘』, 조한경 옮김, 민음사, 1989.
반퍼슨, C.A., 『급변하는 흐름 속의 문화』, 강영안 옮김, 서광사, 1994.
베네딕트, 루스, 『문화의 패턴』, 김열규 옮김, 까치, 1993.
베르크, 오귀스탱, 『대지에서 인간으로 산다는 것』, 김주경 옮김, 미다스북스, 2001.
베통, 제라르, 『영화의 역사』, 유지나 옮김, 한길사, 1999.
벤야민, 발터, 『발터 벤야민의 문예이론』, 반성완 편역, 민음사, 2006.
벨슈, 볼프강, 『미학의 경계를 넘어』, 심혜련 옮김, 향연, 2005.
보드리야르, J., 『소비의 사회』, 이상률 역, 문예, 1991.
______, 『시뮬라시옹』, 하태환 역, 민음사, 1994.

보드리야르, J., 『기호의 정치경제학 비판』, 이규현 역, 문학과 사상사, 1992.

뵈메, 하르트무트 외, 『문화학이란 무엇인가』, 손동현 · 이상엽 옮김, 성균관대출판부, 2004.

부르디외, P., 『구별짓기: 문화와 취향의 사회학』, 최종철 역, 새물결, 1995.

부르크하르트, 야콥, 『루벤스의 그림과 생애』, 최승규 옮김, 한명, 1999.

부케테츠, F., 『사회생물학 논쟁』, 사이언스북스, 1999.

볼츠, 노르베르트, 『구텐베르크 — 은하계의 끝에서. 새로운 커뮤니케이션 상황들』, 윤종석 옮김, 문학과 지성사, 2000.

______, 『보이지 않는 것의 경제』, 유현주 옮김, 문학동네, 2008.

______, 『컨트롤된 카오스. 휴머니즘에서 뉴미디어의 세계로』, 윤종석 옮김, 문예출판사, 2000.

볼츠, N. · 라이엔, 빌렘 반, 『발터 벤야민. 예술, 종교, 역사철학』, 김득룡 옮김, 서광사, 2000.

부르디외, 삐에르, 『상징폭력과 문화재생산』, 정일준 옮김, 새물결, 1995.

브로노프스키, J., 『인간 등정의 발자취』, 김은국 옮김, 범양사, 1990.

블론스키, 마샬, 『기호학으로 풀어읽는 현대문화. 베일 벗기기』, 곽동훈 옮김, 시각과 언어, 1995.

비숍, 이사벨라 버드, 『한국과 그 이웃나라들. 백년 번 한국의 모든 것』, 이인화 옮김, 살림, 1994.

비트겐슈타인, 루드비히, 『문화와 가치』, 이영철 옮김, 책세상, 2006.

사이드, 에드워드 W., 『오리엔탈리즘』, 박홍규 옮김, 교보문고, 1991.

셸링, F.W.J., 『조형미술과 자연의 관계』, 심철민 옮김, 책세상, 2002.

슈바니츠, 디트리히, 『교양. 사람이 알아야 할 모든 것』, 인성기 외 옮김, 들녘, 2002.

슈펭글러, O., 『인간과 기술』, 양우석 역, 서광사, 1998.

슌, 이노우에 편, 『현대문화론. 문화사회학자가 본 일본의 현대 사회』, 최샛별 옮김, 이화여대출판부, 2004.

슌야, 요시미, 『미디어 문화론』, 안미라 옮김, 커뮤니케이션북스, 2007.

스노우, C.P., 『두 문화』, 오영환 옮김, 민음사, 1996.

스토리, 존, 『문화연구와 문화이론』, 박모 옮김, 현실문화연구, 1995.

알튀세르, L., 『마르크스를 위하여』, 고길환 · 이화숙 역, 백의, 1990.

양적(楊的), 『동서인간론의 충돌. 문화비교와 소외론』, 노승현 옮김, 백의, 1999.

애거, 밴, 『비판이론으로서의 문화연구』, 김해식 옮김, 옥토, 1996.

앨리아스, N., 『문명화 과정』, 박미애 역, 한길사, 1996.

옹, 월터 J., 『구술문화와 문자문화』, 이기우 · 임명진 옮김, 문예출판사, 1995.

와이만, 가브리엘, 『매체의 현실 구성론. 현대 미디어와 현실의 재구성』, 김용호 옮김, 커뮤니케이션북스, 2003.

요코야마 고이츠, 『심우도. 마침내 나를 얻다』, 장순용 옮김, 들녘, 2001.

요한슨, 도널드 · 에디, 메이틀랜드, 『최초의 인간 루시』, 이충호 옮김, 푸른숲, 1996.

윅스, J., 『섹슈얼리티: 성의 정치』, 현실문화연구, 1994.

윌슨, 에드워드, 『생명의 미래』, 전방욱 옮김, 사이언스 북스, 2005.

______, 『인간 본성에 대하여』, 이한음 옮김, 사이언스북스, 2005.

______, 『생명의 다양성』, 황현숙 옮김, 까치, 1995.

______, 『지식의 대통합 통섭』, 사이언스북스, 2006.

이노우에 가쿠고로 외, 『19세기말 일본인이 본 조선. 서울에 남겨둔 꿈』, 한상일 역 · 해설, 건국대출판부, 1993.

이리가라이, R., 『나, 너, 우리』, 동문선, 1998.

이와부치 고이치, 『아시아를 잇는 대중문화 ― 일본, 그 초국가적 욕망』, 히라타 유키에 · 전오경 옮김, 또 하나의 문화, 2004.

일리인, M. · 세갈, E., 『인간은 어떻게 거인이 되었나』(전3권), 민영 옮김, 일빛 1996.

젠크스, 크리스, 『문화란 무엇인가』, 김윤용 옮김, 현대미학사, 1996.

젠킨스, 헨리, 『컨버전스컬처. 올드 미디어와 뉴 미디어의 충돌』, 김정희원 · 김동신 옮김, 비즈앤비즈, 2008.

졸리, 마르틴, 『영상 이미지 읽기』, 문예출판사, 1999.

쥘리앵, 필리프, 『노아의 외투. 아버지에 관한 라캉의 세 가지 견해』, 한길사, 2000.

짐멜, 게오르그, 『짐멜의 모더니티 읽기』, 김덕영 · 윤미애 옮김, 새물결, 2005.

카펜터, 토머스 H., 『고대 그리스의 미술과 신화』, 김숙 옮김, 시공사, 1998.

캇시러, E., 『국가의 신화』, 최명관 옮김, 서광사, 1988.

______, 『인간이란 무엇인가(문화철학서설)』, 최명관 옮김, 서광사, 1988.

컨, 스티븐, 『육체의 문화사』, 이성동 옮김, 의암출판, 1996.

켈너, 더글라스, 『미디어 문화』, 김수정 외 옮김, 새물결, 2003.

콘노스만, 랄프, 『문화철학이란 무엇인가?』, 이상엽 옮김, 북코리아, 2006.

크리언, 케이트, 『그람시 · 문화 · 인류학』, 김우영 역, 길, 2004.

클라크, J.J., 『동양은 어떻게 서양을 계몽했는가』, 장세룡 옮김, 우물이 있는 집, 2004.

터너, 그래엄, 『문화연구입문』, 김연종 옮김, 한나래, 1995.

톰슨, E.P., 『영국 노동계급의 형성(상)』, 나종일 외 역, 창작과 비평사, 2000.

틱낫한, 『소를 찾아가는 열가지 이야기』, 최수민 옮김, 나무심는사람, 2004.

판넨베르크, W., 『인간문화론』, 분도출판사, 1996.

파르취, 수잔나, 『미술의 순간』, 모명숙 옮김, 북하우스, 2005.

파머, 브라이언 외, 『오늘의 세계적 가치』, 신기섭 옮김, 문예출판사, 2004.

파우저, 마르쿠스, 『문화학의 이해』, 김연순 옮김, 성균관대출판부, 2008.

페로, 마르크, 『역사와 영화』, 주경철 옮김, 까치, 1999.

패너티, 찰스, 『배꼽티를 입은 문화』, 김대웅 편역, 자작나무, 1995.

푸코, M., 『성의 역사』, 나남, 1990.

프레이저, 제임스 조지, 『그림으로 보는 황금가지』, 이경덕 옮김, 까치, 1995.

______, 『문명과 야만』 (전3권), 이양구 옮김, 강천, 1996.

프리드먼, J., 『현대성과 정체성』, 현대미학사, 1997.

플루서, 빌렘, 『코무니콜로기. 코드를 통해 본 커뮤니케이션의 역사와 이론 및 철학』, 김성재 옮김, 커뮤니케이션북스, 2001.

______, 『피상성 예찬. 매체 현상학을 위하여』, 김성재 옮김, 커뮤니케이션북스, 2004.

피셔, 에른스트 페터, 『또 다른 교양. 교양인이 알아야 할 과학의 모든 것』, 이레, 2006.

피터슨, 브룩스, 『문화지능』, 현대경제연구원 옮김, 청림출판, 2006.

하르트만, 프랑크, 『미디어 철학』, 이상엽 · 강웅경 옮김, 북코리아, 2008.

하버마스, 위르겐, 『의사소통행위이론 1. 행위합리성과 사회합리화』, 장춘익 옮김, 나남출판, 2006.

______, 『의사소통행위이론 2. 기능주의적 이성 비판을 위하여』, 장춘익 옮김, 나남출판, 2006.

하임, M., 『가상 현실의 철학적 의미』, 책세상, 1988.

해리스, 마빈, 『작은 인간』, 김찬호 옮김, 민음사, 1995.

______, 『문화유물론. 문화과학의 정립을 위하여』, 유명기 옮김, 민음사, 1996.

______, 『문화의 수수께끼』, 박종렬 옮김, 한길사, 1995.

______, 『아무것도 되는 게 없어』, 원재길 옮김, 황금가지, 1996.

헌트, 린(편), 『문화로 본 새로운 역사. 그 이론과 실제』, 조한욱 옮김, 소나무, 1996.

헌팅턴, 새뮤얼 외, 『문화가 중요하다』, 이종인 옮김, 김영사, 2001.

핸콕, 그레이엄, 『신의 거울』, 김정환 옮김, 김영사, 2000.

호르크하이머 · 아도르노, 『계몽의 변증법』, 김유동 옮김, 문학과 지성사, 2001.

호프스테데, 게르트, 『세계의 문화와 조직』, 차재호 · 나은영 옮김, 학지사, 1995.

홀, 스튜어트 외, 『현대성과 현대문화』, 전효관 외 옮김, 현실문화연구, 1996.

홀, 스튜어트, 『문화이론』, 임영호 편역, 한나래, 1996.

홀, 에드워드, 『침묵의 언어』, 최효선 옮김, 한길사, 2000.

______, 『문화를 넘어서』, 최효선 옮김, 한길사, 2000.

______, 『숨겨진 차원』, 최효선 옮김, 한길사, 2000.

______, 『생명의 춤』, 최효선 옮김, 한길사, 2000.

화이트헤드, A.N., 『관념의 모험』, 오영환 옮김, 한길사, 1996.

후쿠야마, 프랜시스, 『트러스트. 사회도덕과 번영의 창조』, 구승회 옮김, 한국경제신문사, 1996.

휴즈, 로버트, 『새로움의 충격. 모더니즘의 도전과 환상』, 최기득 옮김, 미진사, 1995.

Campbell, J., *Die Kraft der Mythen*,(신화의 힘), Artemis: Muenchen, 1989.

Chevalier, D., *Klee*, Suedwest Verlag Muenchen, 1971.

La Collection du Musee d'art moderne. Acquisitions 1986-1996, Centre Georges Pompidou: Paris, 1996.

Cousteau, J. u.a. 편, *Die letzten Abenteur dieser Erde* (지구 위에서의 마지막 모험), Naturalis Verlag: Muenchen, 1981.

van Duelmen, R. 편, *Erfindung des Menschen* (인간의 발견), Bohlau: Wien, 1998.

Eliade, M., *Die Sehnsucht nach dem Ursprung* (근원에 대한 갈구), Wien 1973.

Geyer, C-F., *Einführung in die Philosophie der Kultur* (문화철학 입문), Darmstadt, 1994 .

Honour, H. · Fleming, J., *Weltgeschichte der Kunst* (예술의 세계사), WBG: Darmstadt, 2000.

Maase, Kaspar, <Kultur (문화)>, *Europäische Enzyklopädie zu Philosophie und Wissenschaften* (철학과 과학에 대한 유럽 백과사전), Hamburg, 1990, 900-912.

Mall, Ram Adhar, *Philosophie im Vergleich der Kulturen. Interkulturelle Philosophie. Eine neue Orientierung* (문화비교의 철학. 상호문화의 철학. 새로운 입문), Darmstadt, 1995.

Maurer, Reinhart, <Kultur (문화)>, *Handbuch philosophischer Grundbegriffe* (철학근본 개념사전)>, München, 1973, 823-832.

Mink, J., Marcel Duchamp 1887-1968. Kunst als Gegenkunst, Benedikt Taschen Verlag: Koeln, 1994.

Nietzsche, F., *Also sprach Zarathustra* (차라투스트라는 이렇게 말했다), in: *Friedrich Nietzsche. Zweiter Band. Werke in drei Bändchen*, hrsg. von K. Schlechta, München, 1973.

Partsch, S., *Klee* (1879~1940), Taschen: Koeln, 1993.

Perpeet, W., <Kultur, Kulturphilosophie (문화, 문화철학)>, *Historisches Wörterbbuch der Philosophie* (철학 개념사 사전) Bd. 4,, Basel · Sturrgart, 1976, 1309-1324.

Rombach, H., *Welt und Gegenwelt* (세계와 반세계), Herder: Basel, 1983.

Rombach, H., *Leben des Geistes* (정신의 삶), Herder: Basel, 1977.

Roob, A., *Alchemie & Mystik*, Taschen: Koeln, 1996.

Willms, B., *Philosophie, die uns angeht* (우리와 연관된 철학), Guetersloh: Berlin, 1975.

김홍근. www.phototext.pe.kr

www.unesco.or.kr/news/20051018_culdiv_k.

■ 찾아보기-인명

■ 찾아보기-주제어

ㄱ

ㅈ

ㅊ

기 타